BLOOD BANK

1

SILB

Aus dem Koreanischen von Vivien Neumann

Inhalt

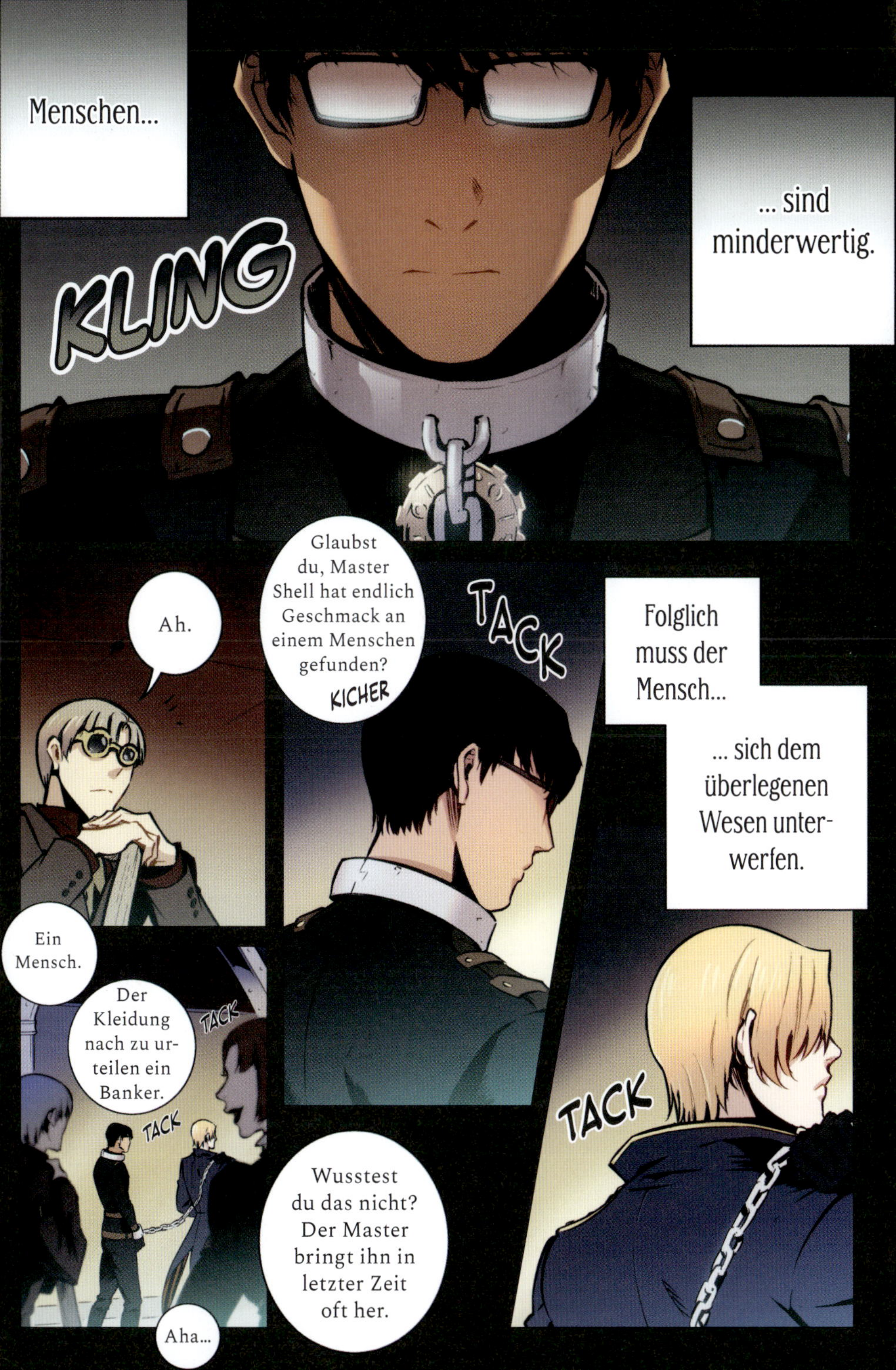

Menschen...
... sind minderwertig.
KLING
Ah.
Glaubst du, Master Shell hat endlich Geschmack an einem Menschen gefunden?
KICHER
TACK
Folglich muss der Mensch...
... sich dem überlegenen Wesen unterwerfen.
Ein Mensch.
Der Kleidung nach zu urteilen ein Banker.
TACK
TACK
Wusstest du das nicht? Der Master bringt ihn in letzter Zeit oft her.
Aha...
TACK

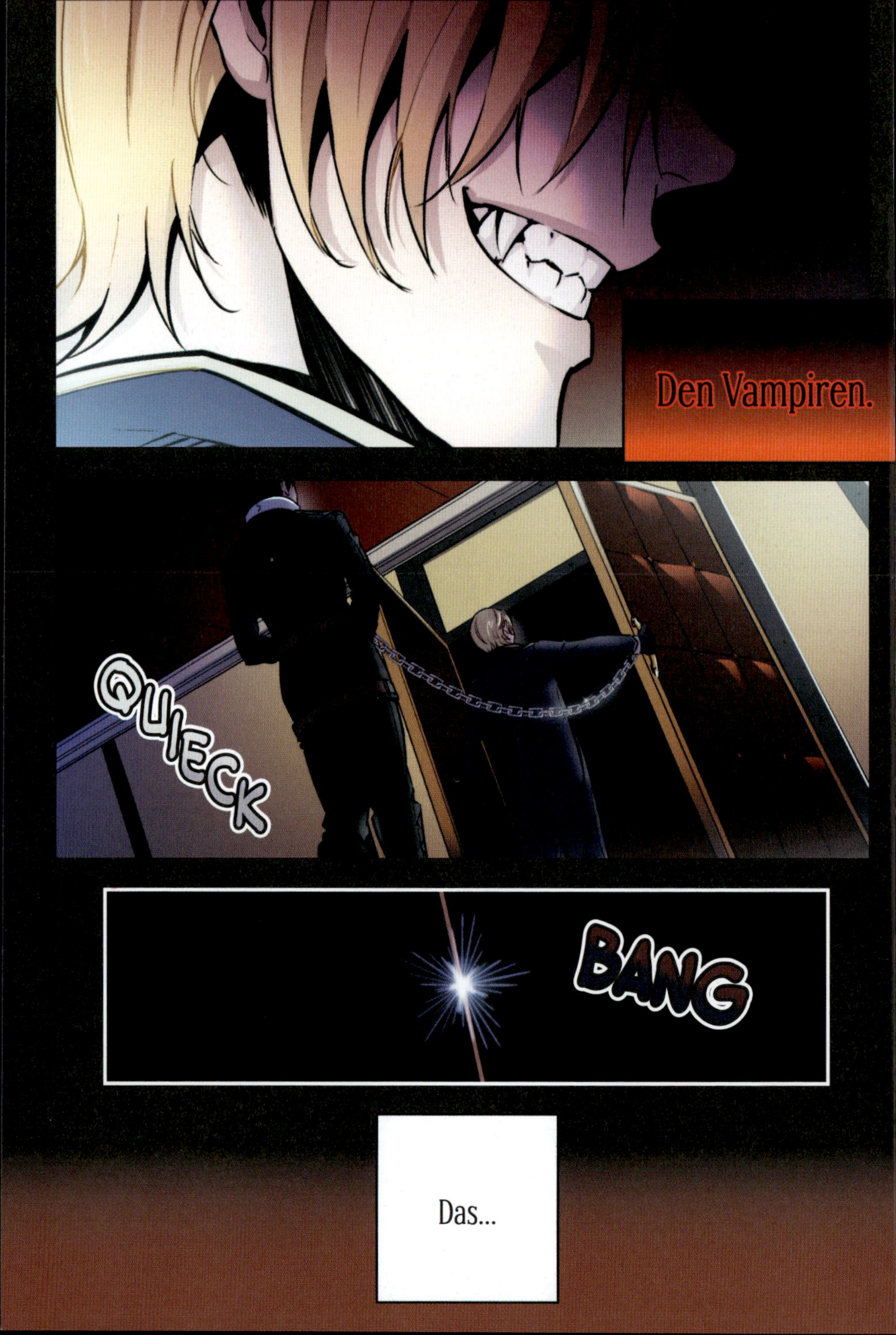
Den Vampiren.
QUIECK
BANG
Das...

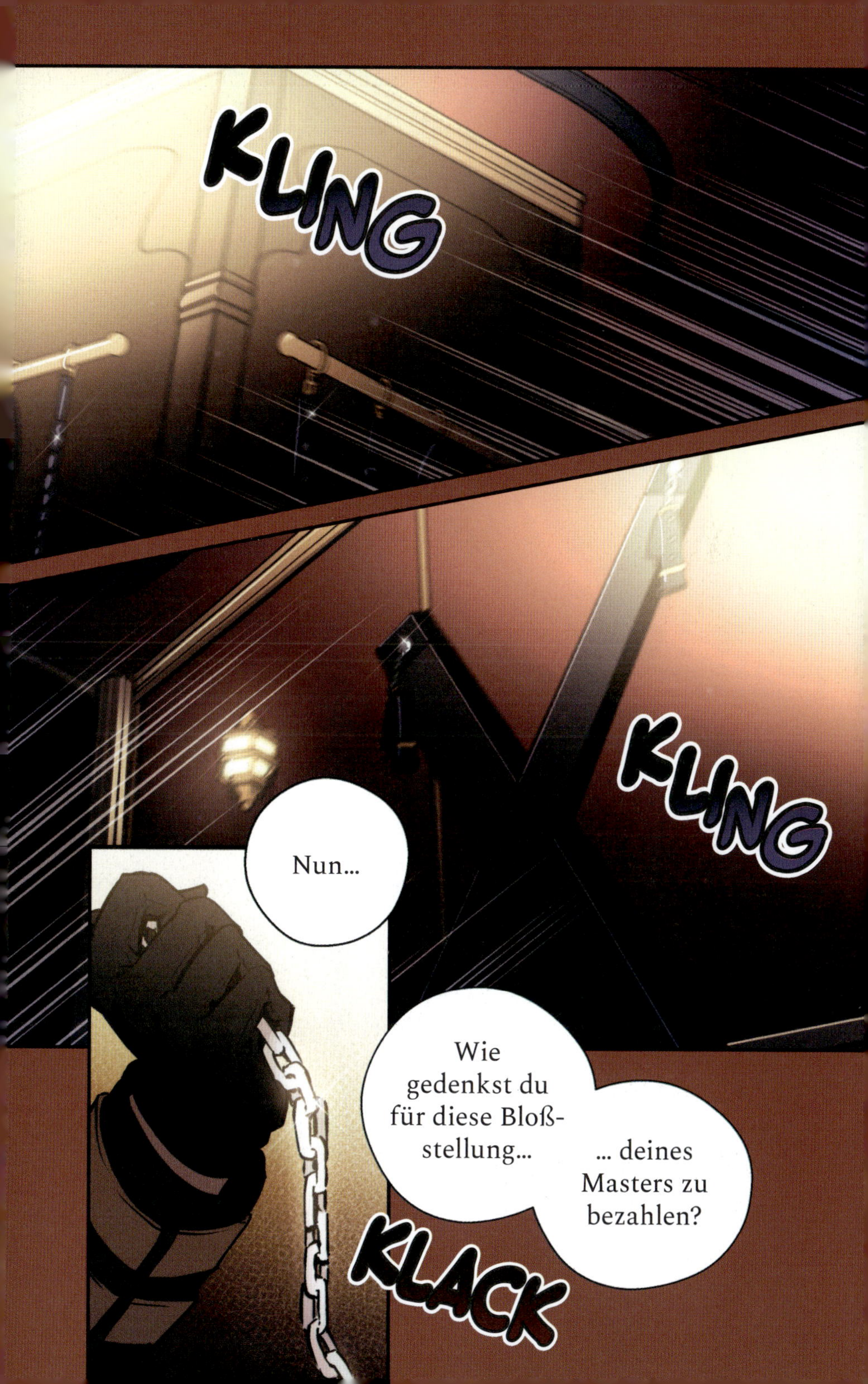
KLING
KLING
Nun...
Wie gedenkst du für diese Bloß-stellung...
... deines Masters zu bezahlen?
KLACK

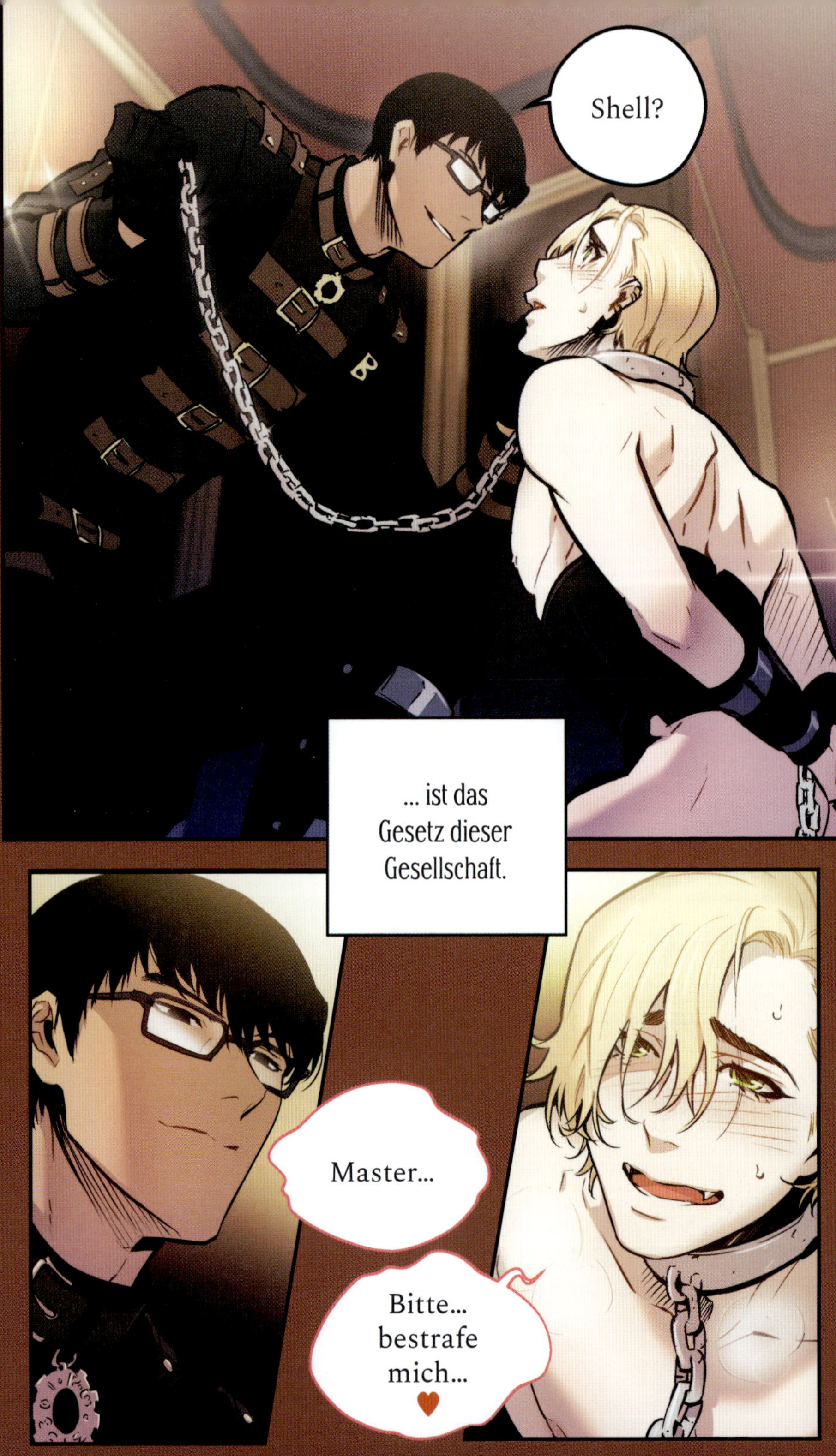
Shell?
... ist das
Gesetz dieser
Gesellschaft.
Master...
Bitte...
bestrafe
mich...
♥

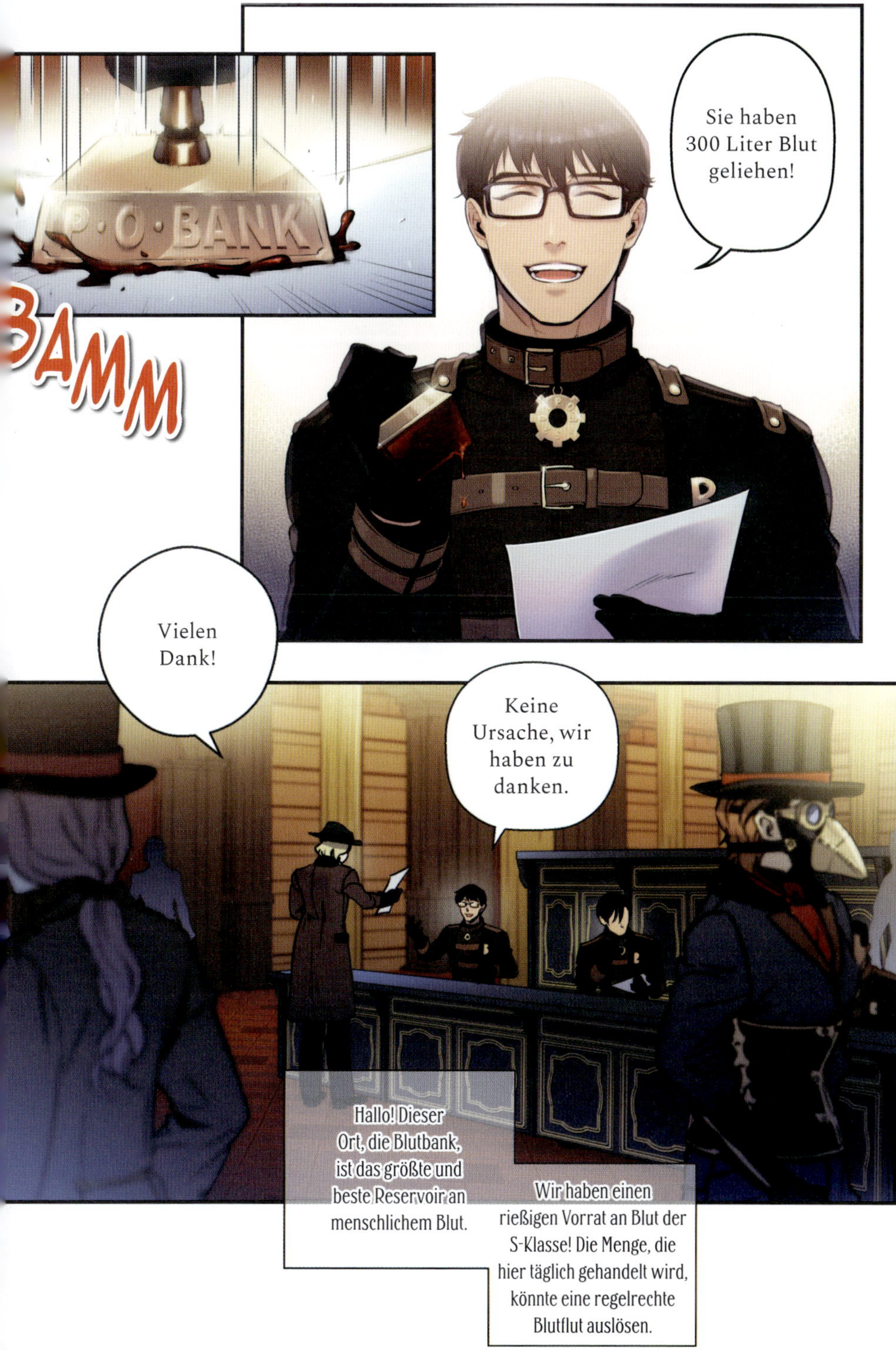
P·O·BANK
BAMM
Sie haben 300 Liter Blut geliehen!
Vielen Dank!
Keine Ursache, wir haben zu danken.
Hallo! Dieser Ort, die Blutbank, ist das größte und beste Reservoir an menschlichem Blut.
Wir haben einen rießigen Vorrat an Blut der S-Klasse! Die Menge, die hier täglich gehandelt wird, könnte eine regelrechte Blutflut auslösen.

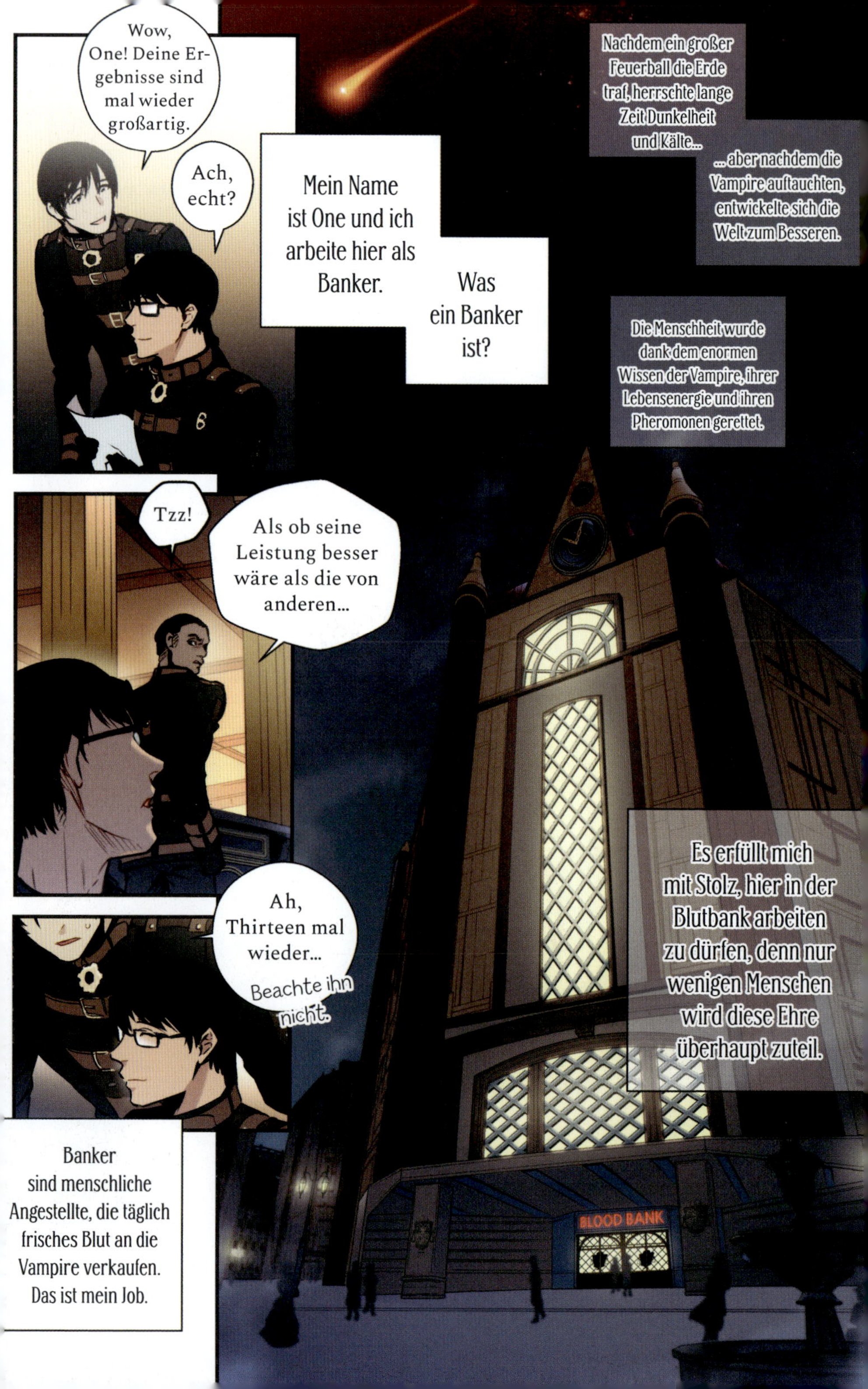
Nachdem ein großer Feuerball die Erde traf, herrschte lange Zeit Dunkelheit und Kälte...
... aber nachdem die Vampire auftauchten, entwickelte sich die Welt zum Besseren.
Die Menschheit wurde dank dem enormen Wissen der Vampire, ihrer Lebensenergie und ihren Pheromonen gerettet.
Mein Name ist One und ich arbeite hier als Banker.
Was ein Banker ist?
Wow, One! Deine Ergebnisse sind mal wieder großartig.
Ach, echt?
Tzz!
Als ob seine Leistung besser wäre als die von anderen...
Ah, Thirteen mal wieder...
Beachte ihn nicht.
Es erfüllt mich mit Stolz, hier in der Blutbank arbeiten zu dürfen, denn nur wenigen Menschen wird diese Ehre überhaupt zuteil.
Banker sind menschliche Angestellte, die täglich frisches Blut an die Vampire verkaufen. Das ist mein Job.
BLOOD BANK

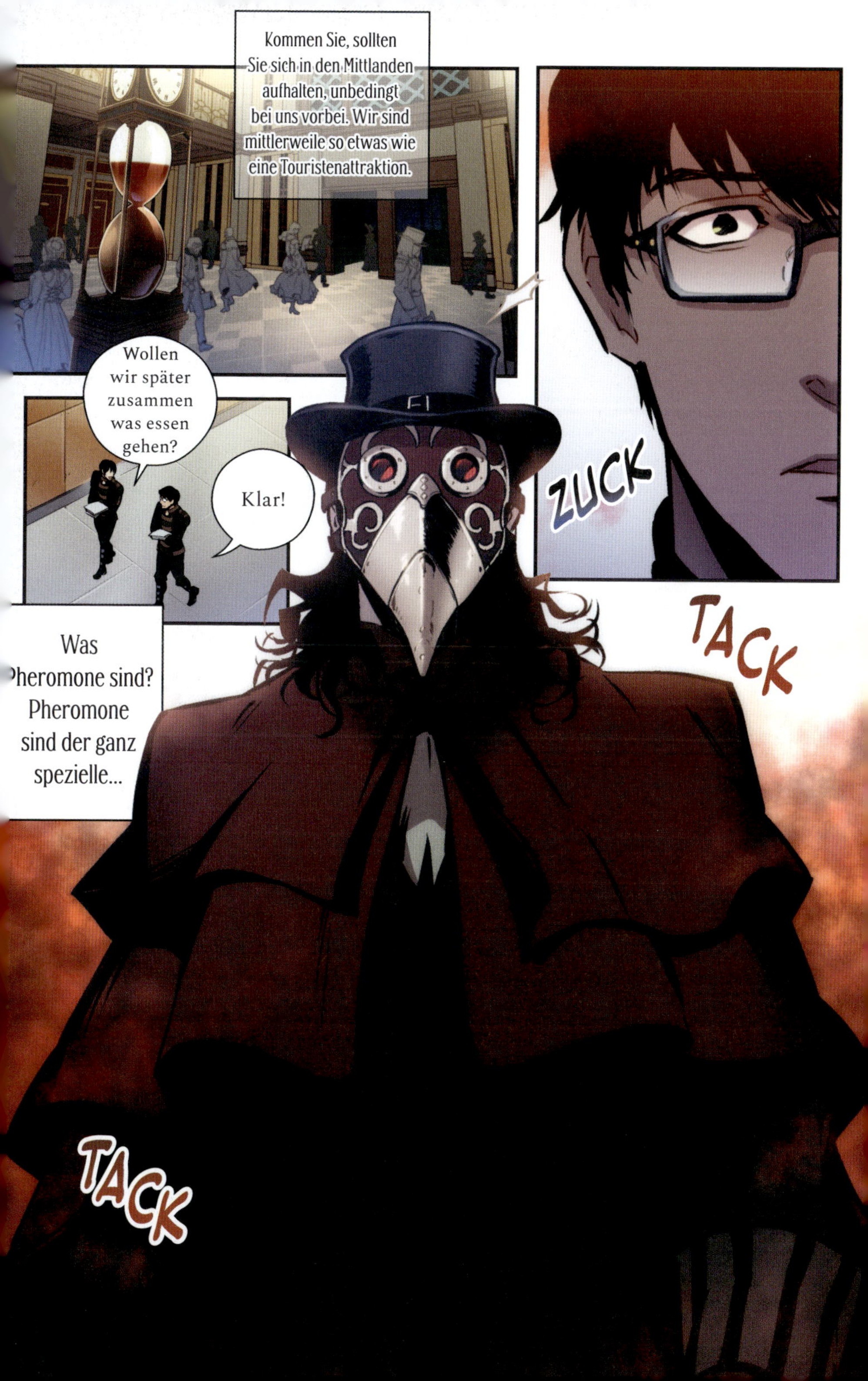

Kommen Sie, sollten Sie sich in den Mittlanden aufhalten, unbedingt bei uns vorbei. Wir sind mittlerweile so etwas wie eine Touristenattraktion.
Wollen wir später zusammen was essen gehen?
Klar!
ZUCK
TACK
Was Pheromone sind? Pheromone sind der ganz spezielle...
TACK

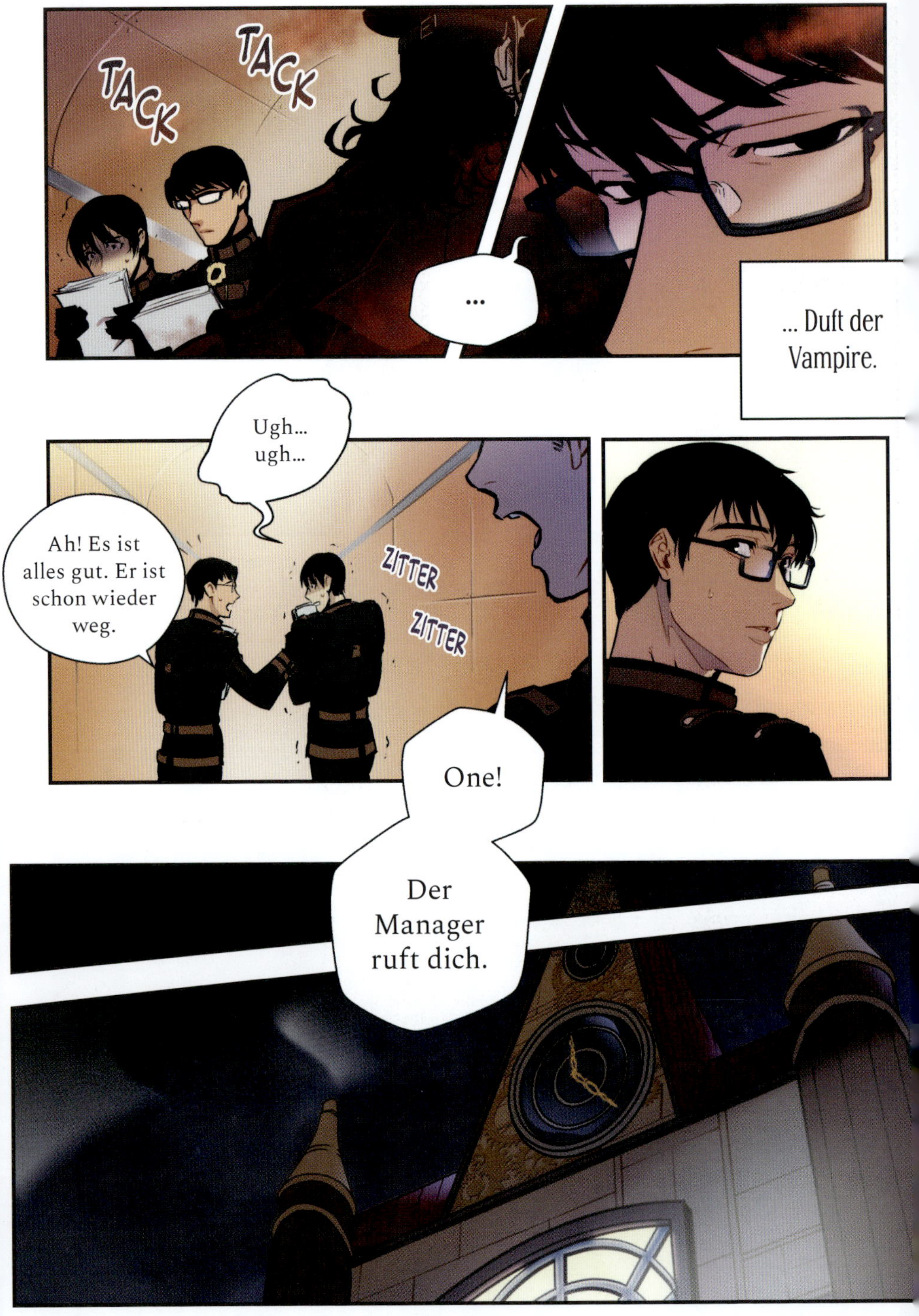
TACK
TACK
...
... Duft der Vampire.
Ugh... ugh...
Ah! Es ist alles gut. Er ist schon wieder weg.
ZITTER
ZITTER
One!
Der Manager ruft dich.

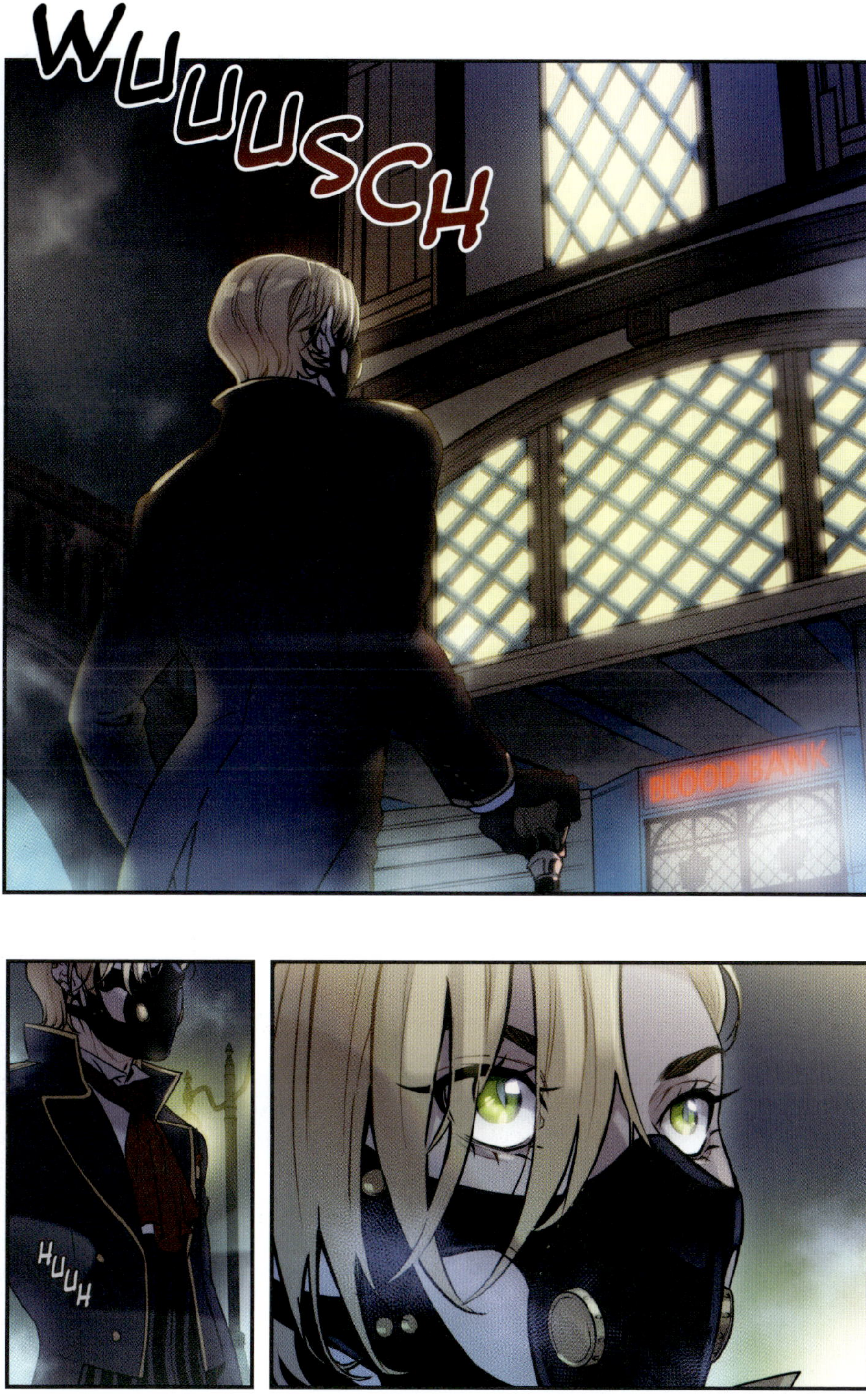
WUUUSCH
BLOOD BANK
HUUH

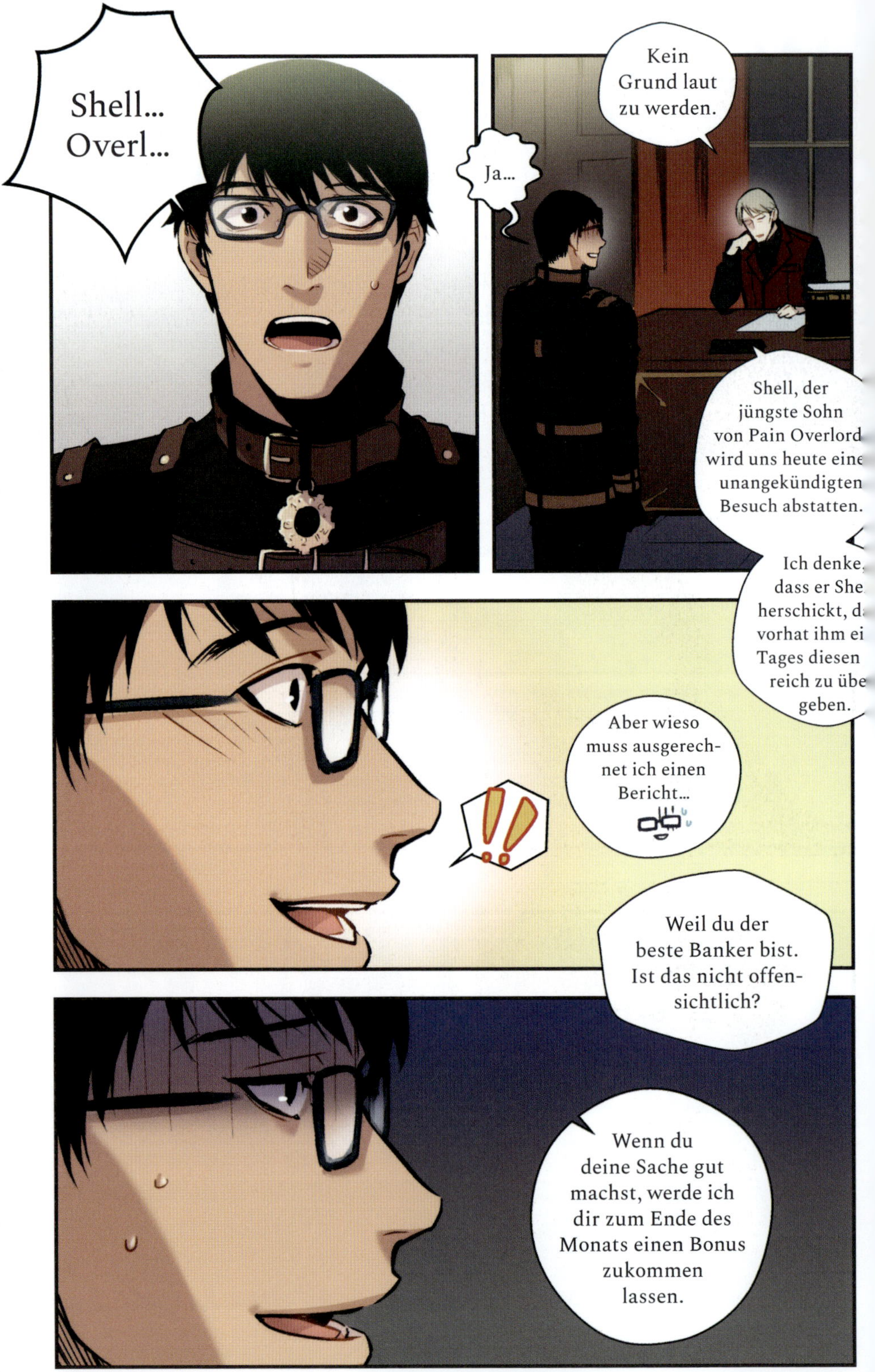
Shell... Overl...
Kein Grund laut zu werden.
Ja...
Shell, der jüngste Sohn von Pain Overlord wird uns heute eine unangekündigten Besuch abstatten.
Ich denke, dass er She herschickt, d vorhat ihm ei Tages diesen reich zu übe geben.
Aber wieso muss ausgerech- net ich einen Bericht...
Weil du der beste Banker bist. Ist das nicht offen- sichtlich?
Wenn du deine Sache gut machst, werde ich dir zum Ende des Monats einen Bonus zukommen lassen.

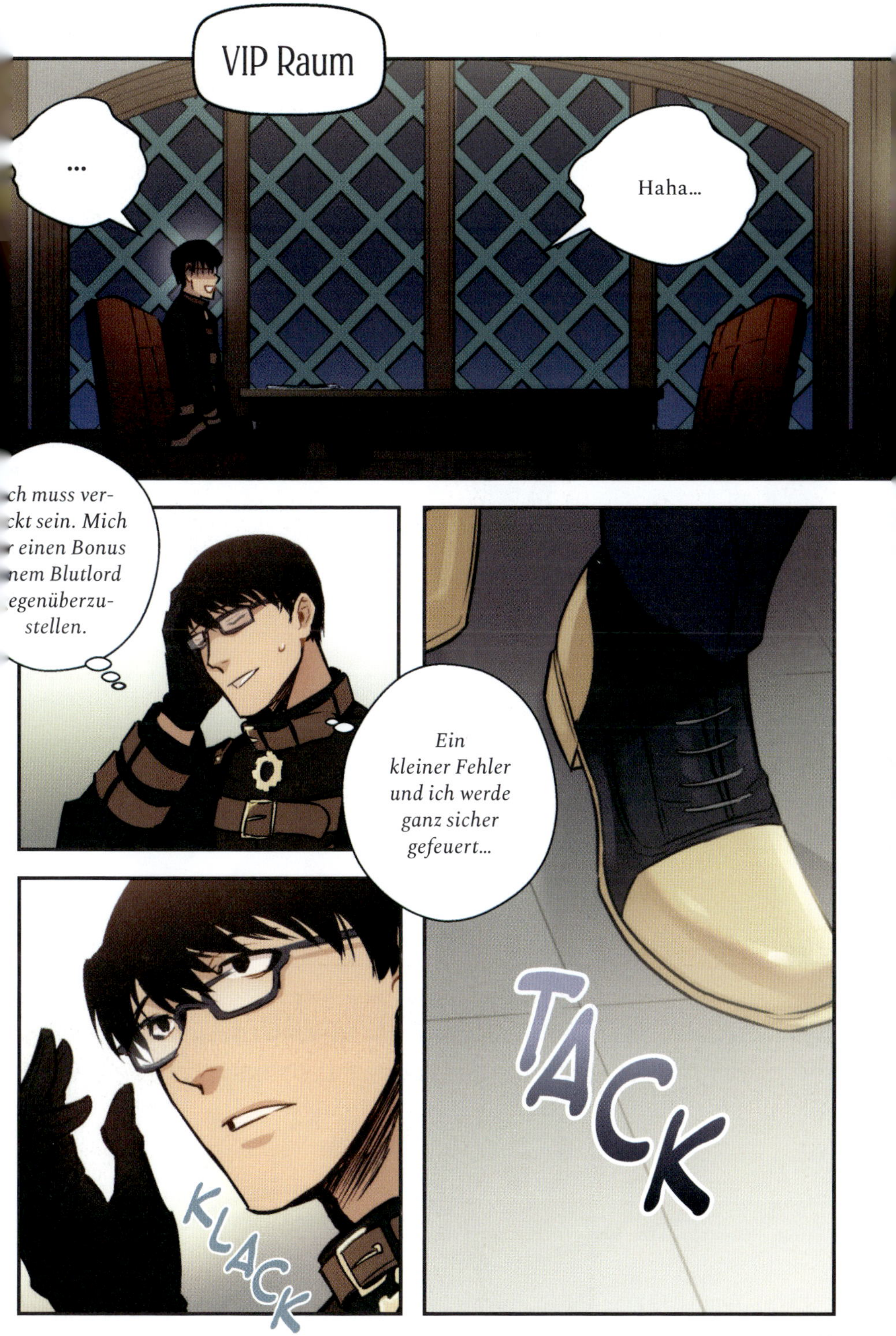
VIP Raum
...
Haha...
ch muss ver-
ckt sein. Mich
r einen Bonus
nem Blutlord
egenüberzu-
stellen.
Ein kleiner Fehler und ich werde ganz sicher gefeuert...
TACK
KLACK

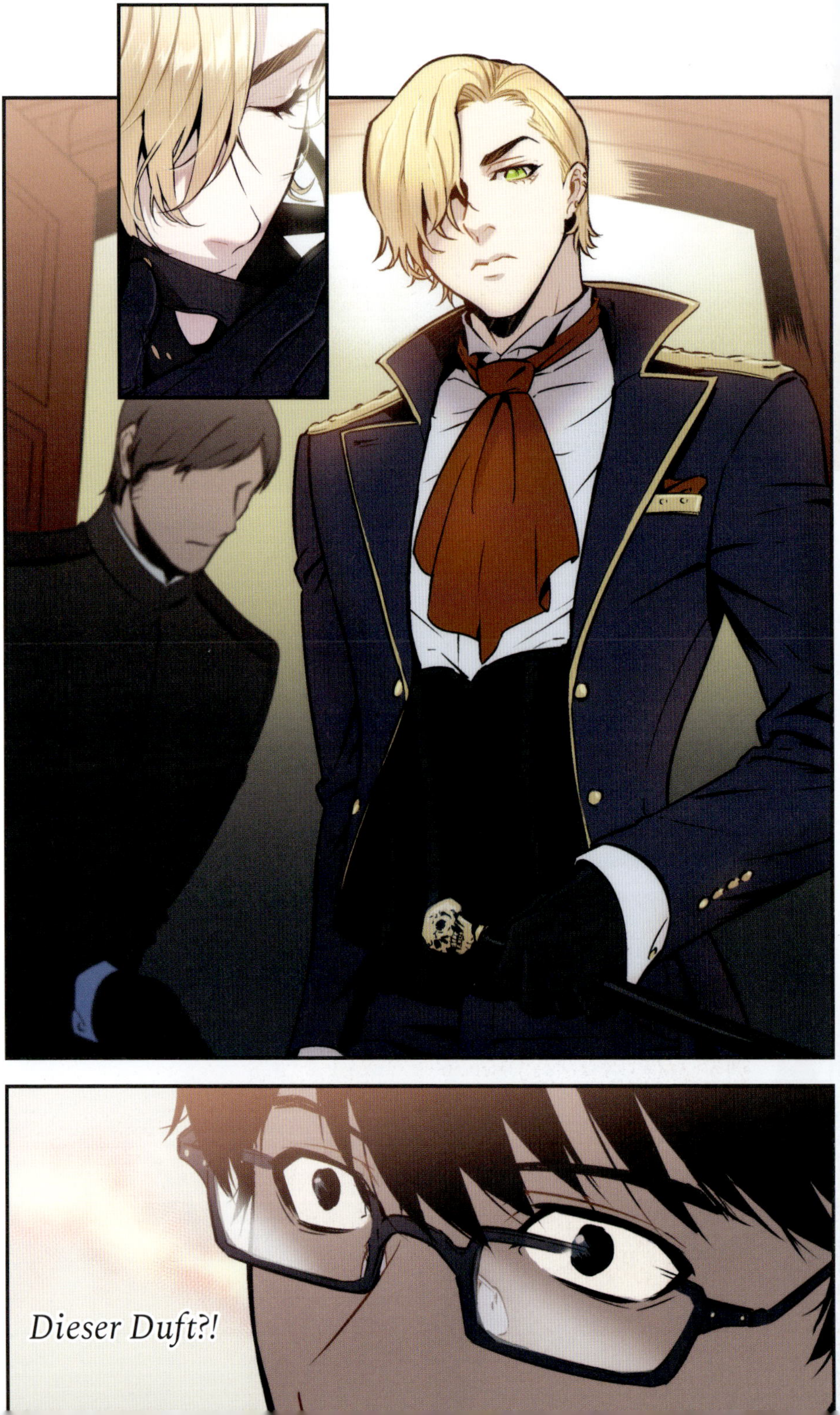
Dieser Duft?!

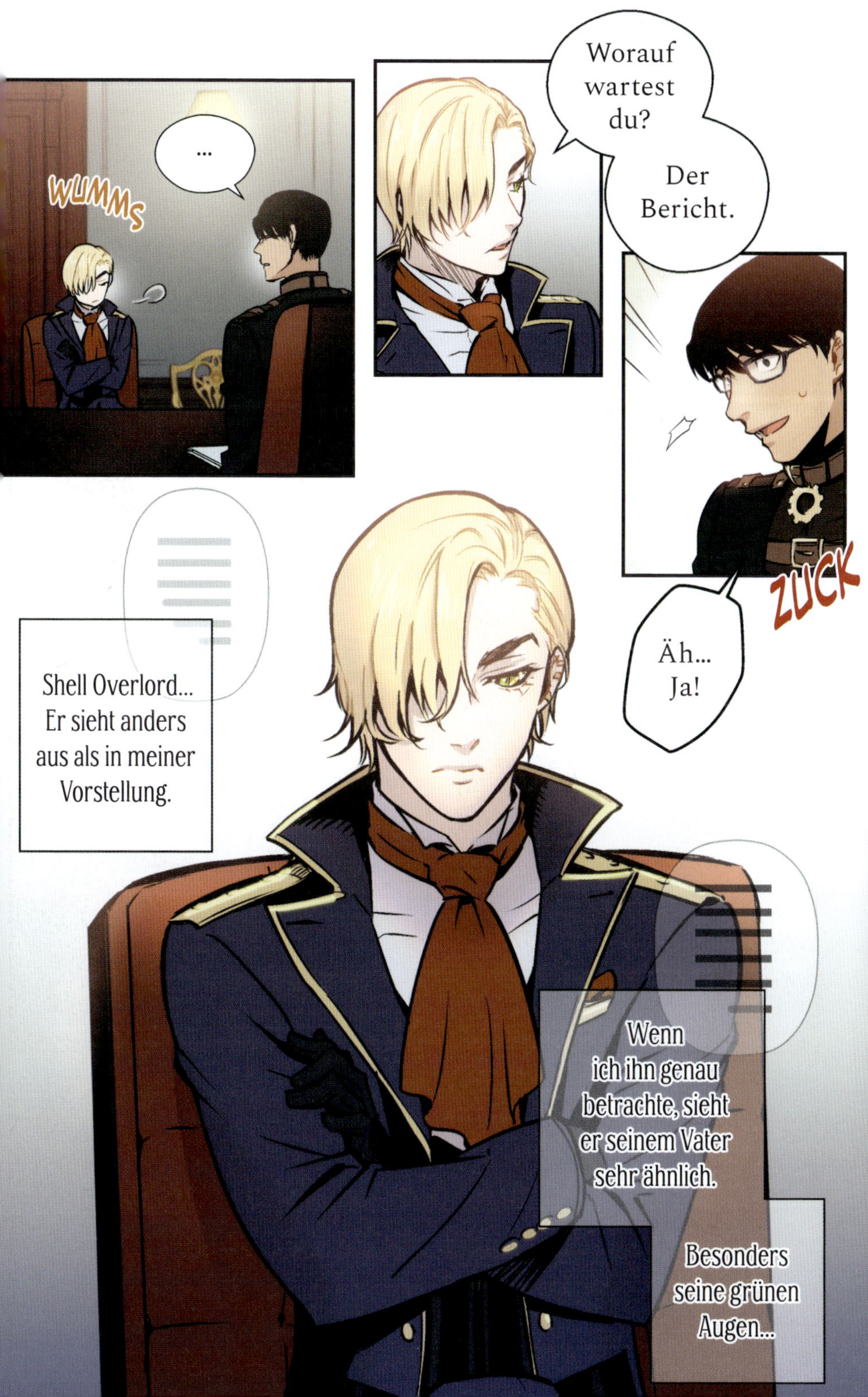

WUMMS
...
Worauf wartest du?
Der Bericht.
ZUCK
Äh... Ja!
Shell Overlord... Er sieht anders aus als in meiner Vorstellung.
Wenn ich ihn genau betrachte, sieht er seinem Vater sehr ähnlich.
Besonders seine grünen Augen...

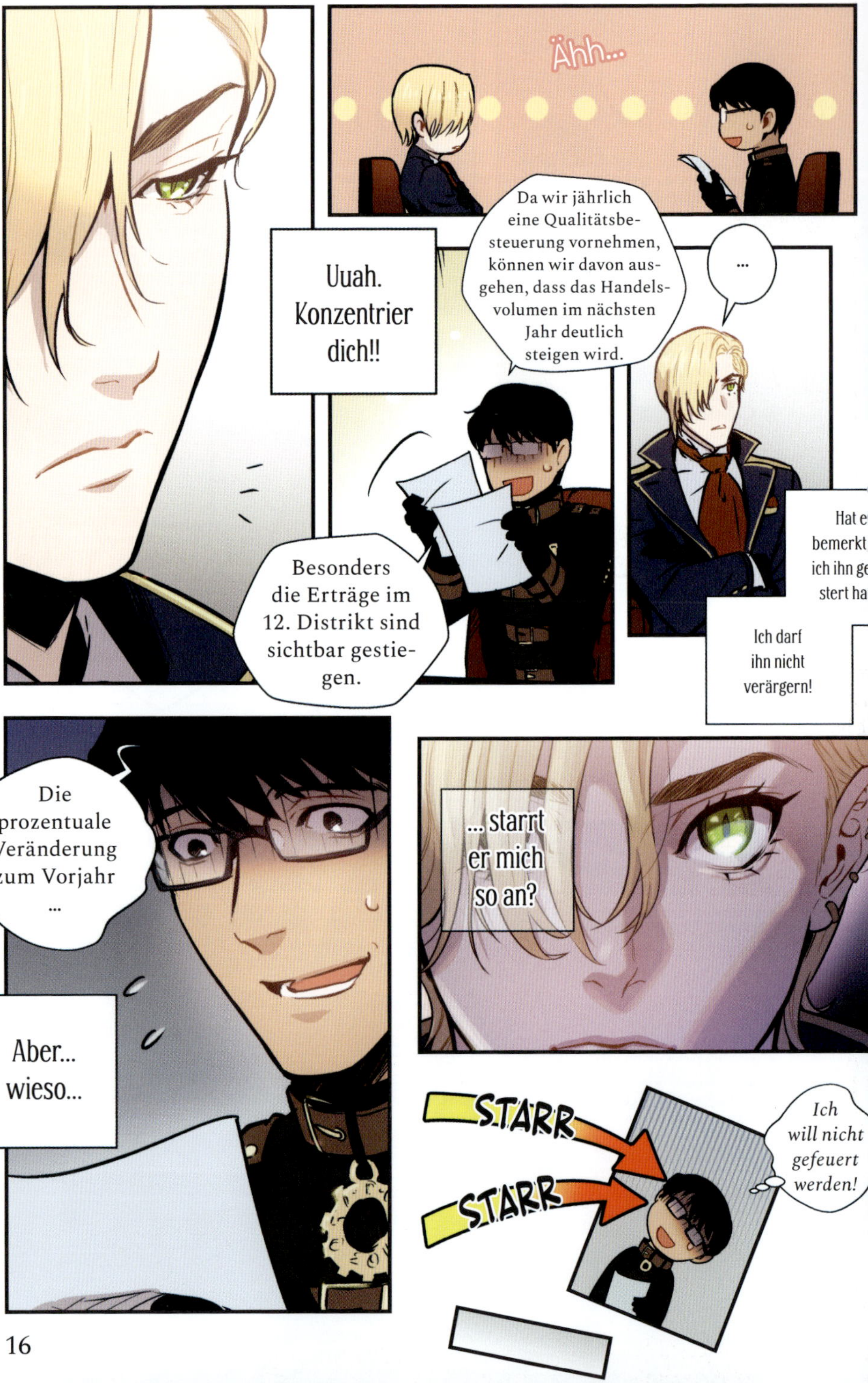
Ähh...
Da wir jährlich eine Qualitätsbesteuerung vornehmen, können wir davon ausgehen, dass das Handelsvolumen im nächsten Jahr deutlich steigen wird.
Uuah. Konzentrier dich!!
Besonders die Erträge im 12. Distrikt sind sichtbar gestiegen.
...
Ich darf ihn nicht verärgern!
Die prozentuale Veränderung zum Vorjahr ...
Aber... wieso...
... starrt er mich so an?
STARR
STARR
Ich will nicht gefeuert werden!

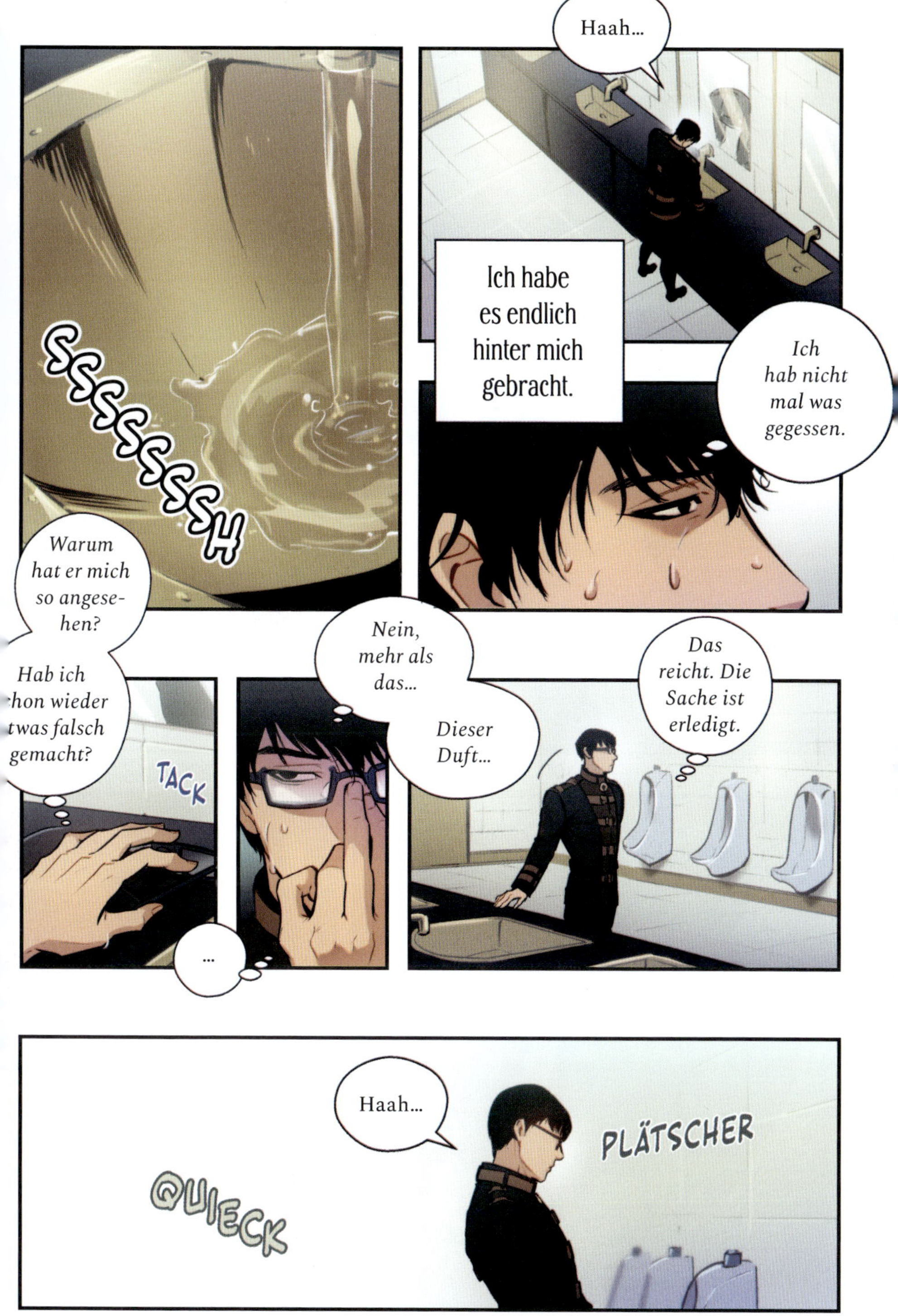
Haah...
SSSSSSSH
Ich habe es endlich hinter mich gebracht.
Ich hab nicht mal was gegessen.
Warum hat er mich so angesehen?
Hab ich hon wieder twas falsch gemacht?
TACK
...
Nein, mehr als das...
Dieser Duft...
Das reicht. Die Sache ist erledigt.
Haah...
PLÄTSCHER
QUIECK

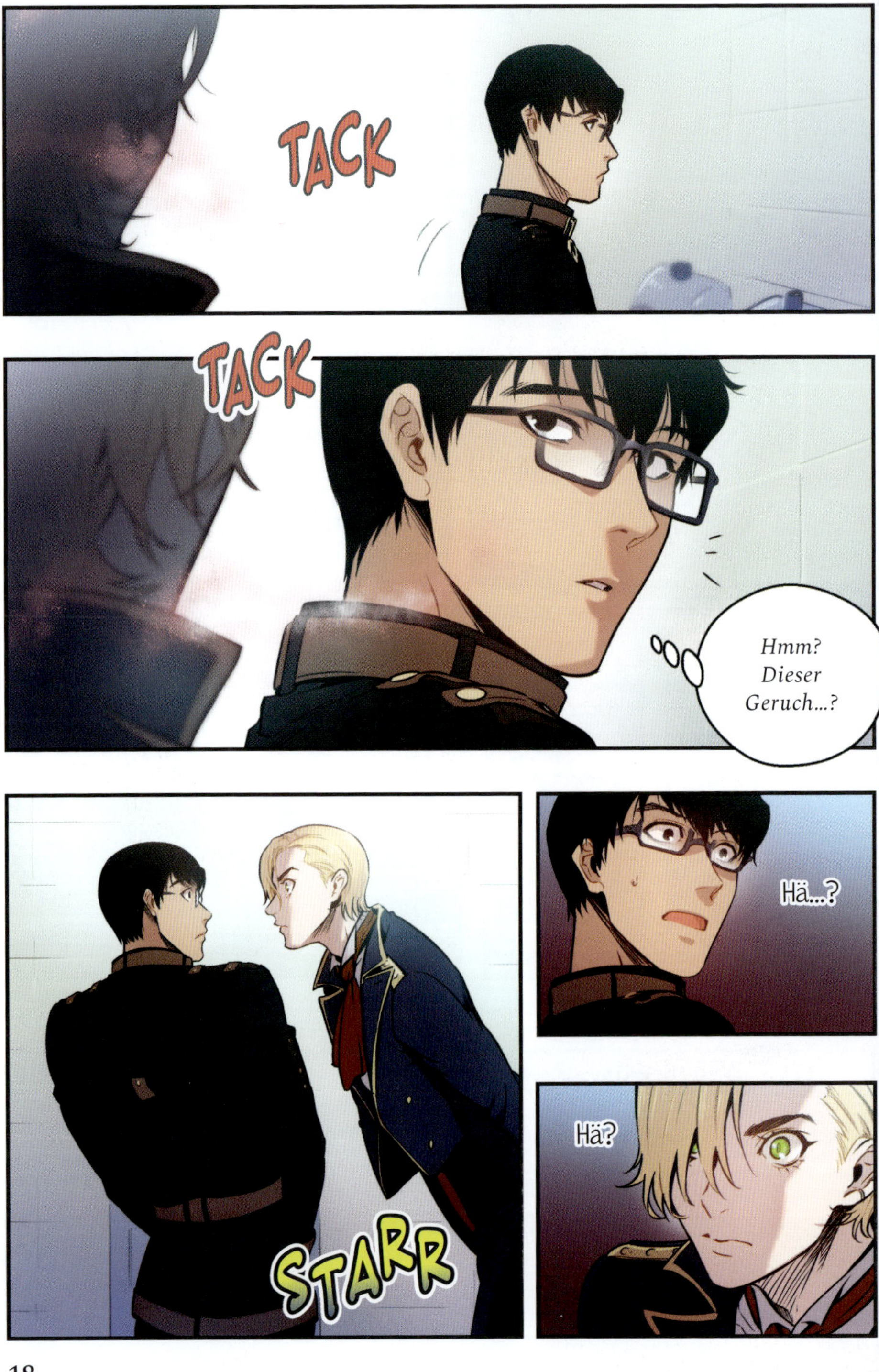
TACK
TACK
Hmm? Dieser Geruch...?
STARR
Hä...?
Hä?

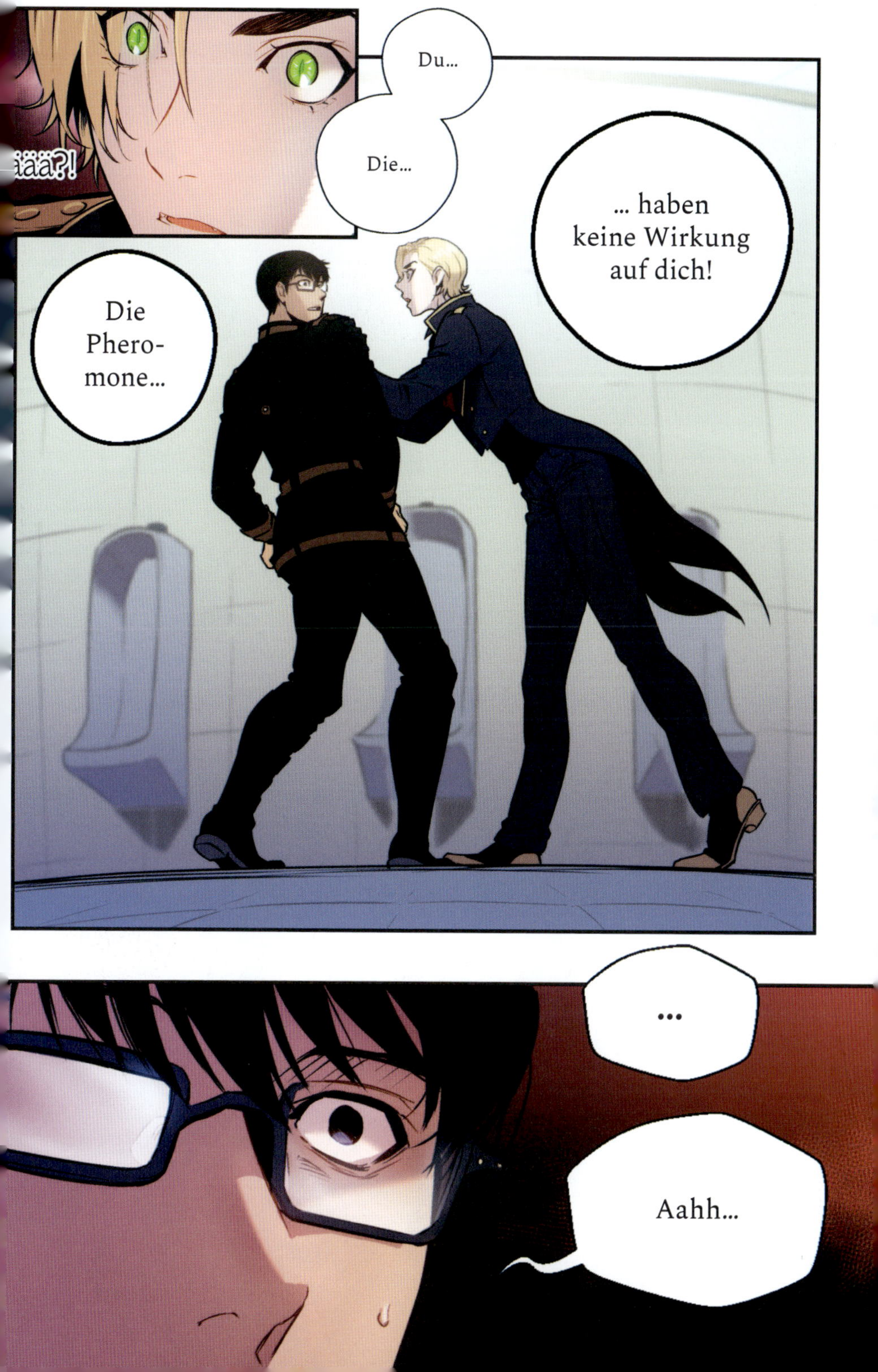
äää?!
Du...
Die...
... haben keine Wirkung auf dich!
Die Phero-mone...
...
Aahh...

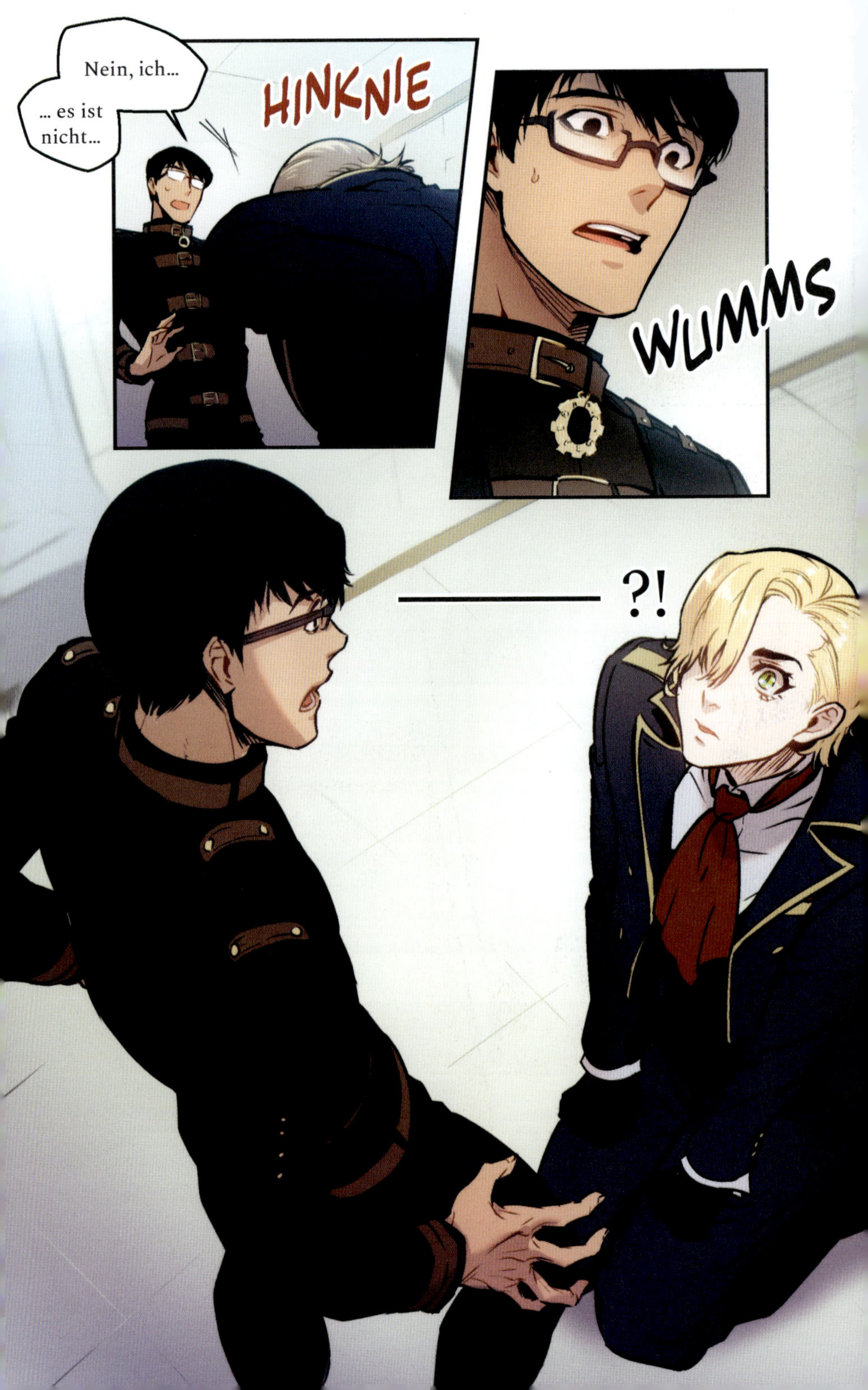
Nein, ich...
... es ist nicht...
HINKNIE
WUMMS
———— ?!

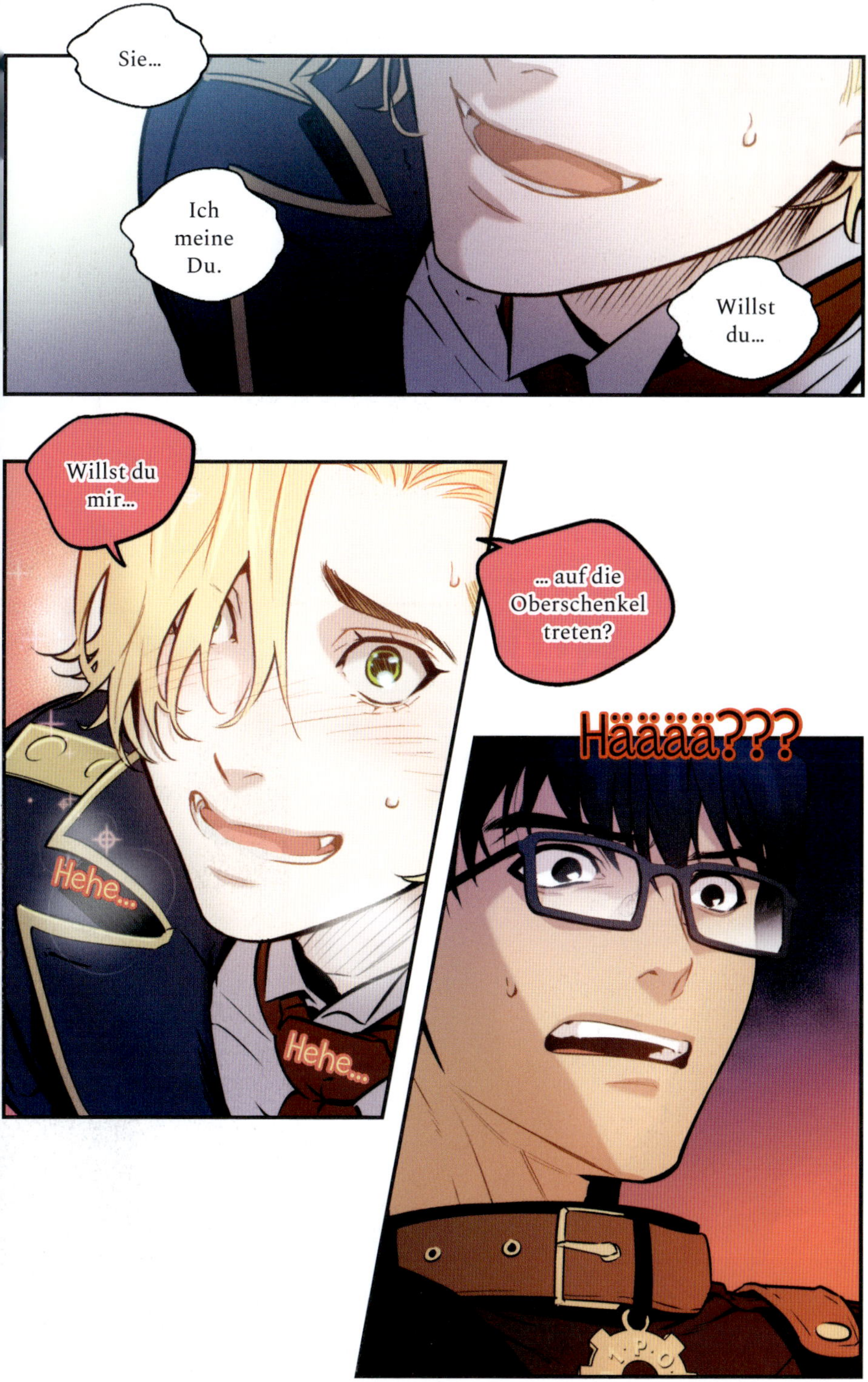
Sie...
Ich meine Du.
Willst du...
Willst du mir...
... auf die Oberschenkel treten?
Hehe...
Hehe...
Häääää???

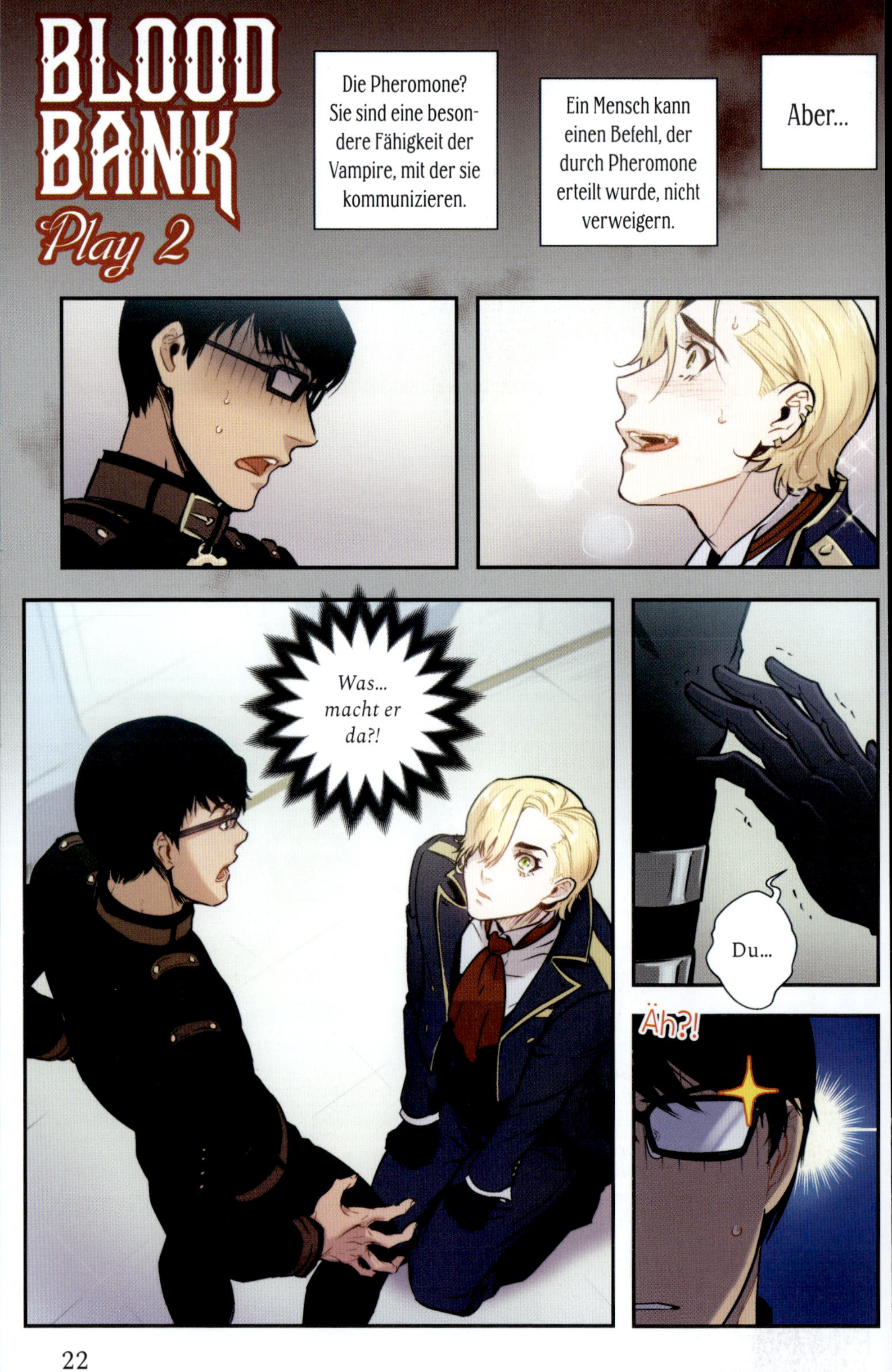
BLOOD BANK
Play 2
Die Pheromone? Sie sind eine besondere Fähigkeit der Vampire, mit der sie kommunizieren.
Ein Mensch kann einen Befehl, der durch Pheromone erteilt wurde, nicht verweigern.
Aber...
Was... macht er da?!
Du...
Äh?!

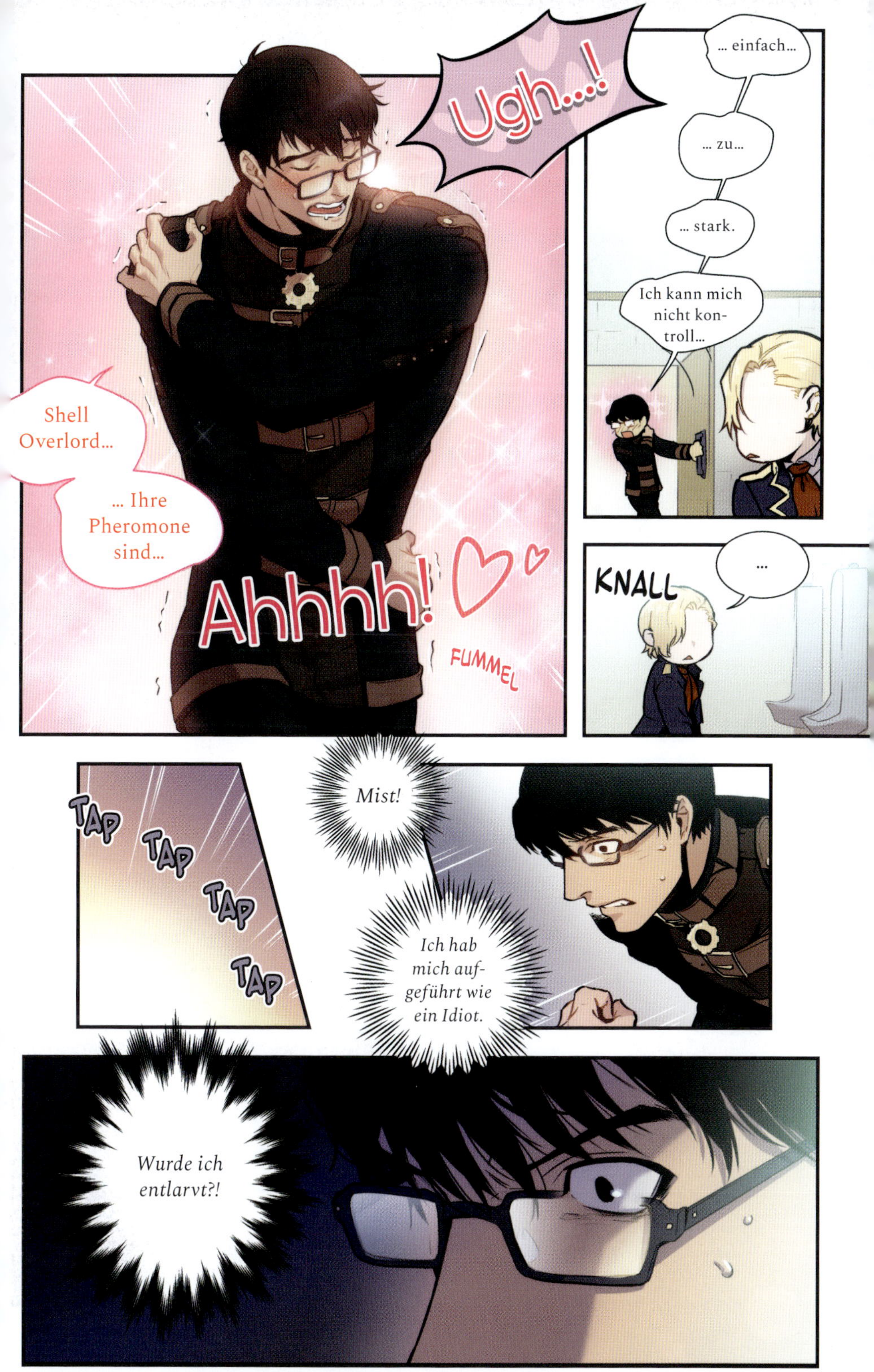

Ugh…!
… einfach…
… zu…
… stark.
Ich kann mich nicht kontroll…
Shell Overlord…
… Ihre Pheromone sind…
Ahhhh!
FUMMEL
KNALL
…
TAP TAP TAP TAP
Mist!
Ich hab mich aufgeführt wie ein Idiot.
Wurde ich entlarvt?!

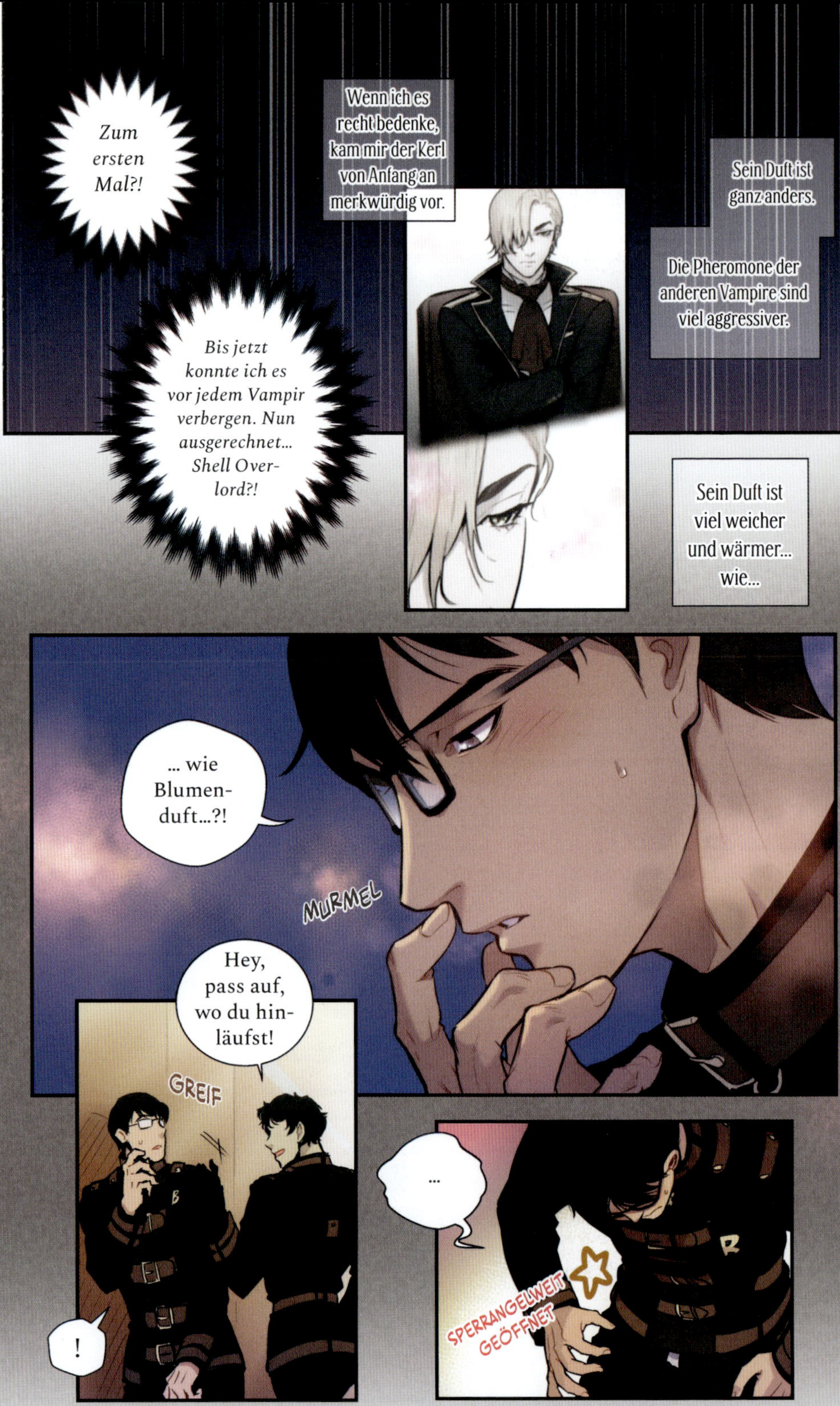

Zum ersten Mal?!
Wenn ich es recht bedenke, kam mir der Kerl von Anfang an merkwürdig vor.
Sein Duft ist ganz anders.
Die Pheromone der anderen Vampire sind viel aggressiver.
Bis jetzt konnte ich es vor jedem Vampir verbergen. Nun ausgerechnet... Shell Overlord?!
Sein Duft ist viel weicher und wärmer... wie...
... wie Blumenduft...?!
MURMEL
Hey, pass auf, wo du hinläufst!
GREIF
!
...
SPERRANGELWEIT GEÖFFNET

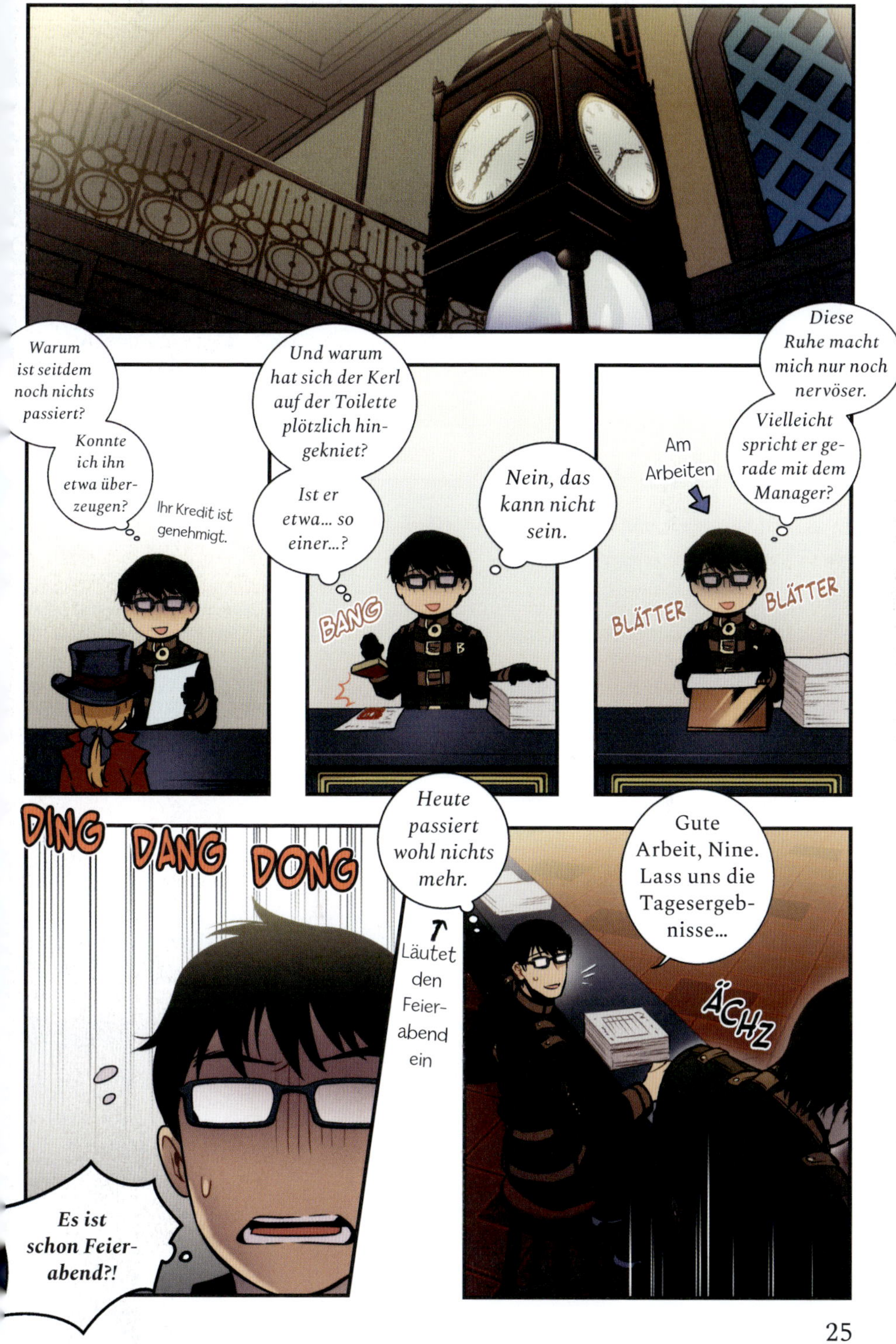
Warum ist seitdem noch nichts passiert?
Konnte ich ihn etwa überzeugen?
Ihr Kredit ist genehmigt.
Und warum hat sich der Kerl auf der Toilette plötzlich hingekniet?
Ist er etwa… so einer…?
BANG
Nein, das kann nicht sein.
Diese Ruhe macht mich nur noch nervöser.
Vielleicht spricht er gerade mit dem Manager?
Am Arbeiten
BLÄTTER
BLÄTTER
DING
DANG
DONG
Heute passiert wohl nichts mehr.
Läutet den Feierabend ein
Gute Arbeit, Nine. Lass uns die Tagesergebnisse…
ÄCHZ
Es ist schon Feierabend?!

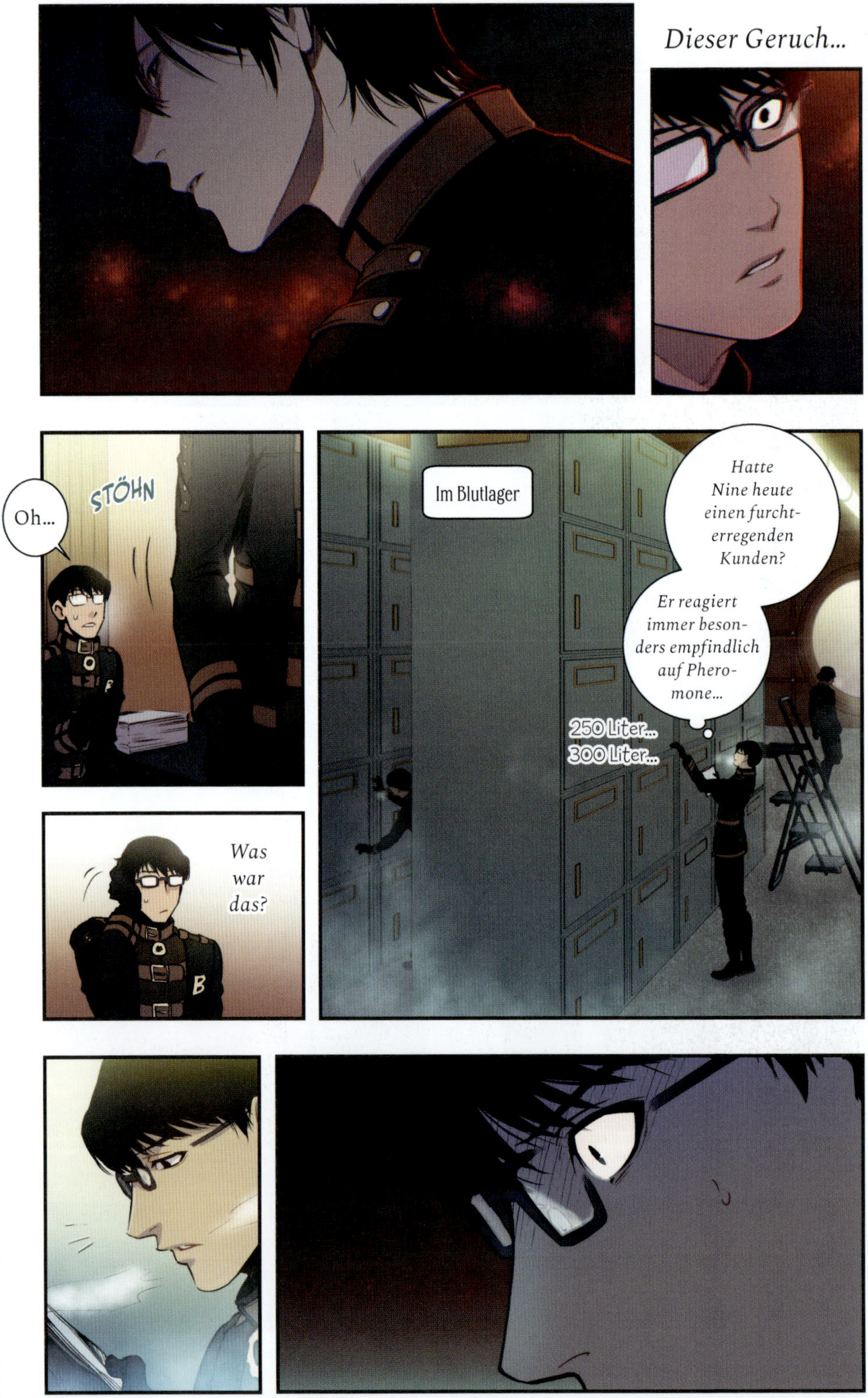
Dieser Geruch…
Oh…
STÖHN
Im Blutlager
Hatte Nine heute einen furcht-erregenden Kunden?
Er reagiert immer beson-ders empfindlich auf Phero-mone…
250 Liter…
300 Liter…
Was war das?

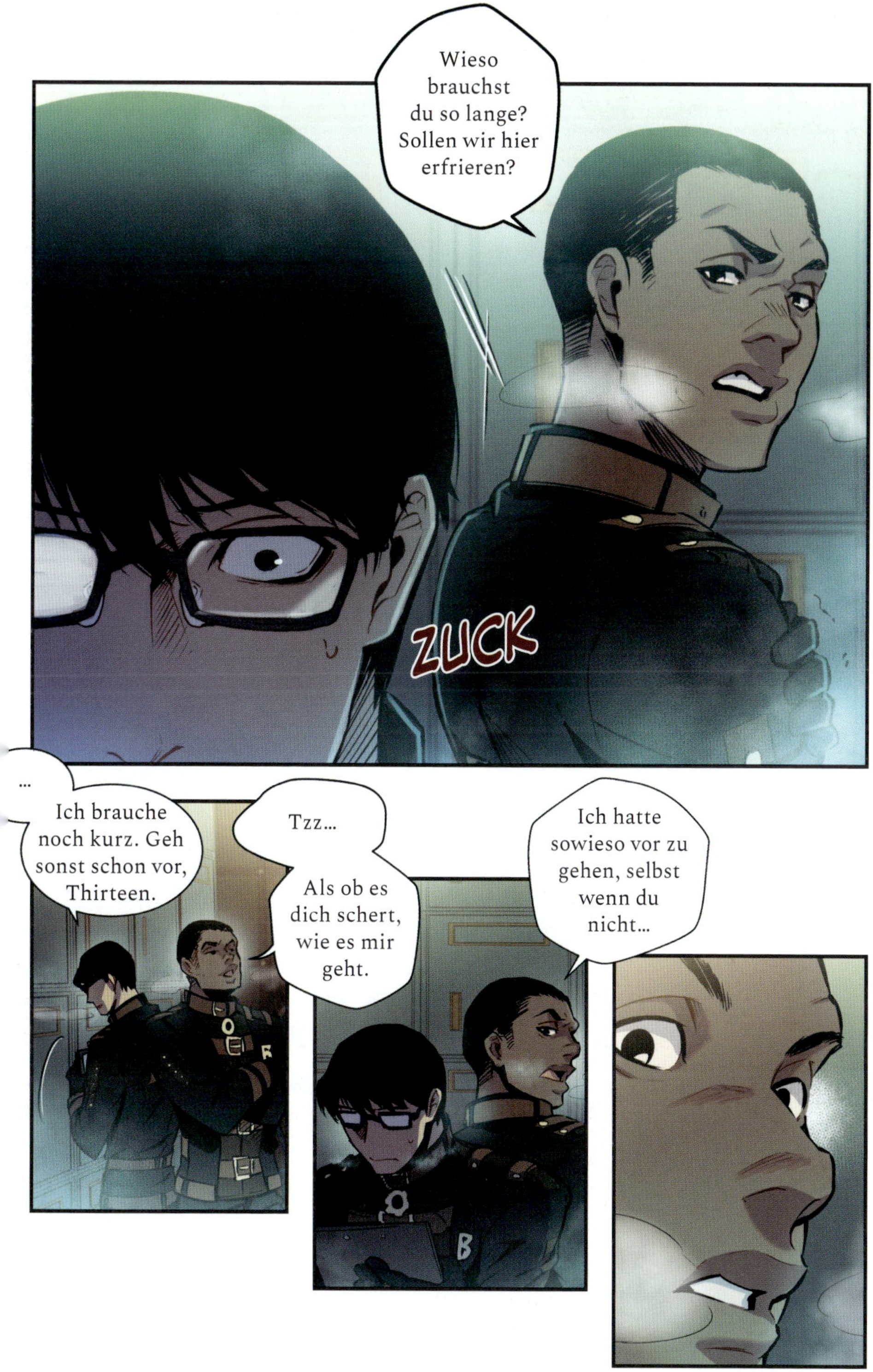
Wieso brauchst du so lange? Sollen wir hier erfrieren?
ZUCK
…
Ich brauche noch kurz. Geh sonst schon vor, Thirteen.
Tzz…
Als ob es dich schert, wie es mir geht.
Ich hatte sowieso vor zu gehen, selbst wenn du nicht…

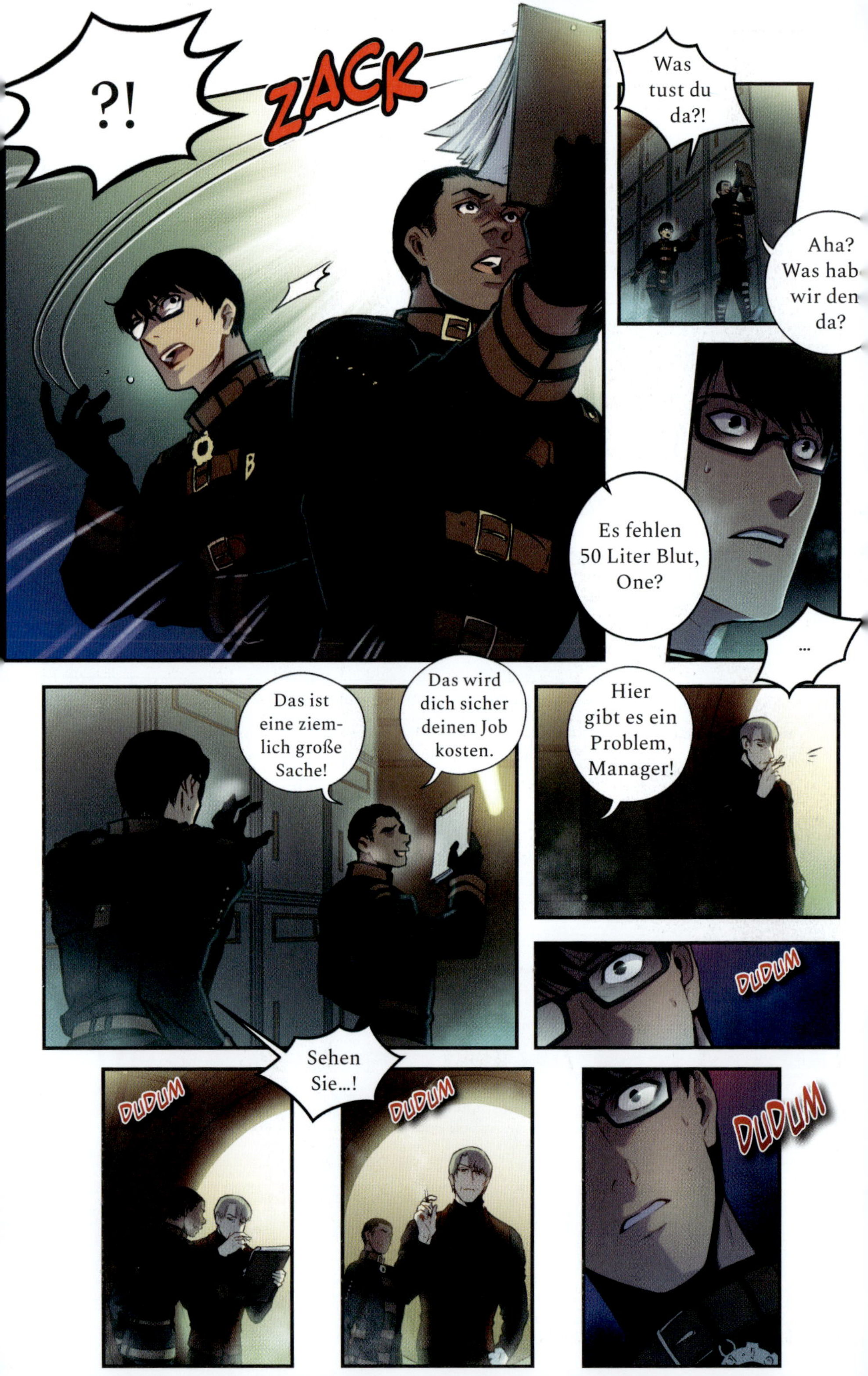
?!
ZACK
Was tust du da?!
Aha? Was habe wir den da?
Es fehlen 50 Liter Blut, One?
...
Das ist eine ziemlich große Sache!
Das wird dich sicher deinen Job kosten.
Hier gibt es ein Problem, Manager!
DUDUM
Sehen Sie...!
DUDUM
DUDUM
DUDUM

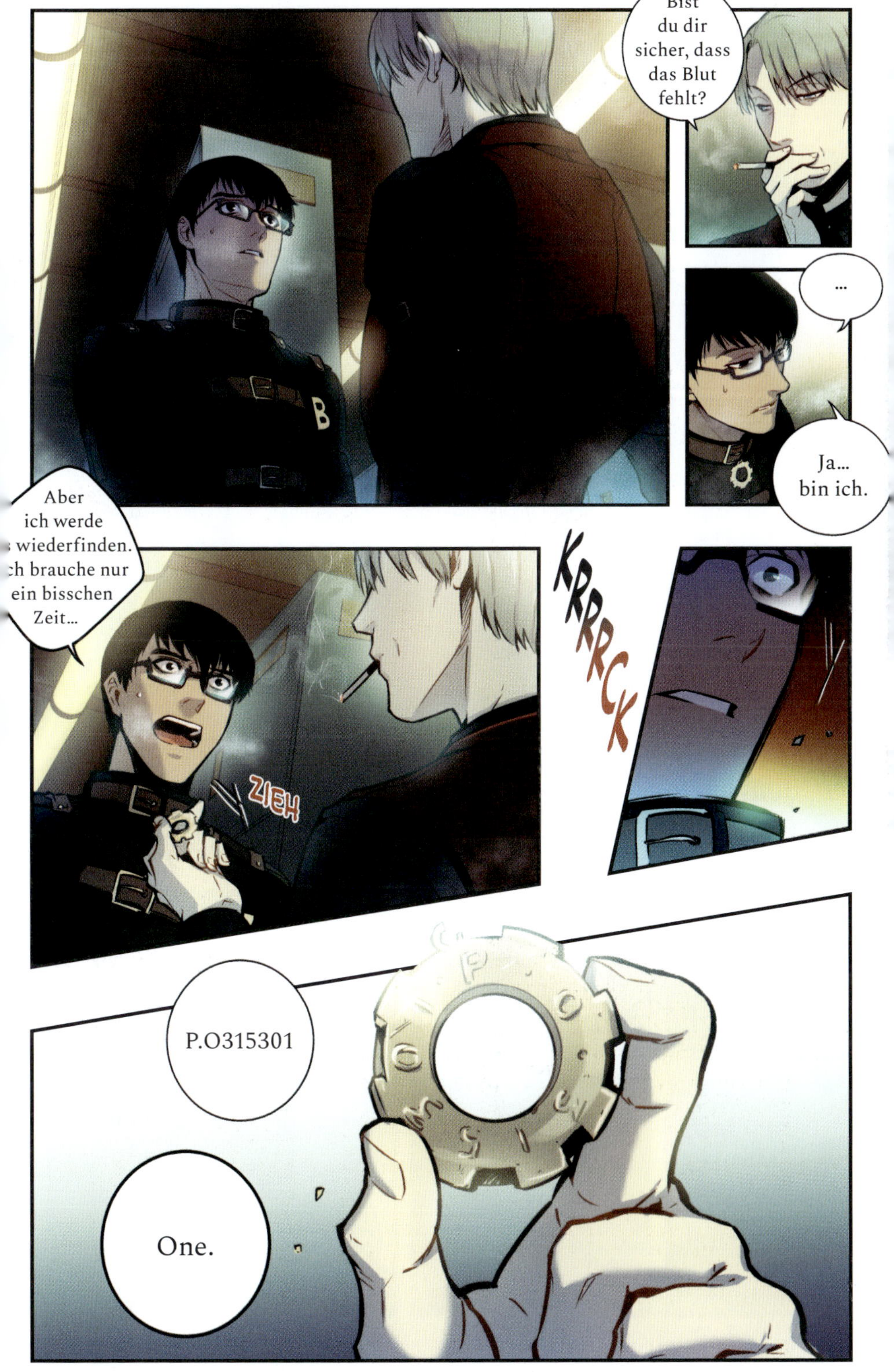
Bist du dir sicher, dass das Blut fehlt?
...
Ja... bin ich.
Aber ich werde s wiederfinden. ch brauche nur ein bisschen Zeit...
ZIEH
KRRRCK
P.O315301
One.

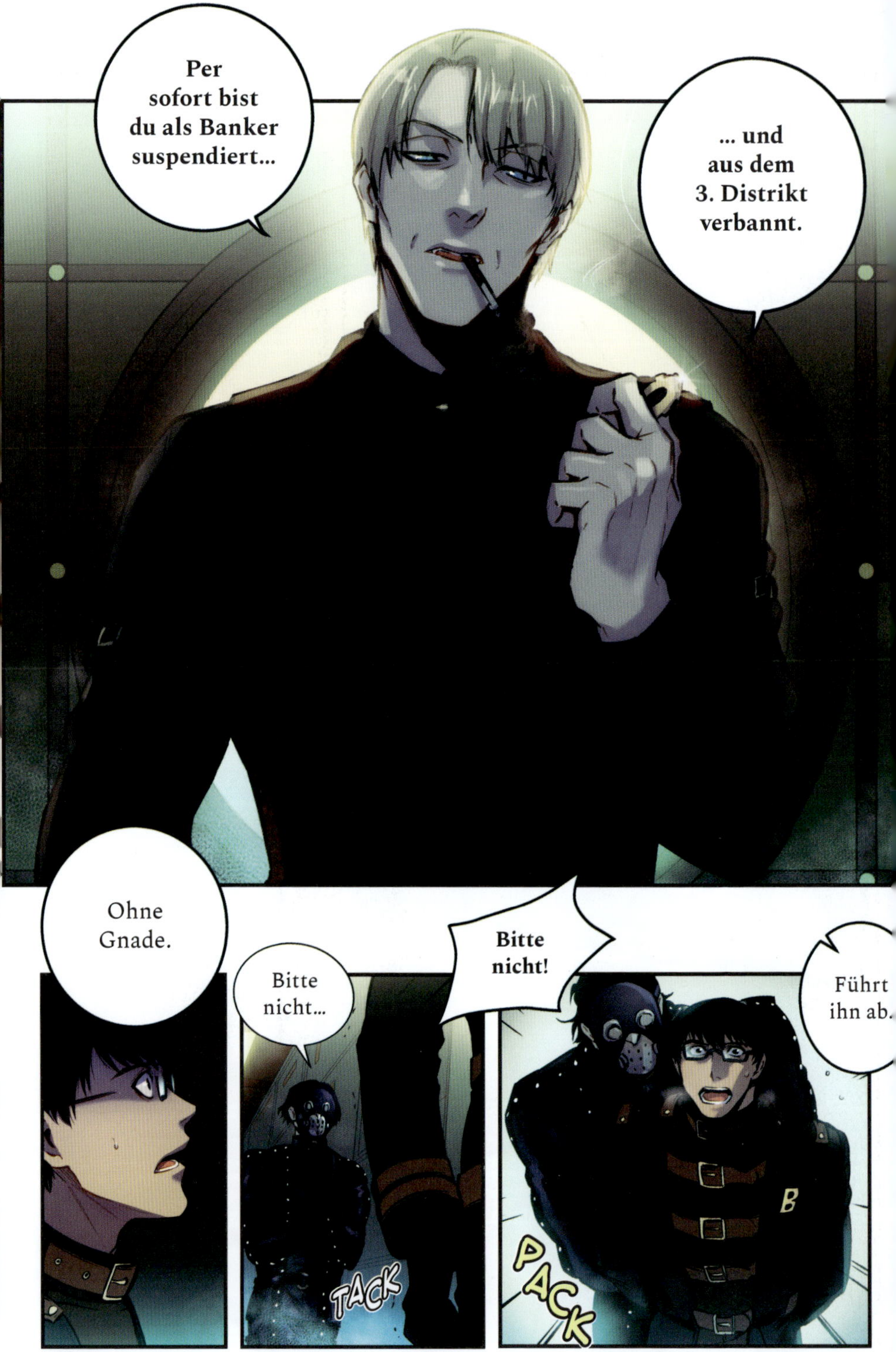
Per sofort bist du als Banker suspendiert...
... und aus dem 3. Distrikt verbannt.
Ohne Gnade.
Bitte nicht...
TACK
Bitte nicht!
Führt ihn ab.
PACK

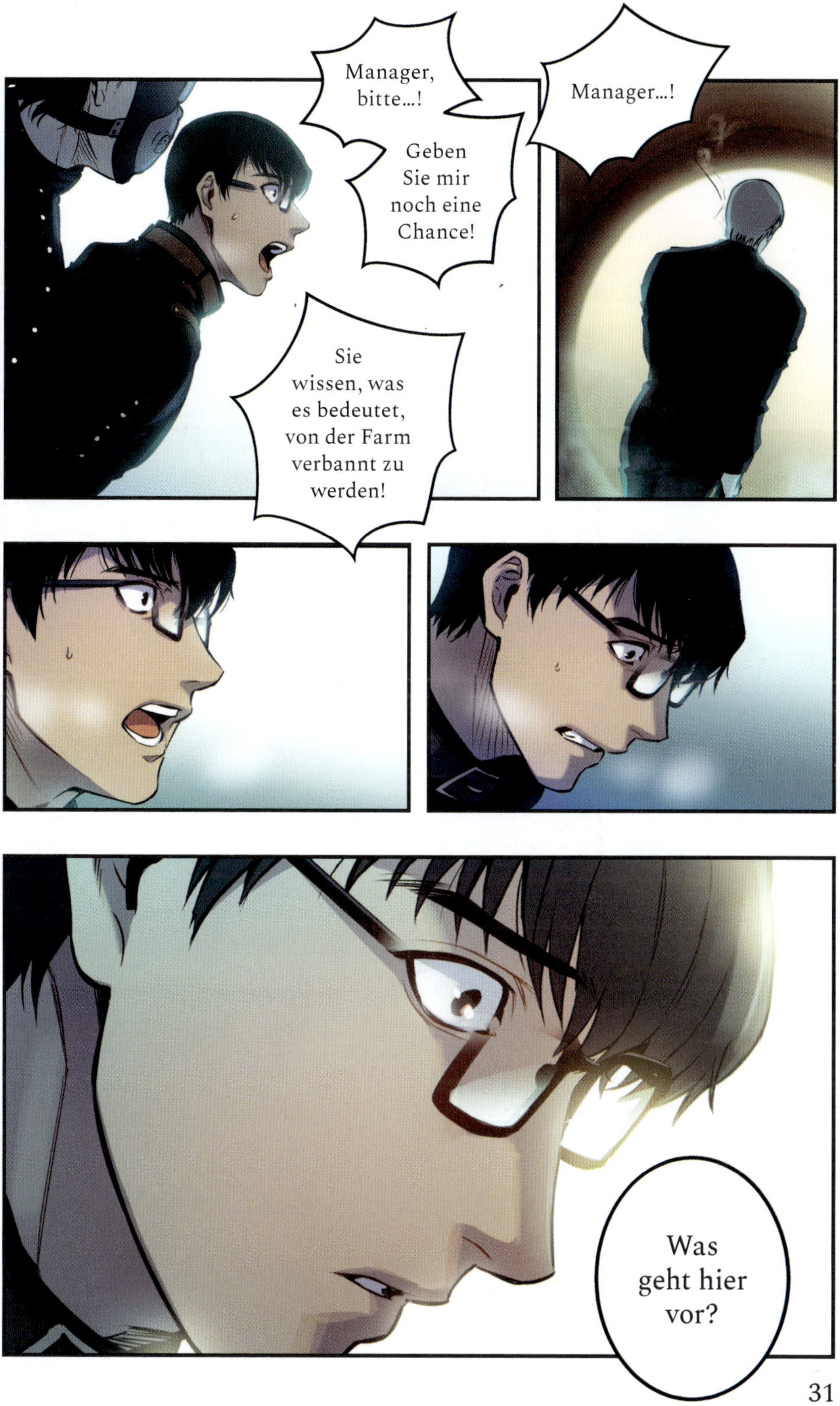
Manager, bitte…!
Geben Sie mir noch eine Chance!
Manager…!
Sie wissen, was es bedeutet, von der Farm verbannt zu werden!
Was geht hier vor?

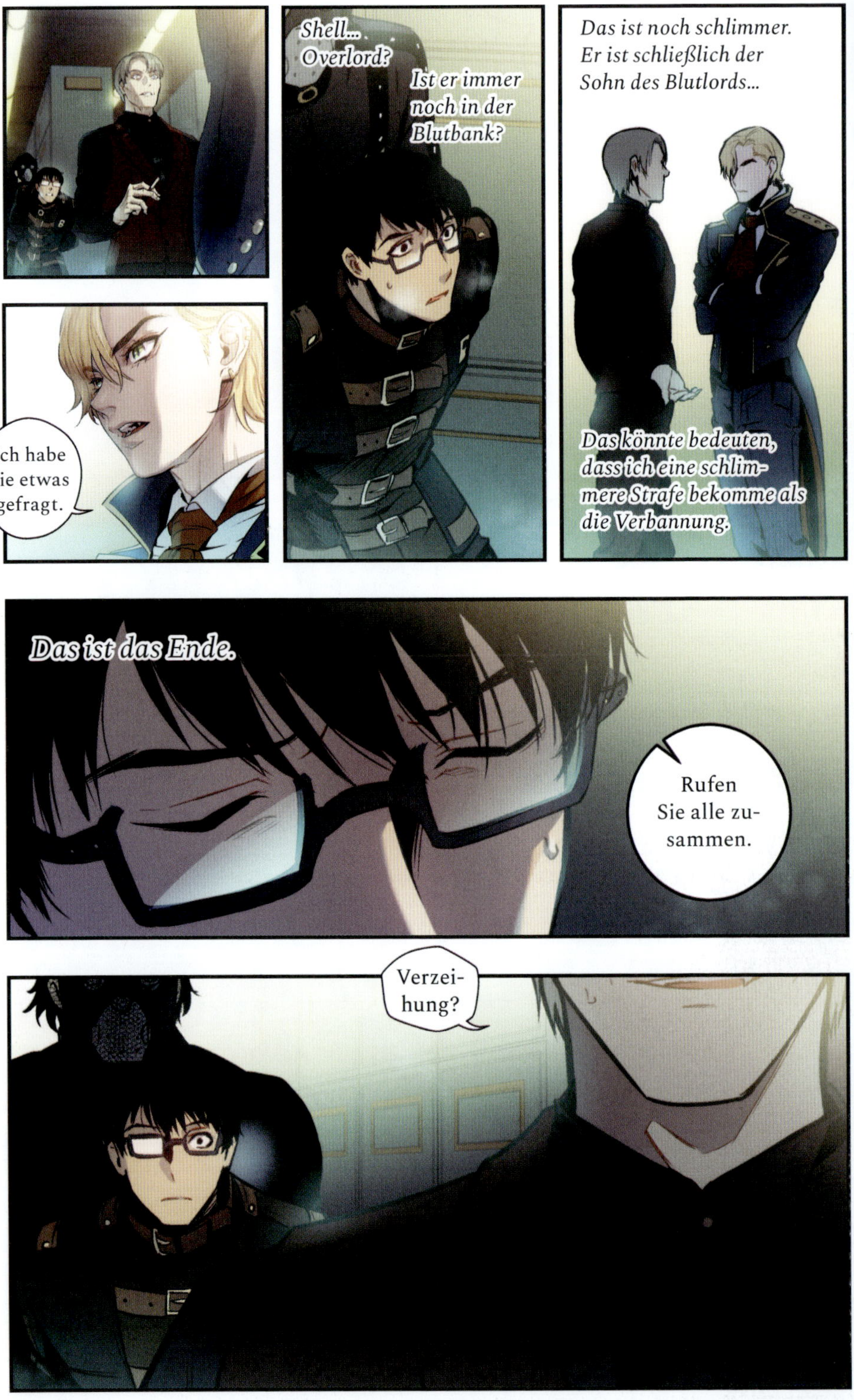
Ich habe Sie etwas gefragt.
Shell... Overlord?
Ist er immer noch in der Blutbank?
Das ist noch schlimmer. Er ist schließlich der Sohn des Blutlords...
Das könnte bedeuten, dass ich eine schlimmere Strafe bekomme als die Verbannung.
Das ist das Ende.
Rufen Sie alle zusammen.
Verzeihung?

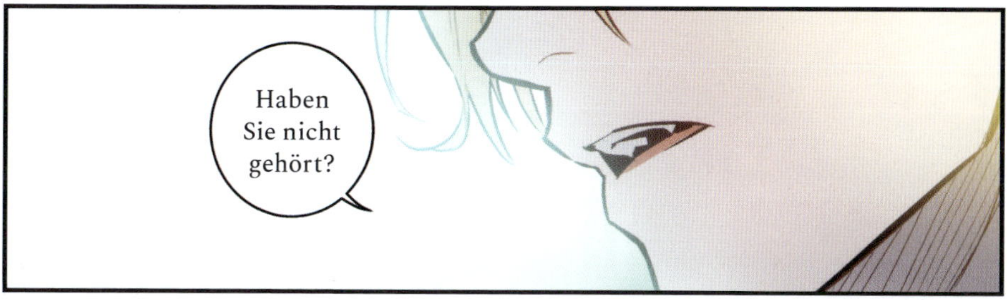
Haben
Sie nicht
gehört?

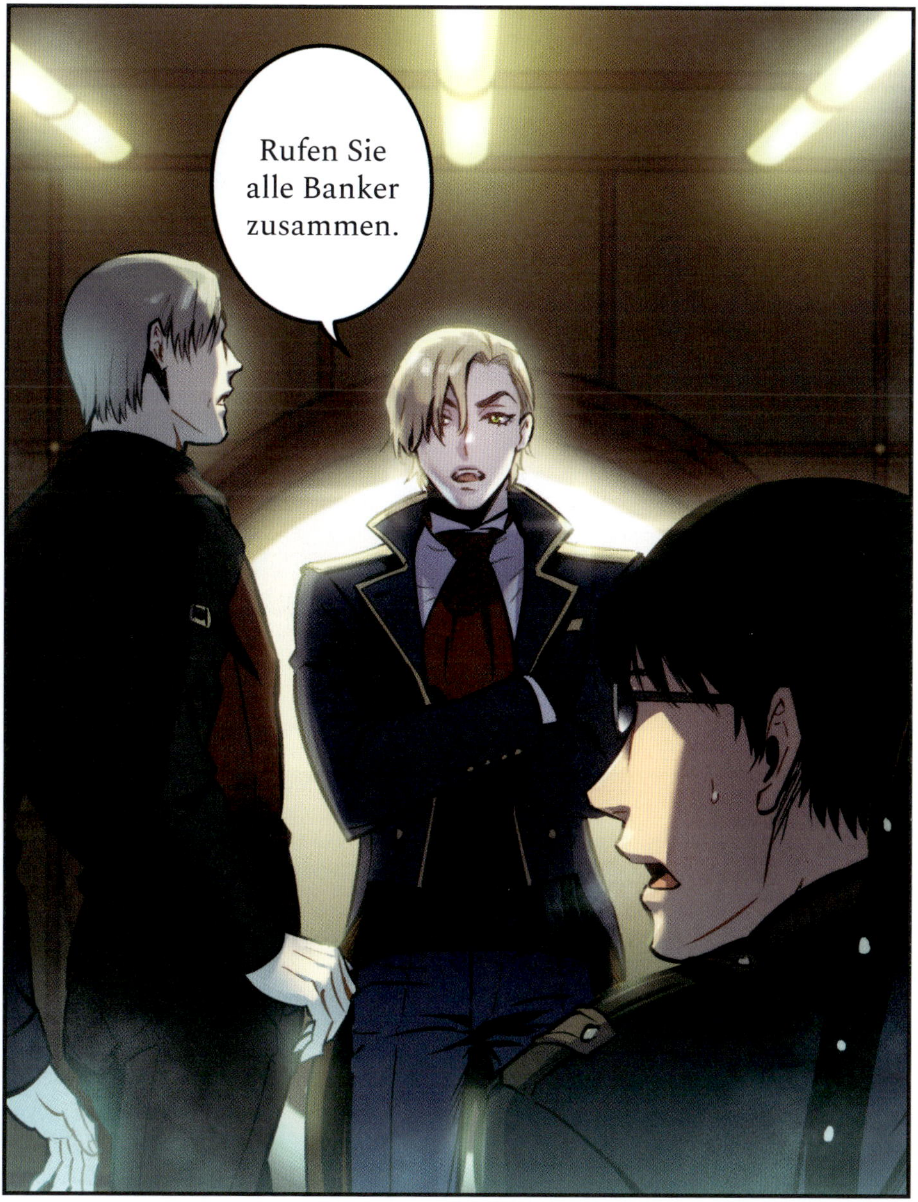
Rufen Sie
alle Banker
zusammen.

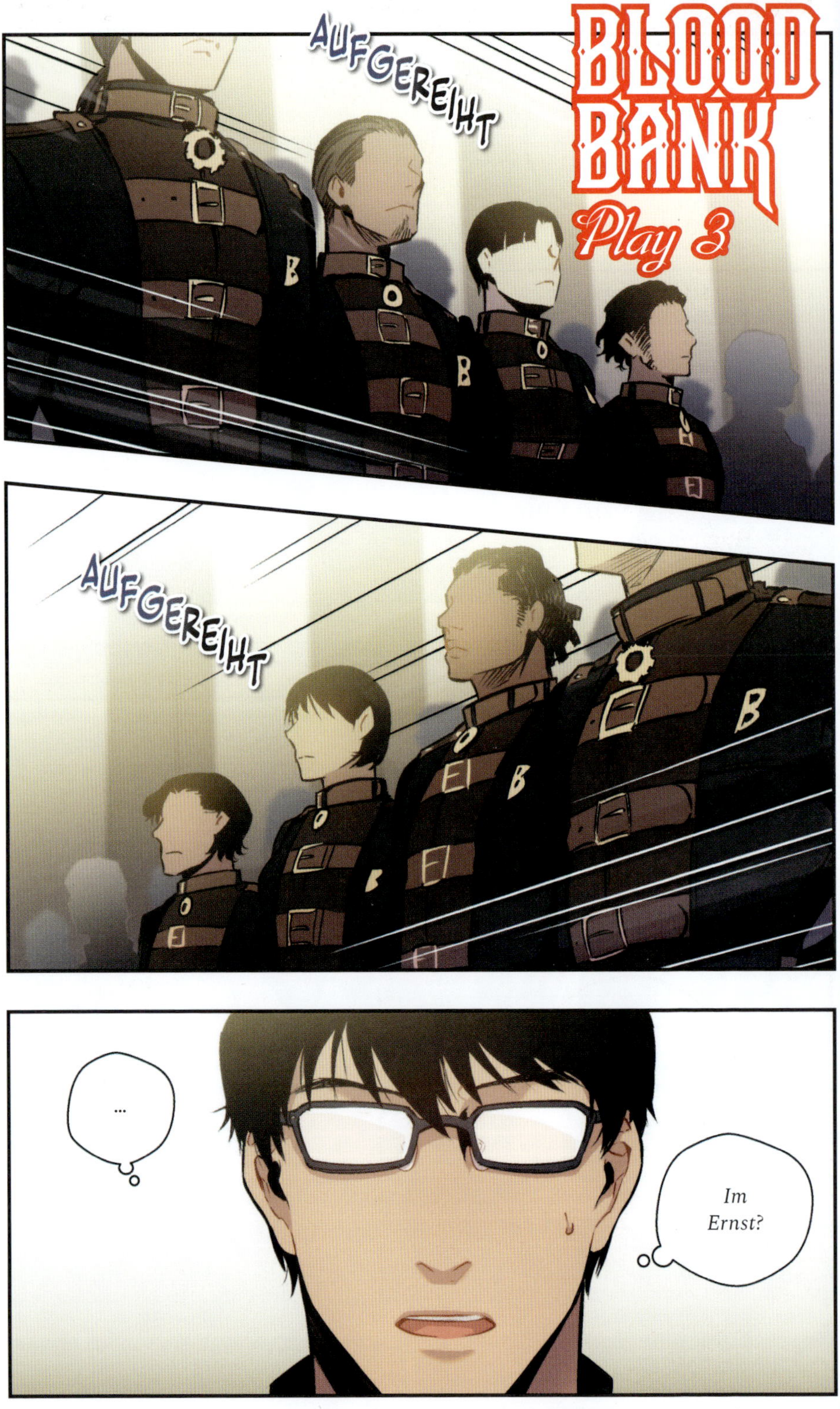

BLOOD BANK
Play 3
AUFGEREIHT
AUFGEREIHT
...
Im Ernst?

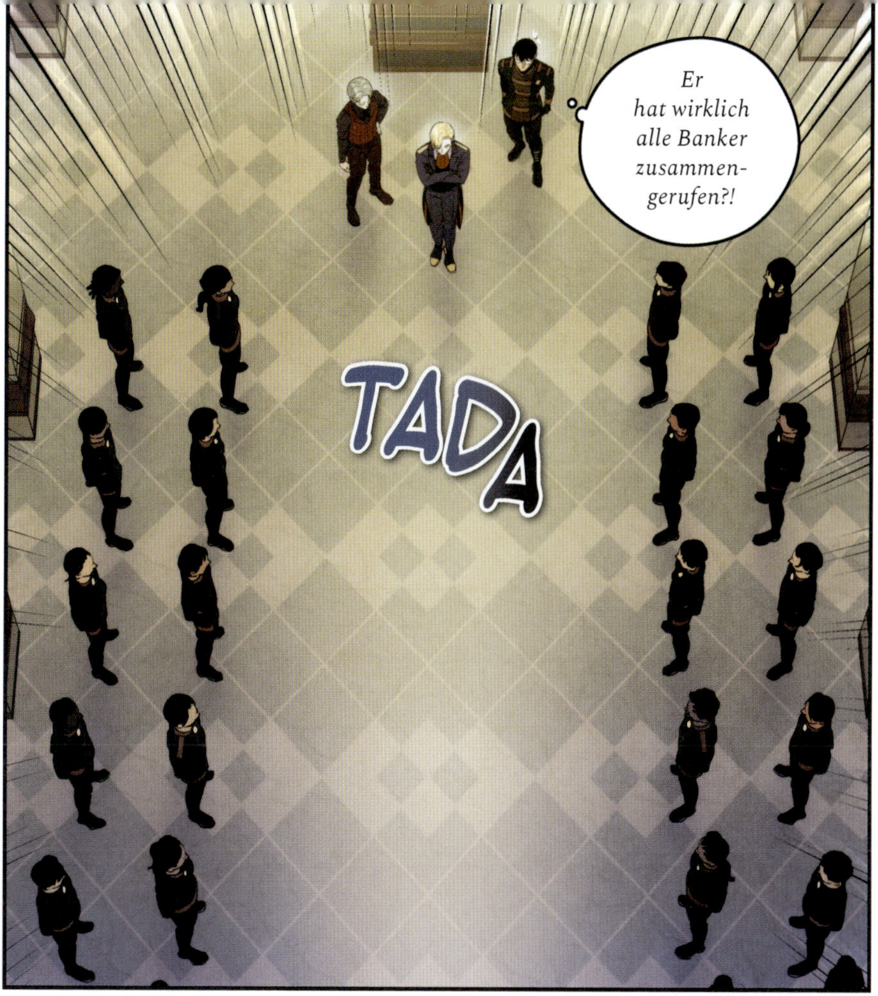
Er hat wirklich alle Banker zusammen-gerufen?!
TADA

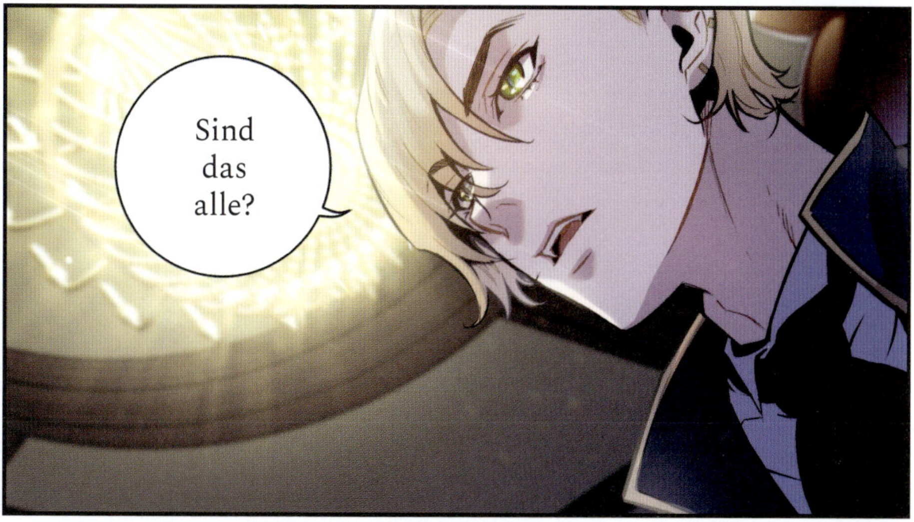
Sind das alle?

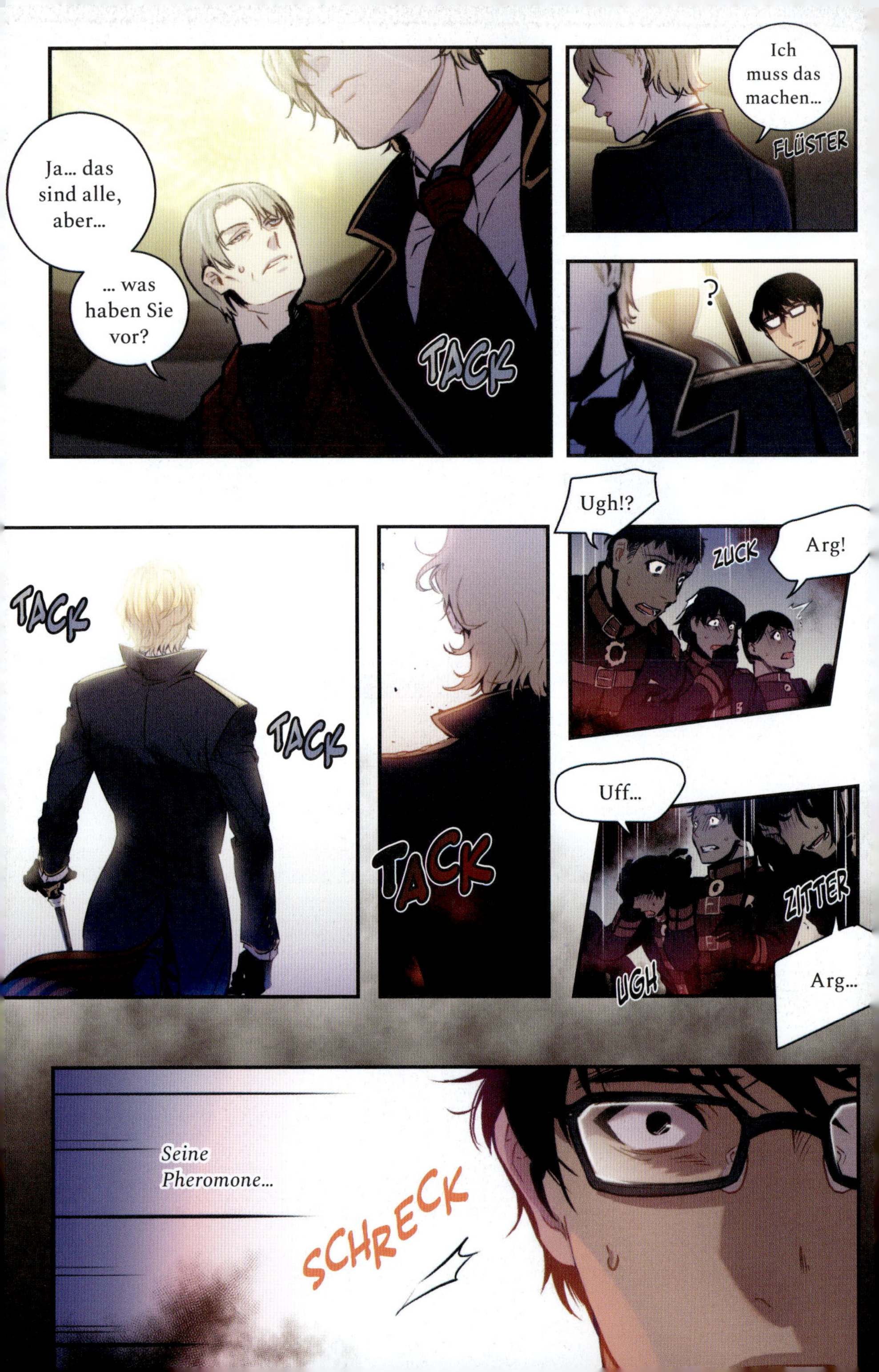
Ja… das sind alle, aber…
… was haben Sie vor?
TACK
Ich muss das machen…
FLÜSTER
?
TACK
TACK
TACK
Ugh!?
ZUCK
Arg!
Uff…
ZITTER
UGH
Arg…
Seine Pheromone…
SCHRECK

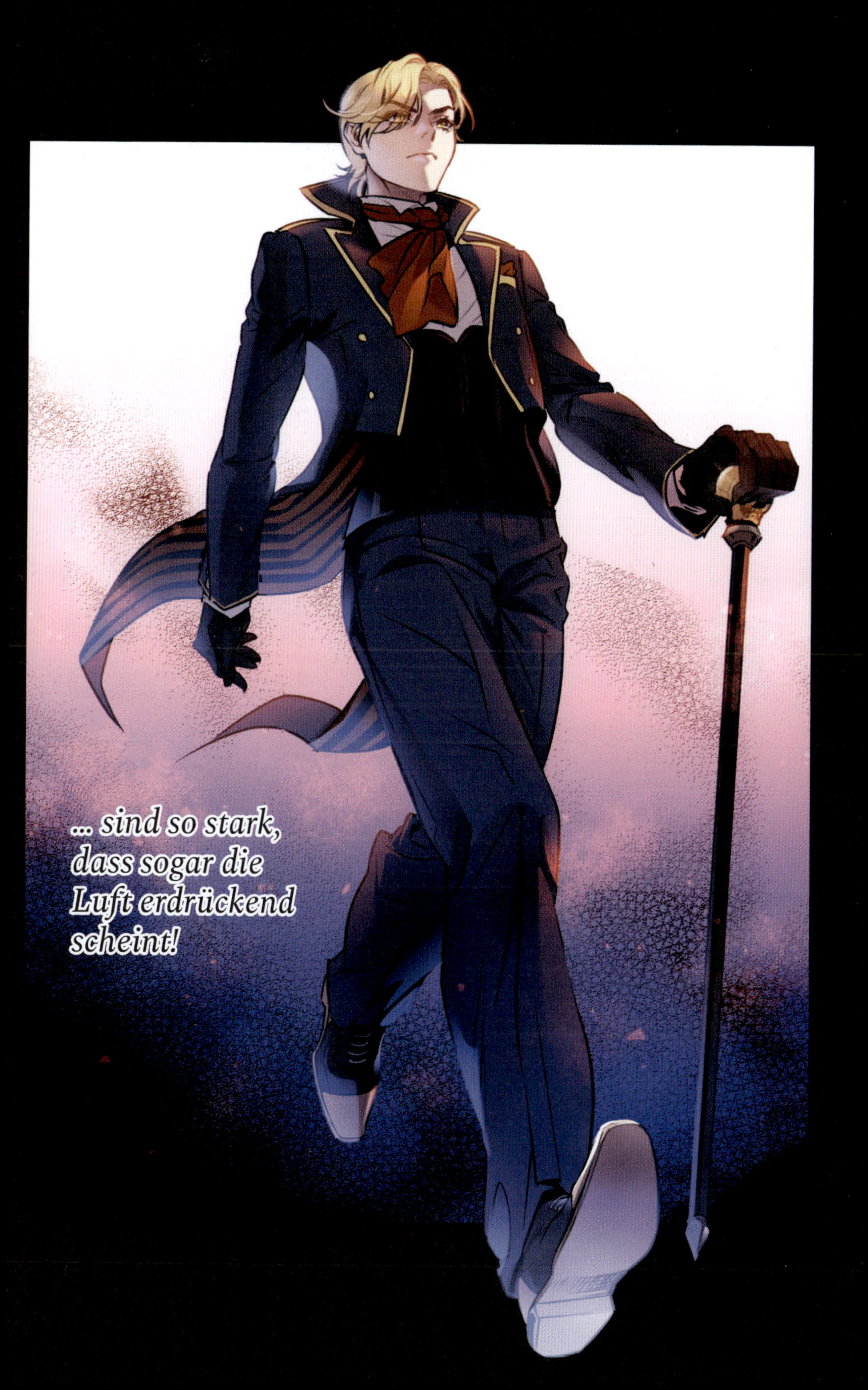
... sind so stark, dass sogar die Luft erdrückend scheint!

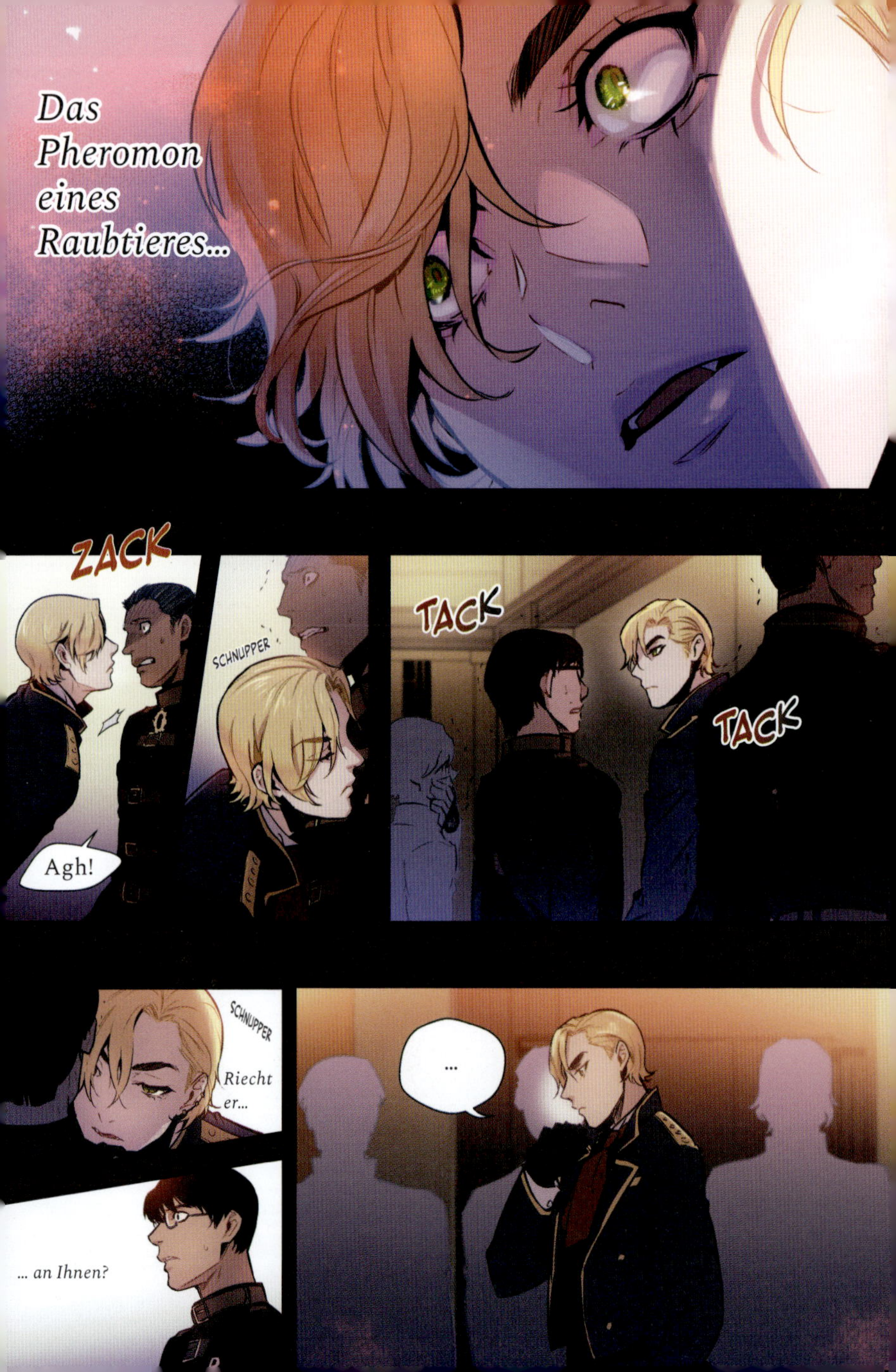
Das Pheromon eines Raubtieres...
ZACK
Agh!
SCHNUPPER
TACK
TACK
SCHNUPPER
Riecht er...
... an Ihnen?
...

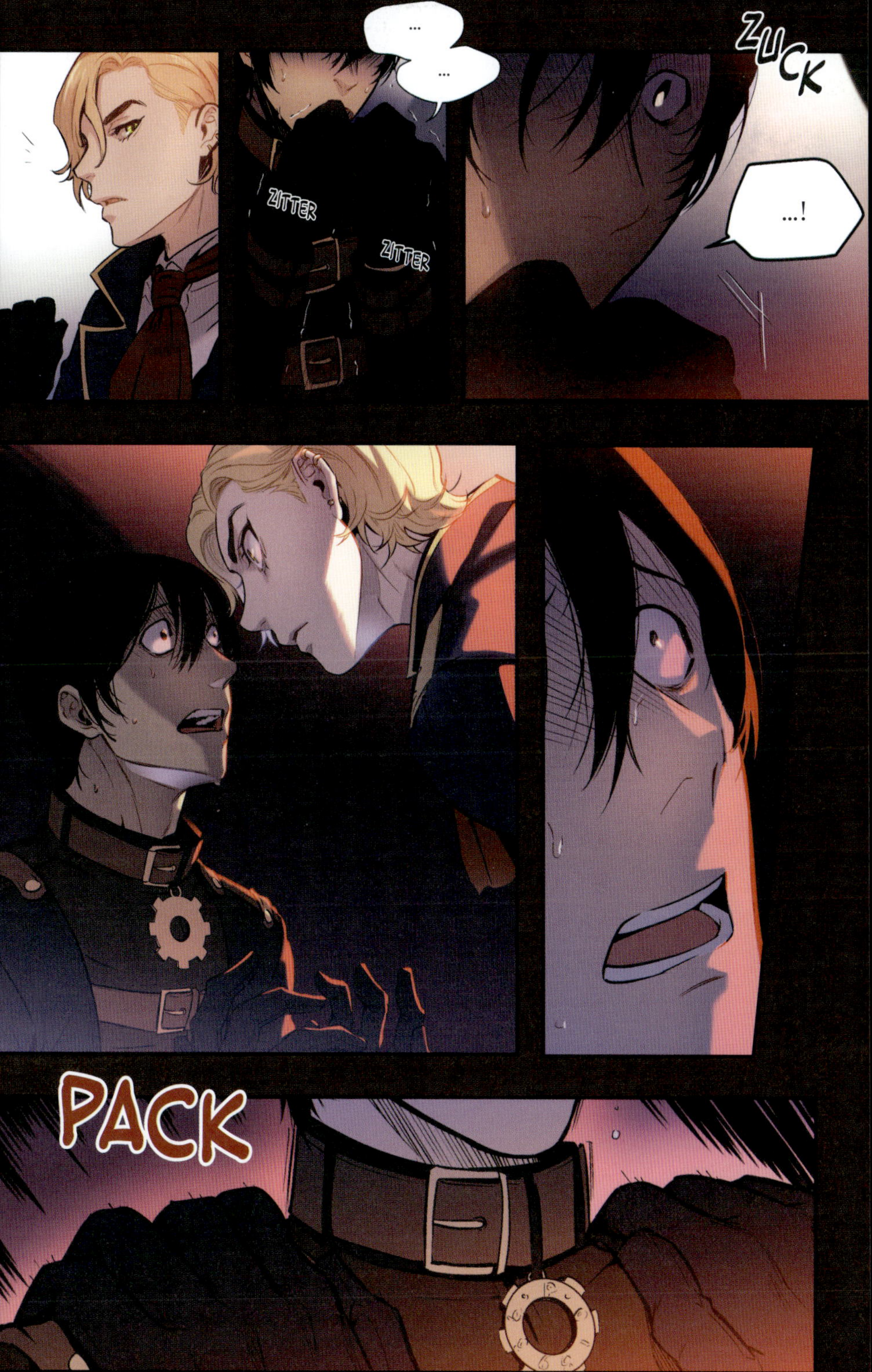
...
...
ZITTER
ZITTER
ZUCK
...!
PACK

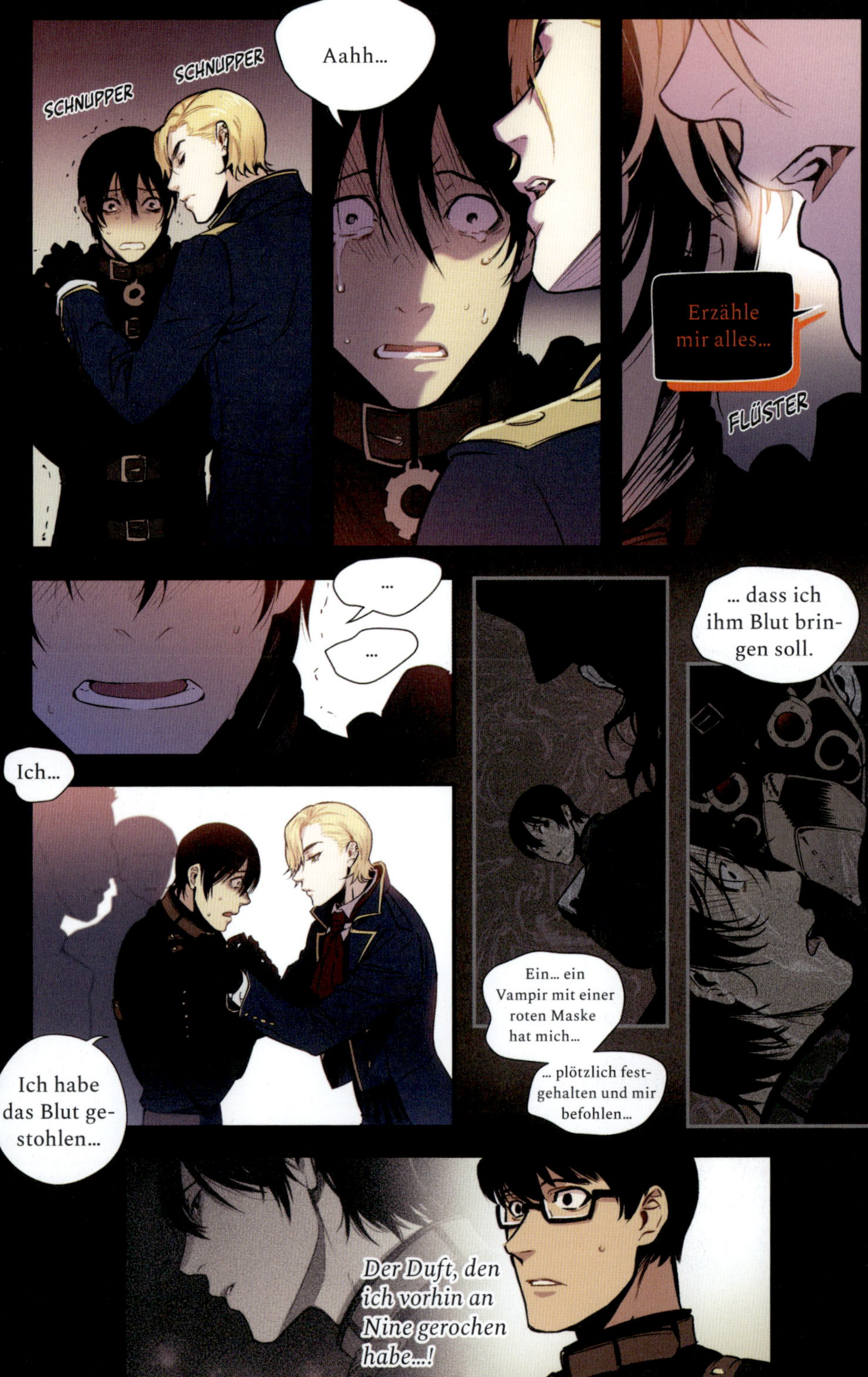
SCHNUPPER
SCHNUPPER
Aahh…
Erzähle mir alles…
FLÜSTER
…
…
Ich…
Ich habe das Blut gestohlen…
Ein… ein Vampir mit einer roten Maske hat mich…
… plötzlich festgehalten und mir befohlen…
… dass ich ihm Blut bringen soll.
Der Duft, den ich vorhin an Nine gerochen habe…!

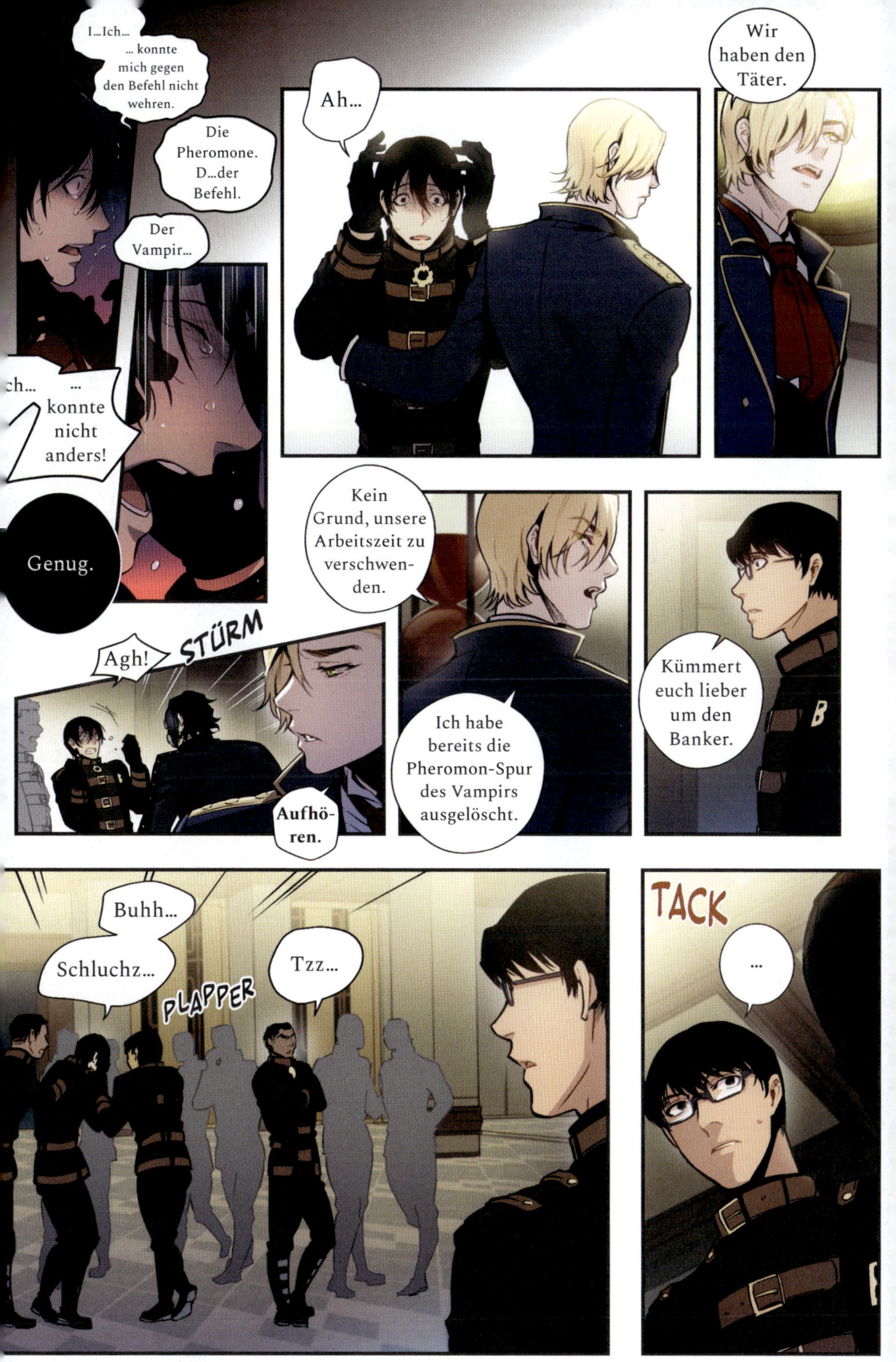
I...Ich...
... konnte mich gegen den Befehl nicht wehren.
Die Pheromone. D...der Befehl.
Der Vampir...
ch... ... konnte nicht anders!
Genug.
Agh!
STÜRM
Aufhö-ren.
Ah...
Wir haben den Täter.
Kein Grund, unsere Arbeitszeit zu verschwen-den.
Ich habe bereits die Pheromon-Spur des Vampirs ausgelöscht.
Kümmert euch lieber um den Banker.
Buhh...
Schluchz...
PLAPPER
Tzz...
TACK
...

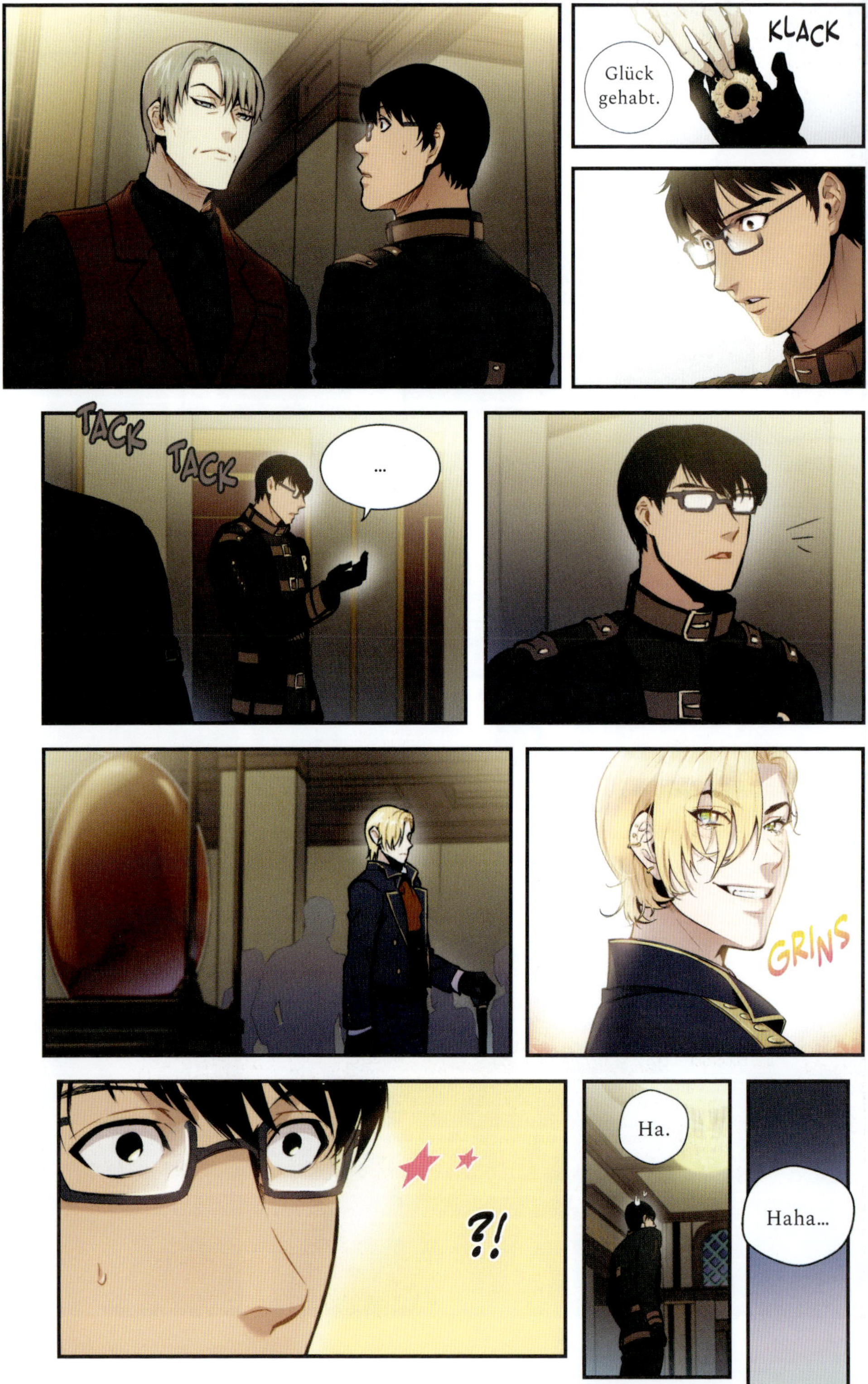
KLACK
Glück gehabt.
TACK
TACK
...
GRINS
?!
Ha.
Haha...

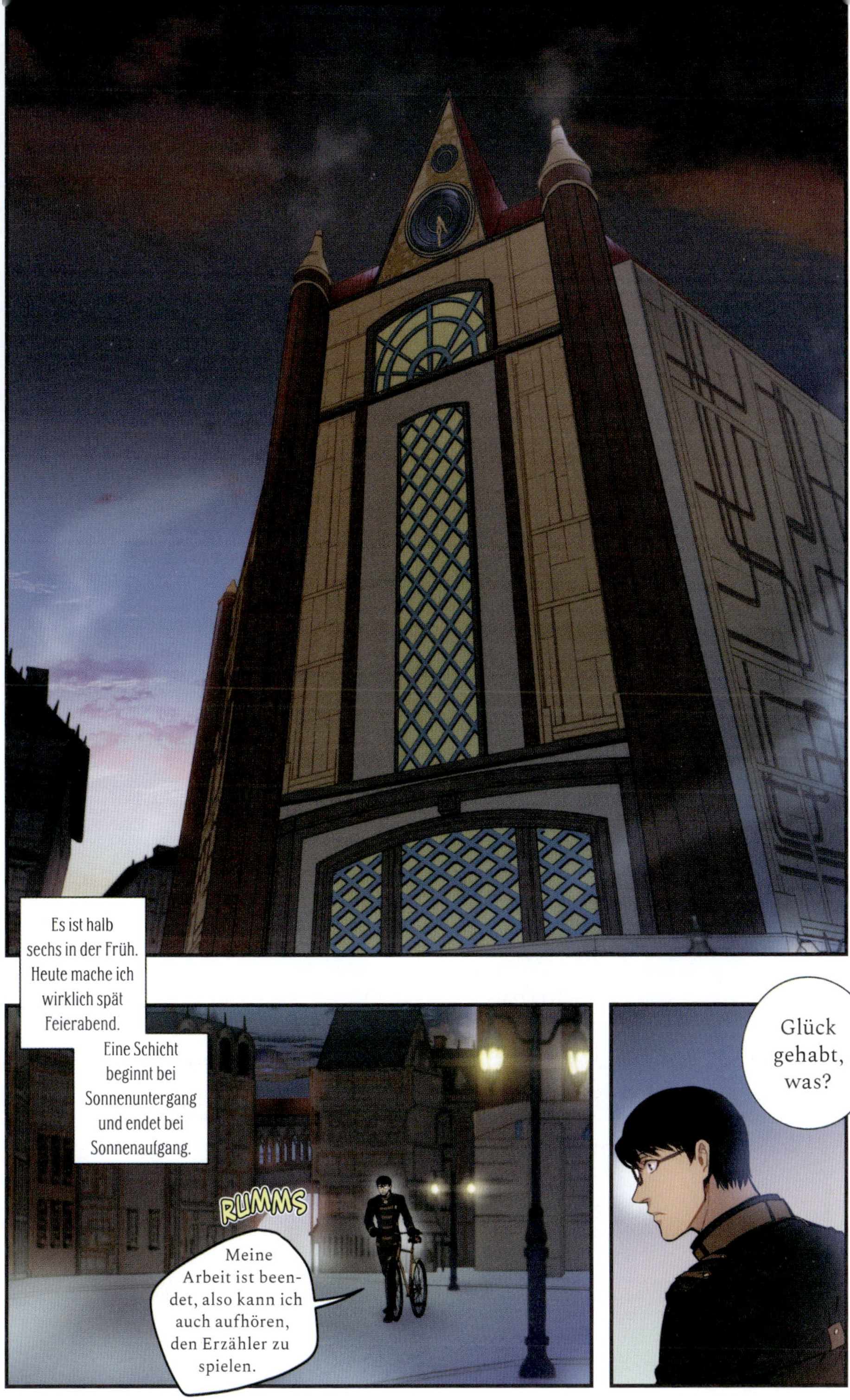
Es ist halb sechs in der Früh. Heute mache ich wirklich spät Feierabend.
Eine Schicht beginnt bei Sonnenuntergang und endet bei Sonnenaufgang.
RUMMS
Meine Arbeit ist beendet, also kann ich auch aufhören, den Erzähler zu spielen.
Glück gehabt, was?

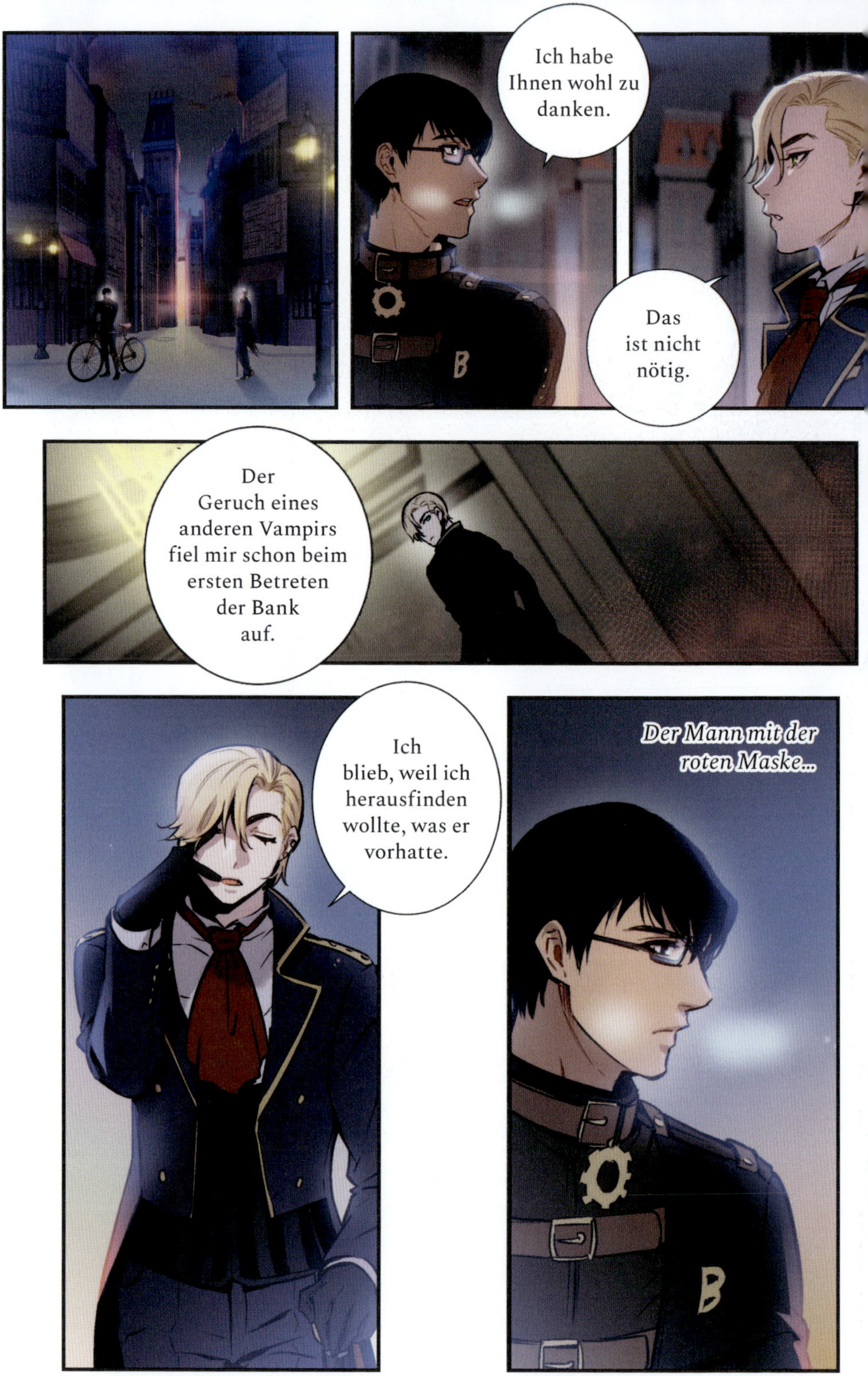
Ich habe Ihnen wohl zu danken.
Das ist nicht nötig.
Der Geruch eines anderen Vampirs fiel mir schon beim ersten Betreten der Bank auf.
Ich blieb, weil ich herausfinden wollte, was er vorhatte.
Der Mann mit der roten Maske…

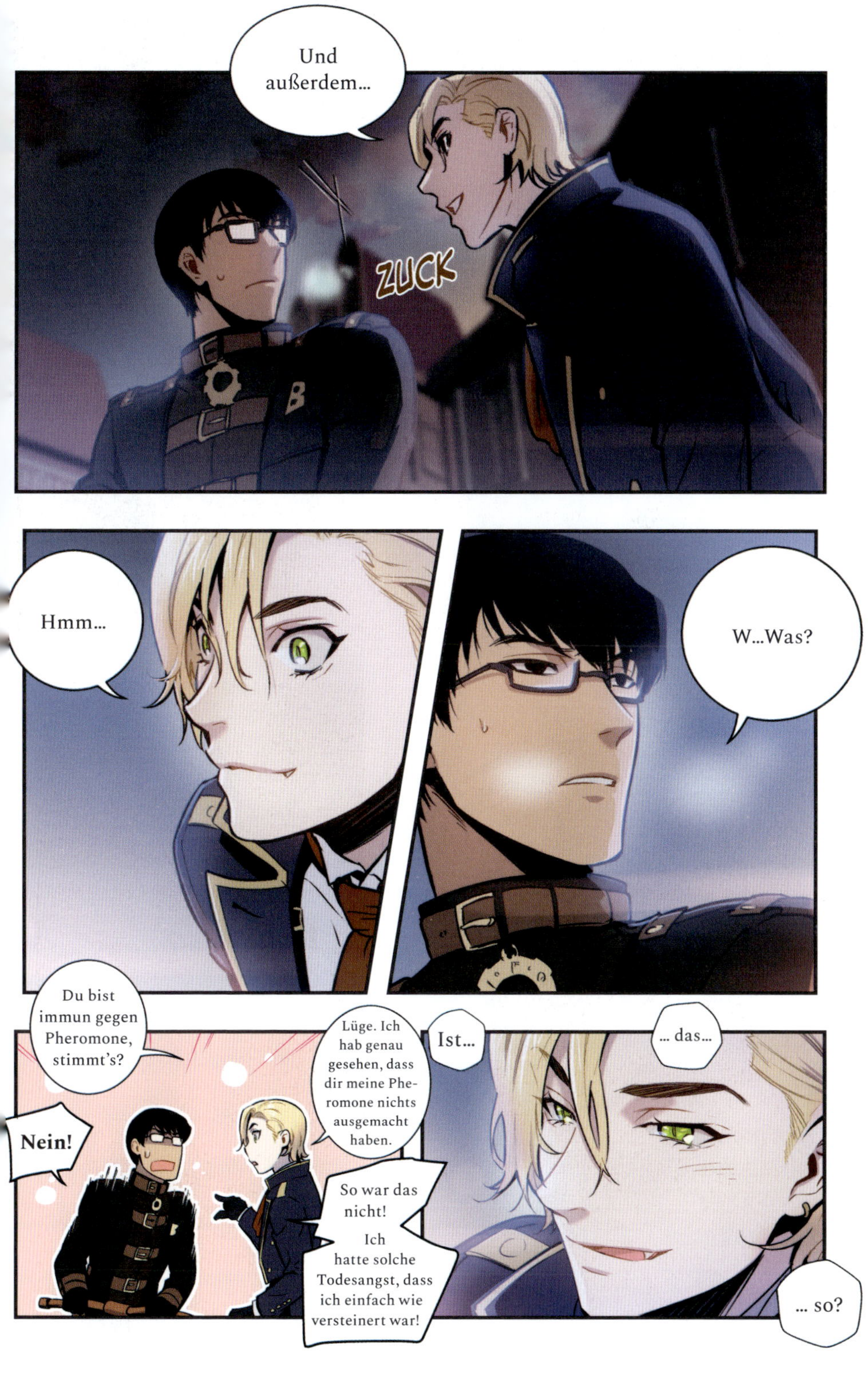
Und außerdem…
ZUCK
Hmm…
W…Was?
Du bist immun gegen Pheromone, stimmt's?
Nein!
Lüge. Ich hab genau gesehen, dass dir meine Phe-romone nichts ausgemacht haben.
So war das nicht!
Ich hatte solche Todesangst, dass ich einfach wie versteinert war!
Ist…
… das…
… so?

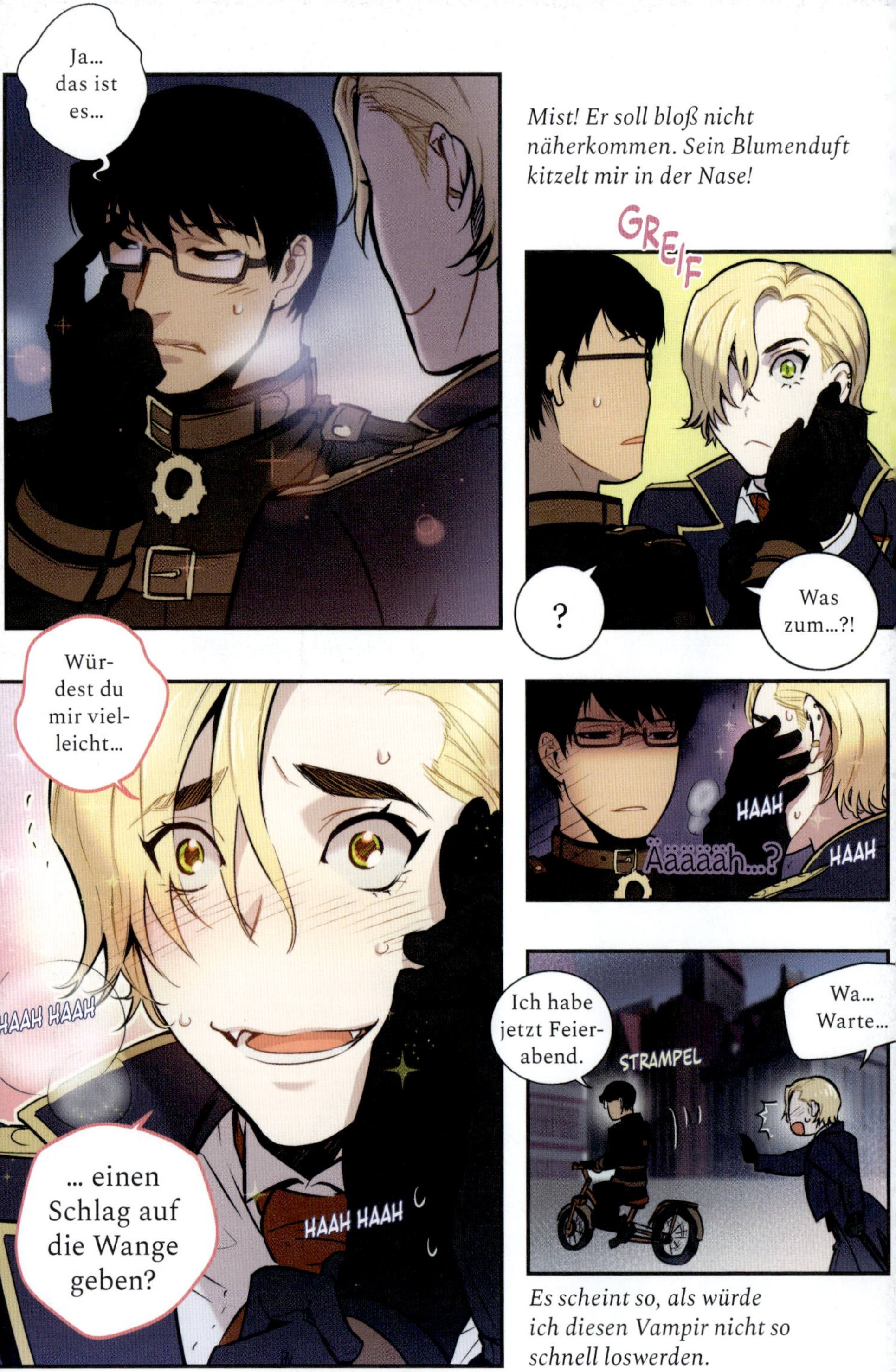
Ja… das ist es…
Mist! Er soll bloß nicht näherkommen. Sein Blumenduft kitzelt mir in der Nase!
GREIF
?
Was zum…?!
Würdest du mir vielleicht…
HAAH HAAH
… einen Schlag auf die Wange geben?
HAAH HAAH
HAAH
Ääääh…?
HAAH
Ich habe jetzt Feierabend.
STRAMPEL
Wa… Warte…
Es scheint so, als würde ich diesen Vampir nicht so schnell loswerden.

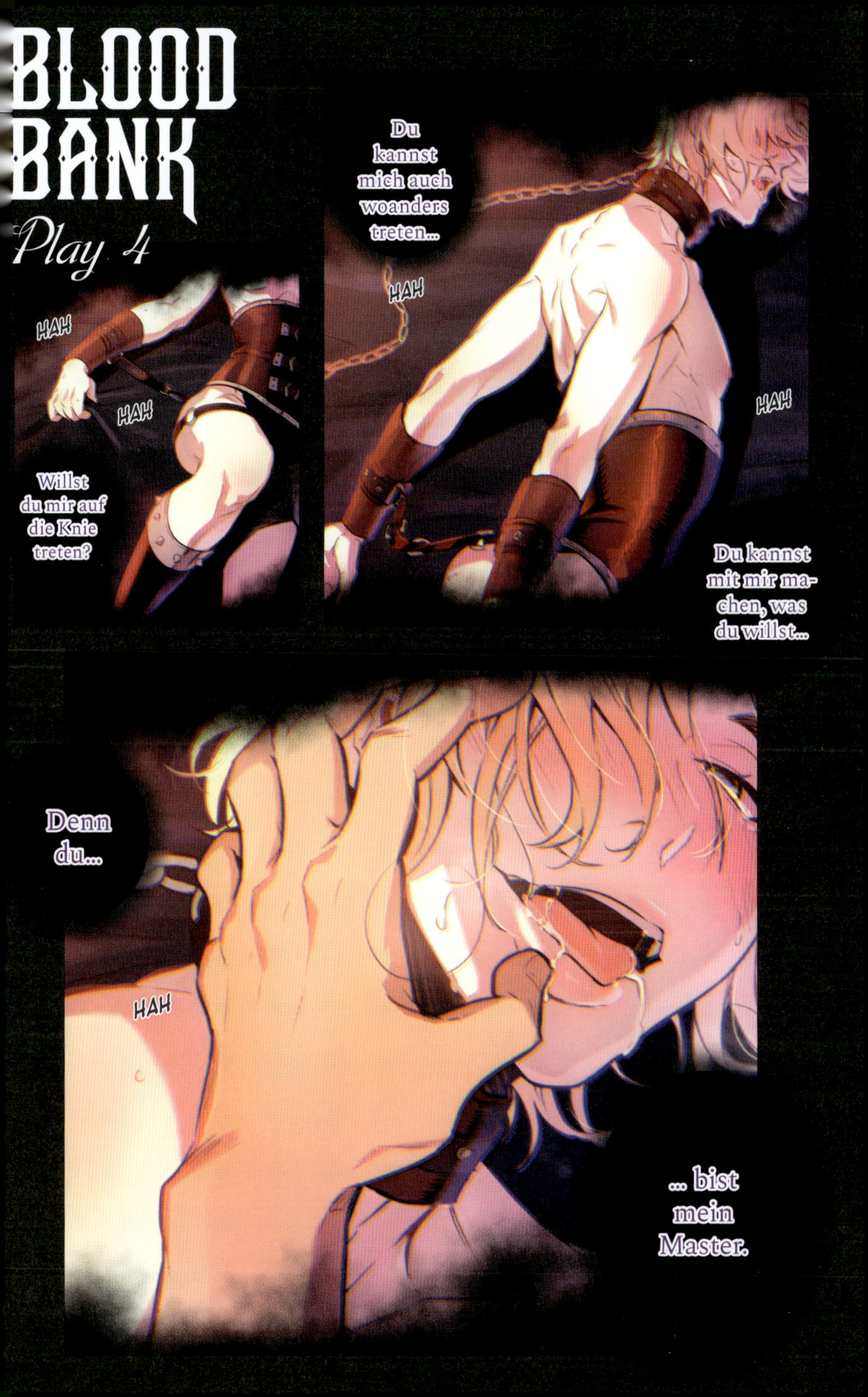
BLOOD BANK
Play 4
HAH
HAH
Willst du mir auf die Knie treten?
Du kannst mich auch woanders treten...
HAH
HAH
Du kannst mit mir ma-chen, was du willst...
Denn du...
HAH
... bist mein Master.

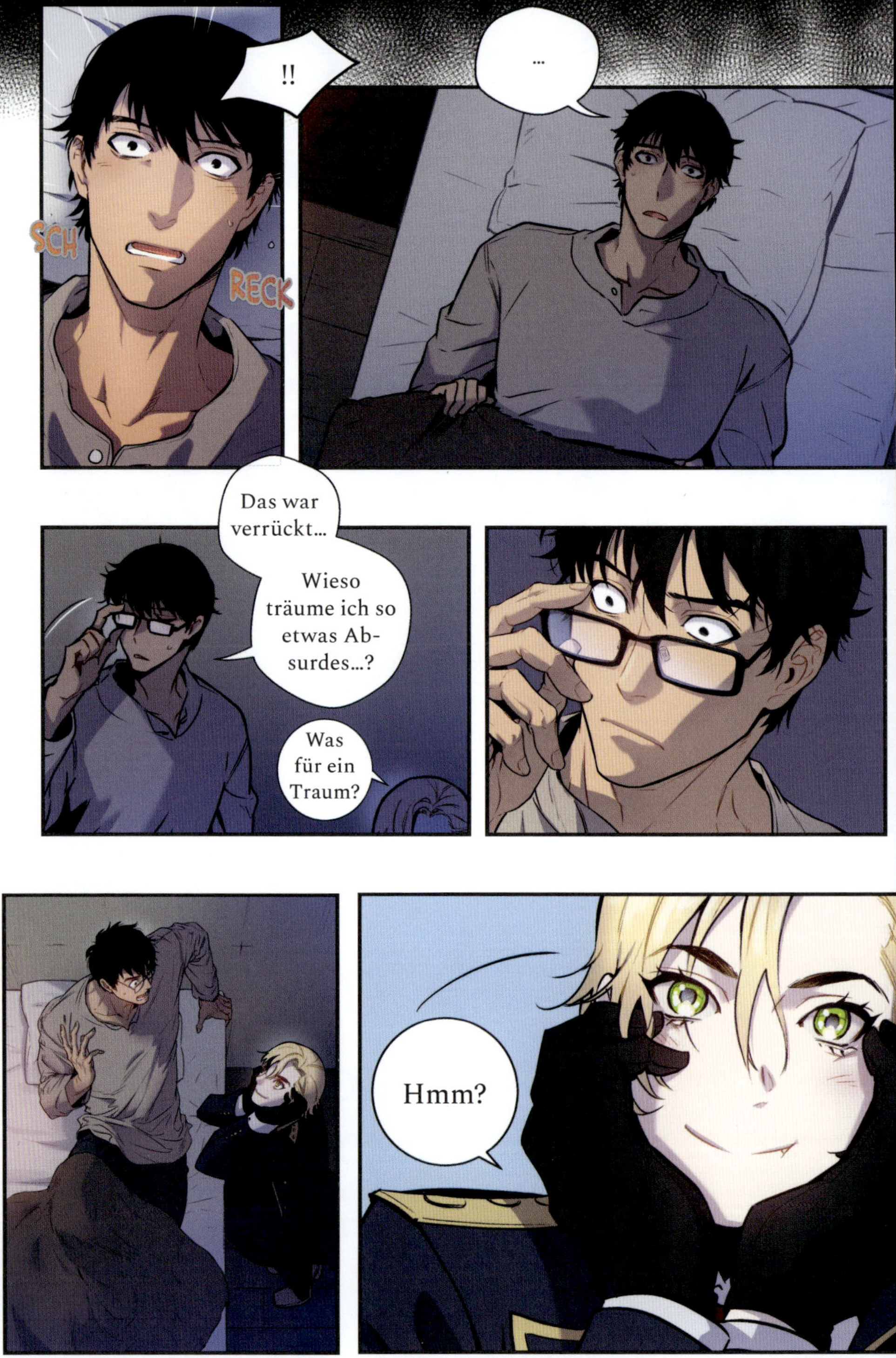

!!
SCH
RECK
...
Das war verrückt...
Wieso träume ich so etwas Ab-surdes...?
Was für ein Traum?
Hmm?

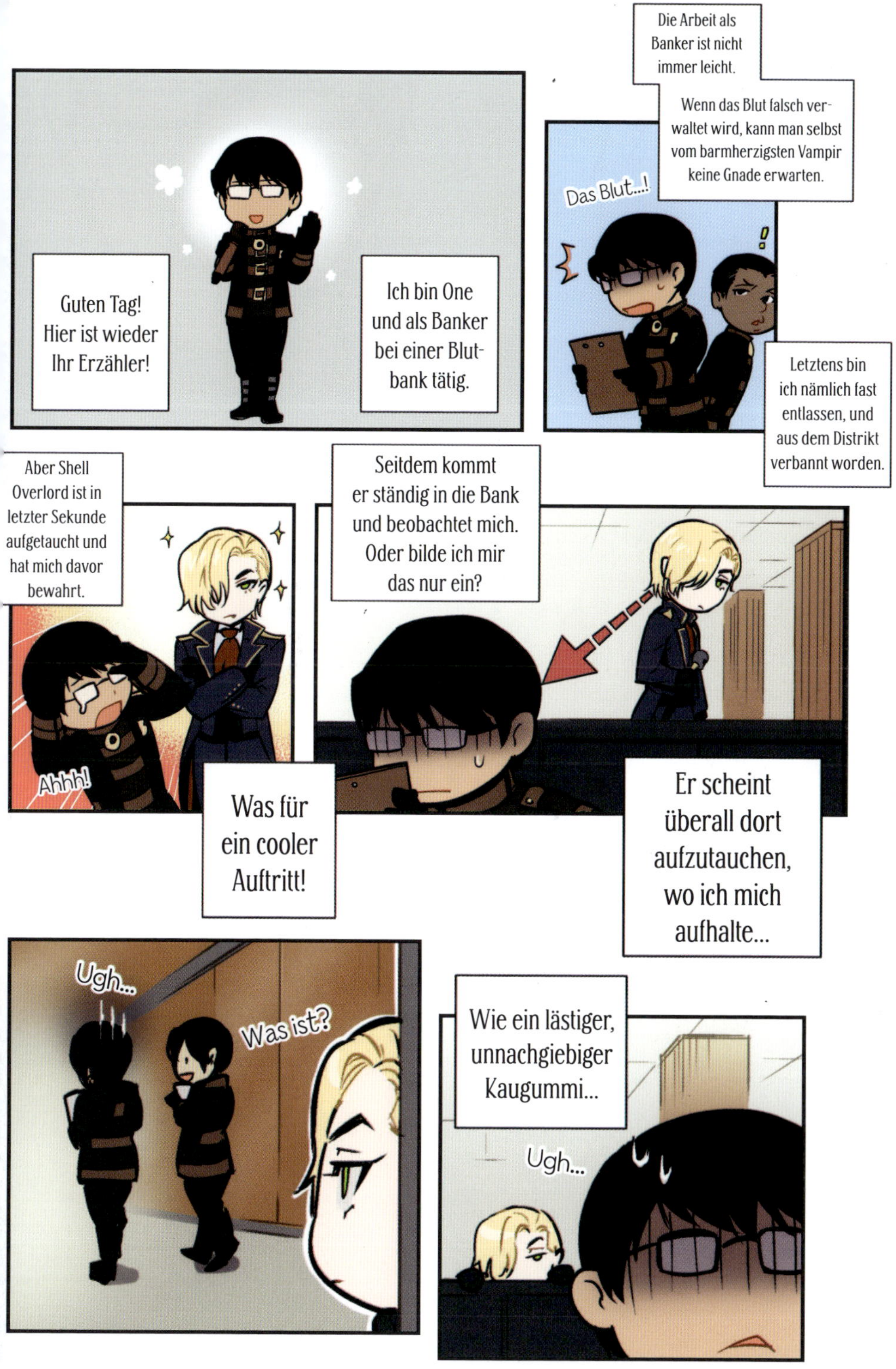
Guten Tag! Hier ist wieder Ihr Erzähler!
Ich bin One und als Banker bei einer Blutbank tätig.
Die Arbeit als Banker ist nicht immer leicht.
Wenn das Blut falsch verwaltet wird, kann man selbst vom barmherzigsten Vampir keine Gnade erwarten.
Das Blut…!
Letztens bin ich nämlich fast entlassen, und aus dem Distrikt verbannt worden.
Aber Shell Overlord ist in letzter Sekunde aufgetaucht und hat mich davor bewahrt.
Ahhh!
Was für ein cooler Auftritt!
Seitdem kommt er ständig in die Bank und beobachtet mich. Oder bilde ich mir das nur ein?
Er scheint überall dort aufzutauchen, wo ich mich aufhalte…
Ugh…
Was ist?
Wie ein lästiger, unnachgiebiger Kaugummi…
Ugh…

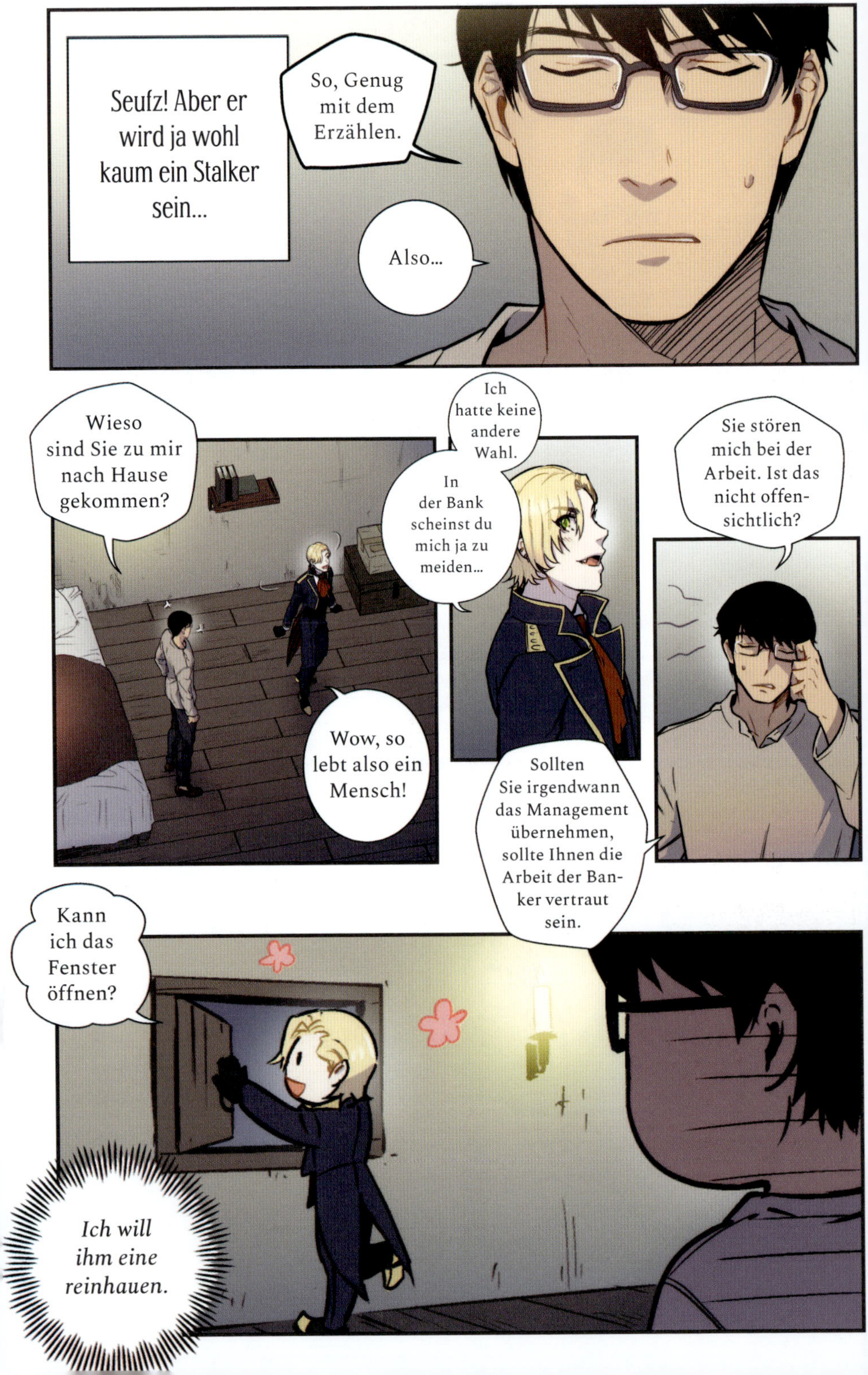

Seufz! Aber er wird ja wohl kaum ein Stalker sein…
So, Genug mit dem Erzählen.
Also…
Wieso sind Sie zu mir nach Hause gekommen?
Wow, so lebt also ein Mensch!
Ich hatte keine andere Wahl.
In der Bank scheinst du mich ja zu meiden…
Sie stören mich bei der Arbeit. Ist das nicht offensichtlich?
Sollten Sie irgendwann das Management übernehmen, sollte Ihnen die Arbeit der Banker vertraut sein.
Kann ich das Fenster öffnen?
Ich will ihm eine reinhauen.

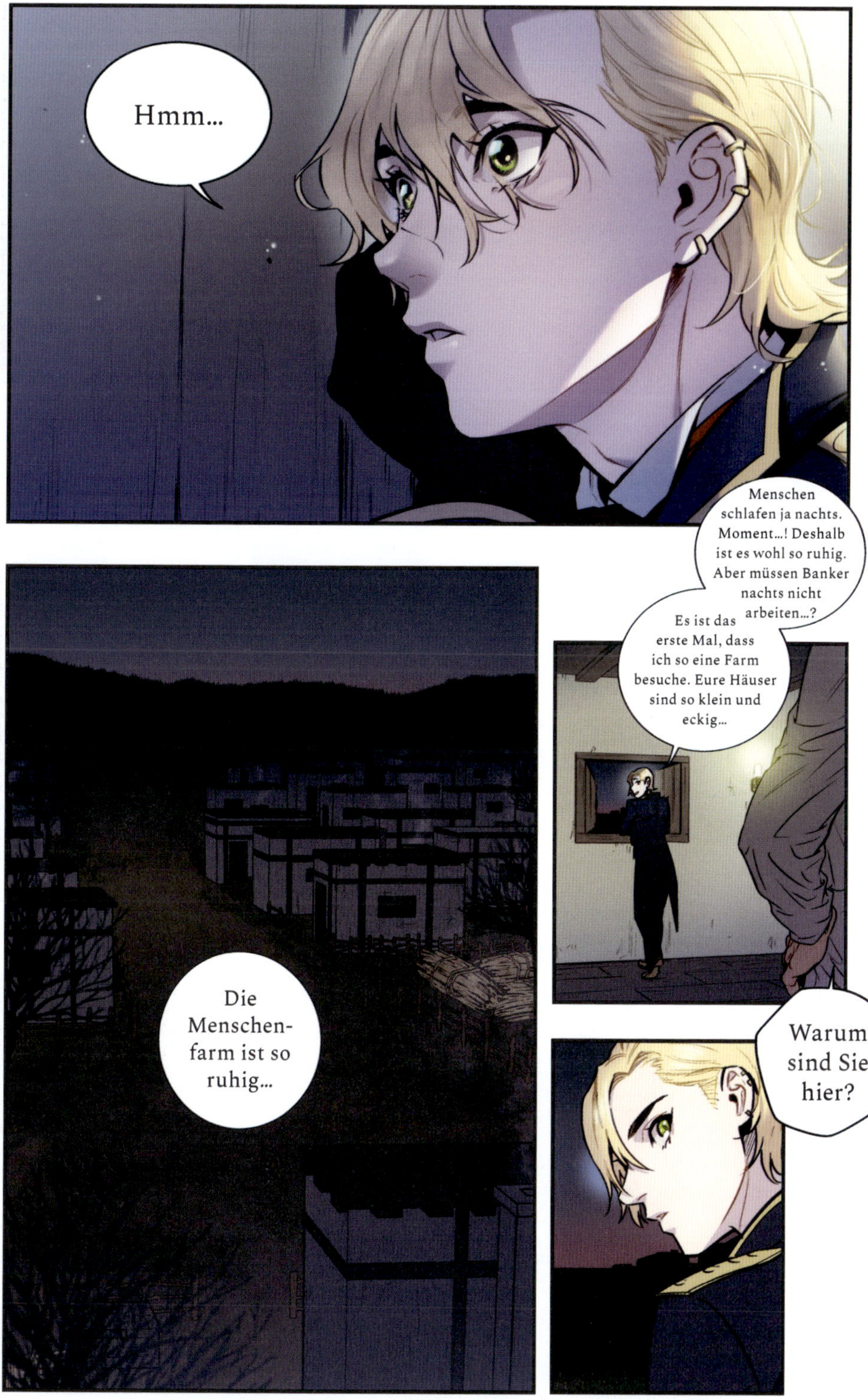
Hmm…
Die Menschenfarm ist so ruhig…
Menschen schlafen ja nachts. Moment…! Deshalb ist es wohl so ruhig. Aber müssen Banker nachts nicht arbeiten…?
Es ist das erste Mal, dass ich so eine Farm besuche. Eure Häuser sind so klein und eckig…
Warum sind Sie hier?

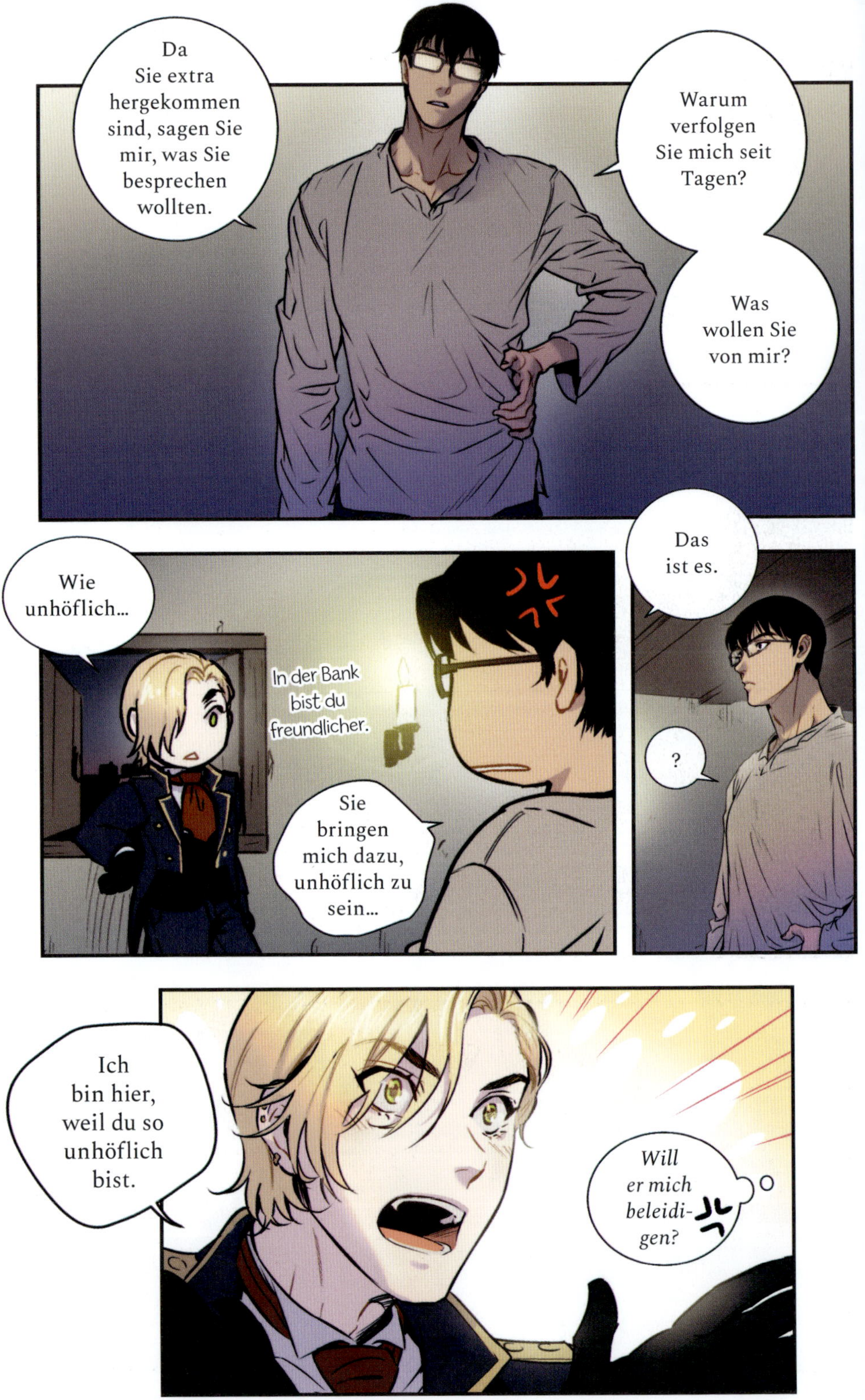
Da Sie extra hergekommen sind, sagen Sie mir, was Sie besprechen wollten.
Warum verfolgen Sie mich seit Tagen?
Was wollen Sie von mir?
Wie unhöflich…
In der Bank bist du freundlicher.
Sie bringen mich dazu, unhöflich zu sein…
Das ist es.
?
Ich bin hier, weil du so unhöflich bist.
Will er mich beleidigen?

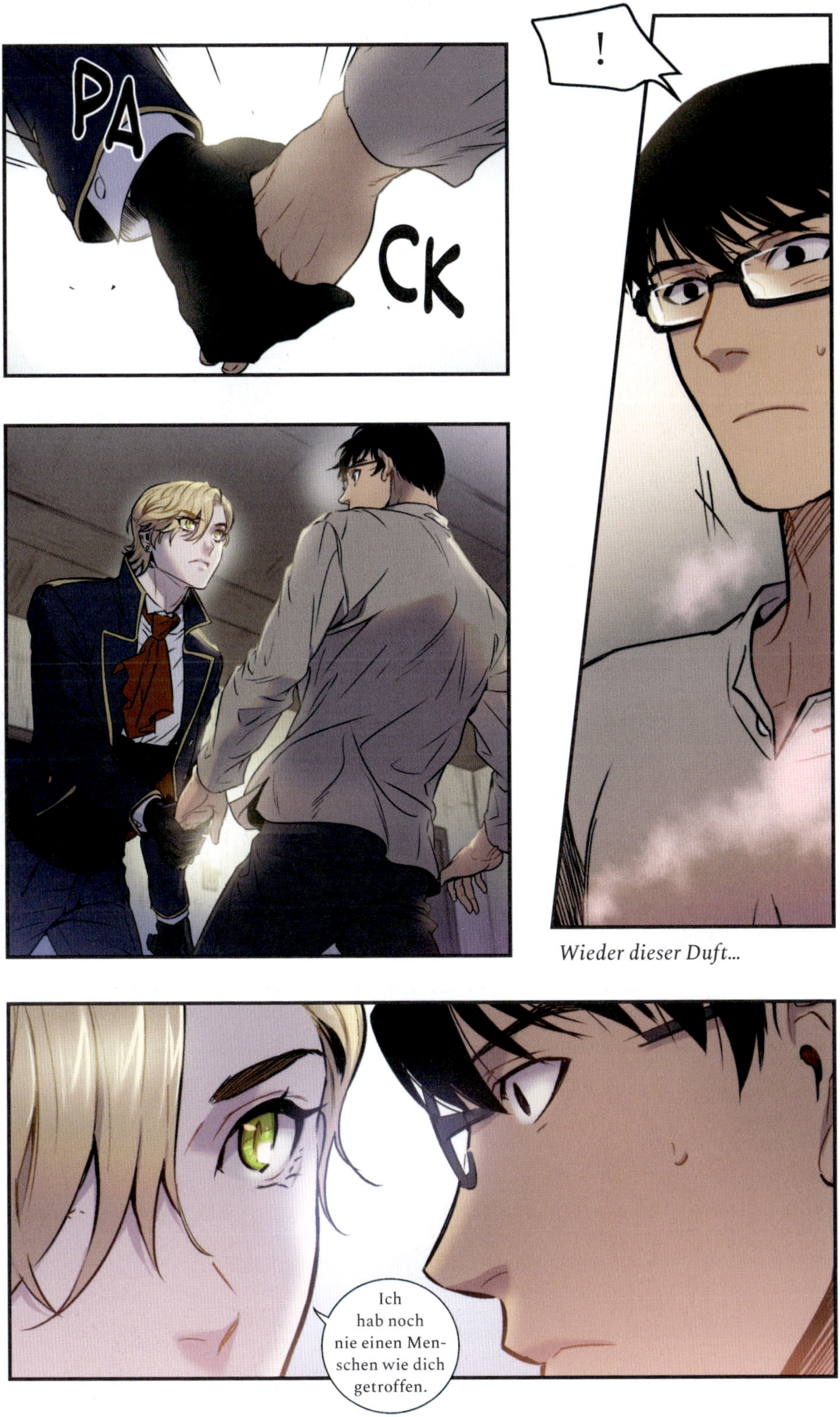
PA
CK
!
Wieder dieser Duft…
Ich hab noch nie einen Menschen wie dich getroffen.

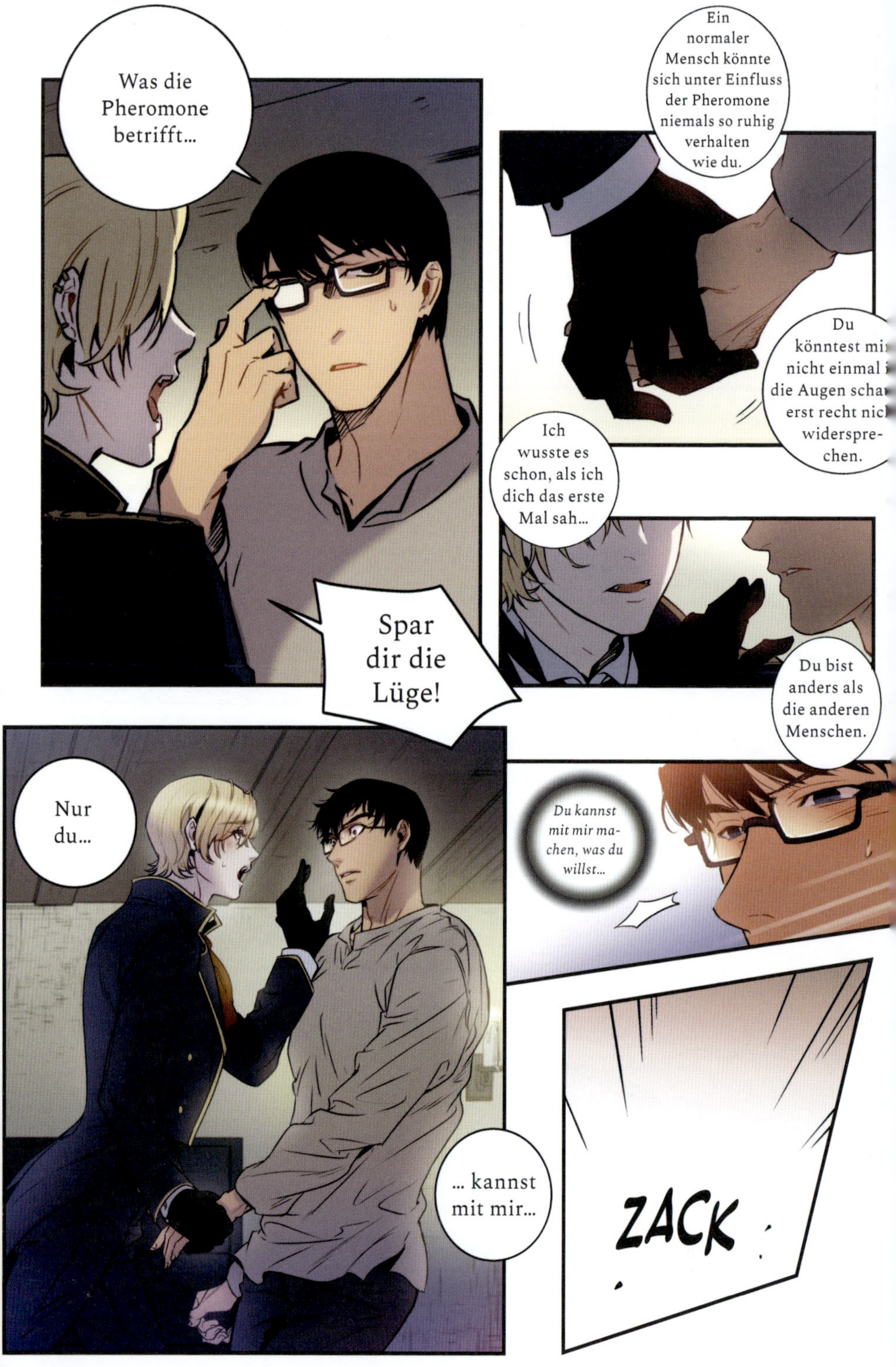

Was die Pheromone betrifft...
Spar dir die Lüge!
Ein normaler Mensch könnte sich unter Einfluss der Pheromone niemals so ruhig verhalten wie du.
Du könntest mi nicht einmal i die Augen scha erst recht nic widersprechen.
Ich wusste es schon, als ich dich das erste Mal sah...
Du bist anders als die anderen Menschen.
Nur du...
... kannst mit mir...
Du kannst mit mir machen, was du willst...
ZACK

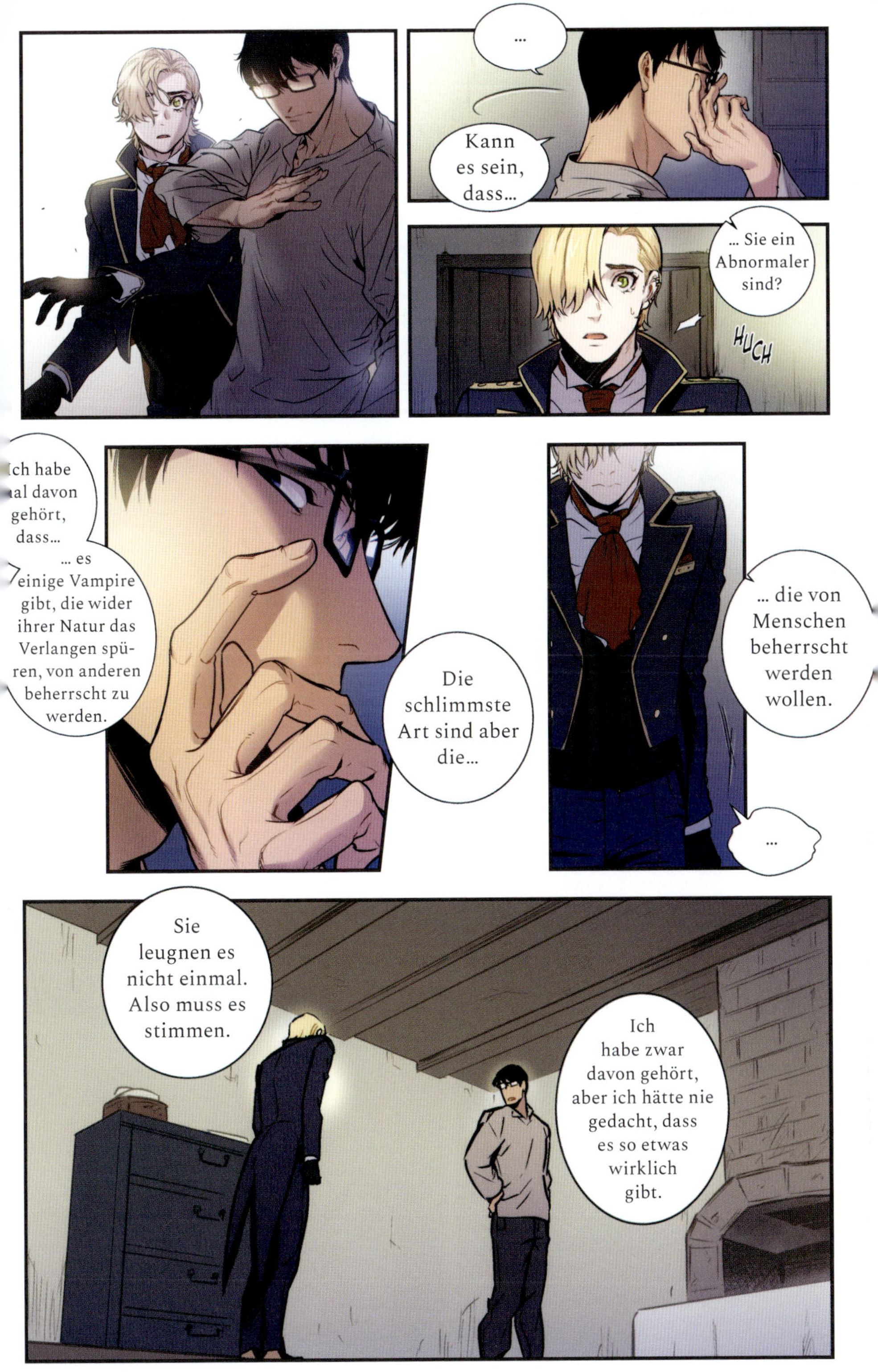

...
Kann es sein, dass...
... Sie ein Abnormaler sind?
HUCH
Ich habe mal davon gehört, dass...
... es einige Vampire gibt, die wider ihrer Natur das Verlangen spüren, von anderen beherrscht zu werden.
Die schlimmste Art sind aber die...
... die von Menschen beherrscht werden wollen.
...
Sie leugnen es nicht einmal. Also muss es stimmen.
Ich habe zwar davon gehört, aber ich hätte nie gedacht, dass es so etwas wirklich gibt.

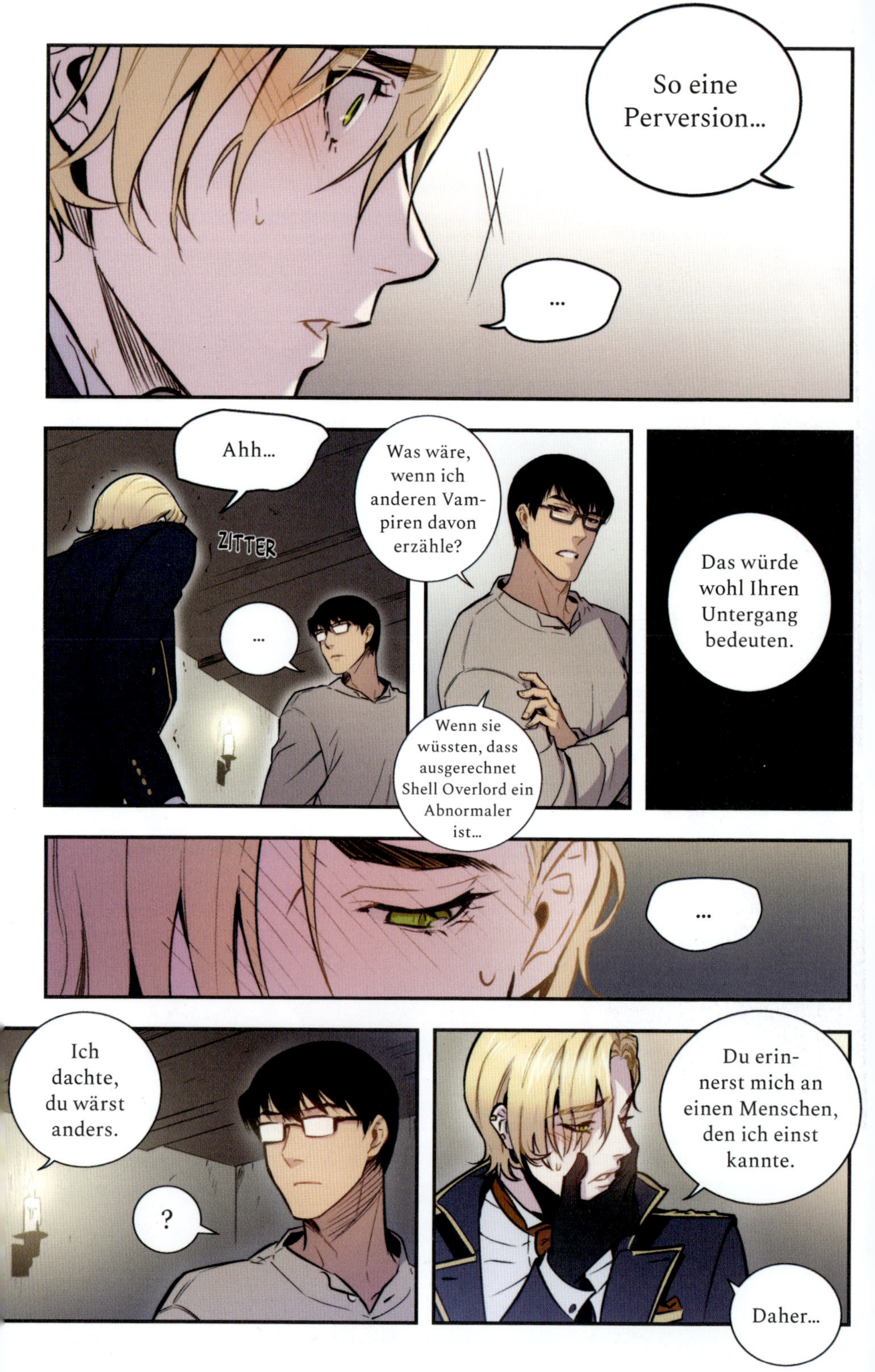
So eine Perversion…
…
Ahh…
ZITTER
…
Was wäre, wenn ich anderen Vampiren davon erzähle?
Wenn sie wüssten, dass ausgerechnet Shell Overlord ein Abnormaler ist…
Das würde wohl Ihren Untergang bedeuten.
…
Ich dachte, du wärst anders.
?
Du erinnerst mich an einen Menschen, den ich einst kannte.
Daher…

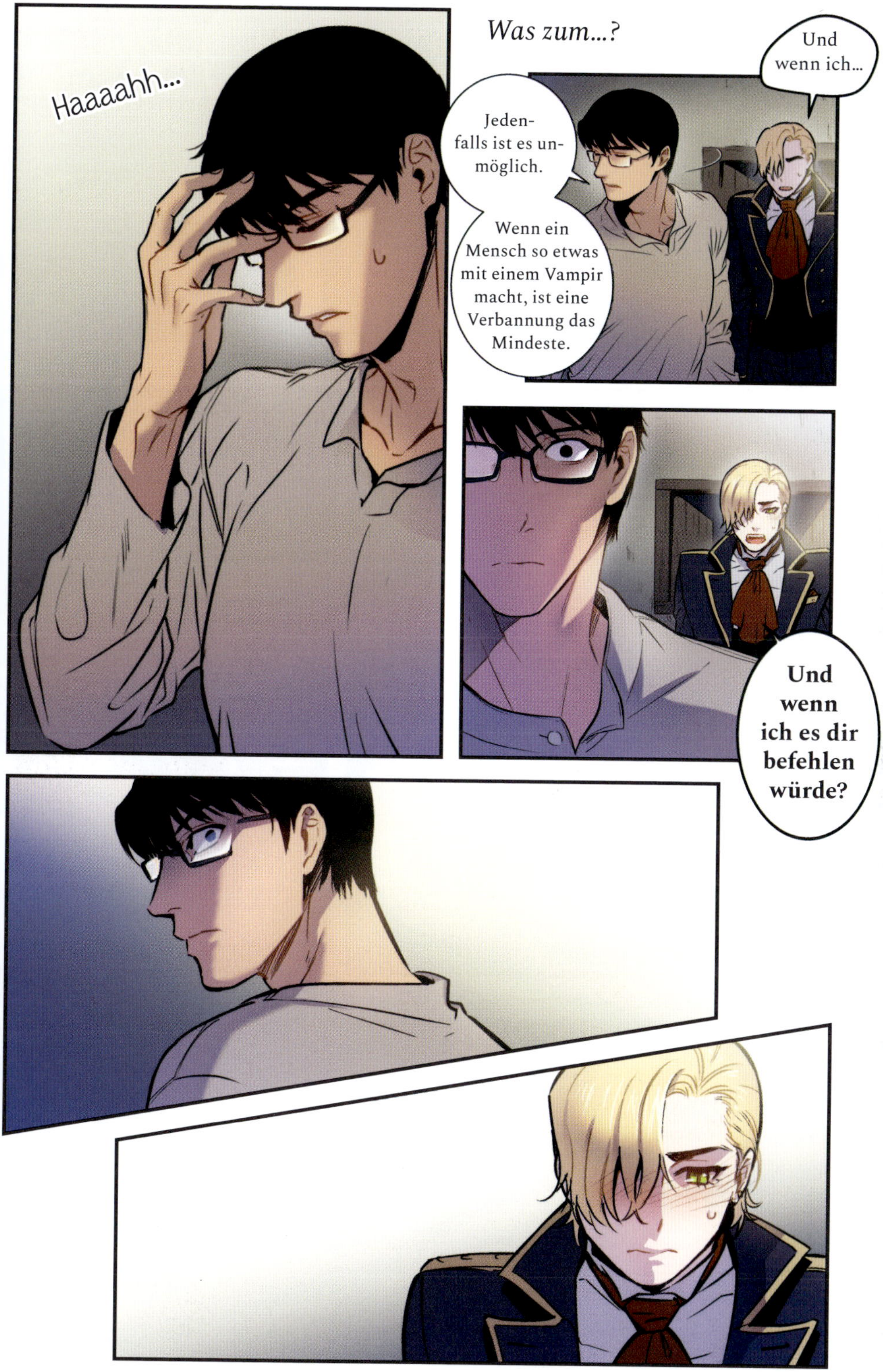
Haaaahh...
Was zum...?
Und wenn ich...
Jeden-falls ist es un-möglich.
Wenn ein Mensch so etwas mit einem Vampir macht, ist eine Verbannung das Mindeste.
Und wenn ich es dir befehlen würde?

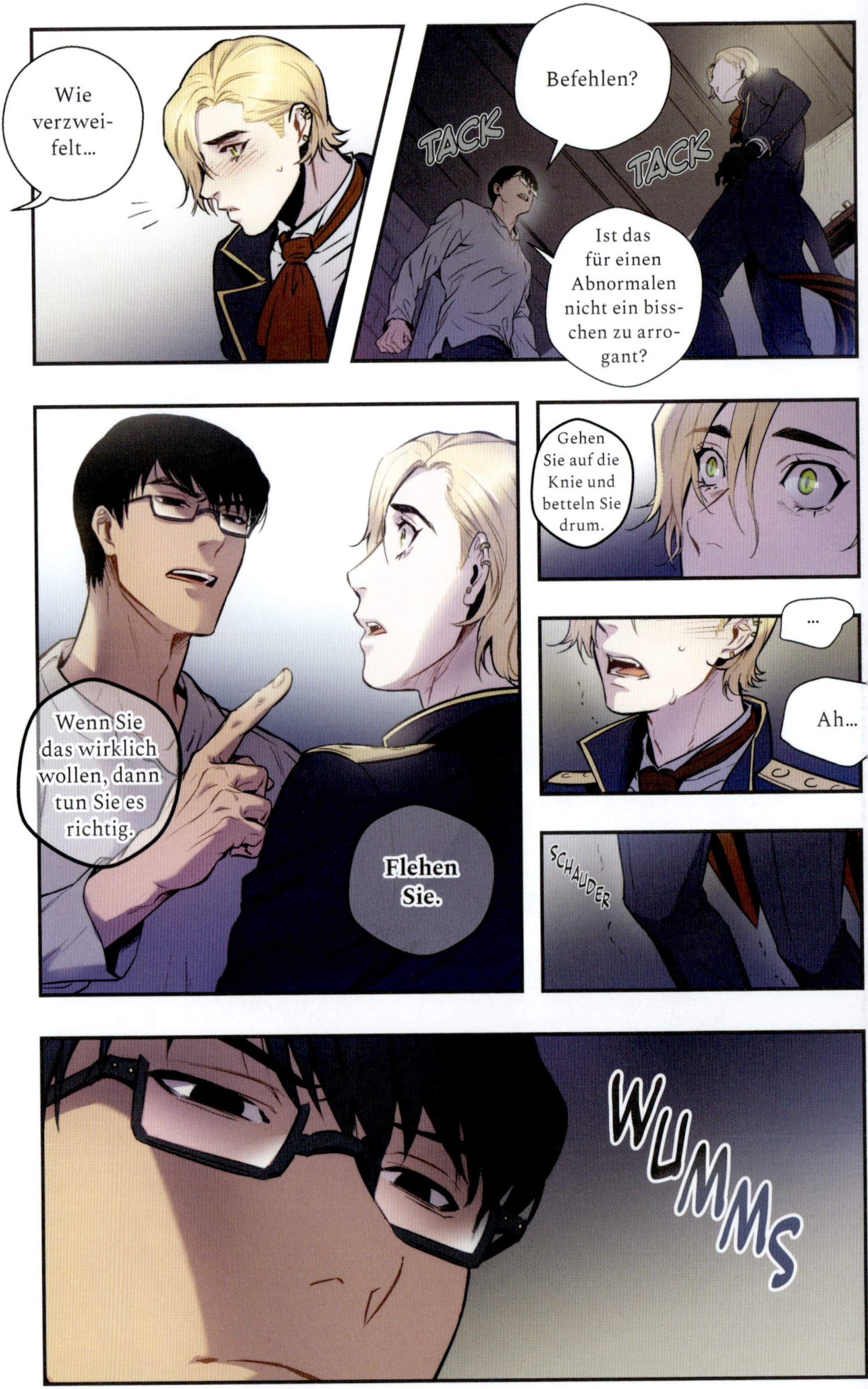
Wie verzweifelt…
Befehlen?
TACK
TACK
Ist das für einen Abnormalen nicht ein bisschen zu arrogant?
Wenn Sie das wirklich wollen, dann tun Sie es richtig.
Flehen Sie.
Gehen Sie auf die Knie und betteln Sie drum.
…
Ah…
SCHAUDER
WUMMS

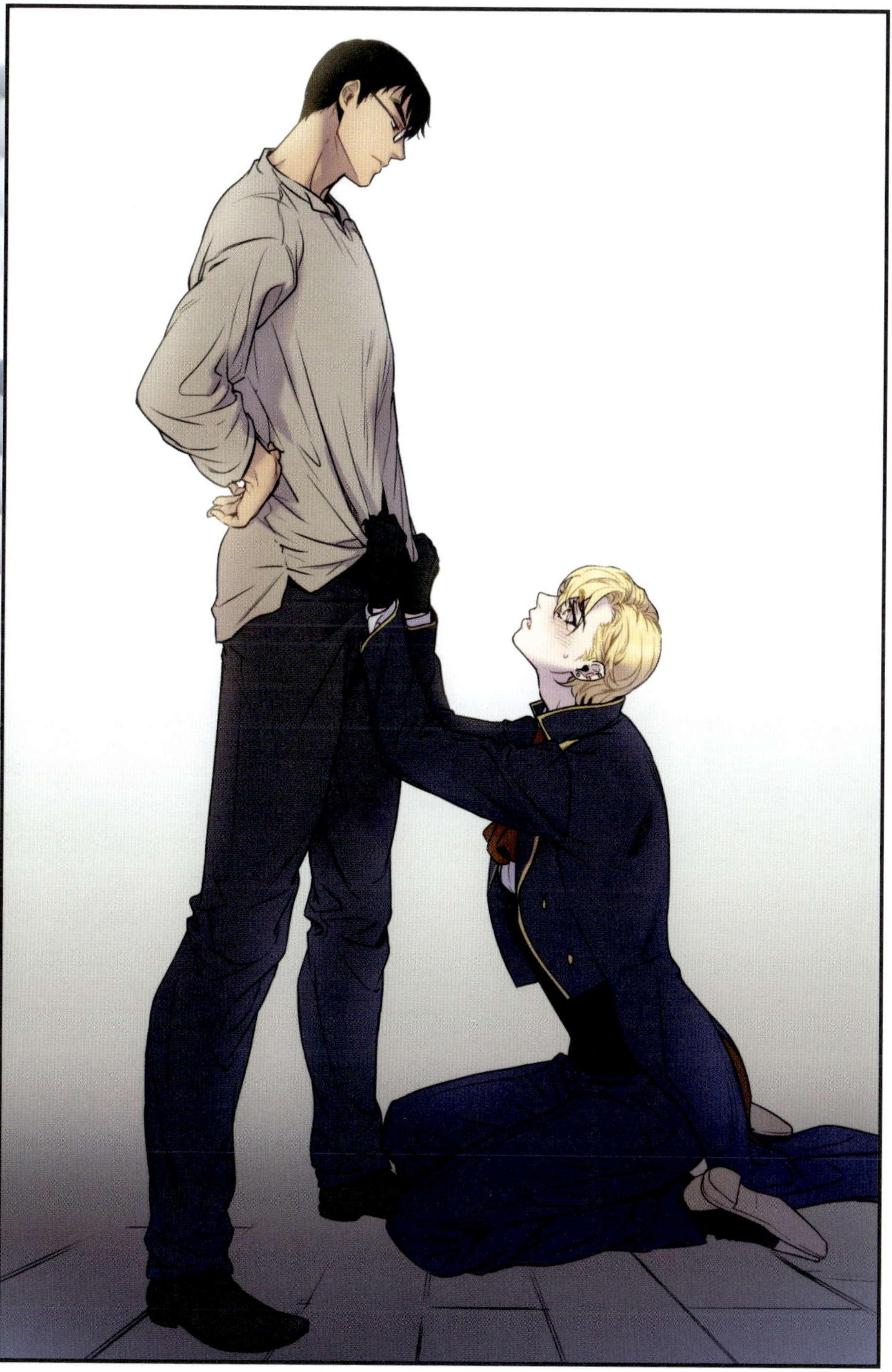

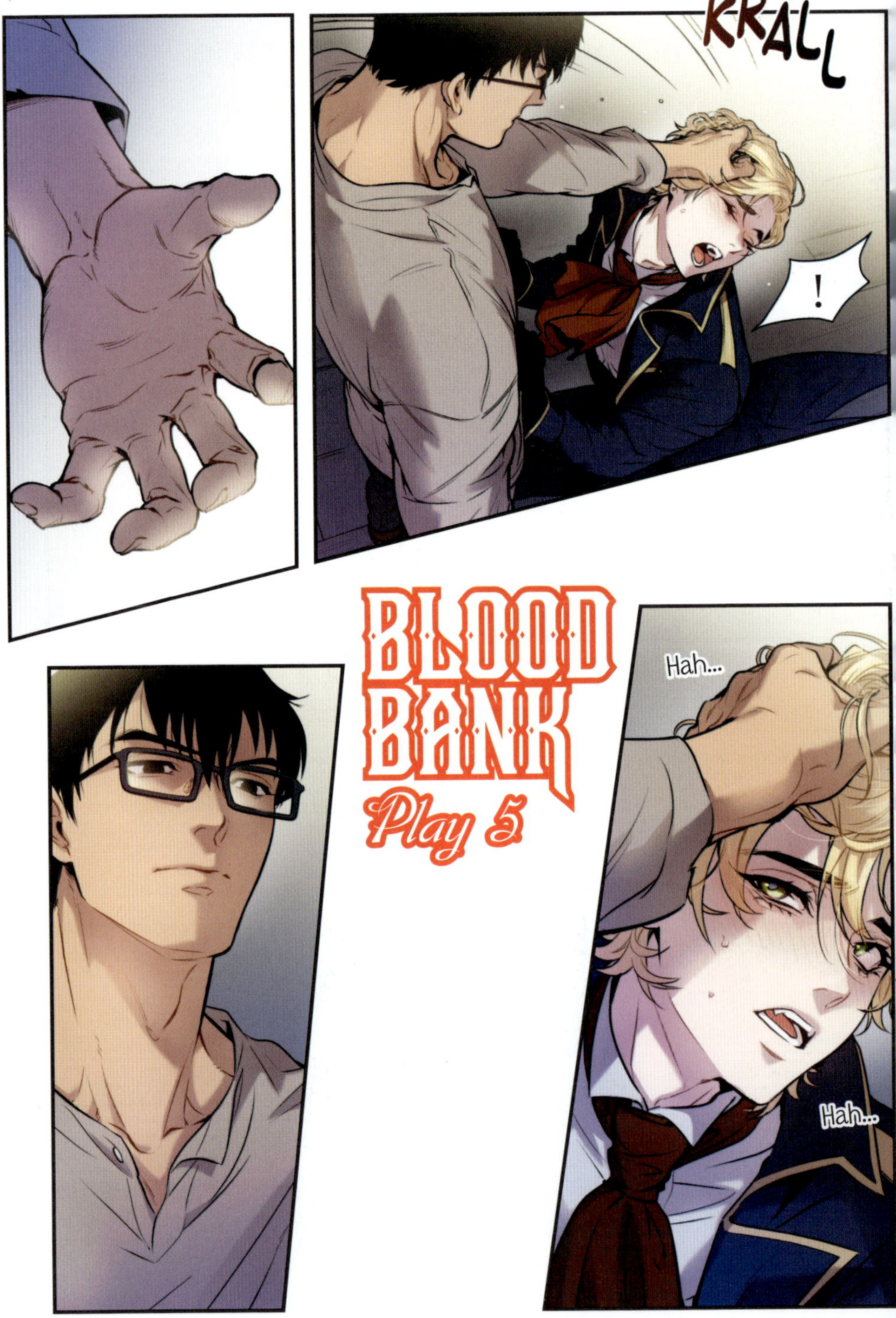
KRALL
!
BLOOD BANK
Play 5
Hah...
Hah...

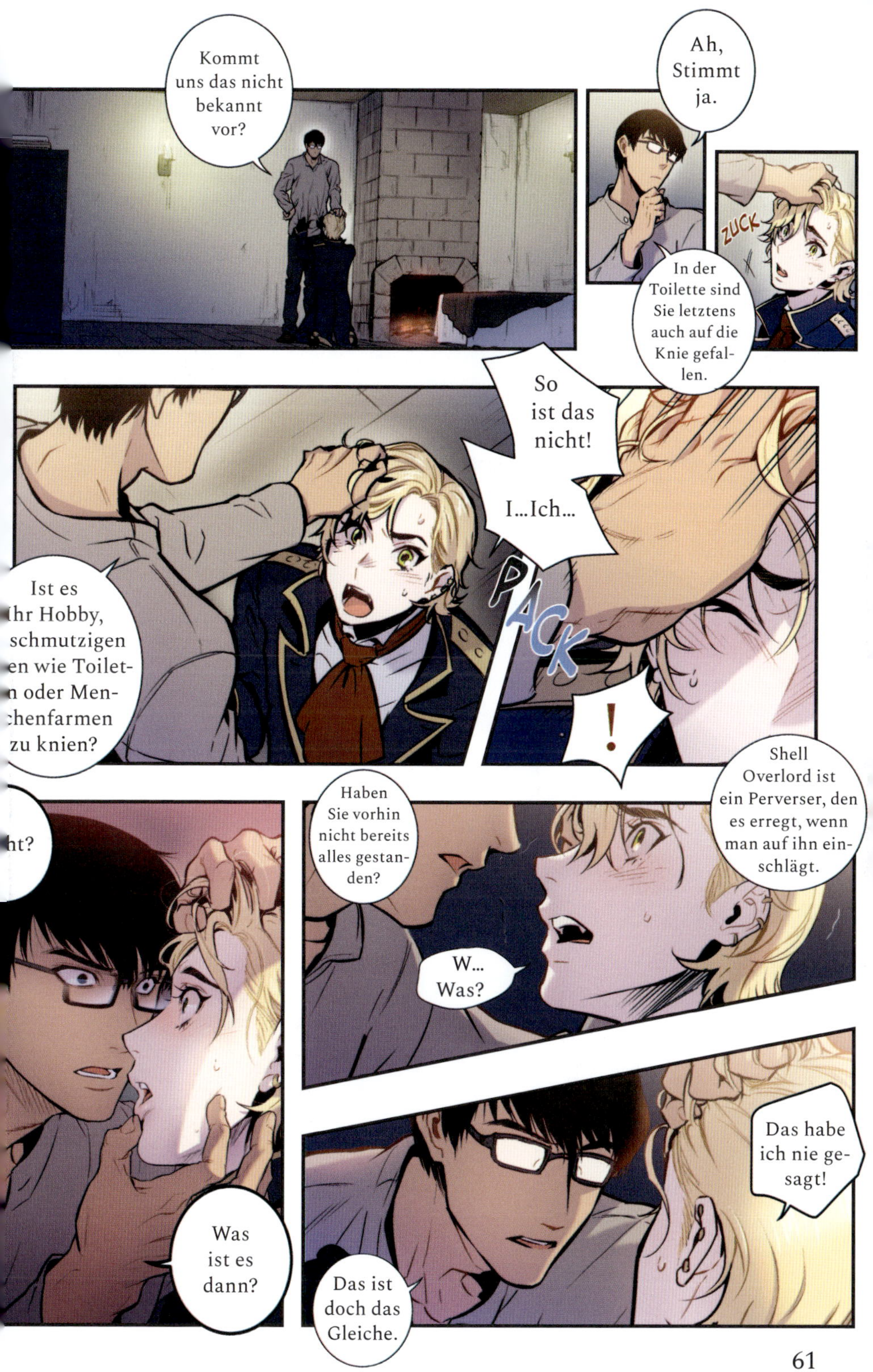
Kommt uns das nicht bekannt vor?
Ah, Stimmt ja.
ZUCK
In der Toilette sind Sie letztens auch auf die Knie gefallen.
So ist das nicht!
I...Ich...
Ist es Ihr Hobby, schmutzigen en wie Toilet- n oder Men- chenfarmen zu knien?
PACK
!
ht?
Haben Sie vorhin nicht bereits alles gestanden?
Shell Overlord ist ein Perverser, den es erregt, wenn man auf ihn einschlägt.
W... Was?
Was ist es dann?
Das habe ich nie gesagt!
Das ist doch das Gleiche.

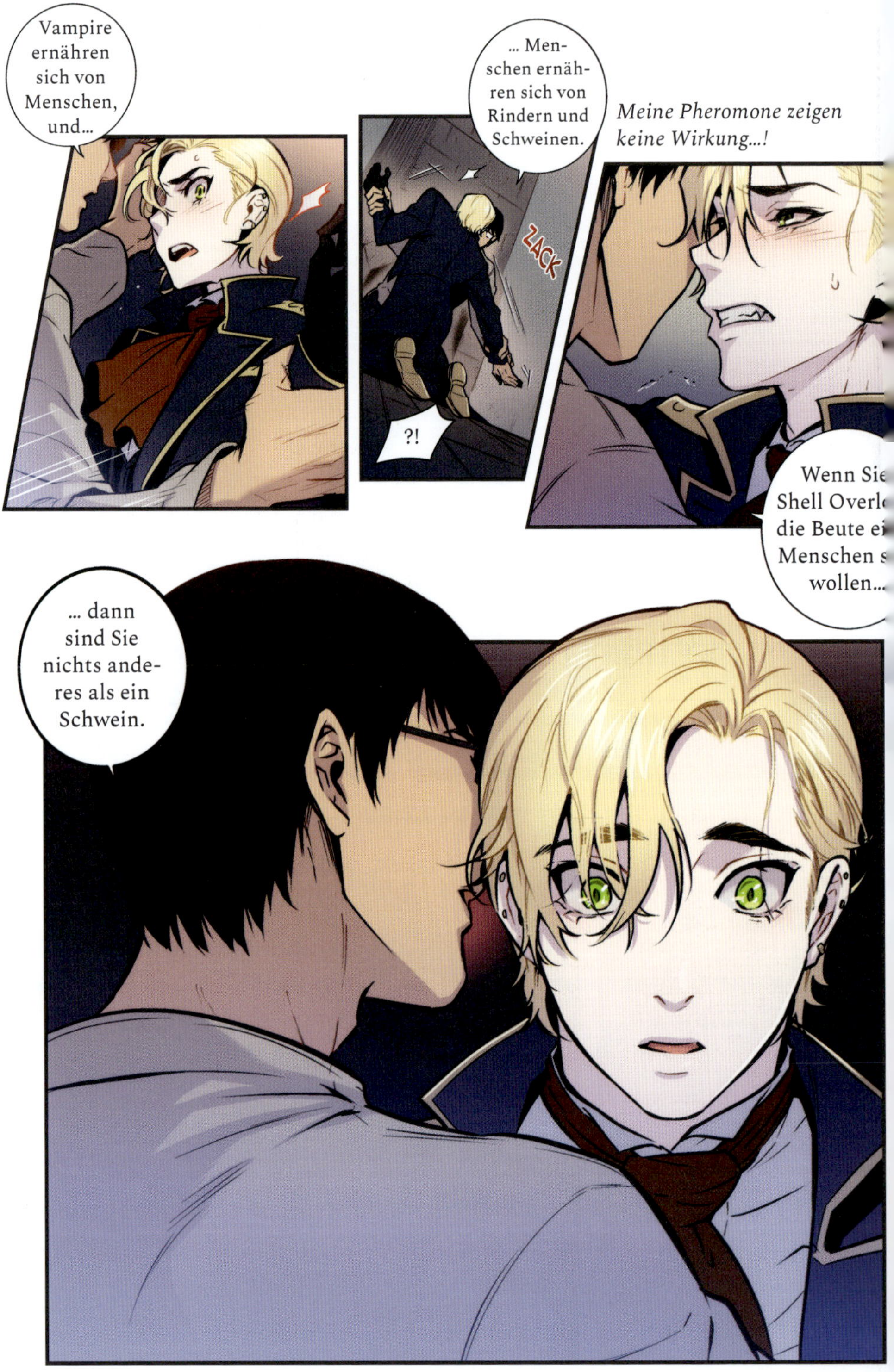

Vampire ernähren sich von Menschen, und...
... Menschen ernähren sich von Rindern und Schweinen.
ZACK
?!
Meine Pheromone zeigen keine Wirkung...!
Wenn Sie Shell Overl die Beute ei Menschen s wollen...
... dann sind Sie nichts anderes als ein Schwein.

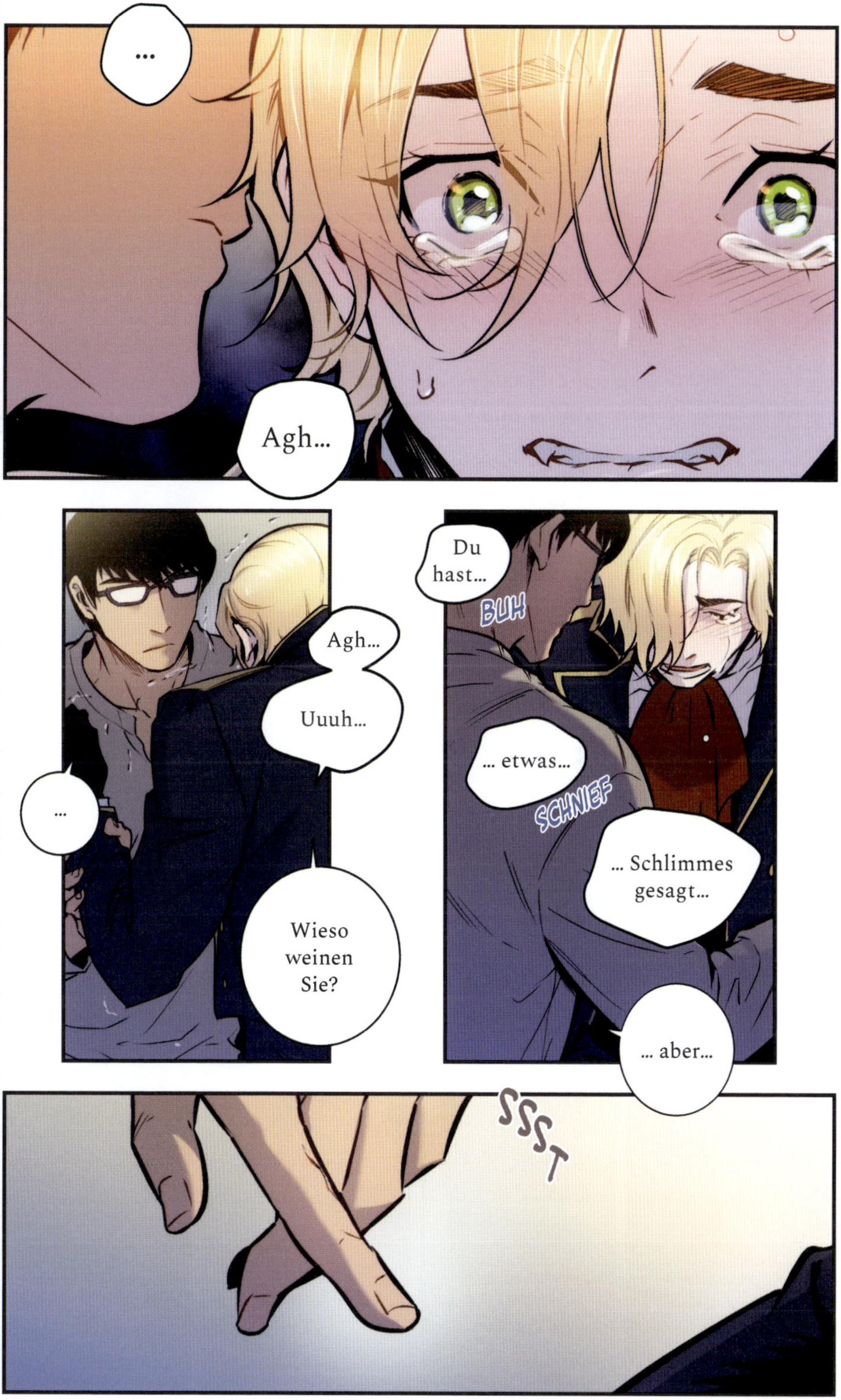
...
Agh...
Agh...
Uuuh...
...
Wieso weinen Sie?
Du hast...
BUH
... etwas...
SCHNIEF
... Schlimmes gesagt...
... aber...
SSST

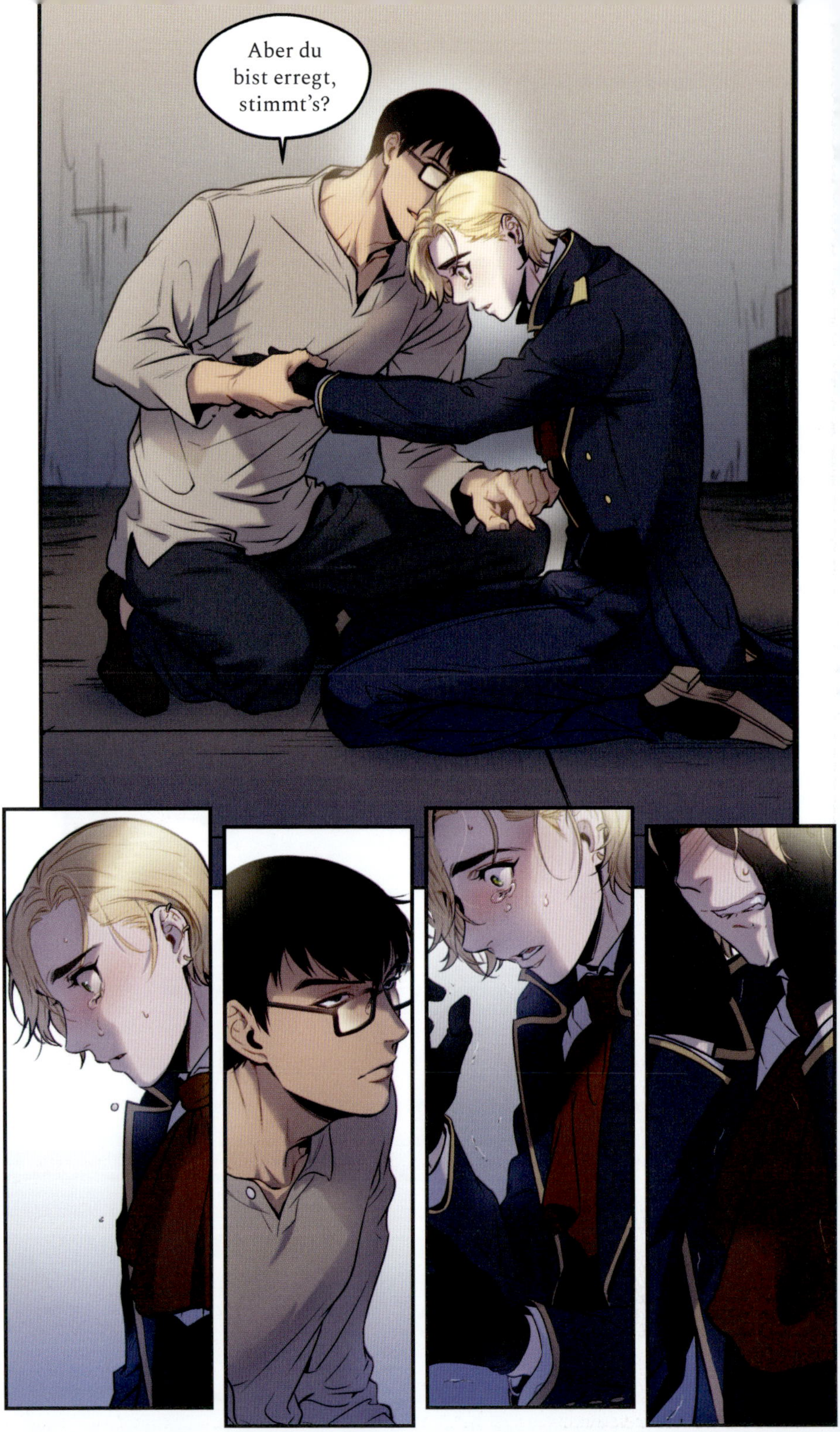
Aber du
bist erregt,
stimmt's?

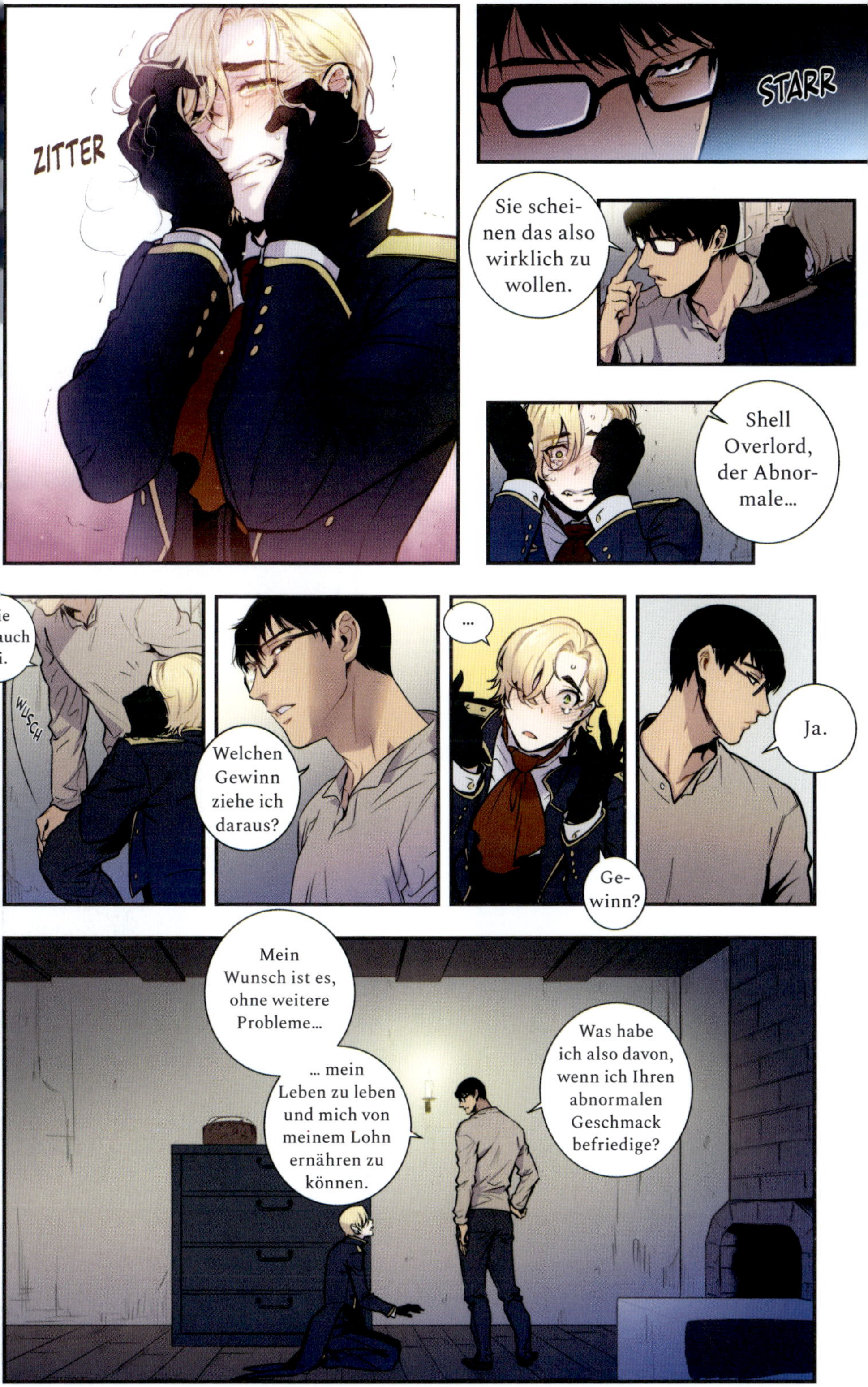
ZITTER
STARR
Sie scheinen das also wirklich zu wollen.
Shell Overlord, der Abnormale...
WUSCH
Welchen Gewinn ziehe ich daraus?
...
Gewinn?
Ja.
Mein Wunsch ist es, ohne weitere Probleme...
... mein Leben zu leben und mich von meinem Lohn ernähren zu können.
Was habe ich also davon, wenn ich Ihren abnormalen Geschmack befriedige?

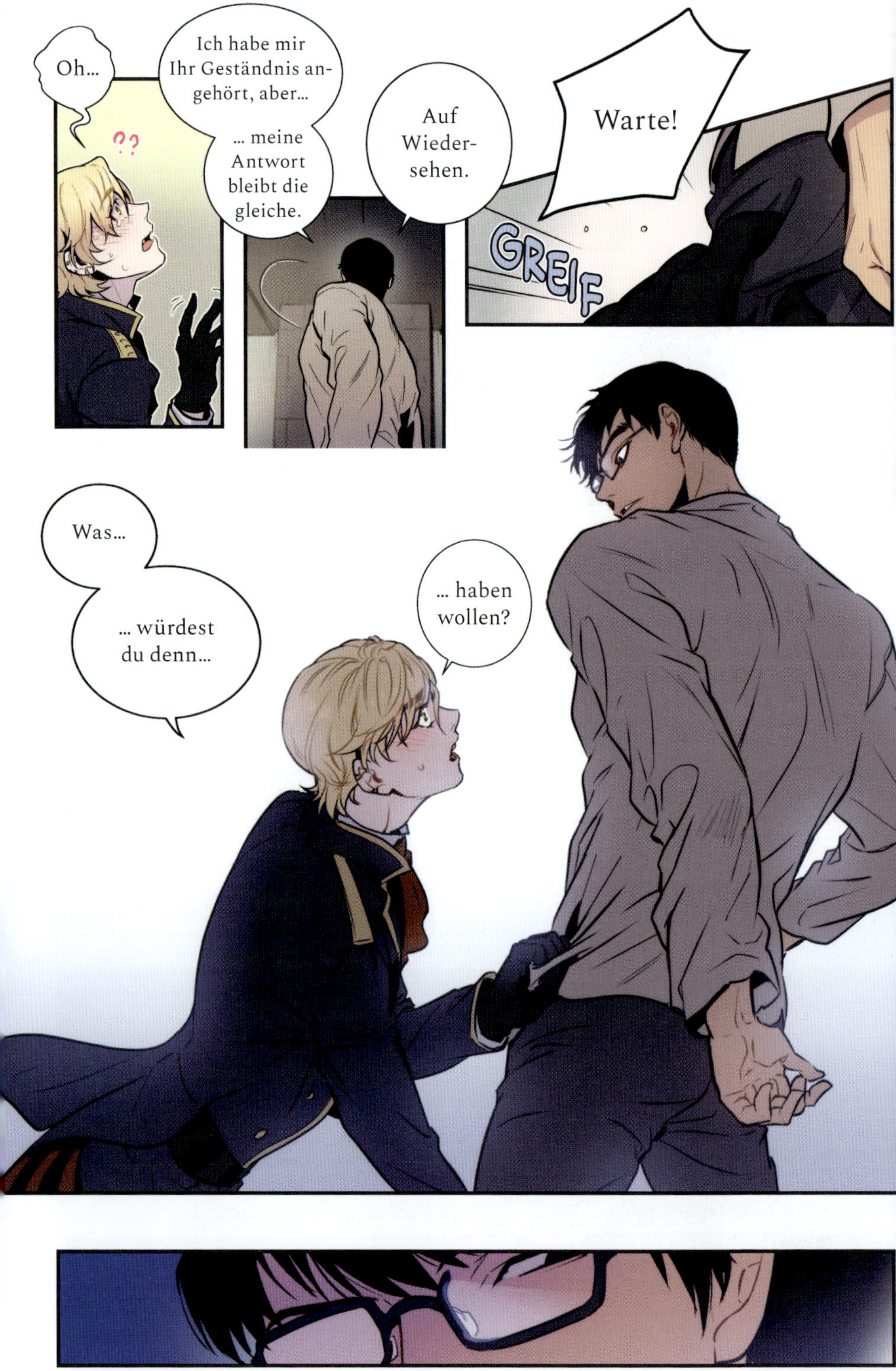
Oh…
Ich habe mir Ihr Geständnis angehört, aber…
… meine Antwort bleibt die gleiche.
Auf Wieder-sehen.
Warte!
GREIF
Was…
… würdest du denn…
… haben wollen?

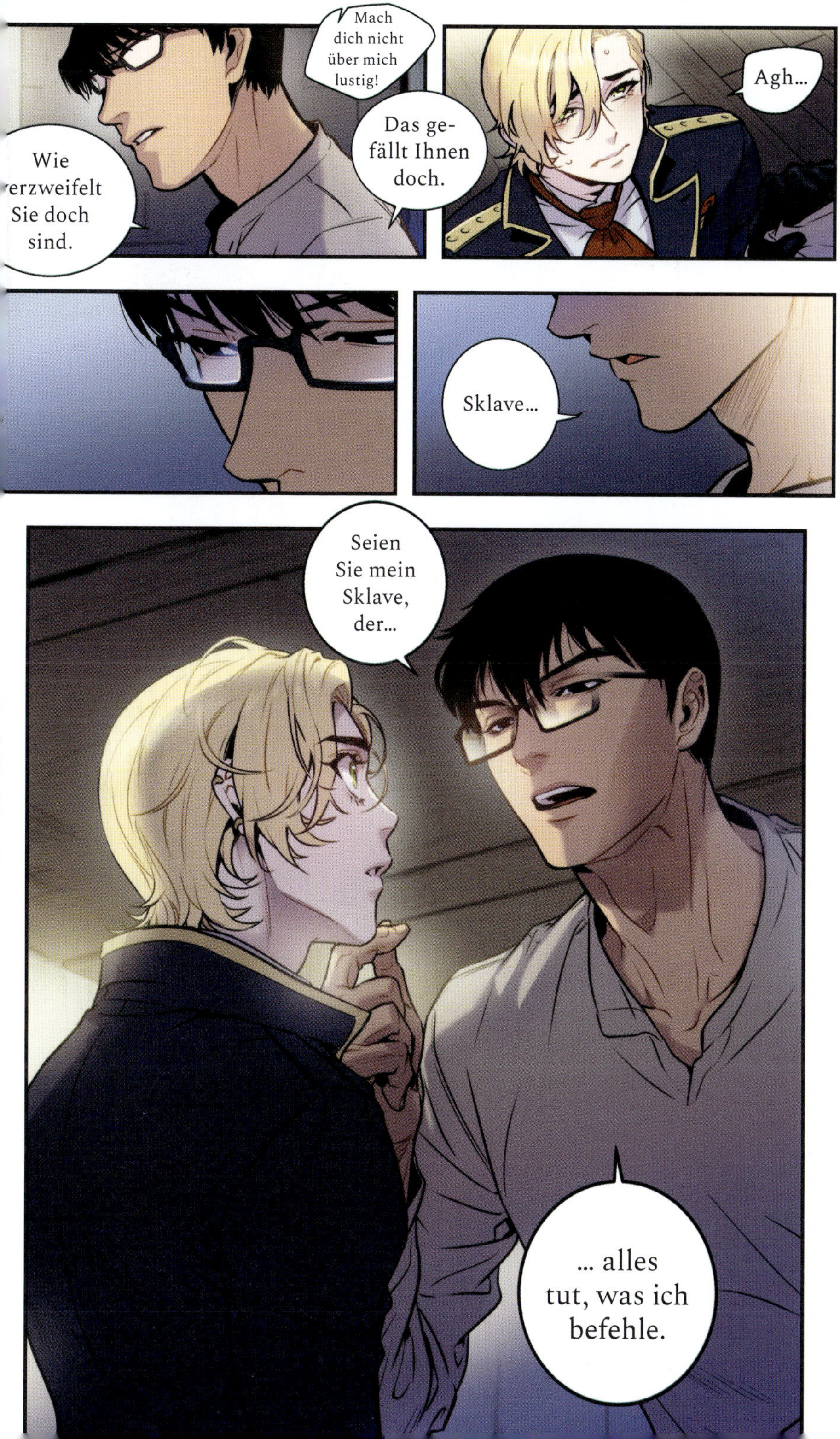
Wie verzweifelt Sie doch sind.
Mach dich nicht über mich lustig!
Das gefällt Ihnen doch.
Agh…
Sklave…
Seien Sie mein Sklave, der…
… alles tut, was ich befehle.

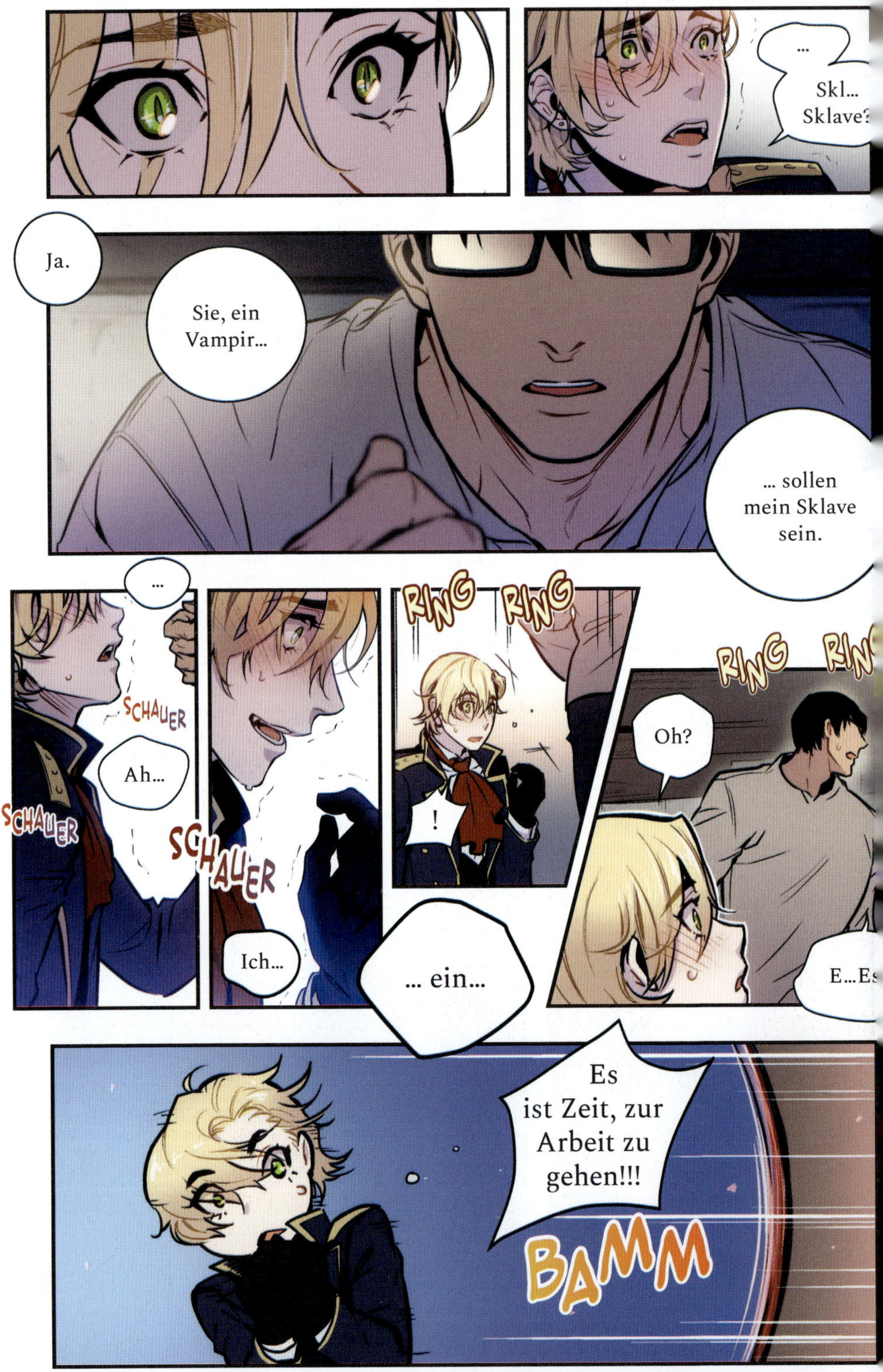
...
Skl... Sklave?
Ja.
Sie, ein Vampir...
... sollen mein Sklave sein.
...
SCHAUER
Ah...
SCHAUER
SCHAUER
Ich...
RING RING
!
... ein...
RING RING
Oh?
E...Es
Es ist Zeit, zur Arbeit zu gehen!!!
BAMM

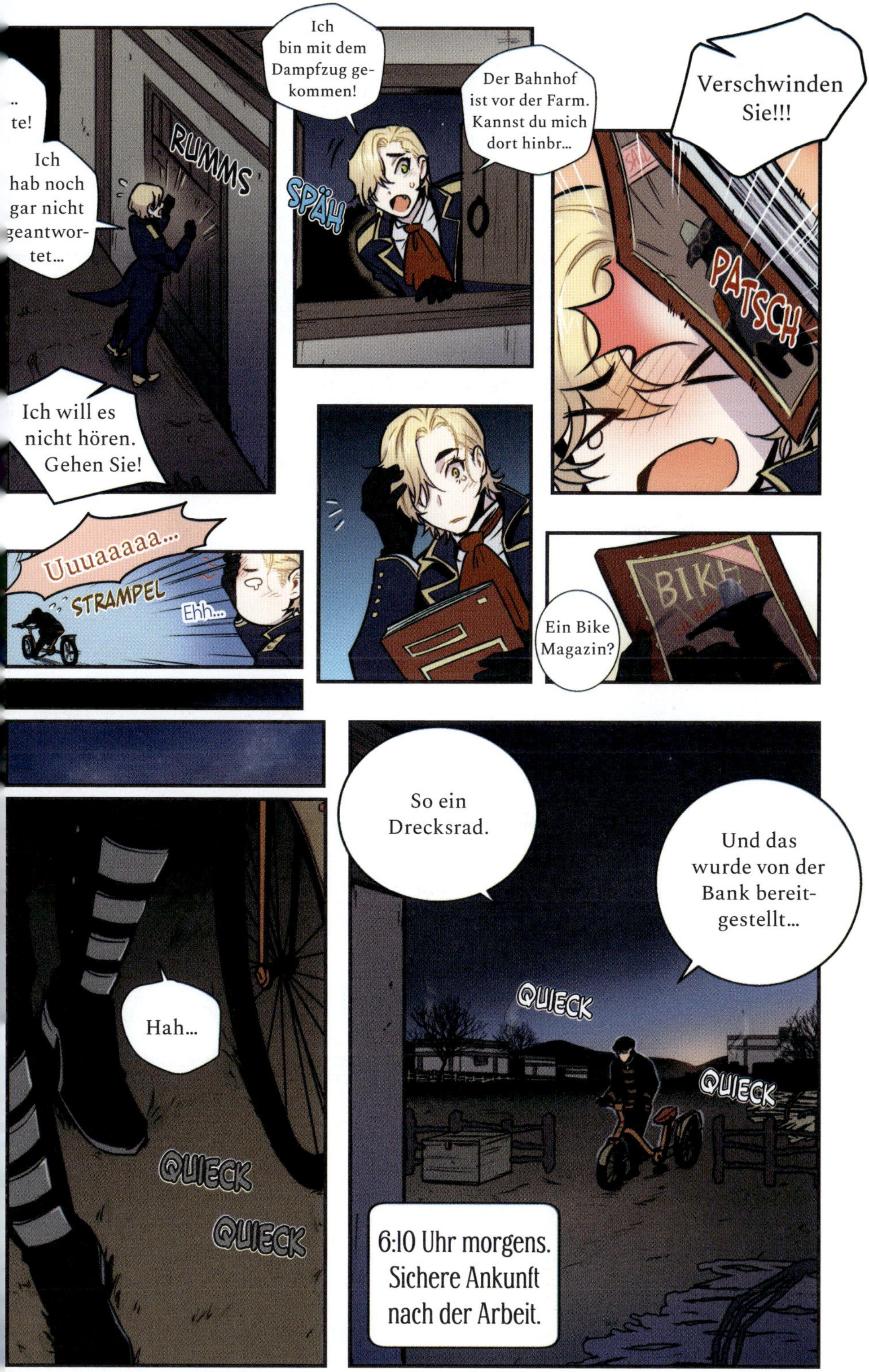

.. te!
RUMMS
Ich hab noch gar nicht geantwortet...
Ich will es nicht hören. Gehen Sie!
Ich bin mit dem Dampfzug gekommen!
SPÄH
Der Bahnhof ist vor der Farm. Kannst du mich dort hinbr...
Verschwinden Sie!!!
PATSCH
Uuuaaaaa...
STRAMPEL
Ehh...
BIKE
Ein Bike Magazin?
Hah...
QUIECK
QUIECK
So ein Drecksrad.
Und das wurde von der Bank bereitgestellt...
QUIECK
QUIECK
6:10 Uhr morgens. Sichere Ankunft nach der Arbeit.

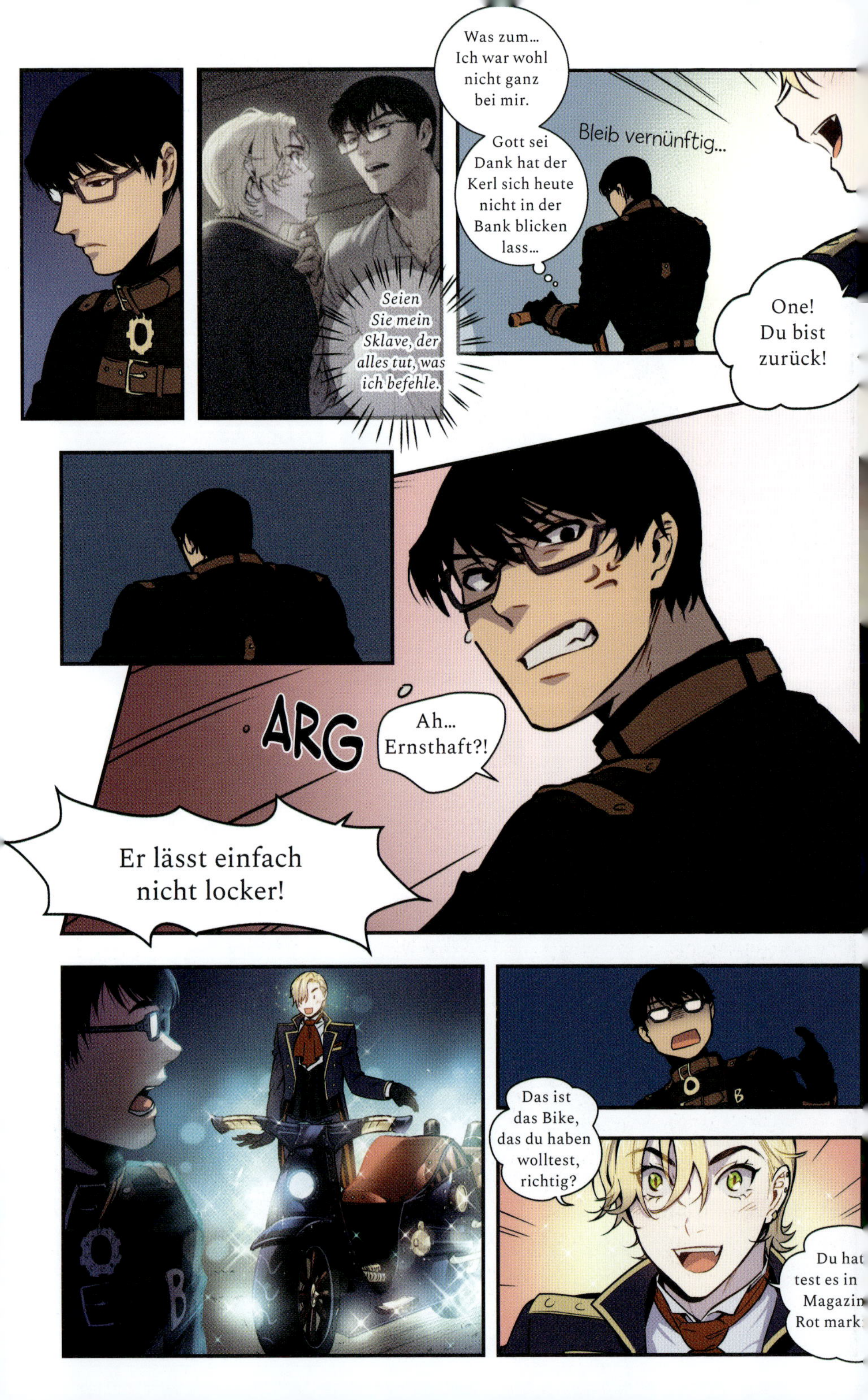
Seien Sie mein Sklave, der alles tut, was ich befehle.
Was zum… Ich war wohl nicht ganz bei mir.
Gott sei Dank hat der Kerl sich heute nicht in der Bank blicken lass…
Bleib vernünftig…
One! Du bist zurück!
ARG
Ah… Ernsthaft?!
Er lässt einfach nicht locker!
Das ist das Bike, das du haben wolltest, richtig?
Du hat test es in Magazin Rot mark

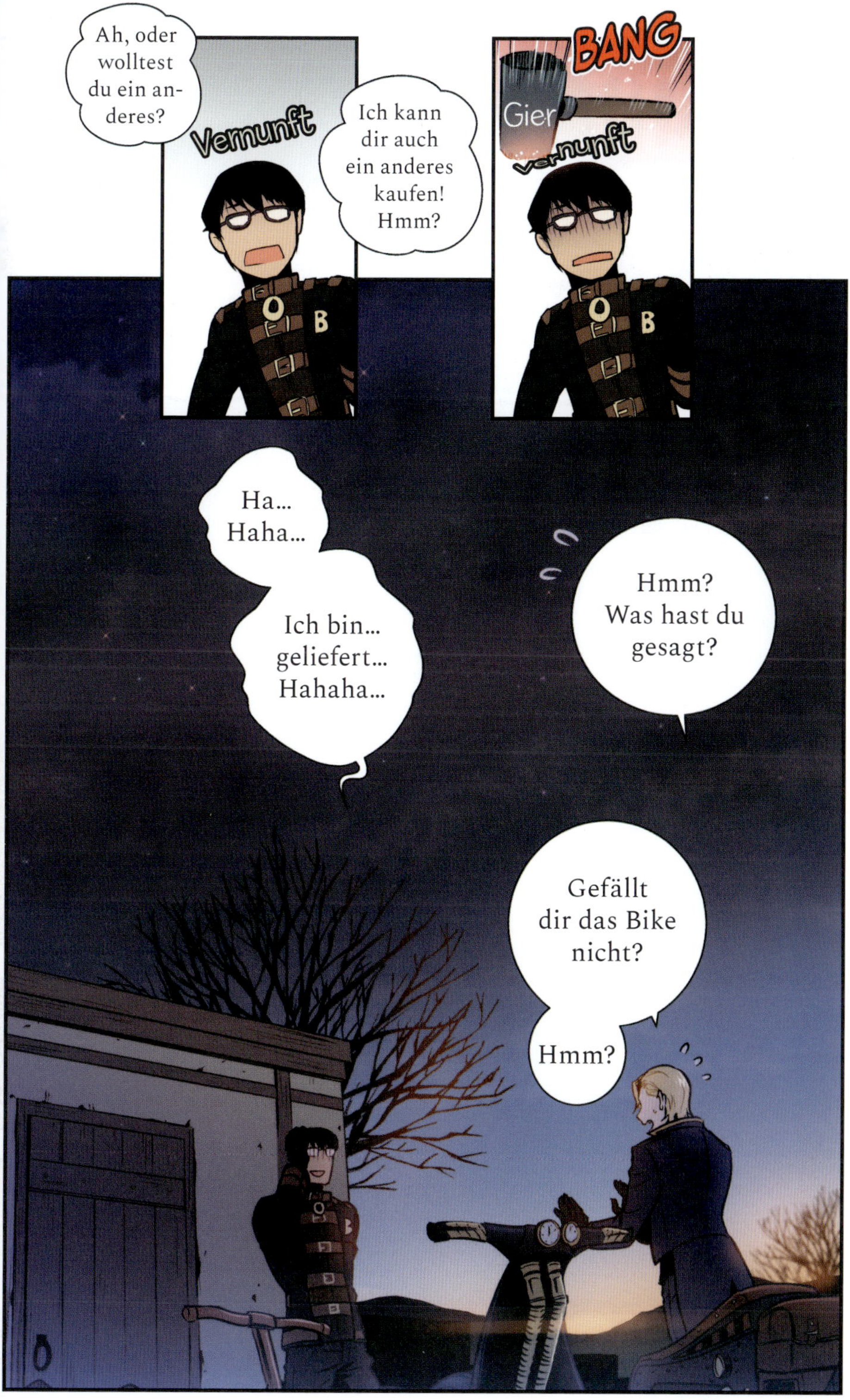
Ah, oder
wolltest
du ein an-
deres?
Vernunft
Ich kann
dir auch
ein anderes
kaufen!
Hmm?
BANG
Gier
Vernunft
Ha...
Haha...
Ich bin...
geliefert...
Hahaha...
Hmm?
Was hast du
gesagt?
Gefällt
dir das Bike
nicht?
Hmm?

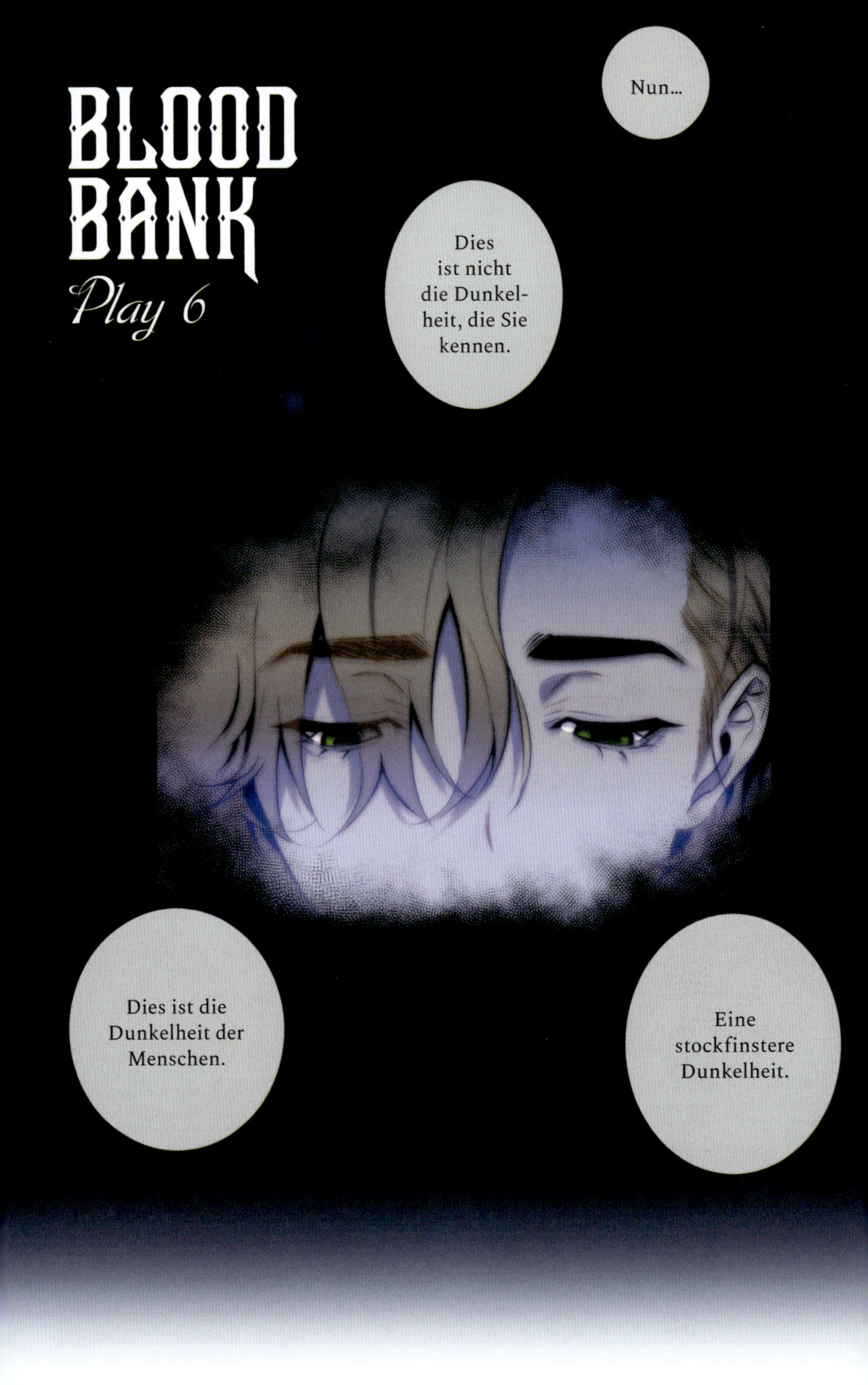
BLOOD BANK
Play 6
Nun…
Dies ist nicht die Dunkelheit, die Sie kennen.
Dies ist die Dunkelheit der Menschen.
Eine stockfinstere Dunkelheit.

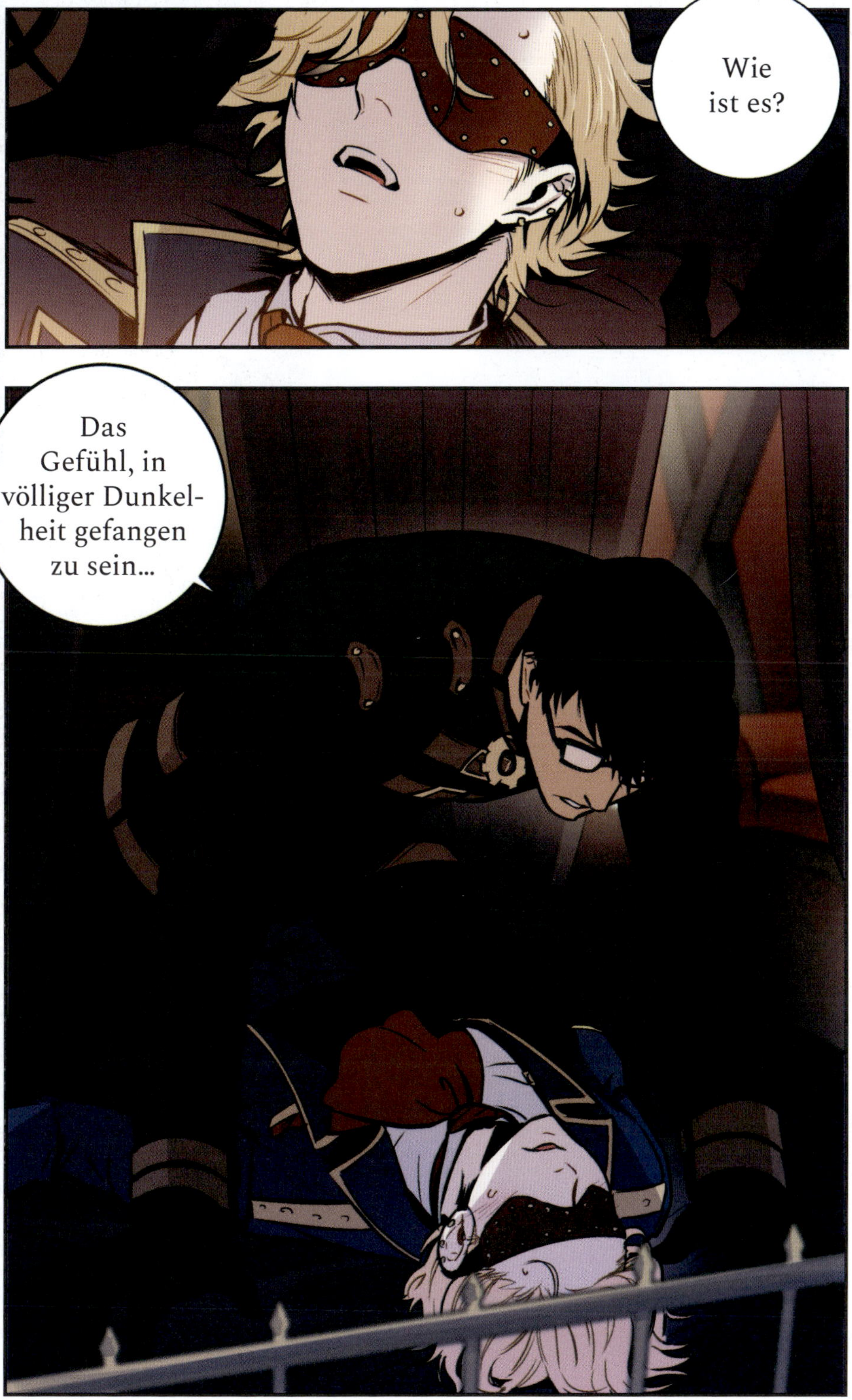
Wie ist es?
Das Gefühl, in völliger Dunkelheit gefangen zu sein...

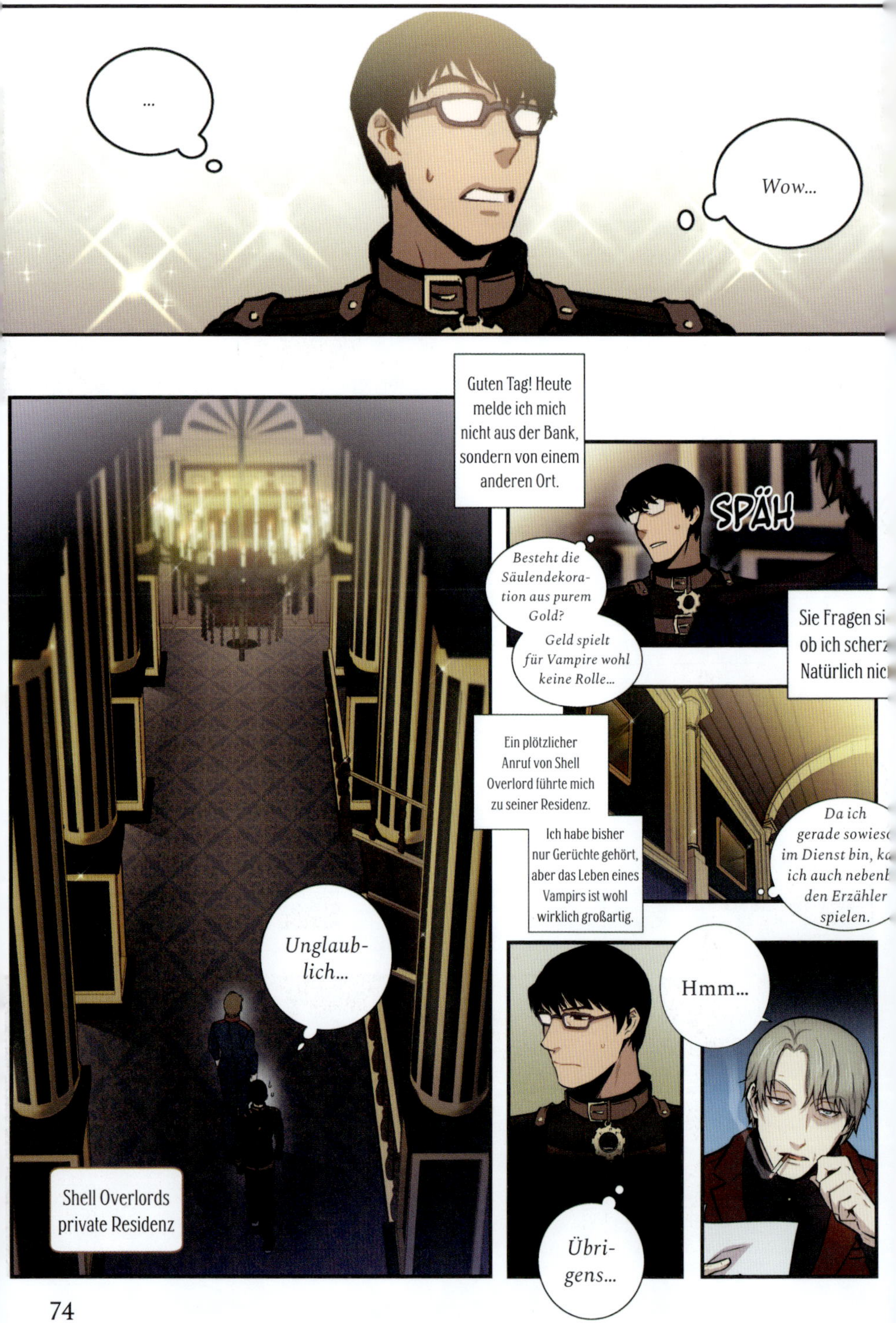
...
Wow...
Guten Tag! Heute melde ich mich nicht aus der Bank, sondern von einem anderen Ort.
SPÄH
Besteht die Säulendekoration aus purem Gold?
Geld spielt für Vampire wohl keine Rolle...
Sie Fragen si
ob ich scherz
Natürlich nic
Ein plötzlicher Anruf von Shell Overlord führte mich zu seiner Residenz.
Ich habe bisher nur Gerüchte gehört, aber das Leben eines Vampirs ist wohl wirklich großartig.
Da ich gerade sowies
im Dienst bin, ka
ich auch nebenb
den Erzähler spielen.
Shell Overlords private Residenz
Unglaublich...
Hmm...
Übrigens...

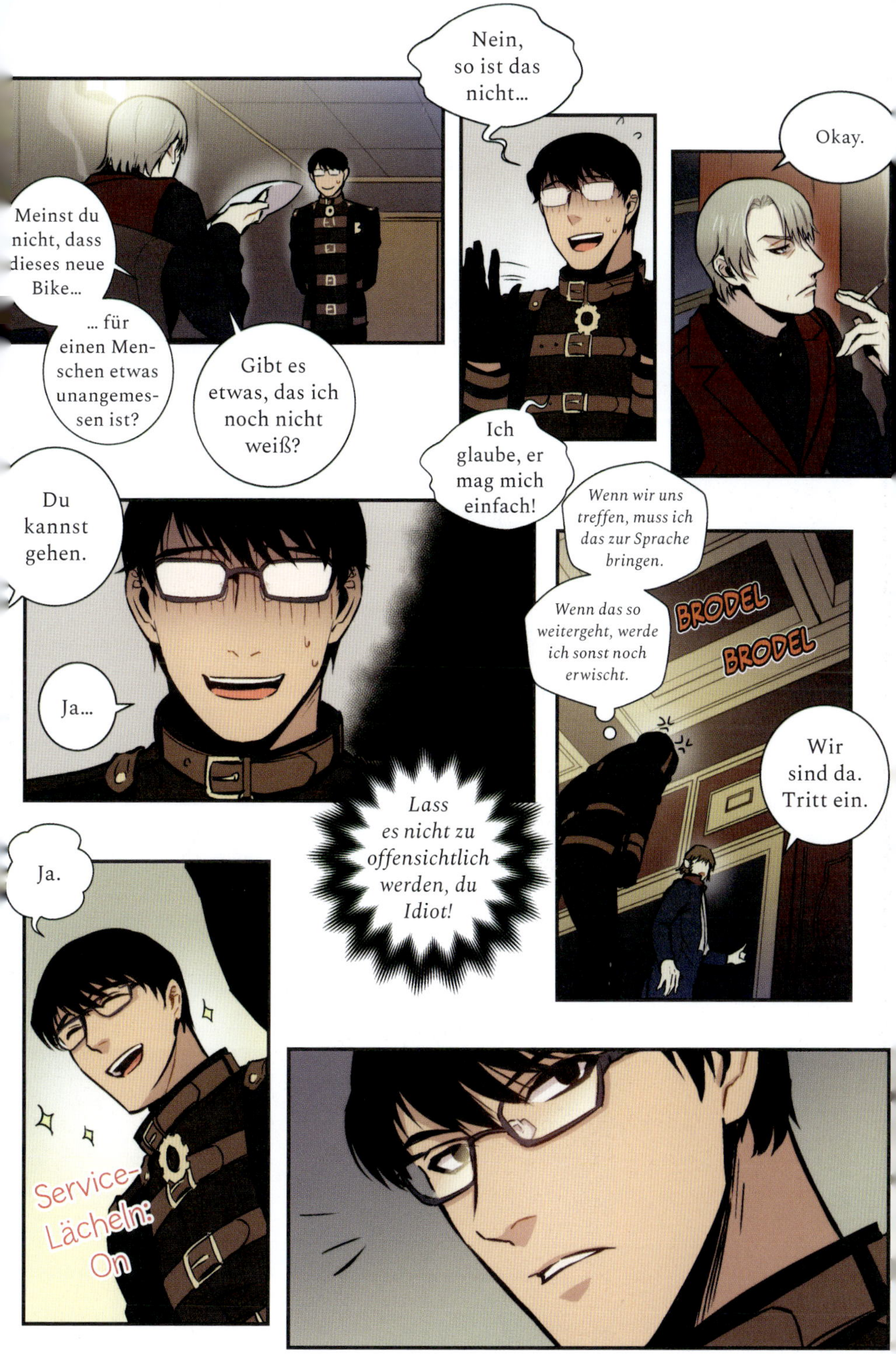
Meinst du nicht, dass dieses neue Bike…
… für einen Menschen etwas unangemessen ist?
Gibt es etwas, das ich noch nicht weiß?
Nein, so ist das nicht…
Ich glaube, er mag mich einfach!
Okay.
Du kannst gehen.
Ja…
Lass es nicht zu offensichtlich werden, du Idiot!
Wenn wir uns treffen, muss ich das zur Sprache bringen.
Wenn das so weitergeht, werde ich sonst noch erwischt.
BRODEL
BRODEL
Wir sind da. Tritt ein.
Ja.
Service-Lächeln: On

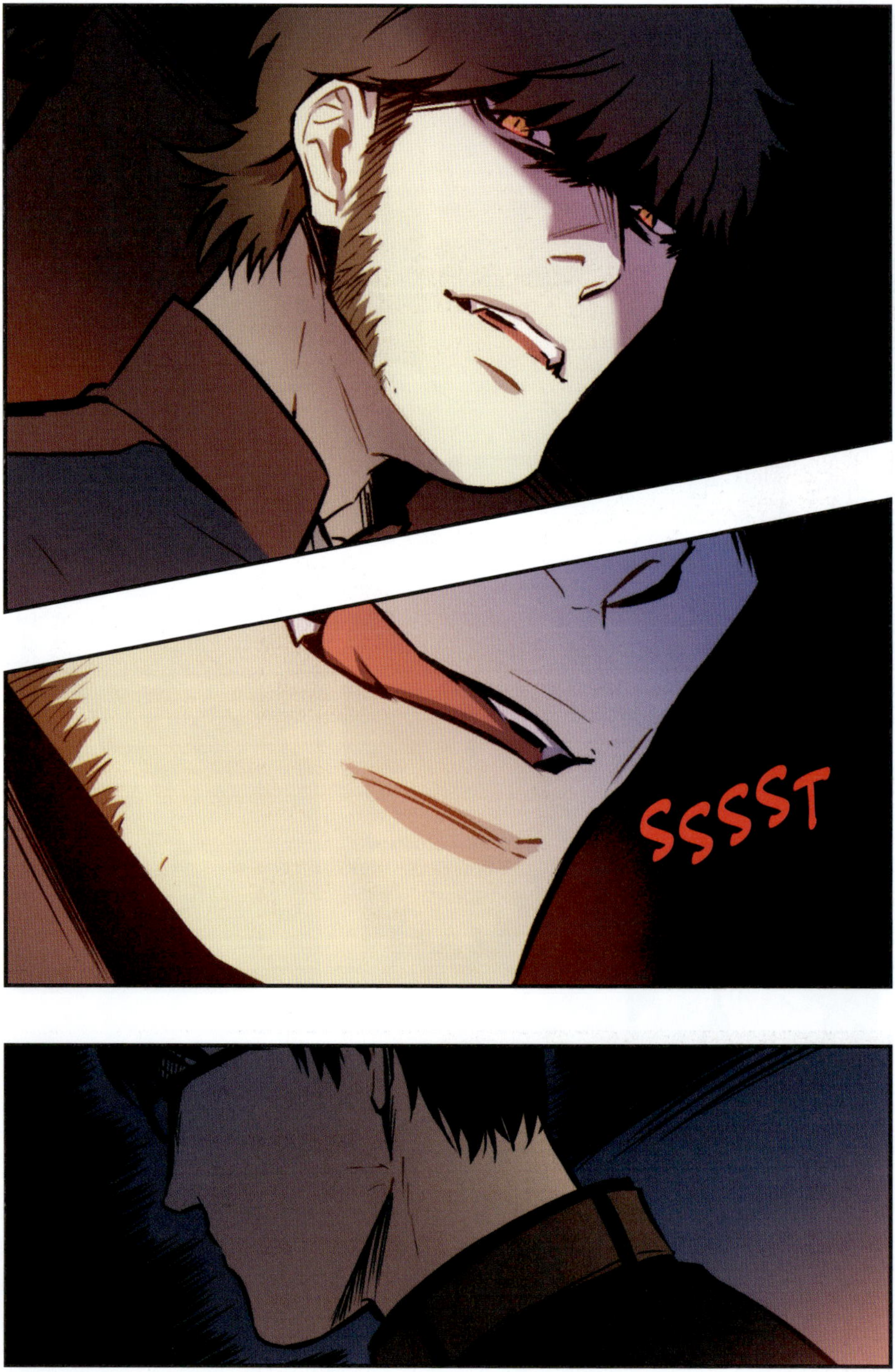
SSSST

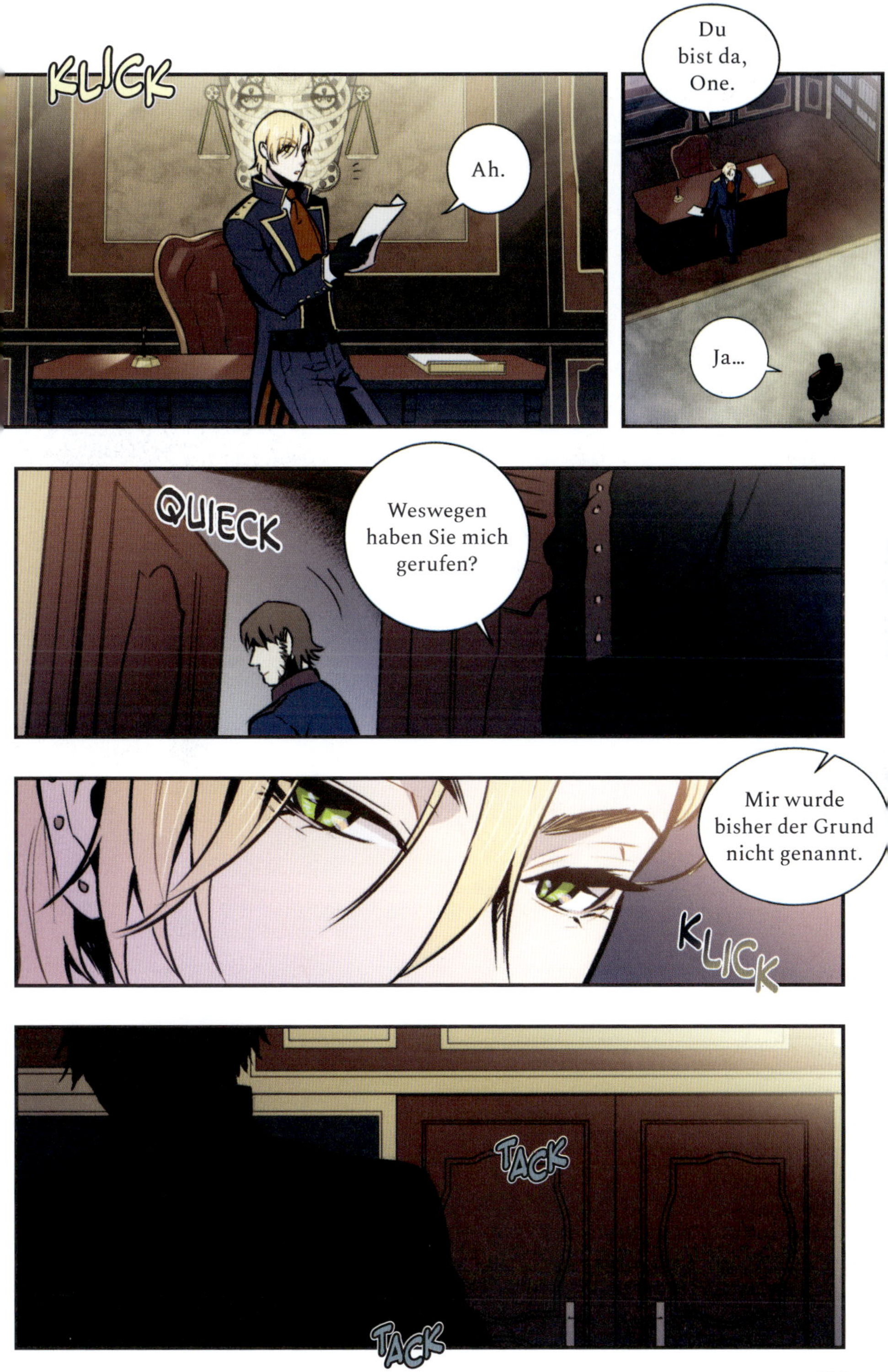
KLICK
Ah.
Du bist da, One.
Ja…
QUIECK
Weswegen haben Sie mich gerufen?
Mir wurde bisher der Grund nicht genannt.
KLICK
TACK
TACK

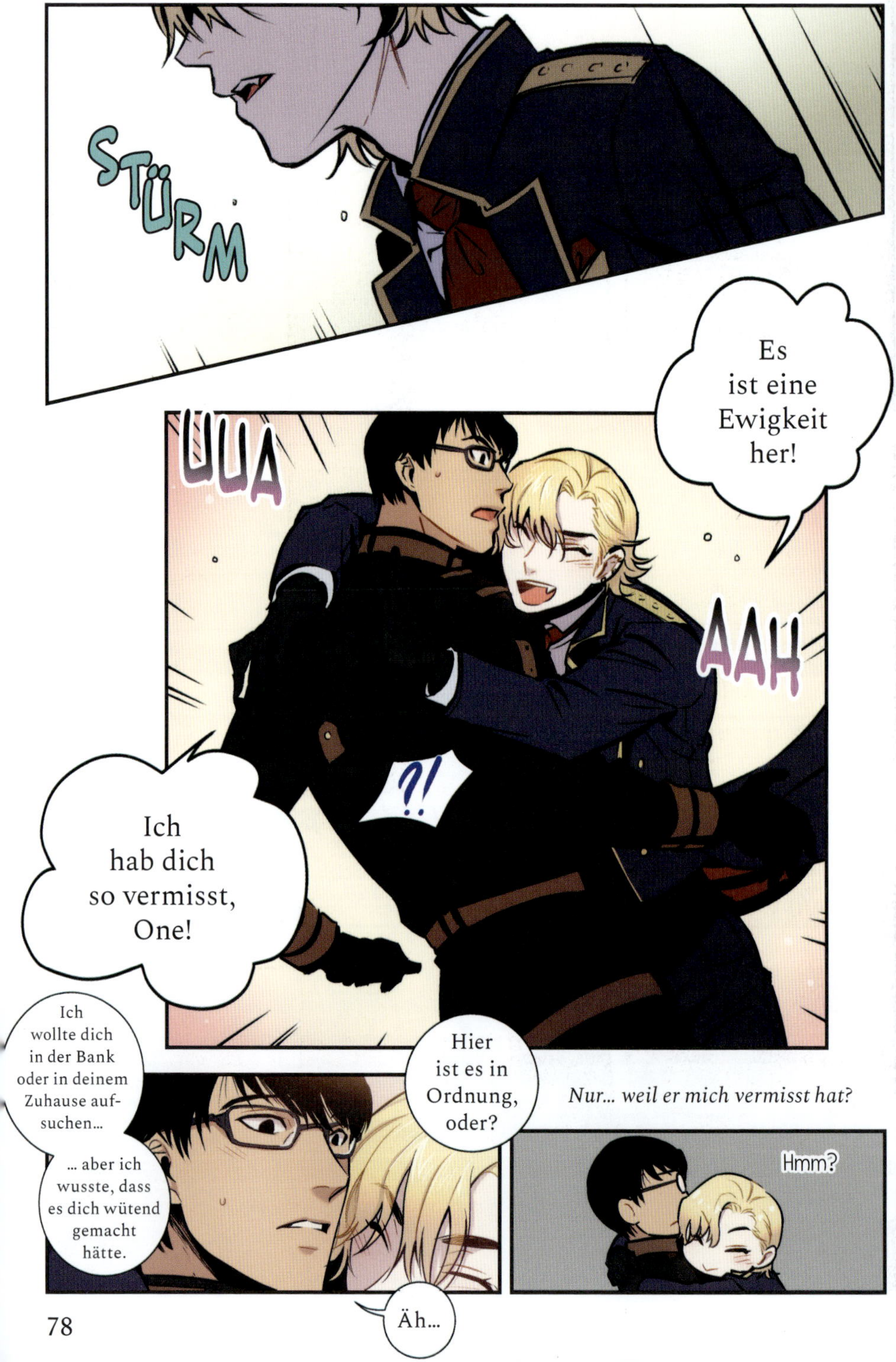
STÜRM
Es ist eine Ewigkeit her!
UUA
AAH
?!
Ich hab dich so vermisst, One!
Ich wollte dich in der Bank oder in deinem Zuhause auf-suchen…
… aber ich wusste, dass es dich wütend gemacht hätte.
Hier ist es in Ordnung, oder?
Äh…
Nur… weil er mich vermisst hat?
Hmm?

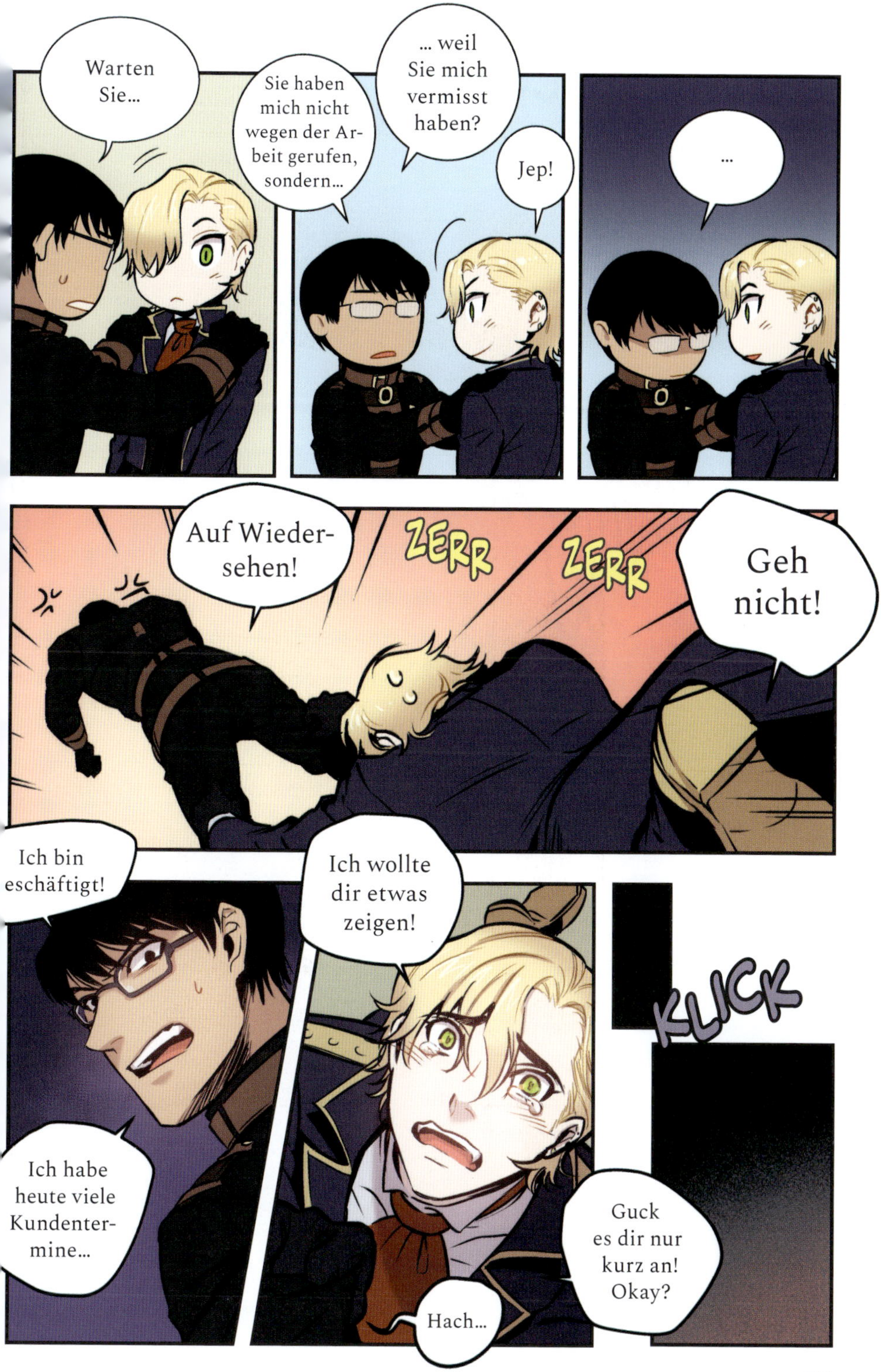
Warten Sie…
Sie haben mich nicht wegen der Arbeit gerufen, sondern…
… weil Sie mich vermisst haben?
Jep!
…
Auf Wiedersehen!
ZERR
ZERR
Geh nicht!
Ich bin eschäftigt!
Ich habe heute viele Kundentermine…
Ich wollte dir etwas zeigen!
Hach…
Guck es dir nur kurz an! Okay?
KLICK

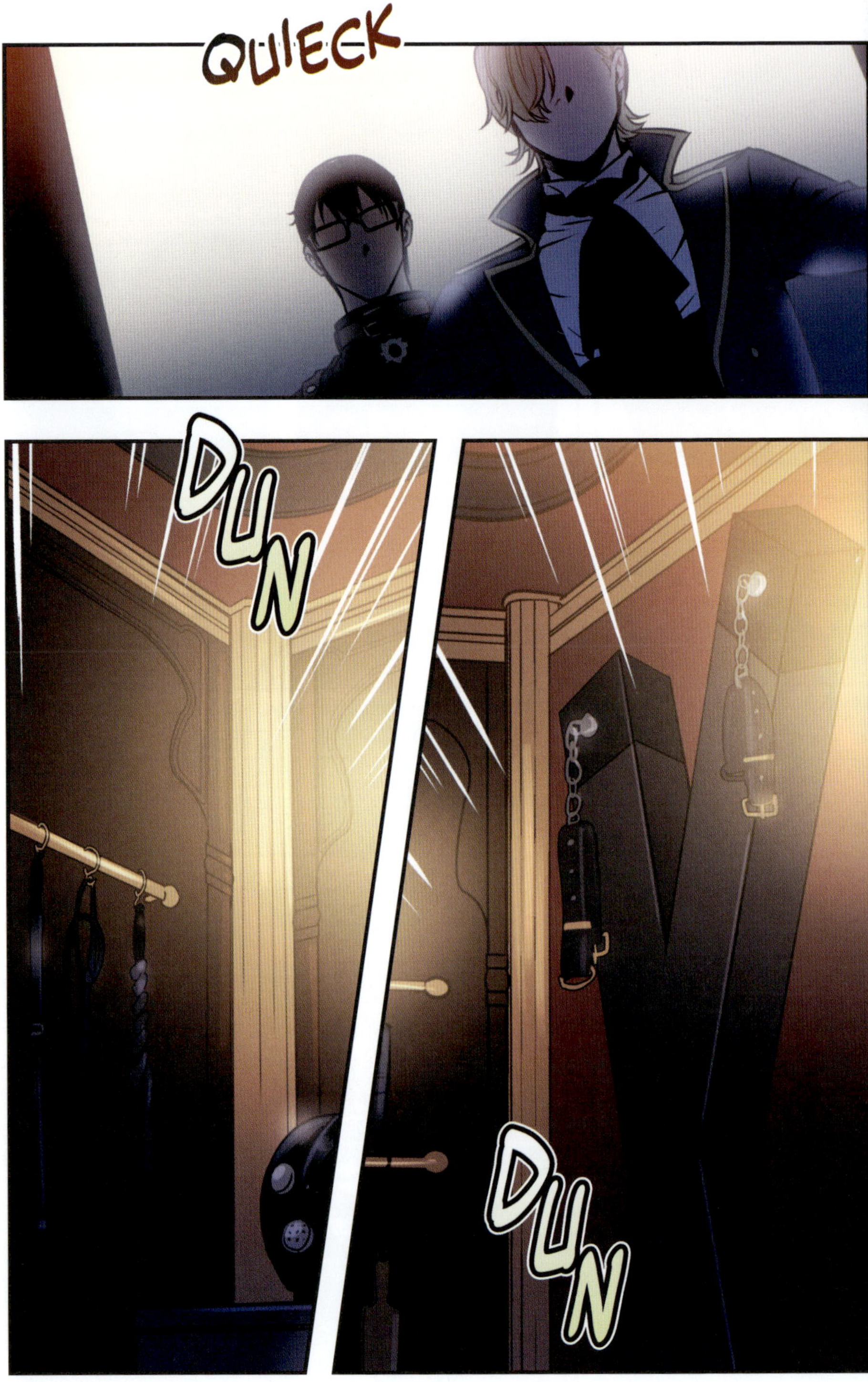
QUIECK
DUN
DUN

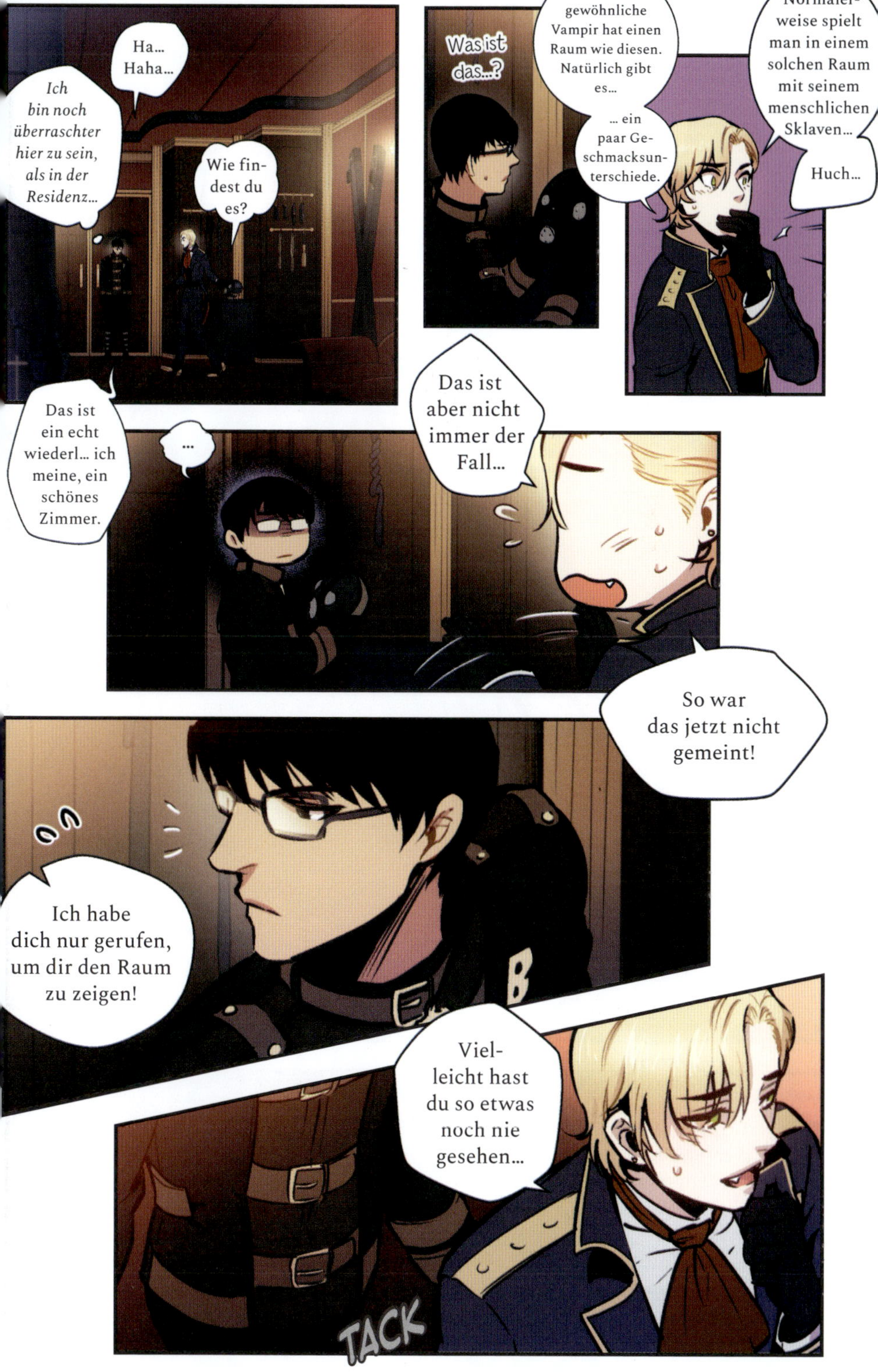
Ha… Haha…
Ich bin noch überraschter hier zu sein, als in der Residenz…
Wie findest du es?
Was ist das…?
Jeder gewöhnliche Vampir hat einen Raum wie diesen. Natürlich gibt es…
… ein paar Geschmacksunterschiede.
Normalerweise spielt man in einem solchen Raum mit seinem menschlichen Sklaven…
Huch…
Das ist ein echt wiederl… ich meine, ein schönes Zimmer.
…
Das ist aber nicht immer der Fall…
So war das jetzt nicht gemeint!
Ich habe dich nur gerufen, um dir den Raum zu zeigen!
Vielleicht hast du so etwas noch nie gesehen…
TACK

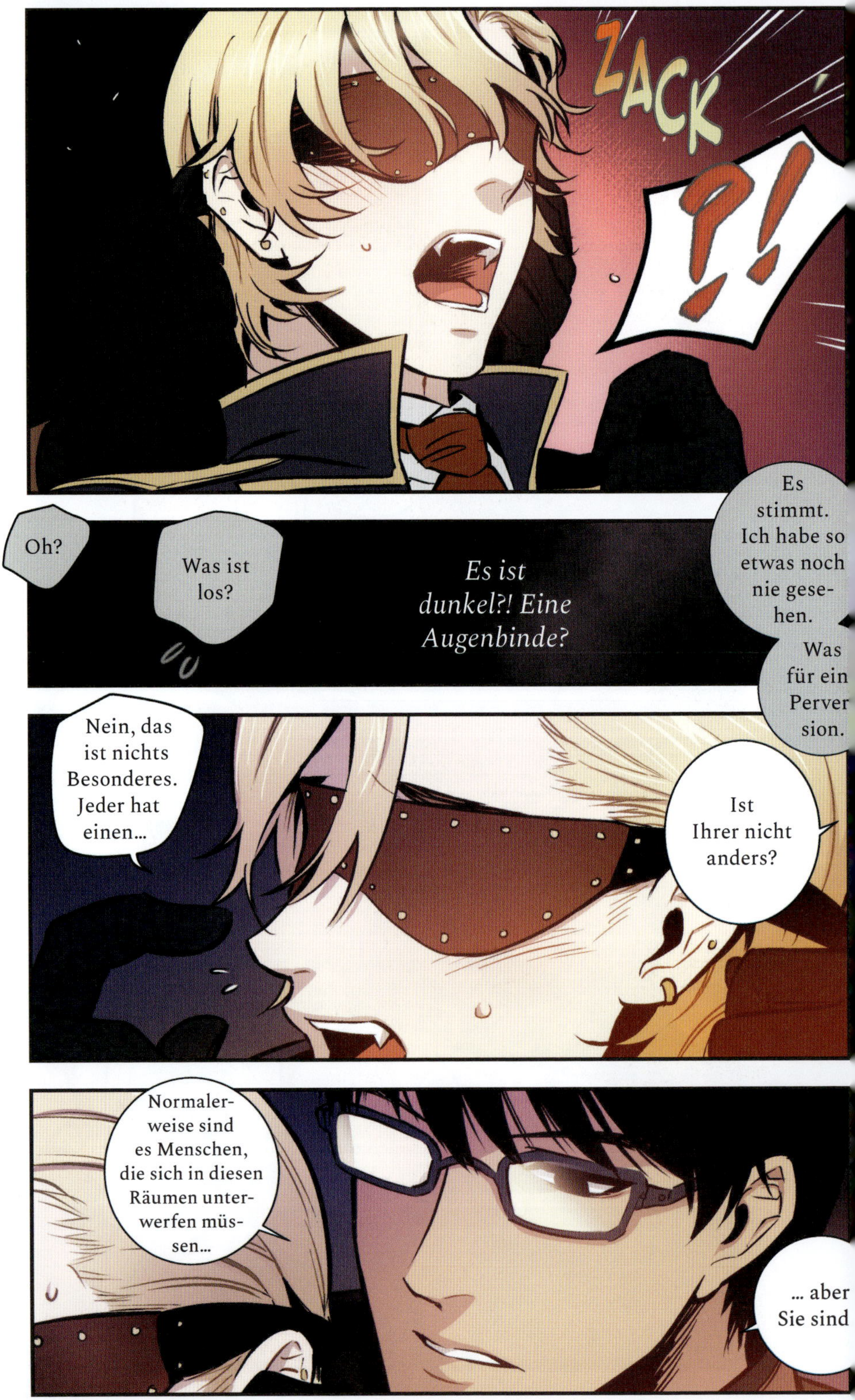
ZACK
?!
Oh?
Was ist los?
Es ist dunkel?! Eine Augenbinde?
Es stimmt. Ich habe so etwas noch nie gesehen.
Was für ein Perversion.
Nein, das ist nichts Besonderes. Jeder hat einen…
Ist Ihrer nicht anders?
Normalerweise sind es Menschen, die sich in diesen Räumen unterwerfen müssen…
… aber Sie sind

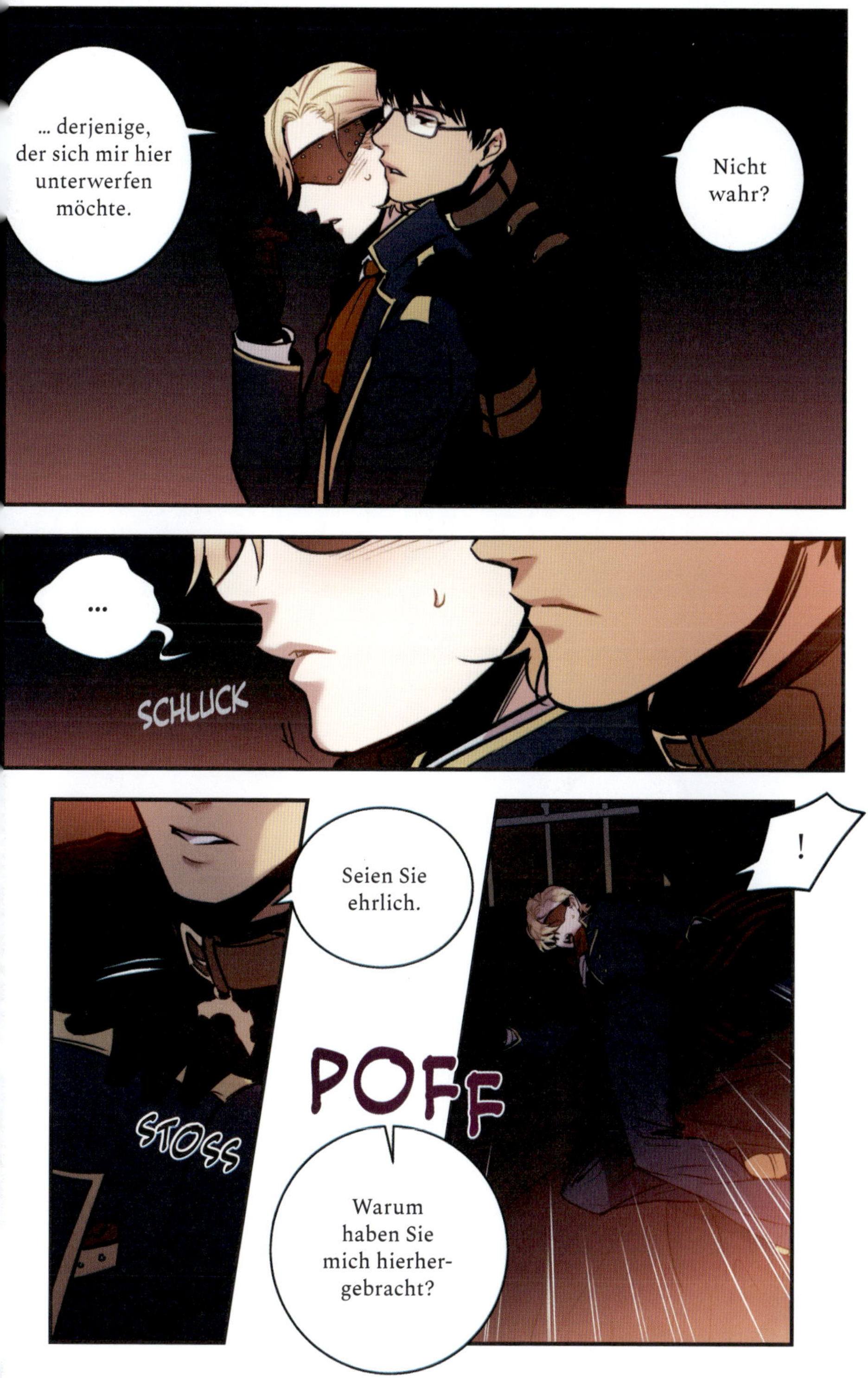
… derjenige, der sich mir hier unterwerfen möchte.
Nicht wahr?
…
SCHLUCK
Seien Sie ehrlich.
!
STOSS
POFF
Warum haben Sie mich hierhergebracht?

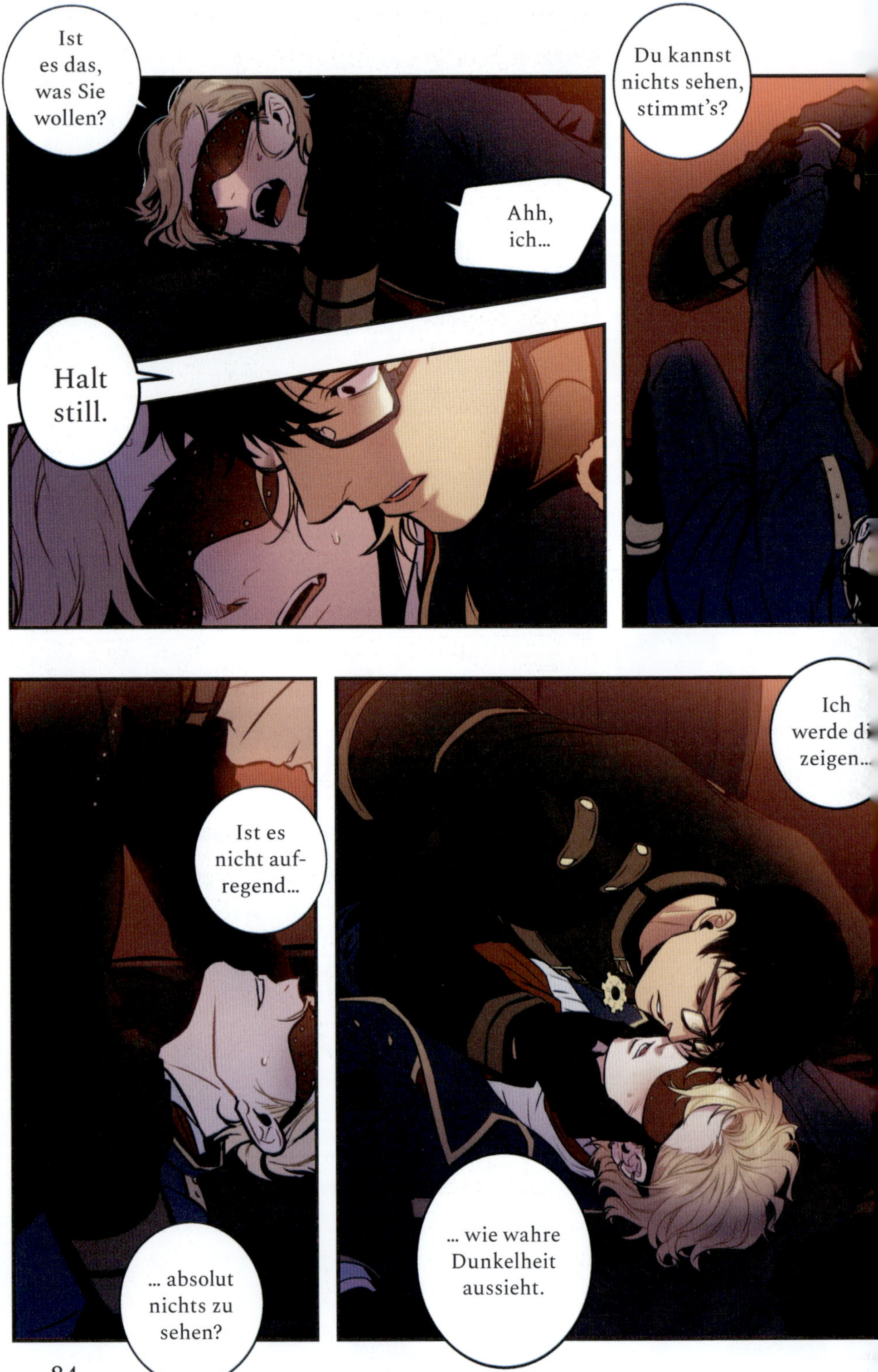
Ist es das, was Sie wollen?
Ahh, ich…
Halt still.
Du kannst nichts sehen, stimmt's?
Ist es nicht aufregend…
… absolut nichts zu sehen?
Ich werde di zeigen…
… wie wahre Dunkelheit aussieht.

BLOOD BANK
Play 7

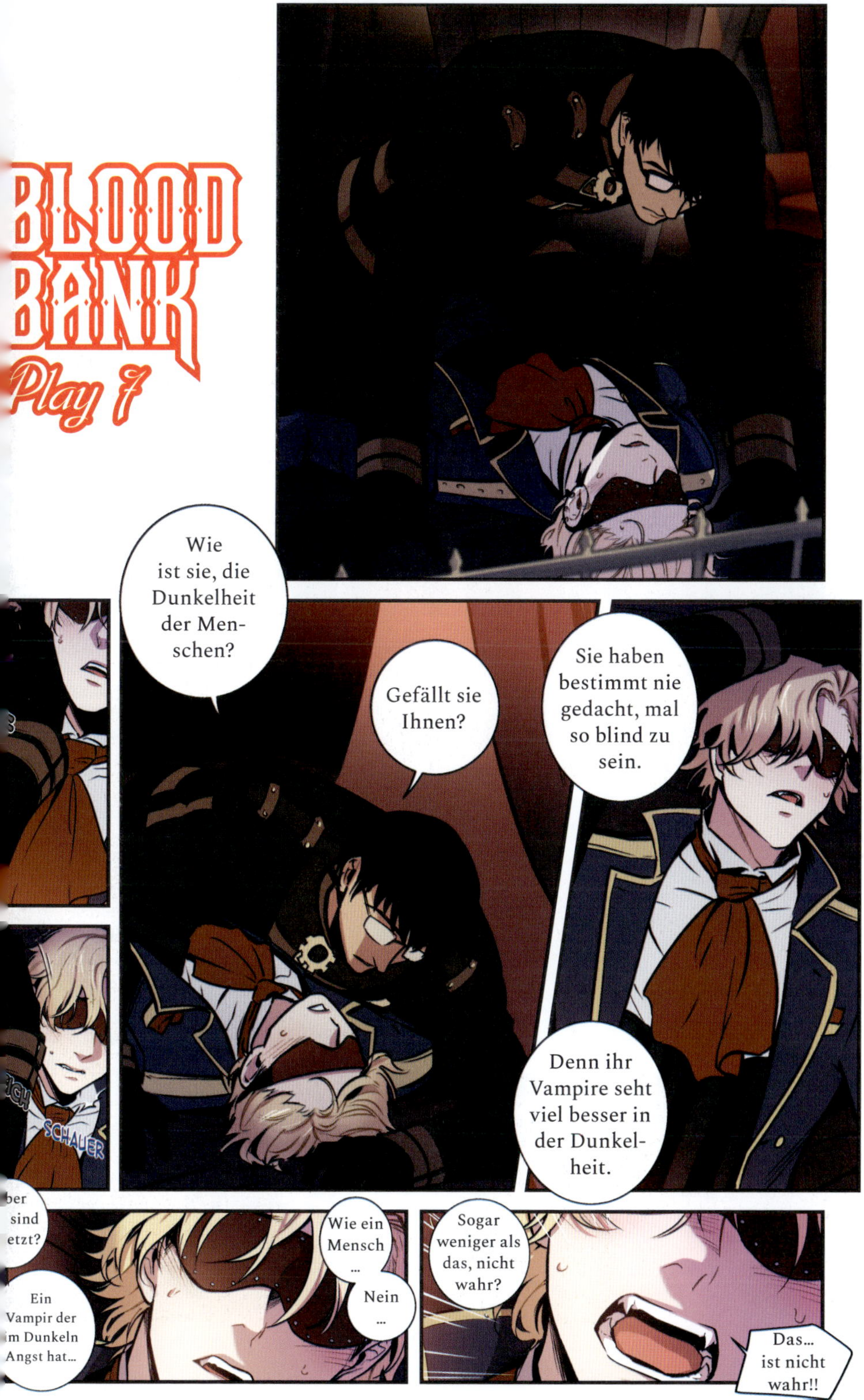

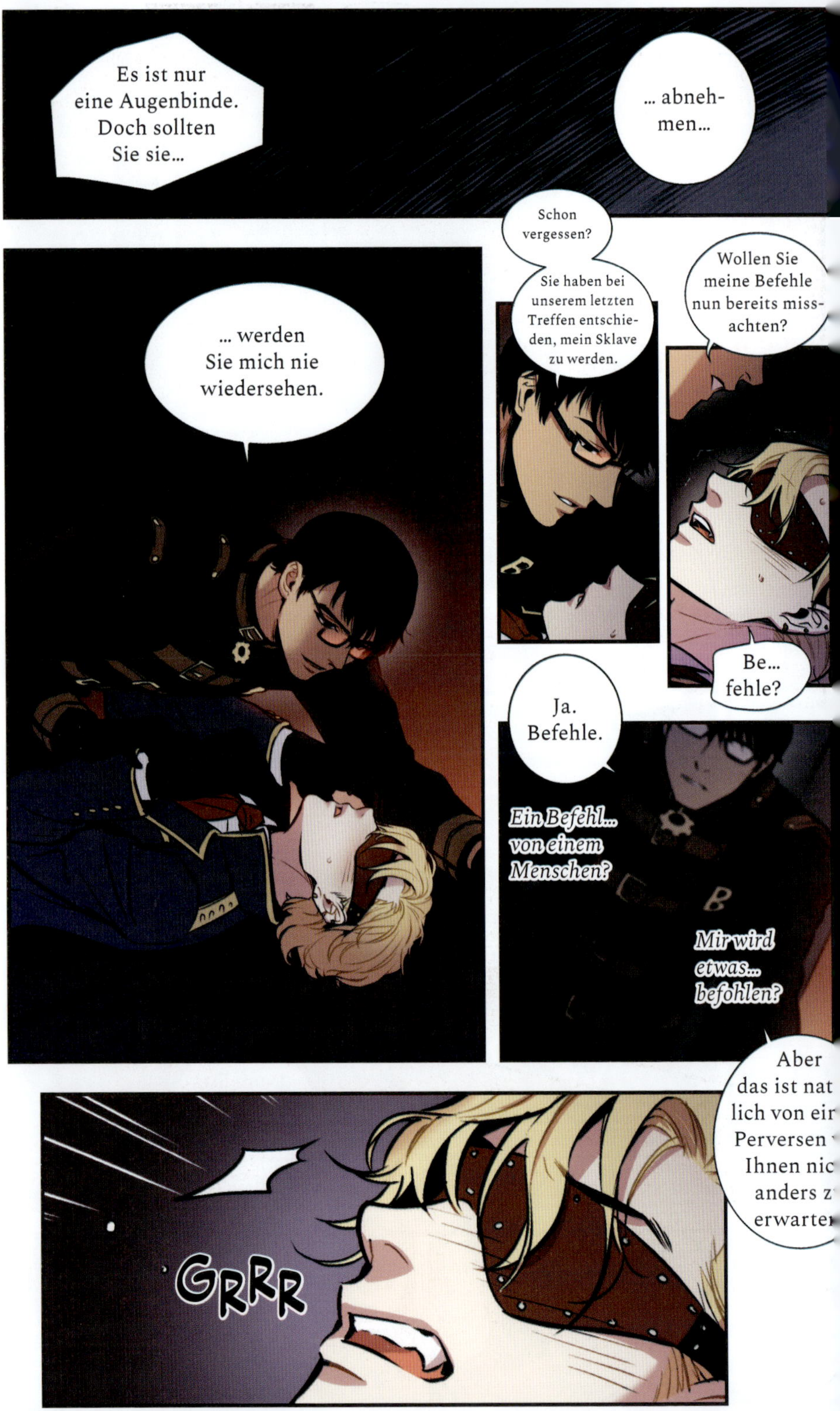
Es ist nur eine Augenbinde. Doch sollten Sie sie...
... abnehmen...
... werden Sie mich nie wiedersehen.
Schon vergessen?
Sie haben bei unserem letzten Treffen entschieden, mein Sklave zu werden.
Wollen Sie meine Befehle nun bereits missachten?
Be... fehle?
Ja. Befehle.
Ein Befehl... von einem Menschen?
Mir wird etwas... befohlen?
Aber das ist nat lich von ei Perversen Ihnen nic anders z erwarte
GRRR

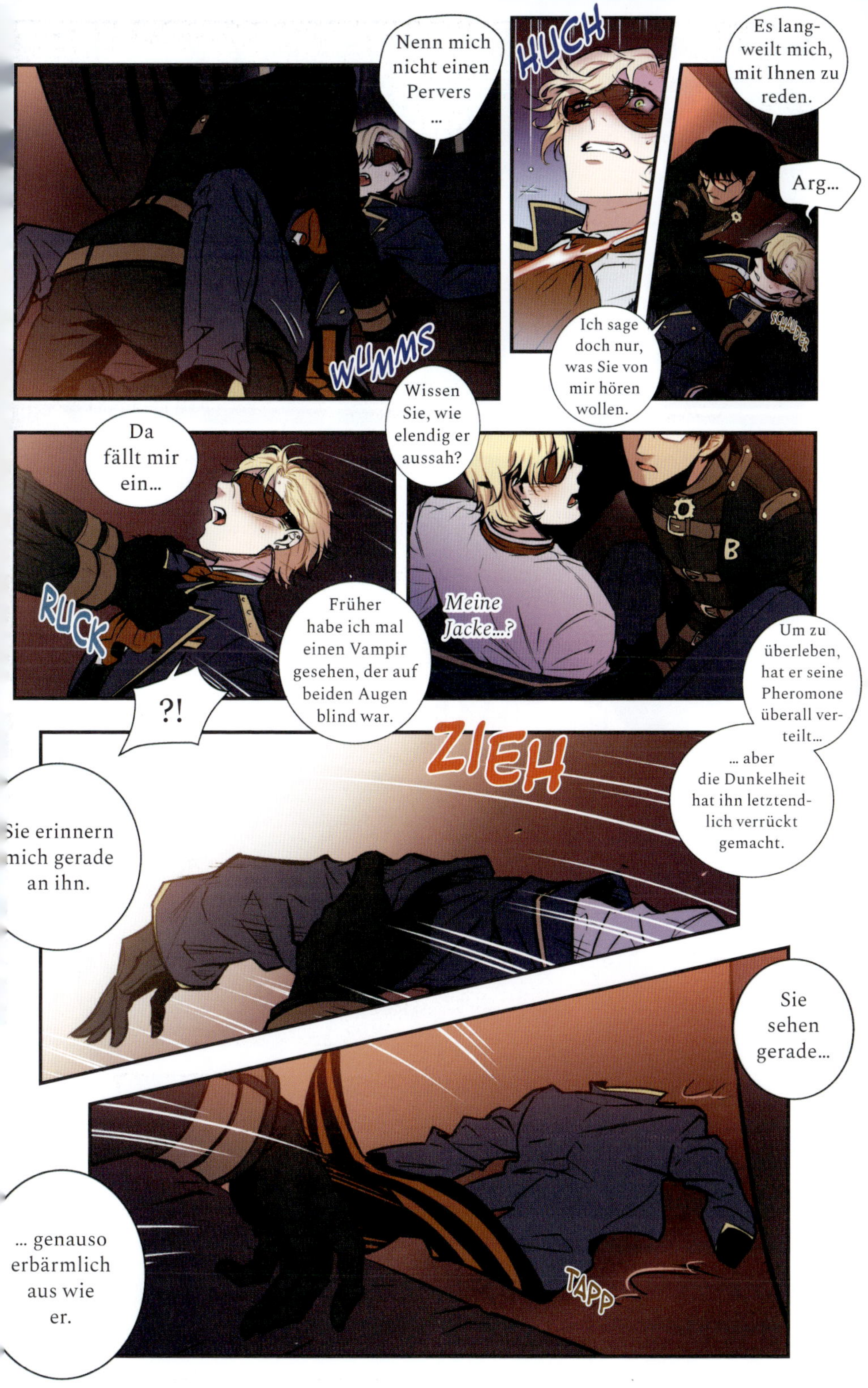

Nenn mich nicht einen Pervers ...
WUMMS
HUCH
Es langweilt mich, mit Ihnen zu reden.
Arg...
SCHAUDER
Ich sage doch nur, was Sie von mir hören wollen.
Wissen Sie, wie elendig er aussah?
Da fällt mir ein...
RUCK
Früher habe ich mal einen Vampir gesehen, der auf beiden Augen blind war.
Meine Jacke...?
Um zu überleben, hat er seine Pheromone überall verteilt...
?!
ZIEH
... aber die Dunkelheit hat ihn letztendlich verrückt gemacht.
Sie erinnern mich gerade an ihn.
Sie sehen gerade...
... genauso erbärmlich aus wie er.
TAPP

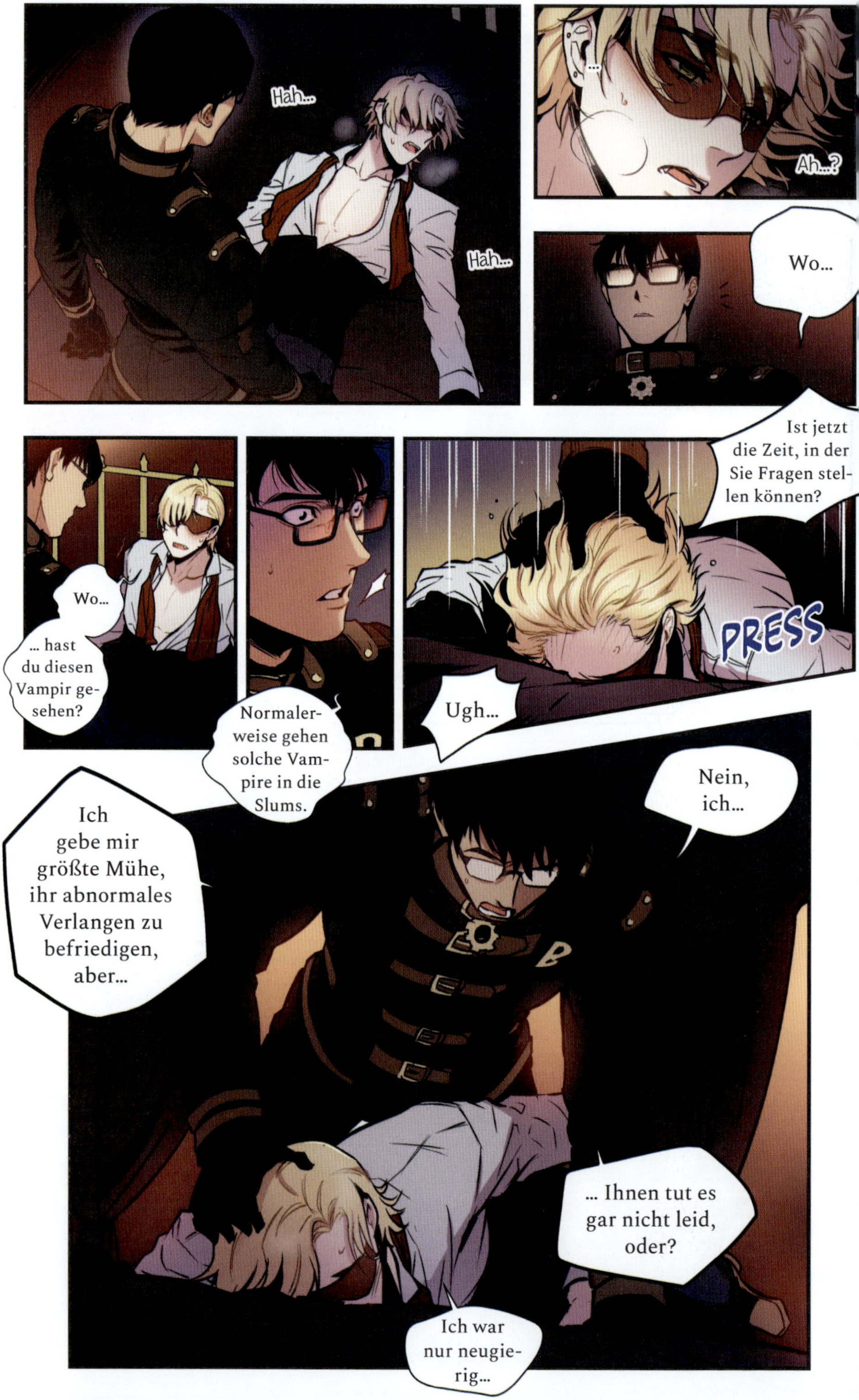
Hah...
Hah...
...
Ah...?
Wo...
Ist jetzt die Zeit, in der Sie Fragen stellen können?
Wo...
... hast du diesen Vampir gesehen?
Normalerweise gehen solche Vampire in die Slums.
PRESS
Ugh...
Ich gebe mir größte Mühe, ihr abnormales Verlangen zu befriedigen, aber...
Nein, ich...
... Ihnen tut es gar nicht leid, oder?
Ich war nur neugierig...

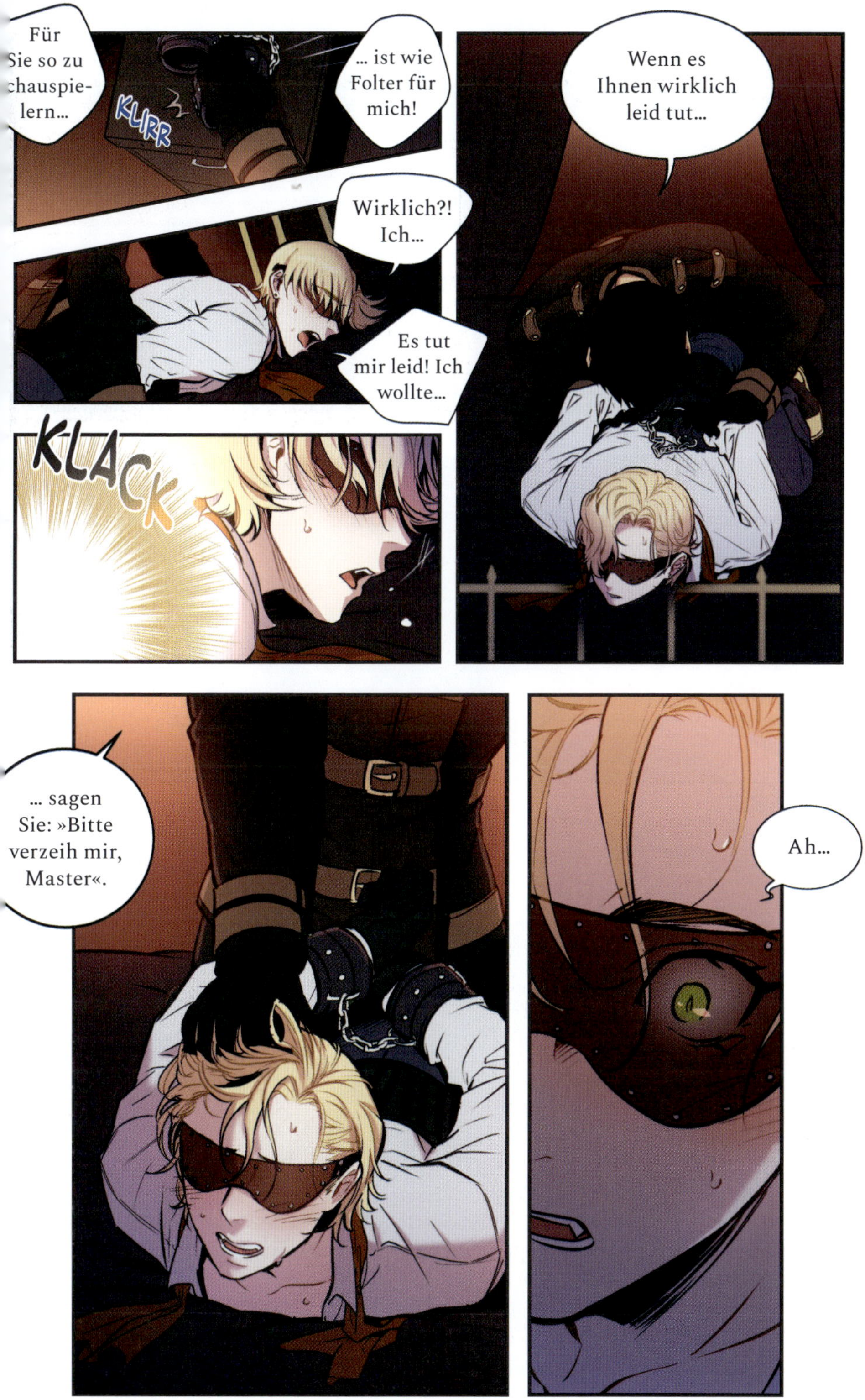
Für
Sie so zu
chauspie-
lern…
KLIRR
… ist wie
Folter für
mich!
Wirklich?!
Ich…
Es tut
mir leid! Ich
wollte…
KLACK
Wenn es
Ihnen wirklich
leid tut…
… sagen
Sie: »Bitte
verzeih mir,
Master«.
Ah…

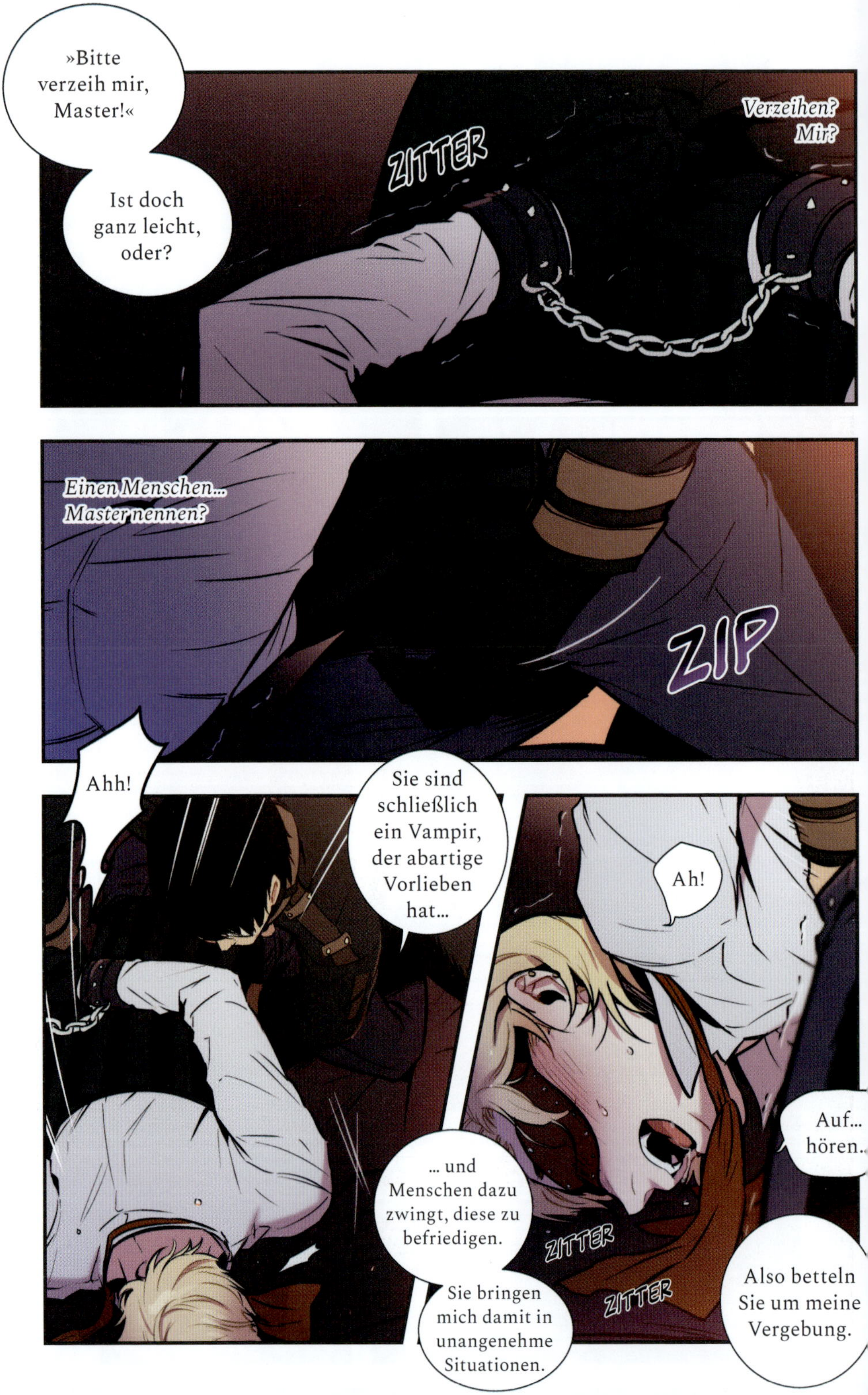
»Bitte verzeih mir, Master!«
Ist doch ganz leicht, oder?
ZITTER
Verzeihen? Mir?
Einen Menschen… Master nennen?
ZIP
Ahh!
Sie sind schließlich ein Vampir, der abartige Vorlieben hat…
… und Menschen dazu zwingt, diese zu befriedigen.
Sie bringen mich damit in unangenehme Situationen.
Ah!
ZITTER
ZITTER
Auf… hören…
Also betteln Sie um meine Vergebung.

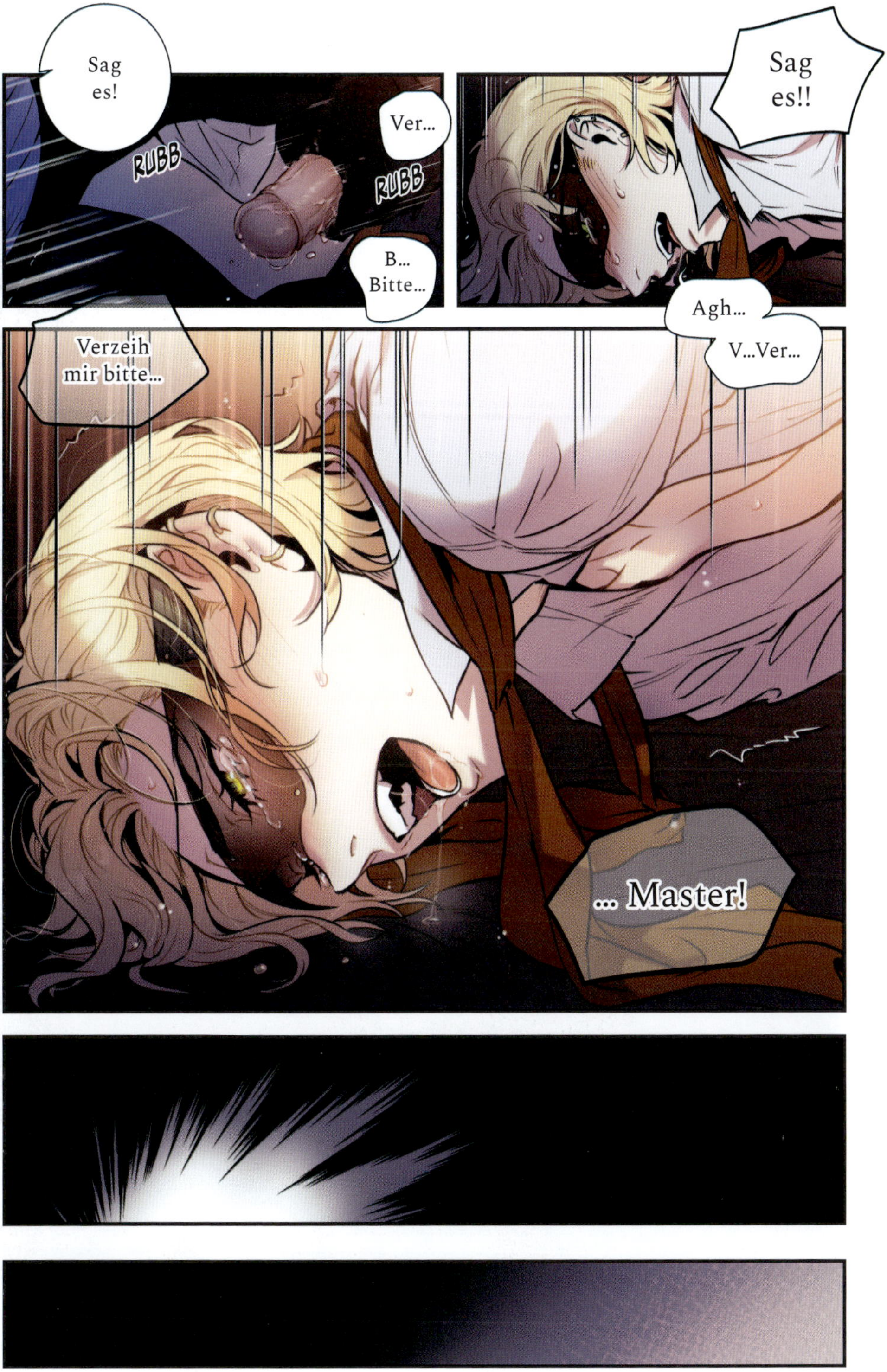
Sag es!
RUBB
Ver...
RUBB
B... Bitte...
Sag es!!
Agh...
V...Ver...
Verzeih mir bitte...
... Master!

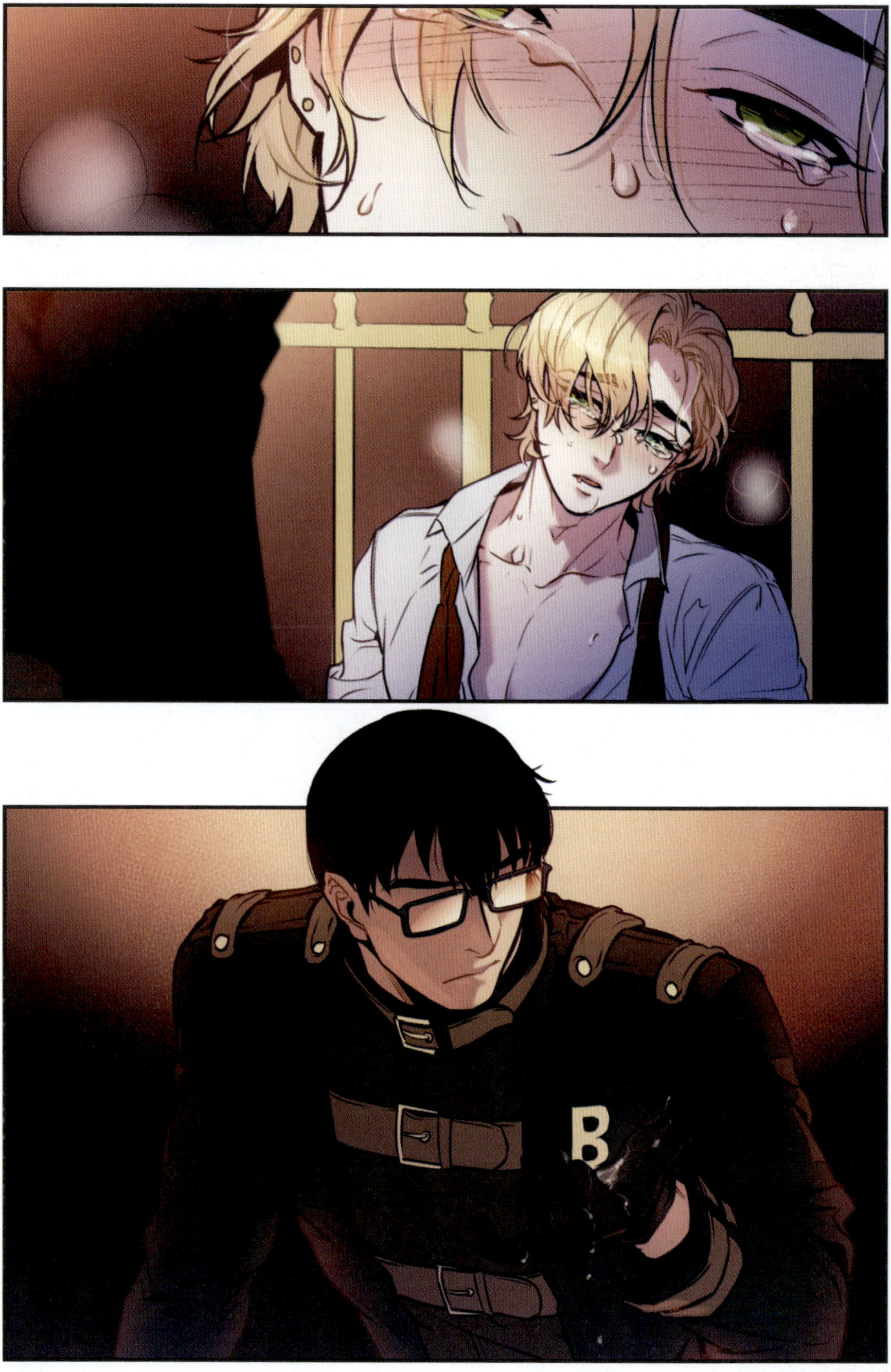

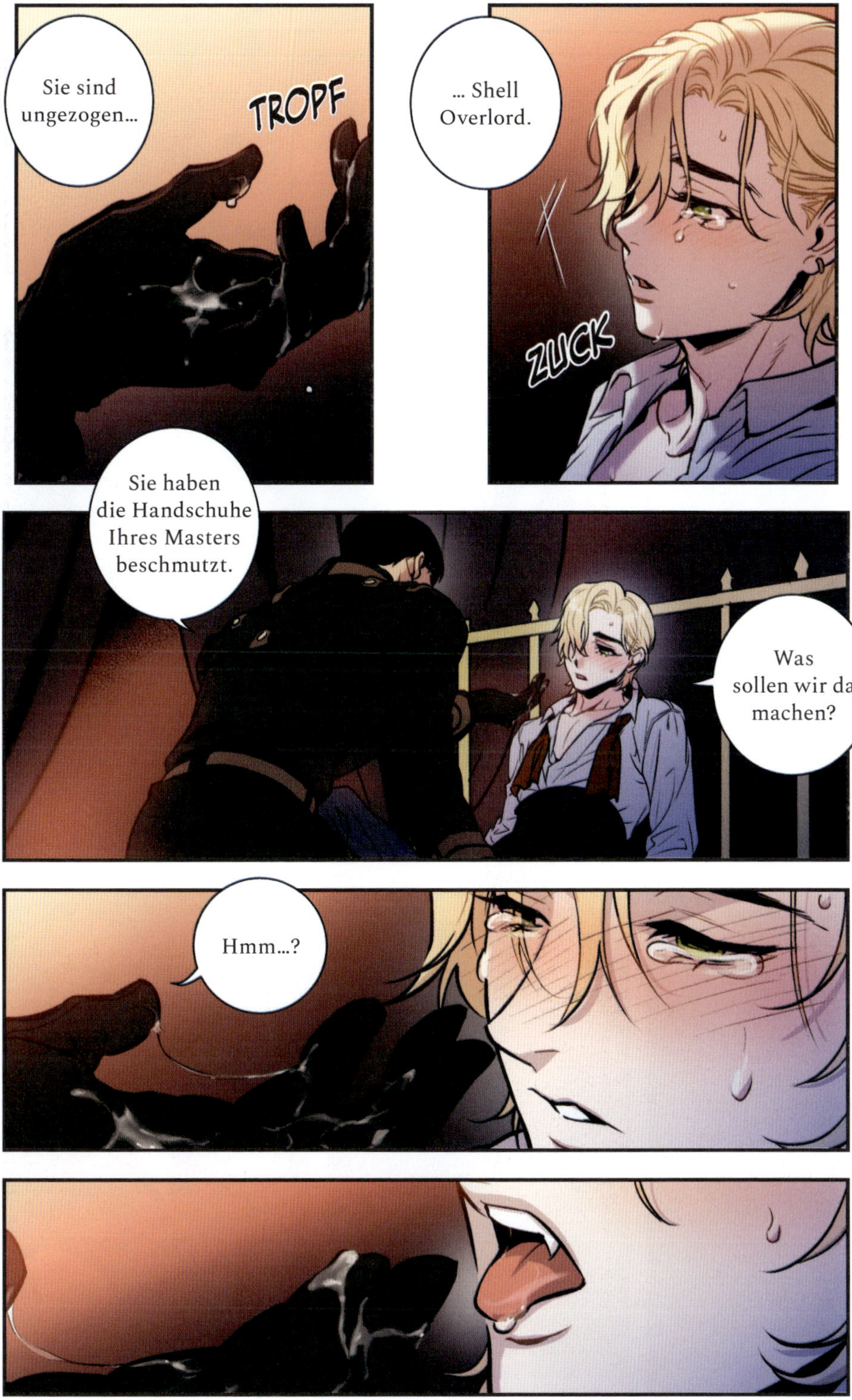

Sie sind ungezogen…
TROPF
… Shell Overlord.
ZUCK
Sie haben die Handschuhe Ihres Masters beschmutzt.
Was sollen wir da machen?
Hmm…?

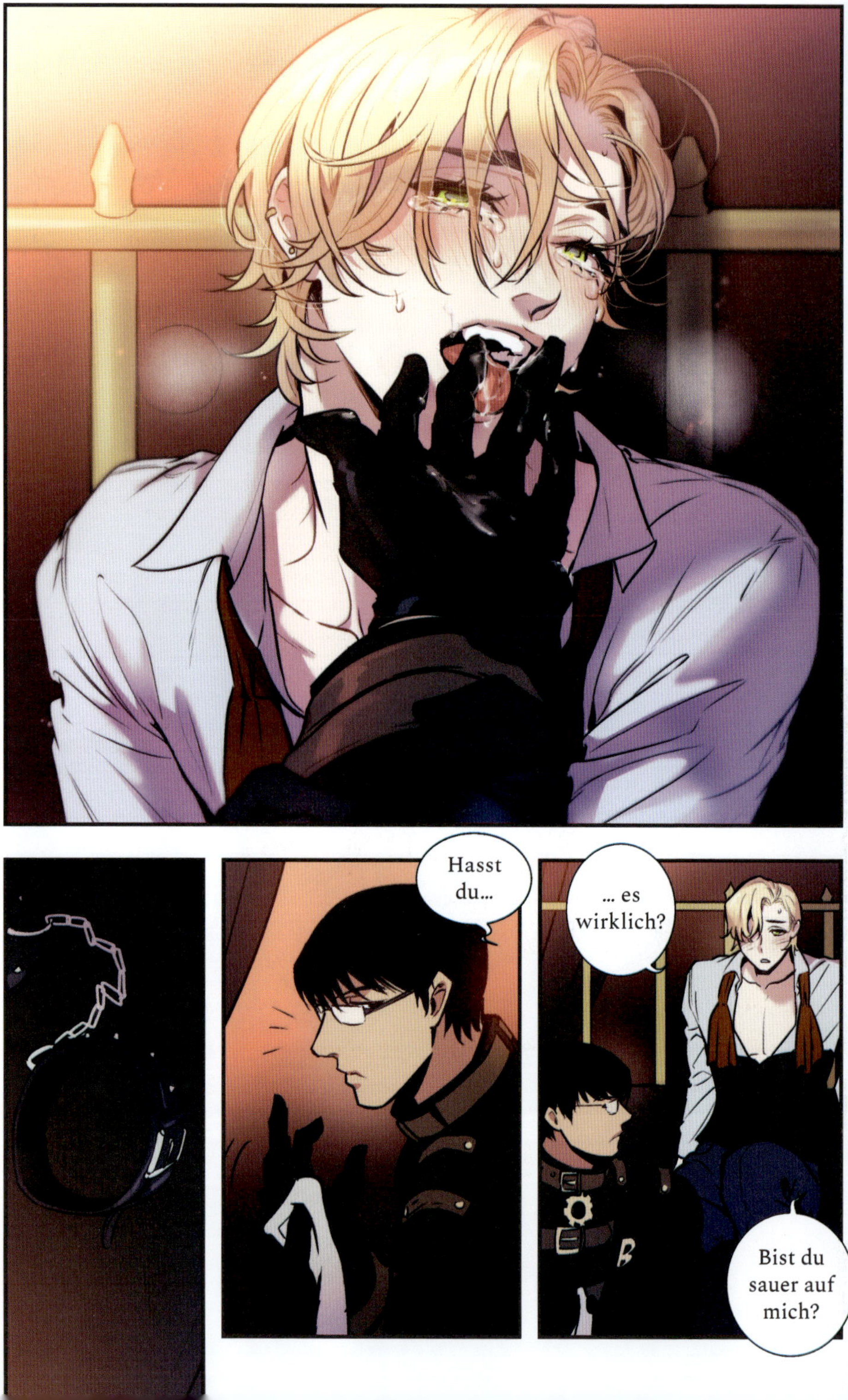
Hasst du...
... es wirklich?
Bist du sauer auf mich?

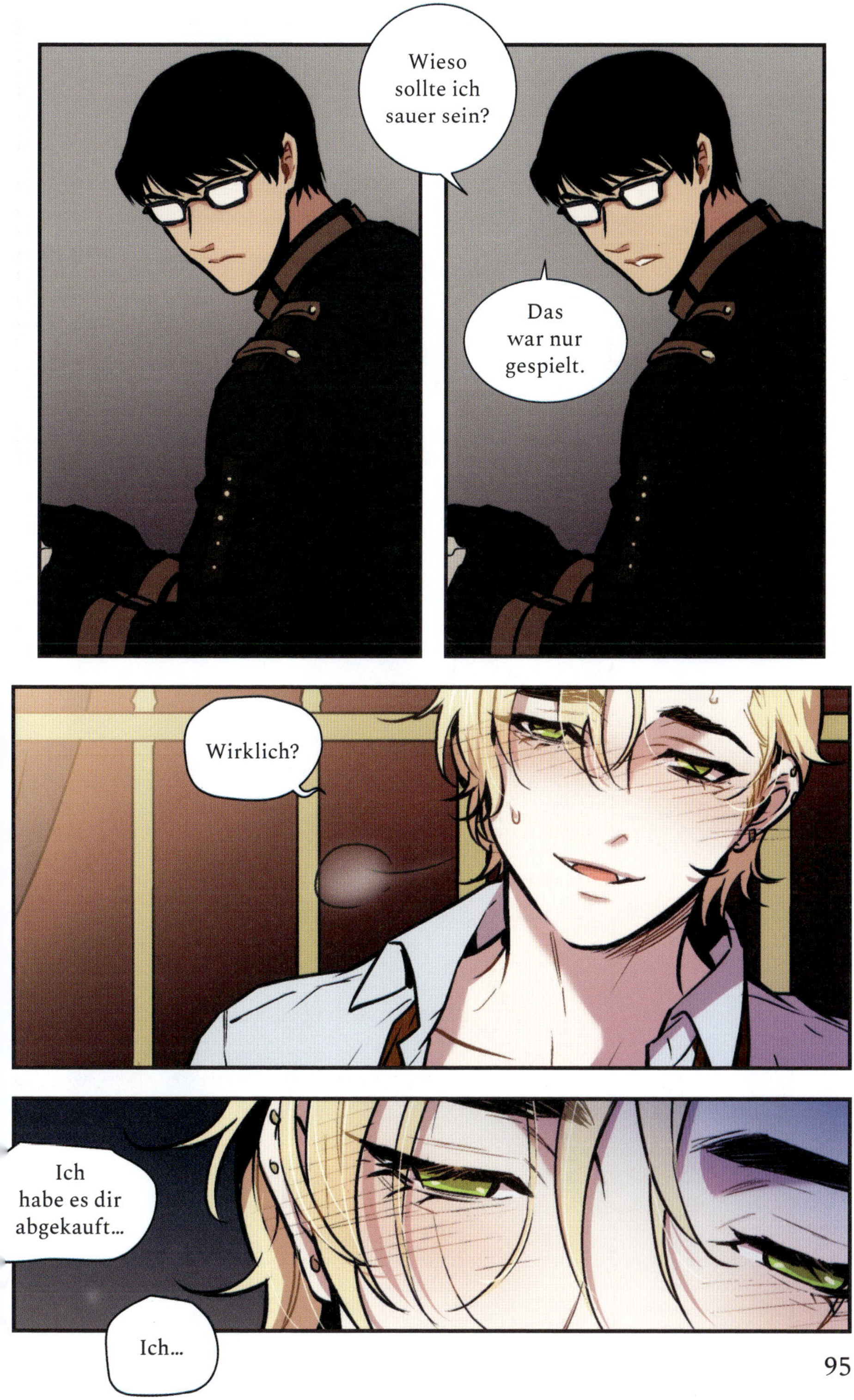
Wieso sollte ich sauer sein?
Das war nur gespielt.
Wirklich?
Ich habe es dir abgekauft…
Ich…

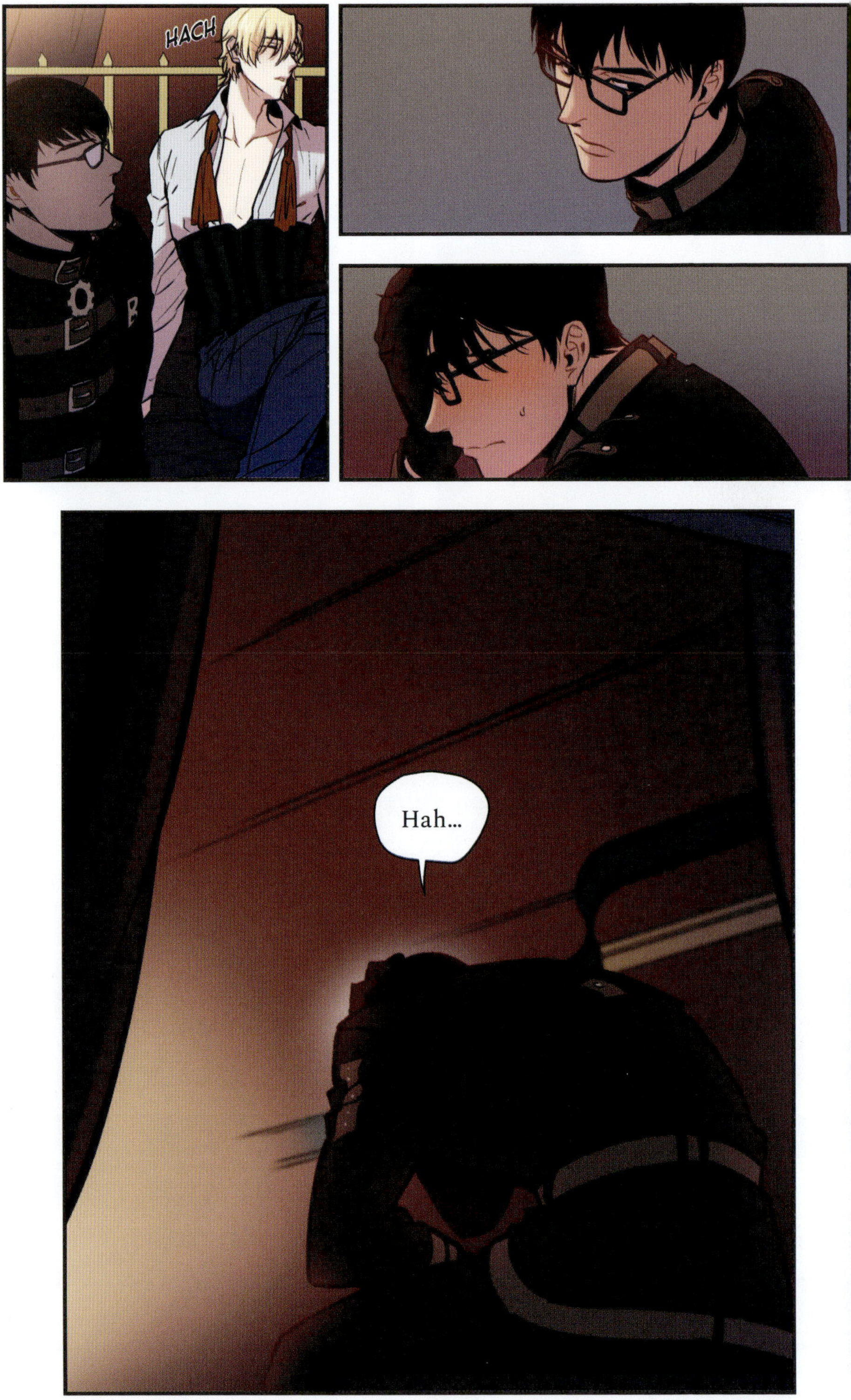
HACH
Hah...

BLOOD BANK
Play 8

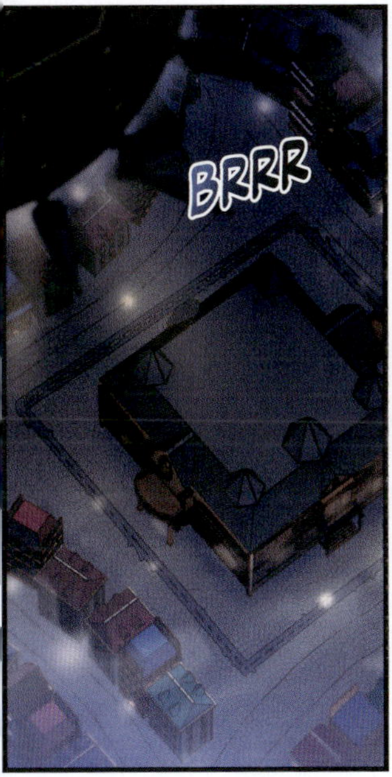

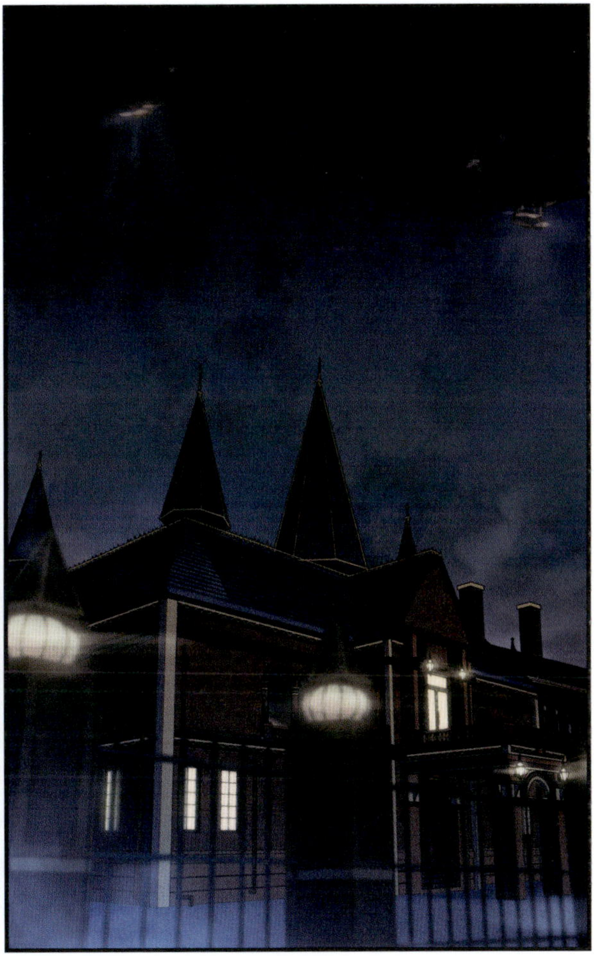

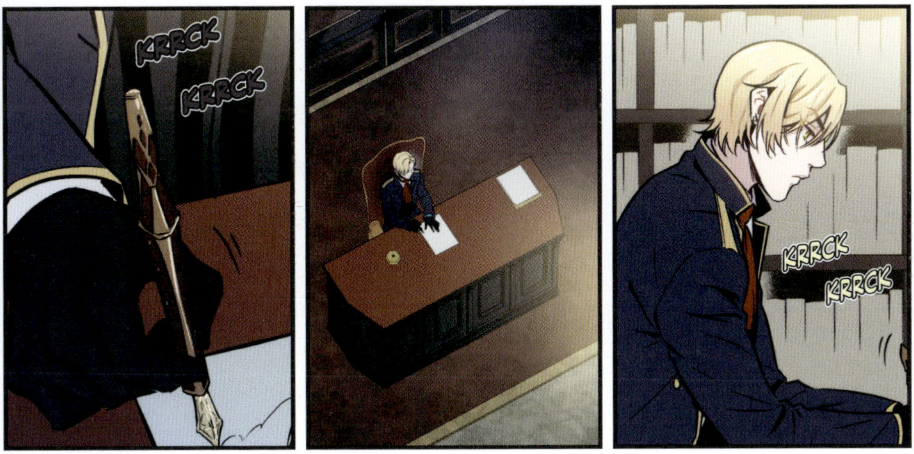

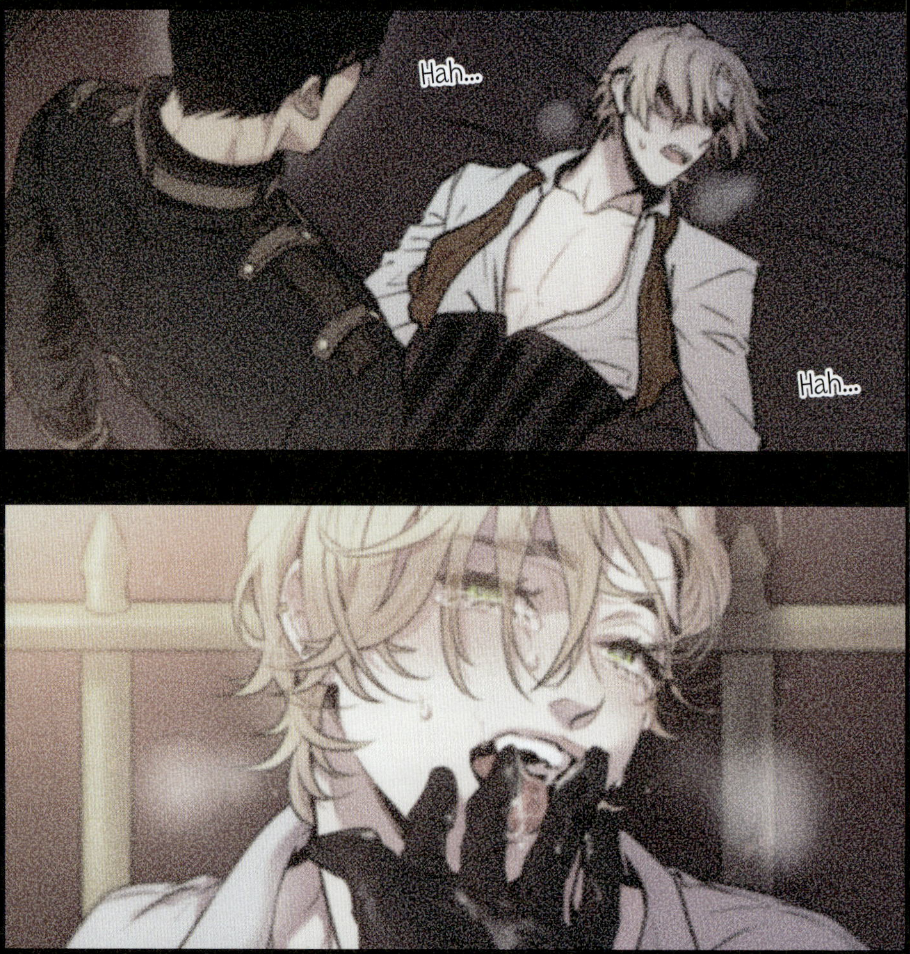
Hah...
Hah...

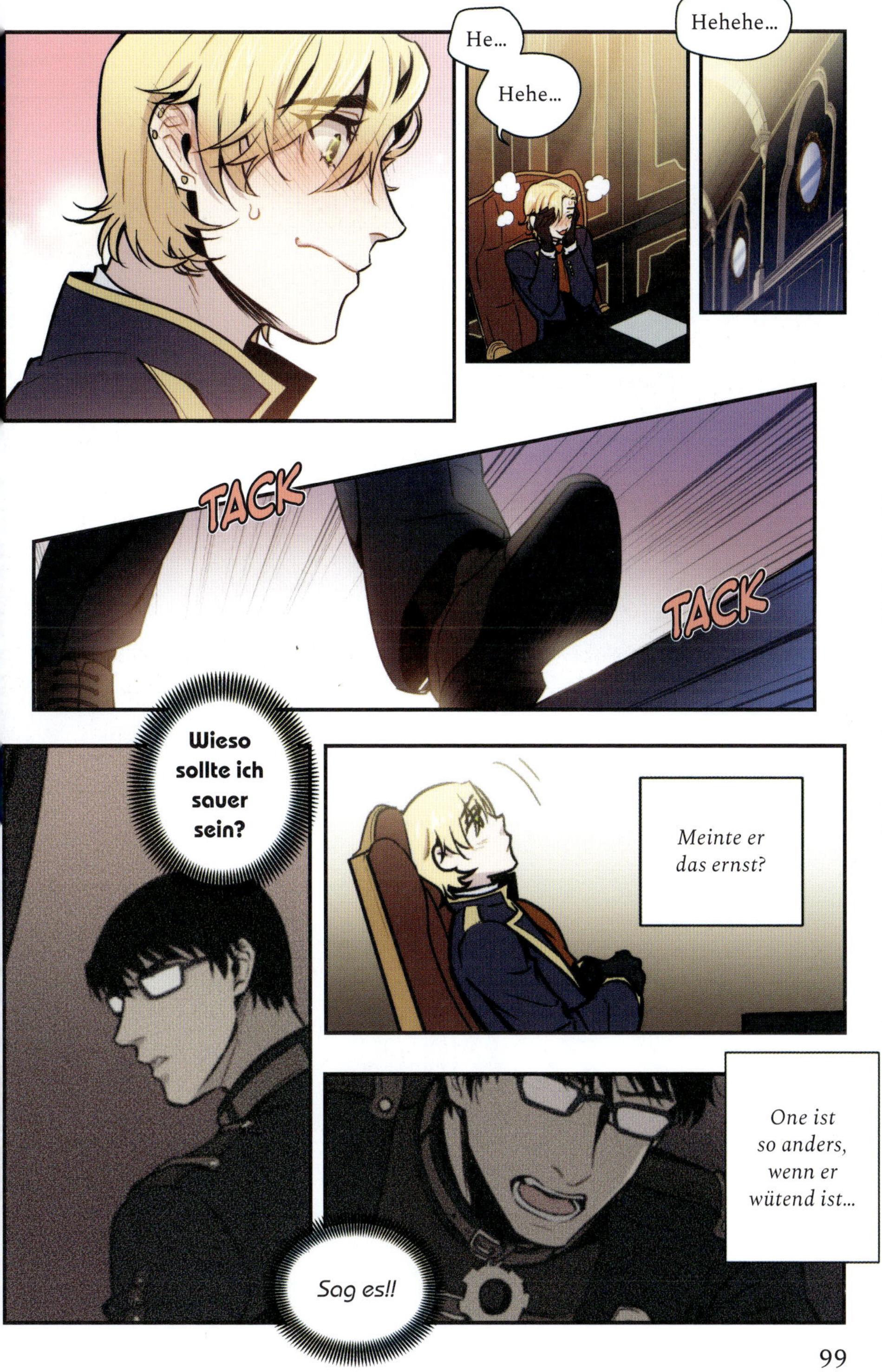
He...
Hehe...
Hehehe...
TACK
TACK
Wieso sollte ich sauer sein?
Meinte er das ernst?
One ist so anders, wenn er wütend ist...
Sag es!!

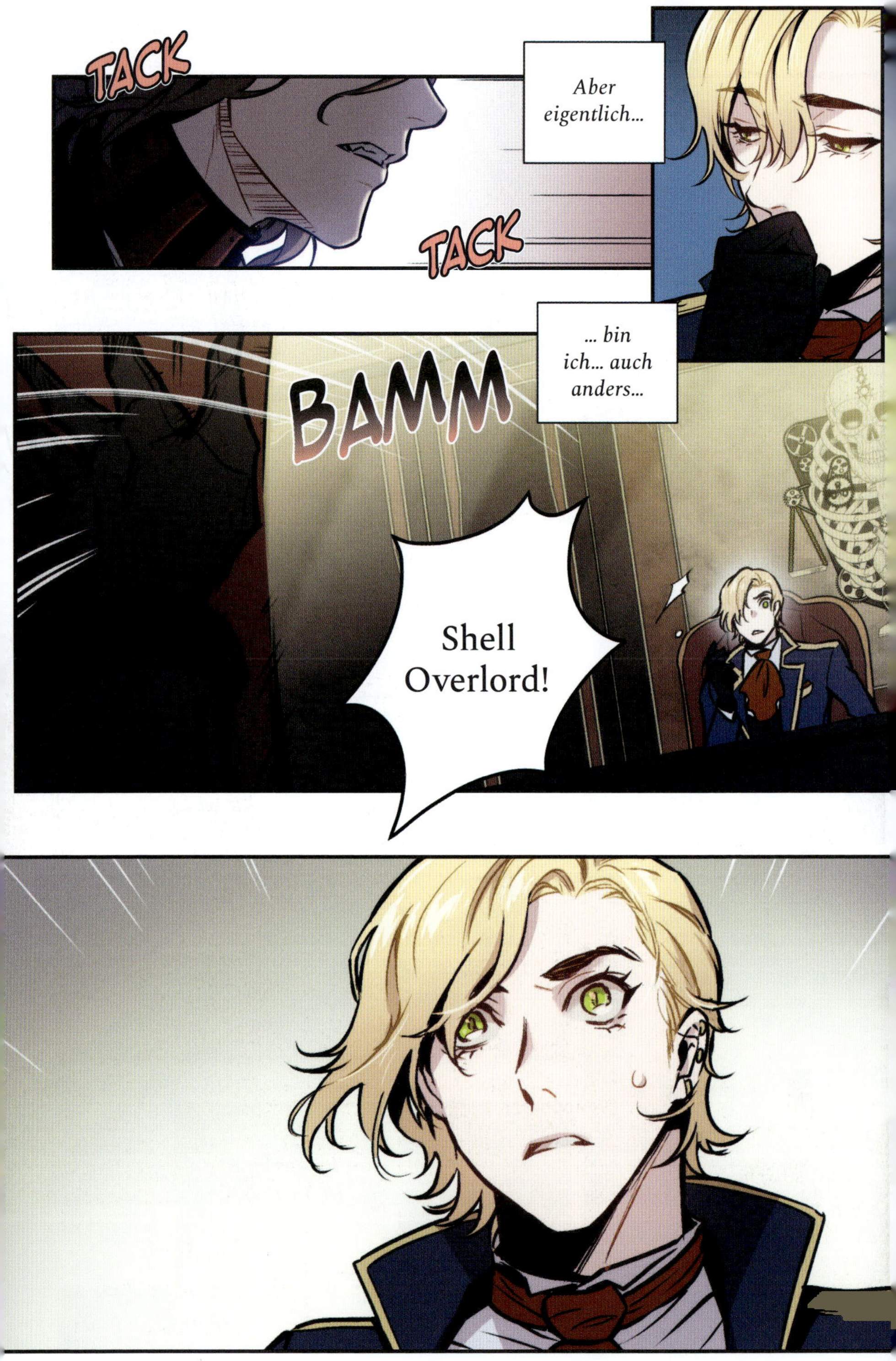
TACK
TACK
Aber eigentlich...
... bin ich... auch anders...
BAMM
Shell Overlord!

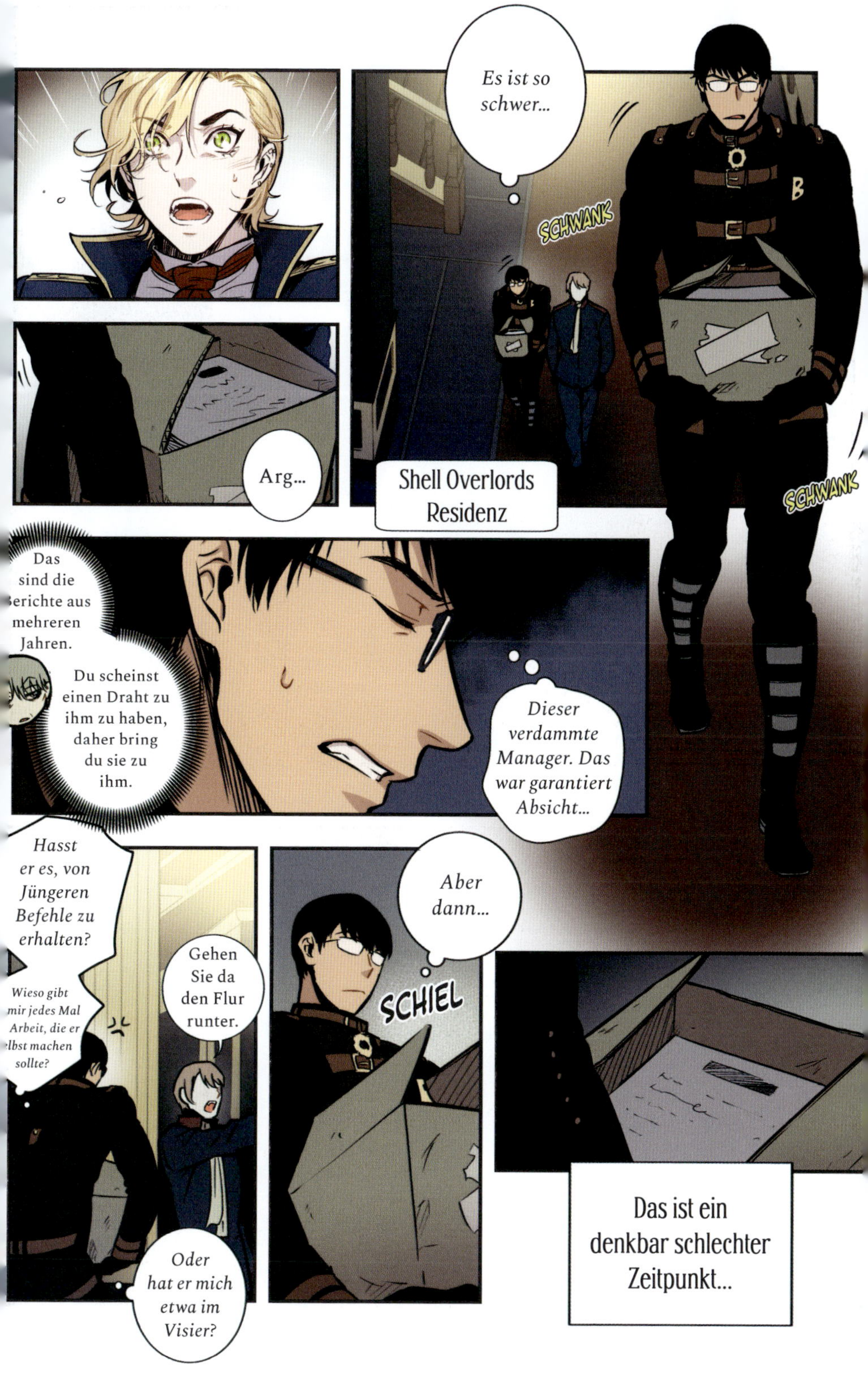
Arg...
Es ist so schwer...
SCHWANK
SCHWANK
Shell Overlords Residenz
Das sind die Berichte aus mehreren Jahren.
Du scheinst einen Draht zu ihm zu haben, daher bring du sie zu ihm.
Dieser verdammte Manager. Das war garantiert Absicht...
Hasst er es, von Jüngeren Befehle zu erhalten?
Wieso gibt mir jedes Mal Arbeit, die er selbst machen sollte?
Gehen Sie da den Flur runter.
Oder hat er mich etwa im Visier?
Aber dann...
SCHIEL
Das ist ein denkbar schlechter Zeitpunkt...

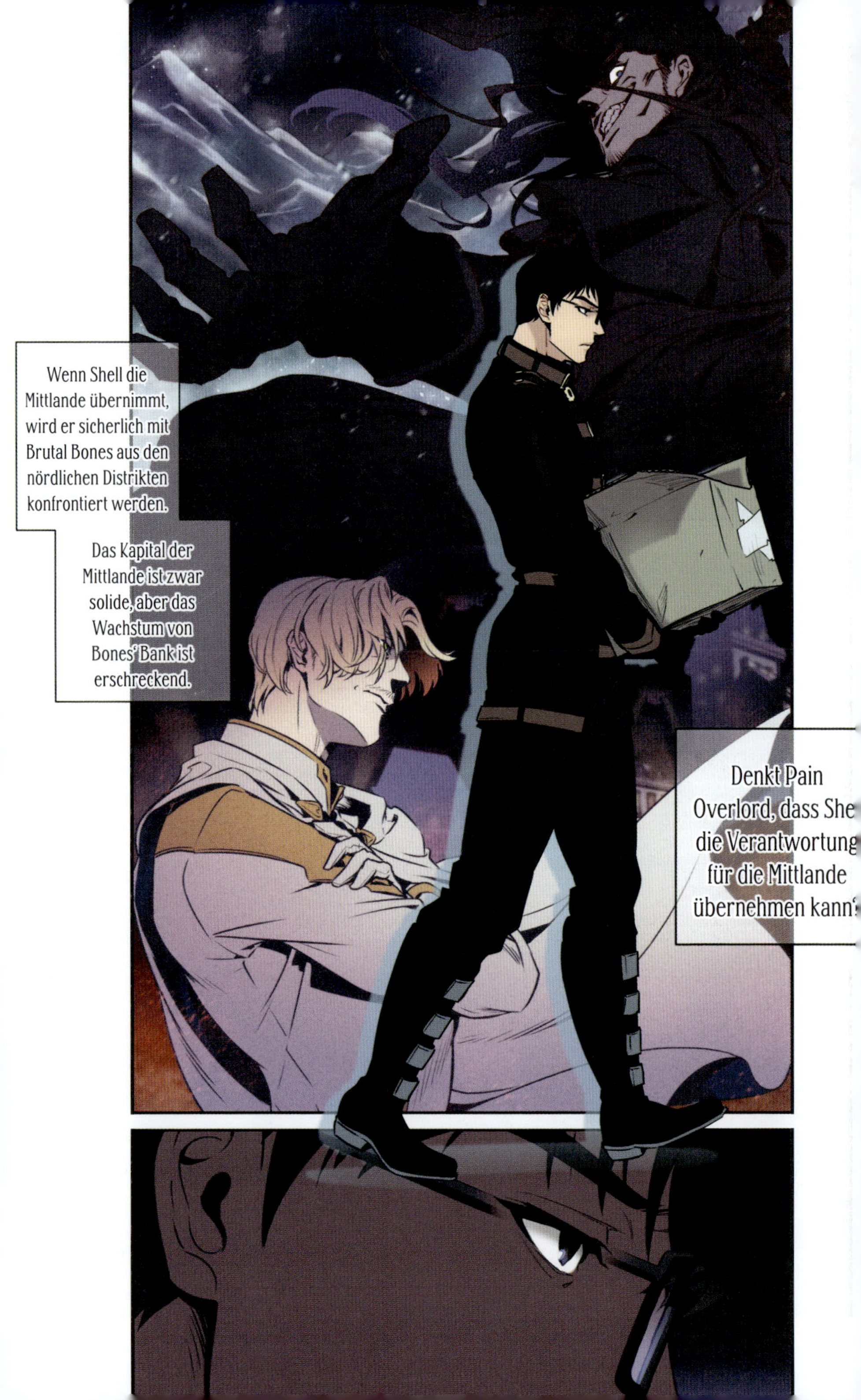

Wenn Shell die Mittlande übernimmt, wird er sicherlich mit Brutal Bones aus den nördlichen Distrikten konfrontiert werden.
Das Kapital der Mittlande ist zwar solide, aber das Wachstum von Bones' Bank ist erschreckend.
Denkt Pain Overlord, dass She die Verantwortung für die Mittlande übernehmen kann

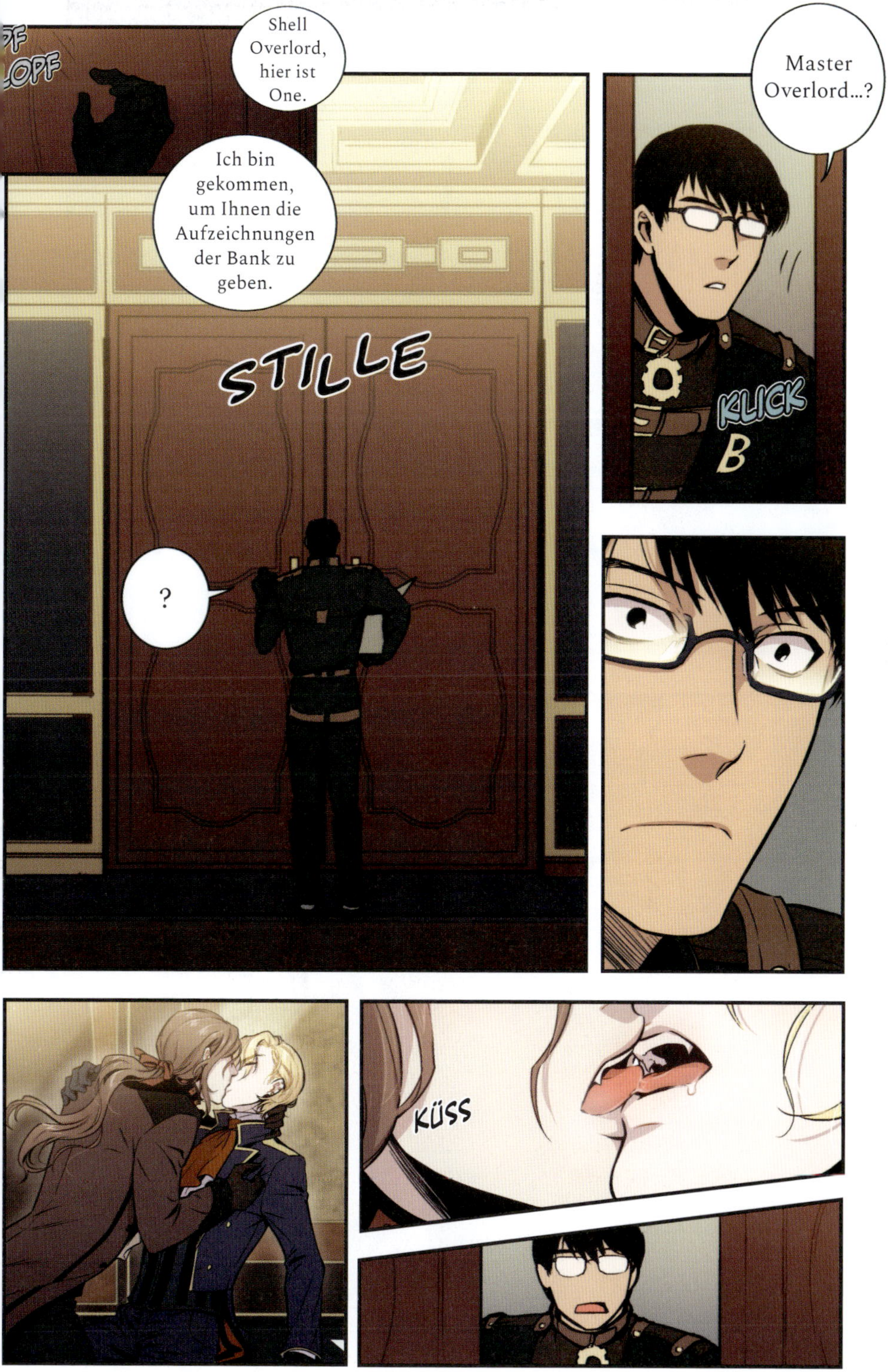
…OPF
…OPF
Shell Overlord, hier ist One.
Ich bin gekommen, um Ihnen die Aufzeichnungen der Bank zu geben.
STILLE
?
Master Overlord…?
KLICK
KÜSS

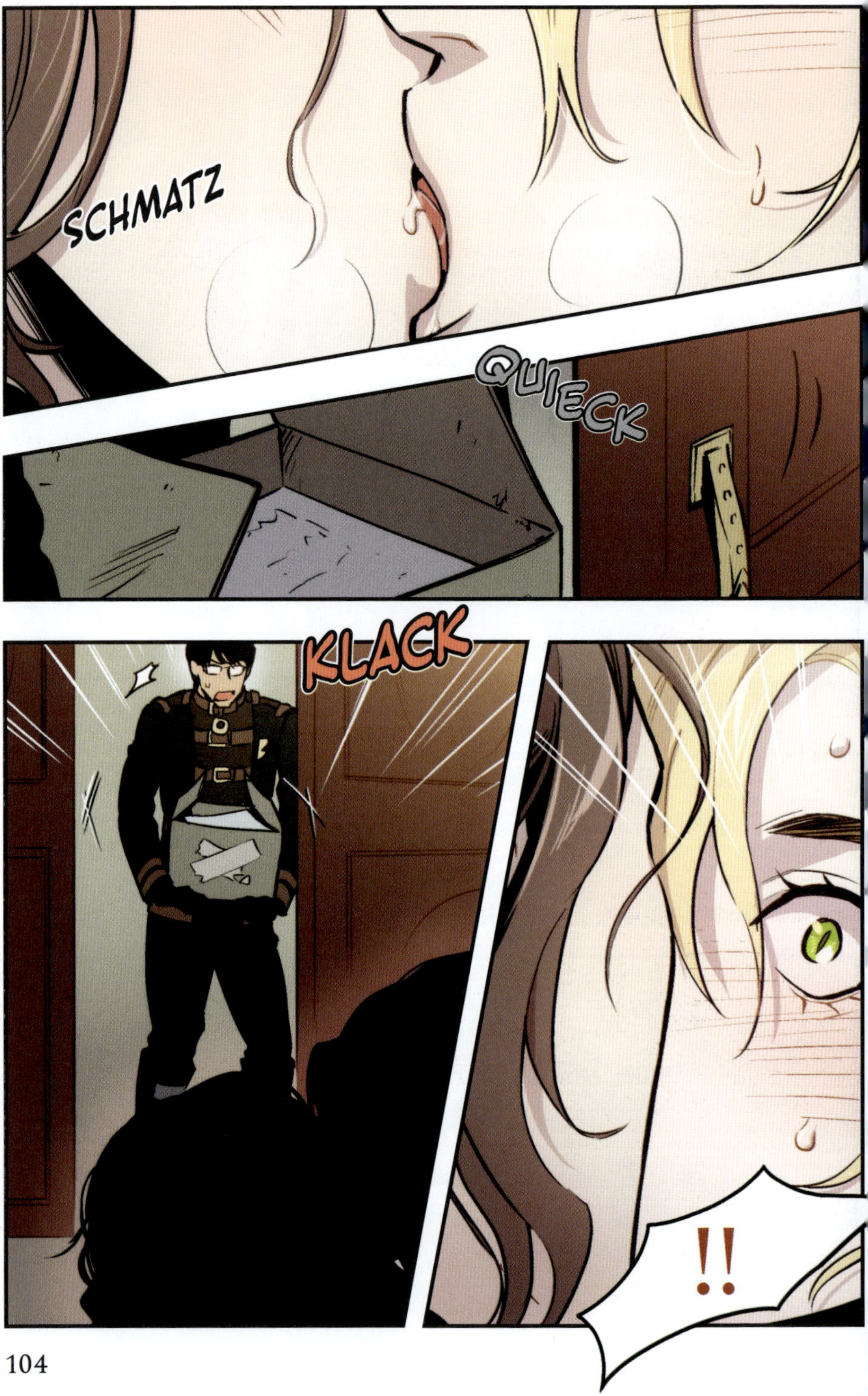
SCHMATZ
QUIECK
KLACK
!!

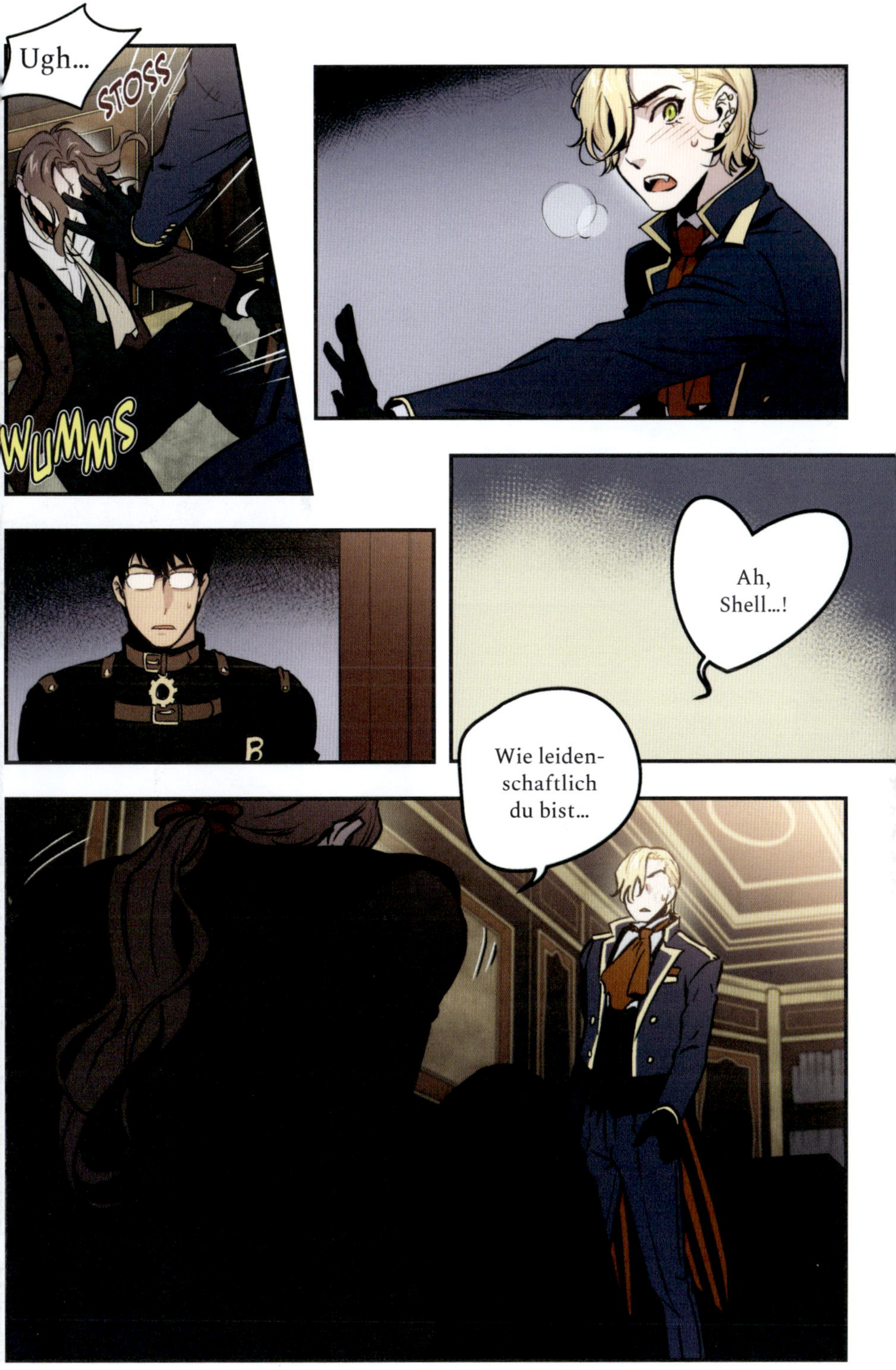
Ugh...
STOSS
WUMMS
Ah, Shell...!
Wie leiden-schaftlich du bist...

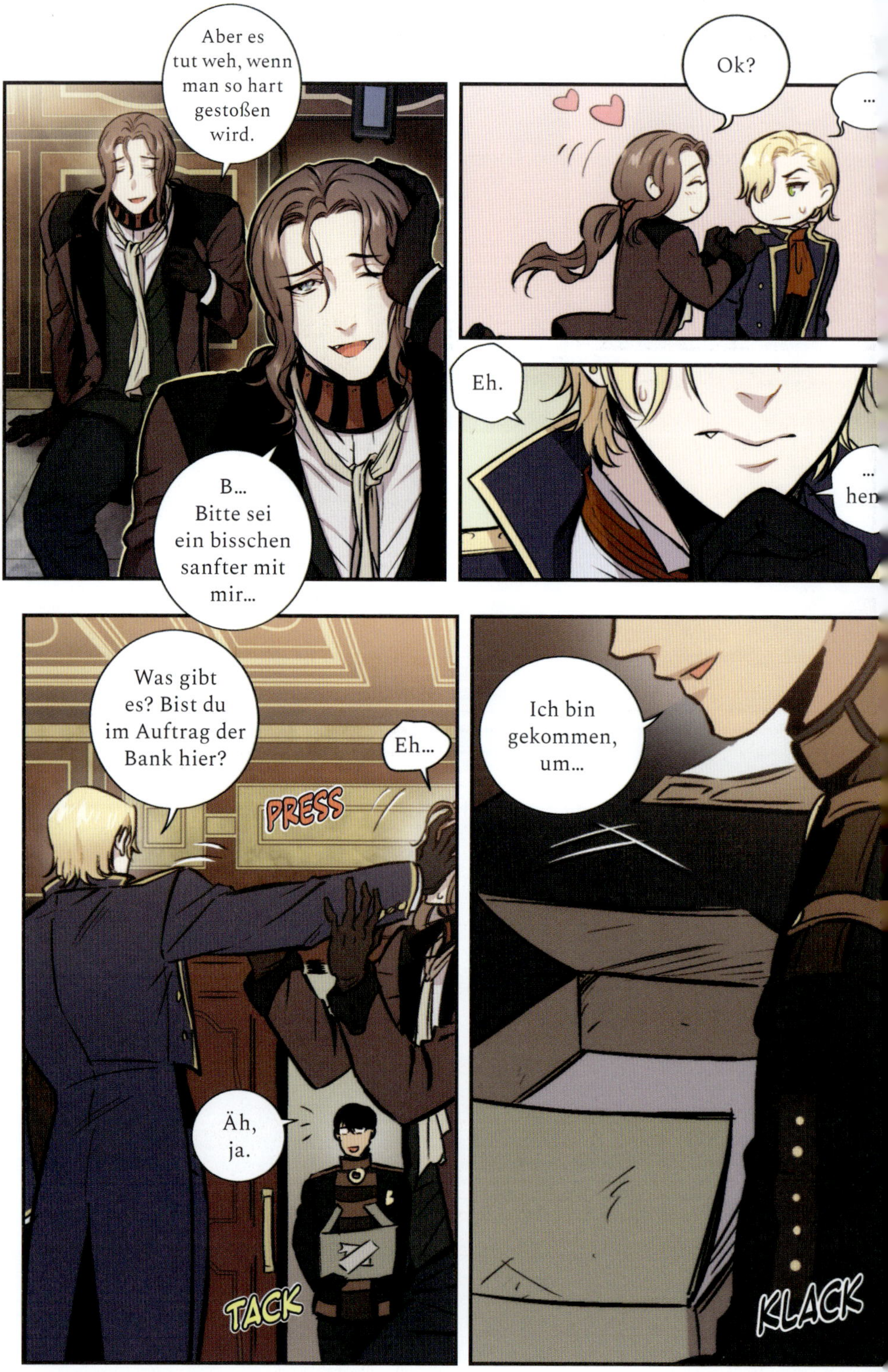

Aber es tut weh, wenn man so hart gestoßen wird.
B... Bitte sei ein bisschen sanfter mit mir...
Ok?
...
Eh.
... hen
Was gibt es? Bist du im Auftrag der Bank hier?
PRESS
Eh...
Äh, ja.
TACK
Ich bin gekommen, um...
KLACK

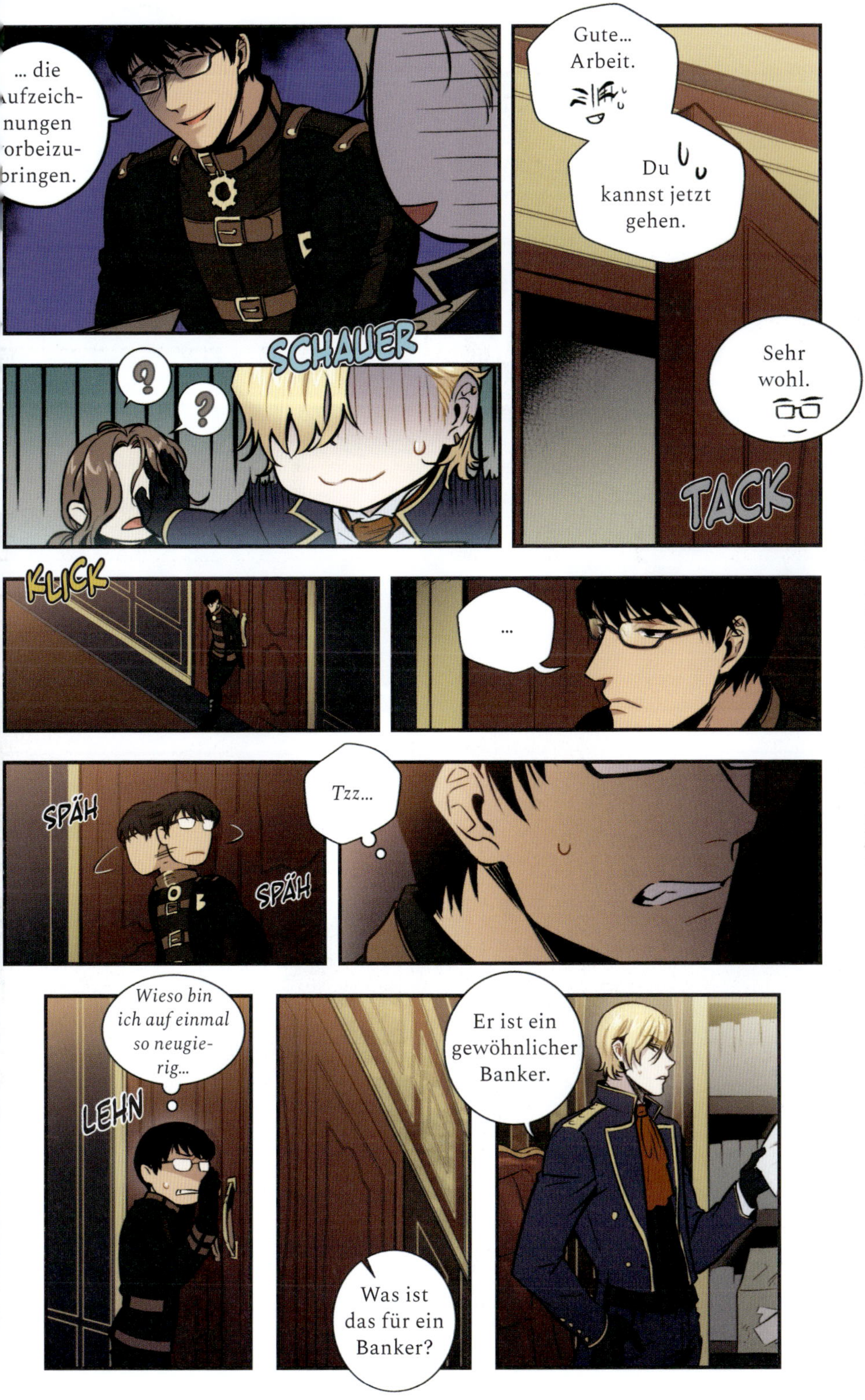
... die Aufzeichnungen vorbeizubringen.
Gute... Arbeit.
Du kannst jetzt gehen.
SCHAUER
?
?
Sehr wohl.
TACK
KLICK
...
SPÄH
SPÄH
Tzz...
Wieso bin ich auf einmal so neugierig...
LEHN
Er ist ein gewöhnlicher Banker.
Was ist das für ein Banker?

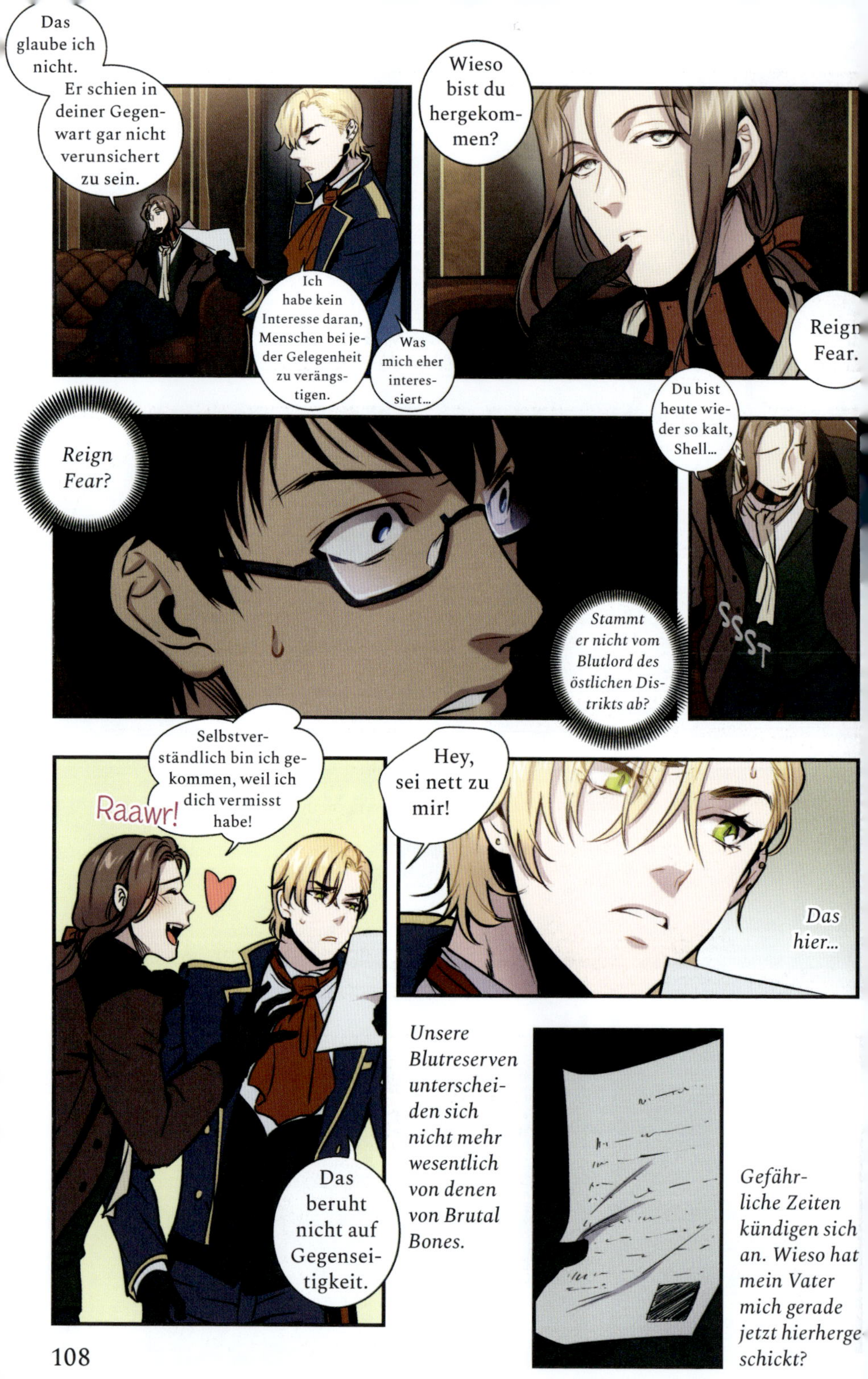
Das glaube ich nicht.
Er schien in deiner Gegenwart gar nicht verunsichert zu sein.
Ich habe kein Interesse daran, Menschen bei jeder Gelegenheit zu verängstigen.
Was mich eher interessiert…
Wieso bist du hergekommen?
Reign Fear.
Reign Fear?
Du bist heute wieder so kalt, Shell…
Stammt er nicht vom Blutlord des östlichen Distrikts ab?
SSST
Selbstverständlich bin ich gekommen, weil ich dich vermisst habe!
Raawr!
Das beruht nicht auf Gegenseitigkeit.
Hey, sei nett zu mir!
Das hier…
Unsere Blutreserven unterscheiden sich nicht mehr wesentlich von denen von Brutal Bones.
Gefährliche Zeiten kündigen sich an. Wieso hat mein Vater mich gerade jetzt hierhergeschickt?

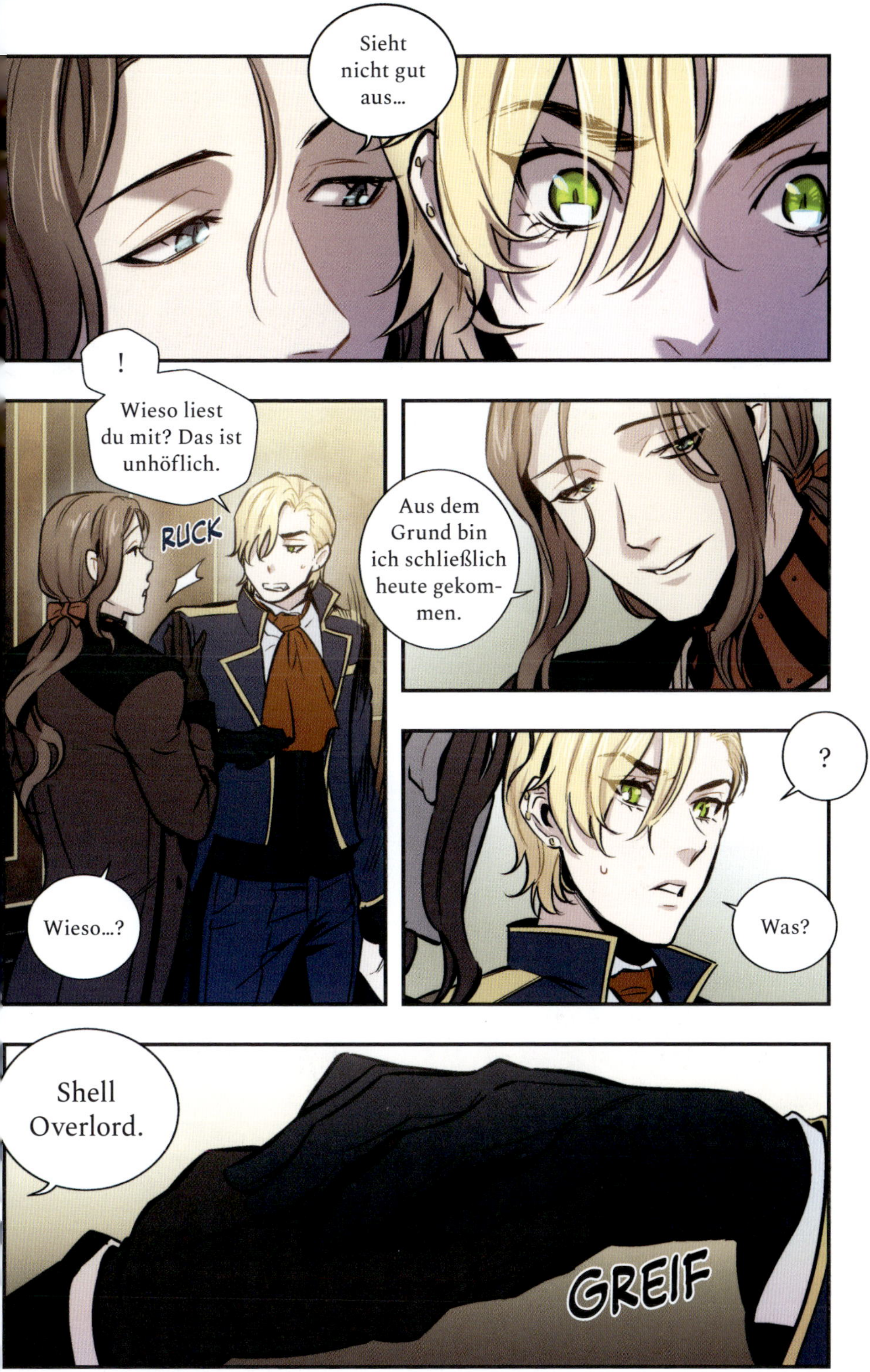
Sieht nicht gut aus...
!
Wieso liest du mit? Das ist unhöflich.
RUCK
Wieso...?
Aus dem Grund bin ich schließlich heute gekommen.
?
Was?
Shell Overlord.
GREIF

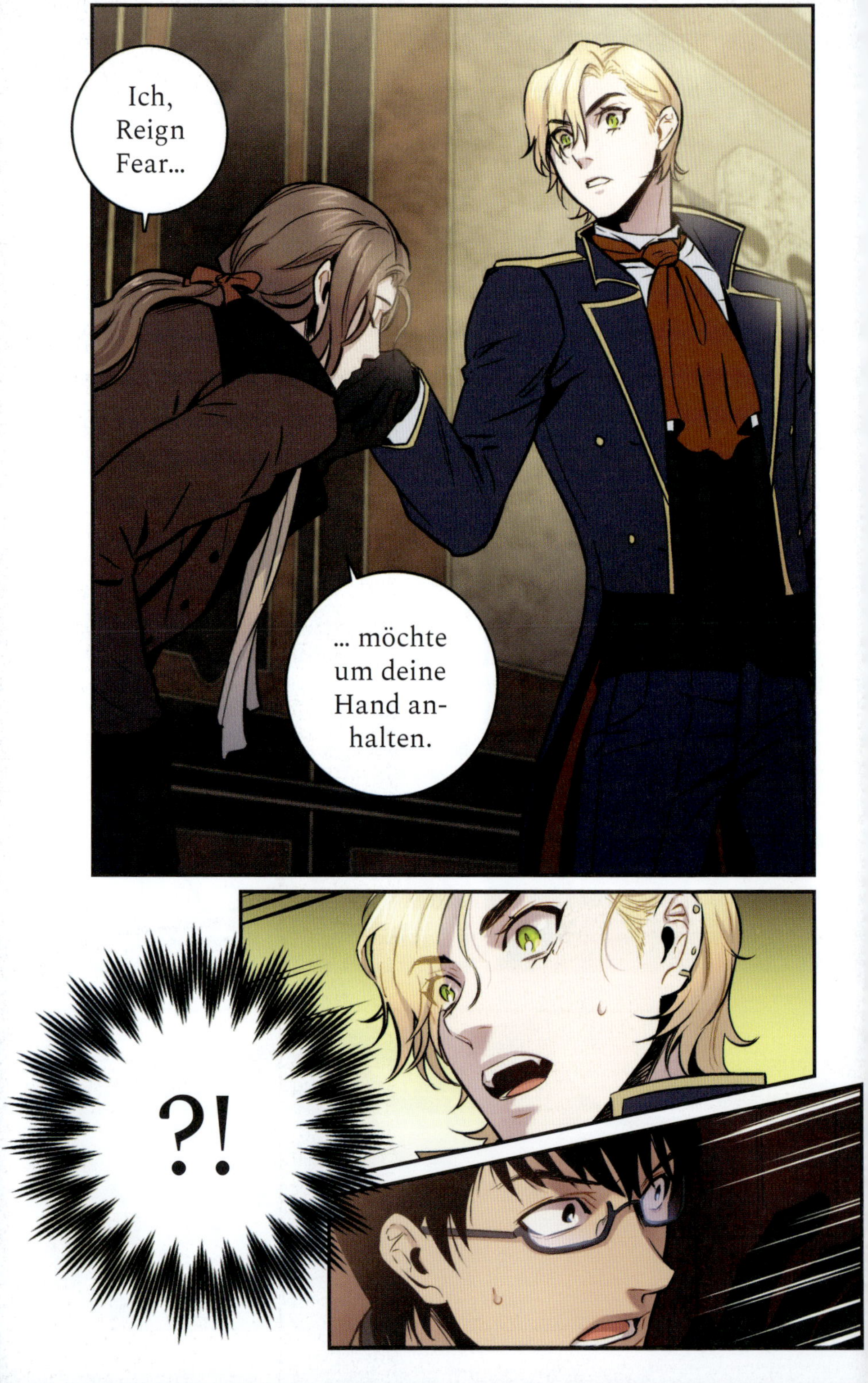
Ich, Reign Fear...
... möchte um deine Hand anhalten.
?!

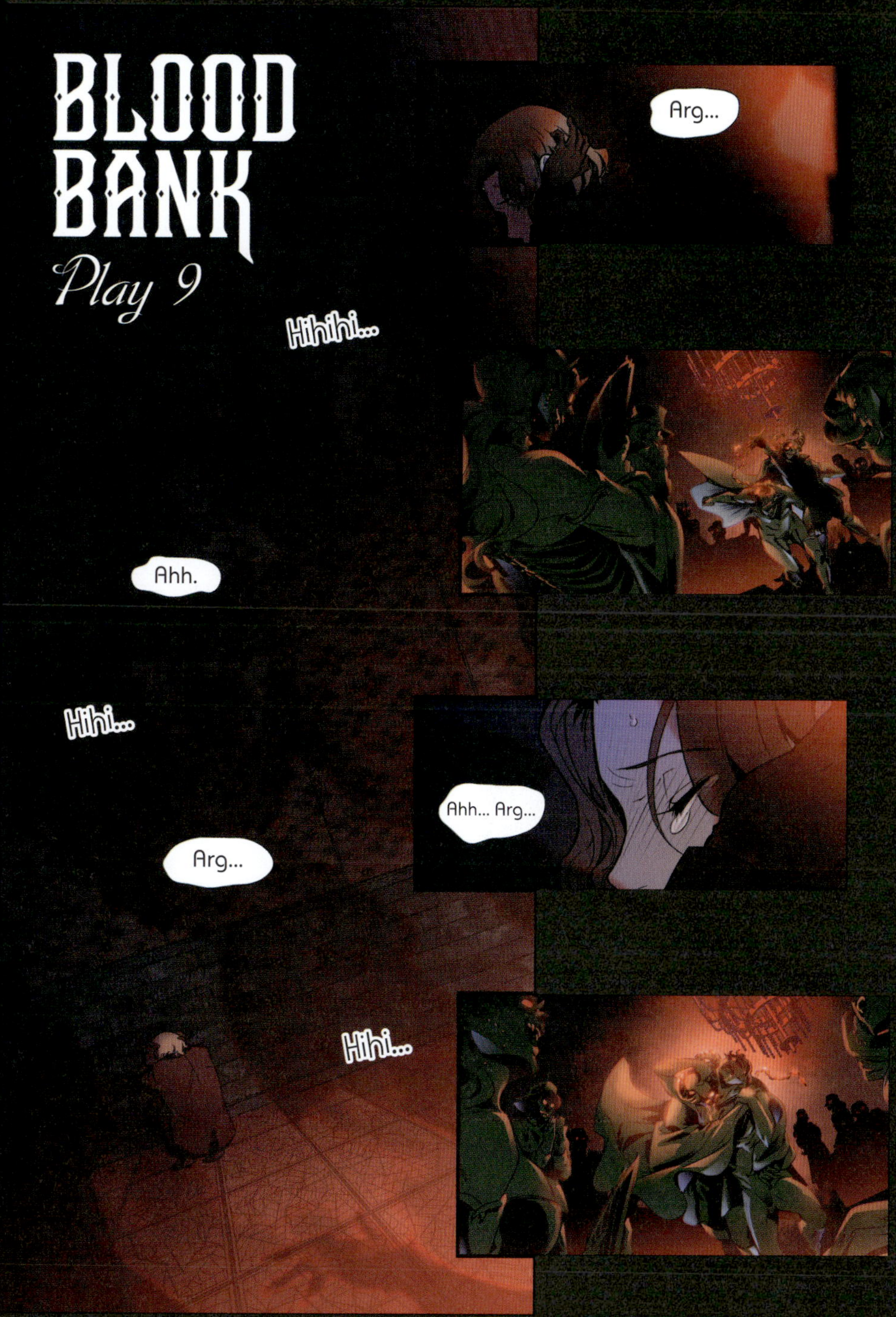
BLOOD BANK
Play 9
Arg...
Hihihi...
Ahh.
Hihi...
Ahh... Arg...
Arg...
Hihi...

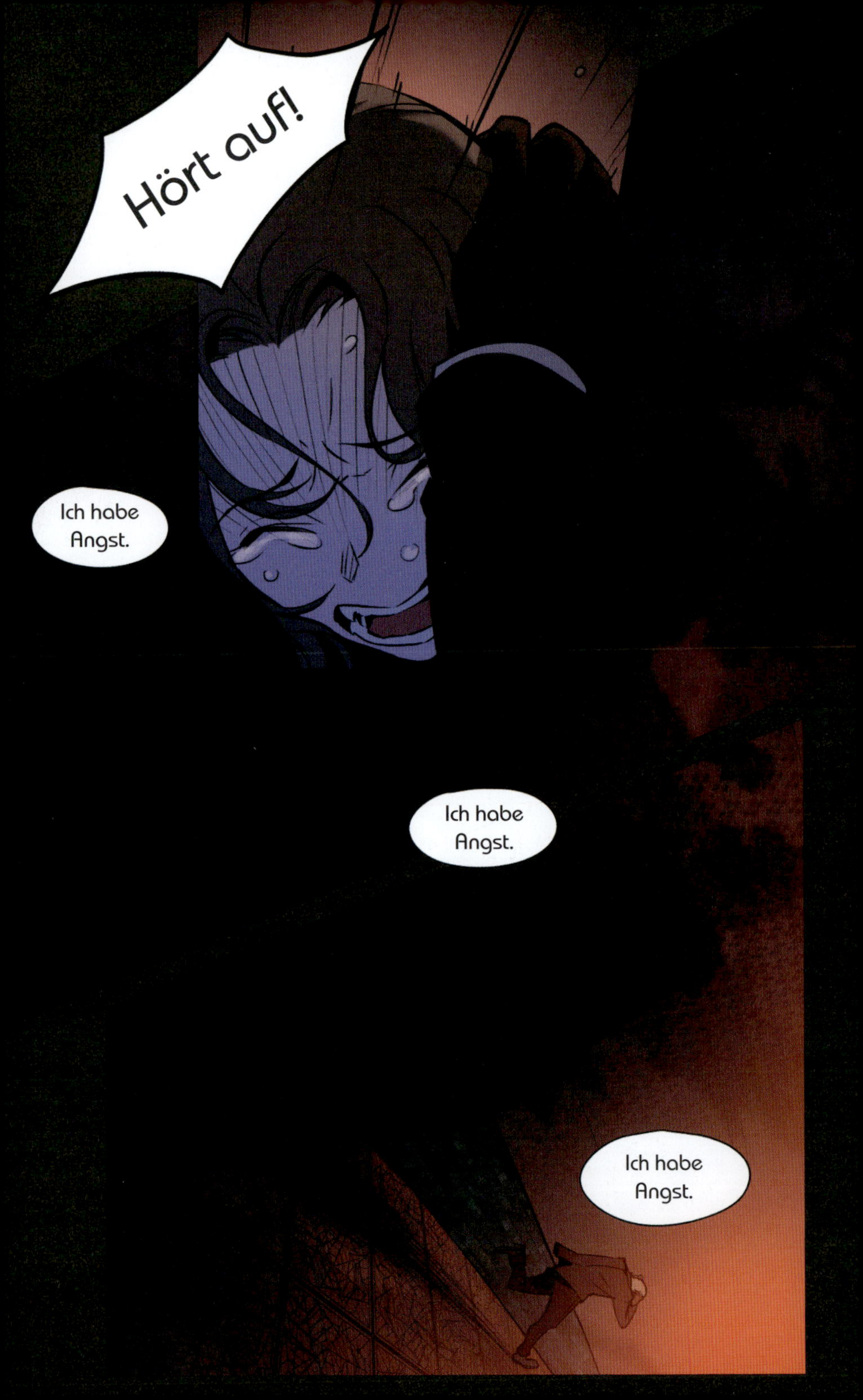
Hört auf!
Ich habe Angst.
Ich habe Angst.
Ich habe Angst.

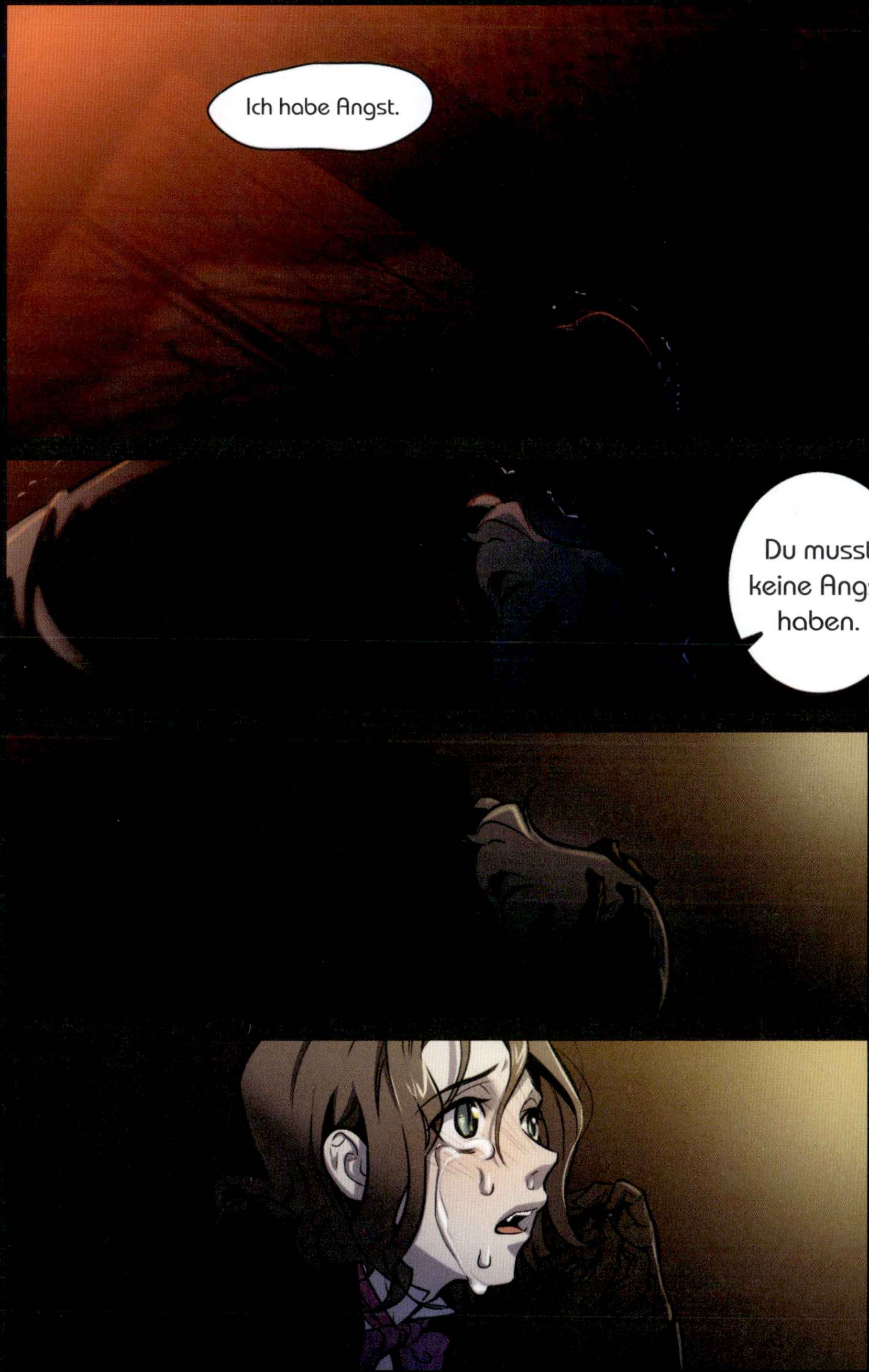
Ich habe Angst.
Du musst keine Angst haben.

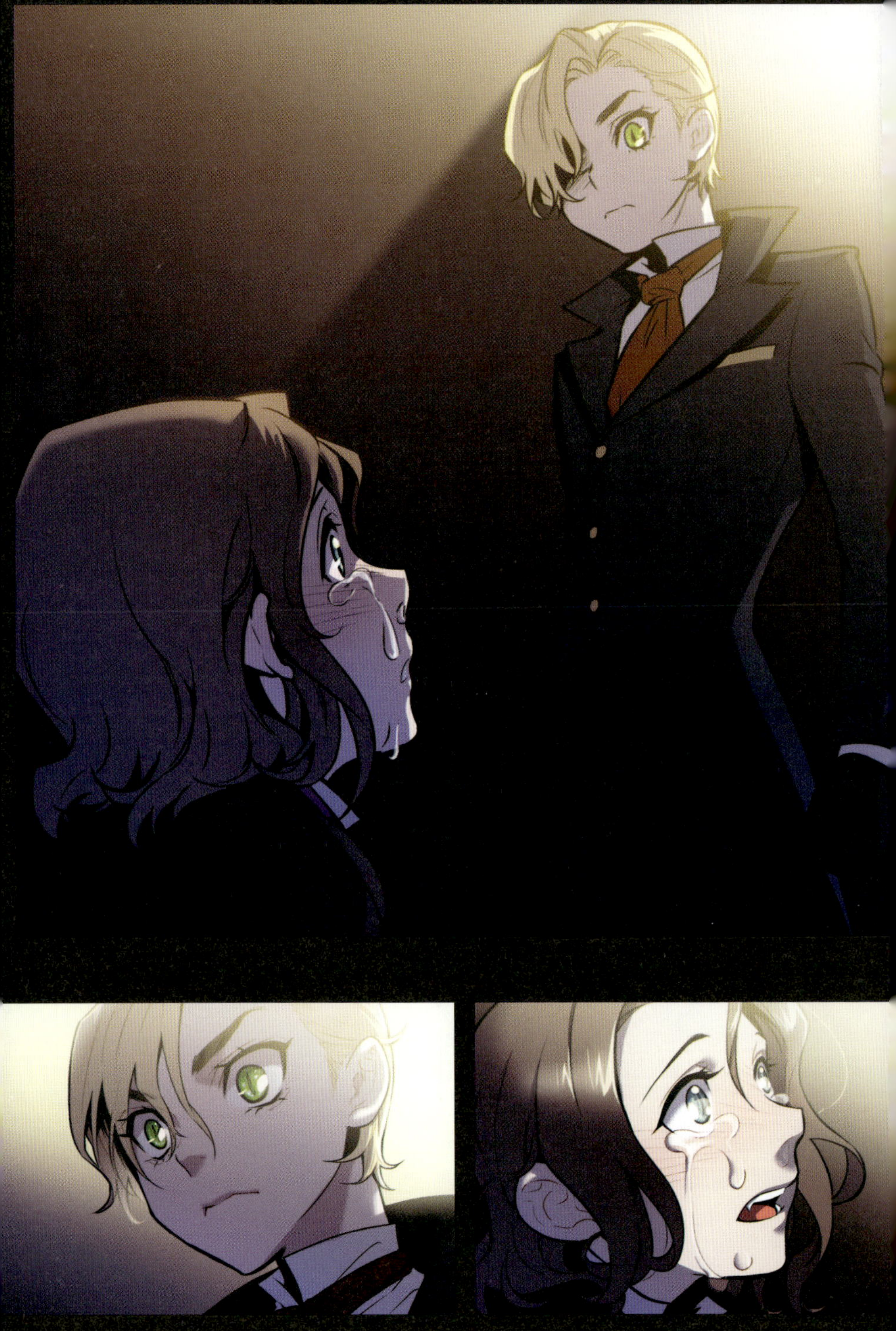

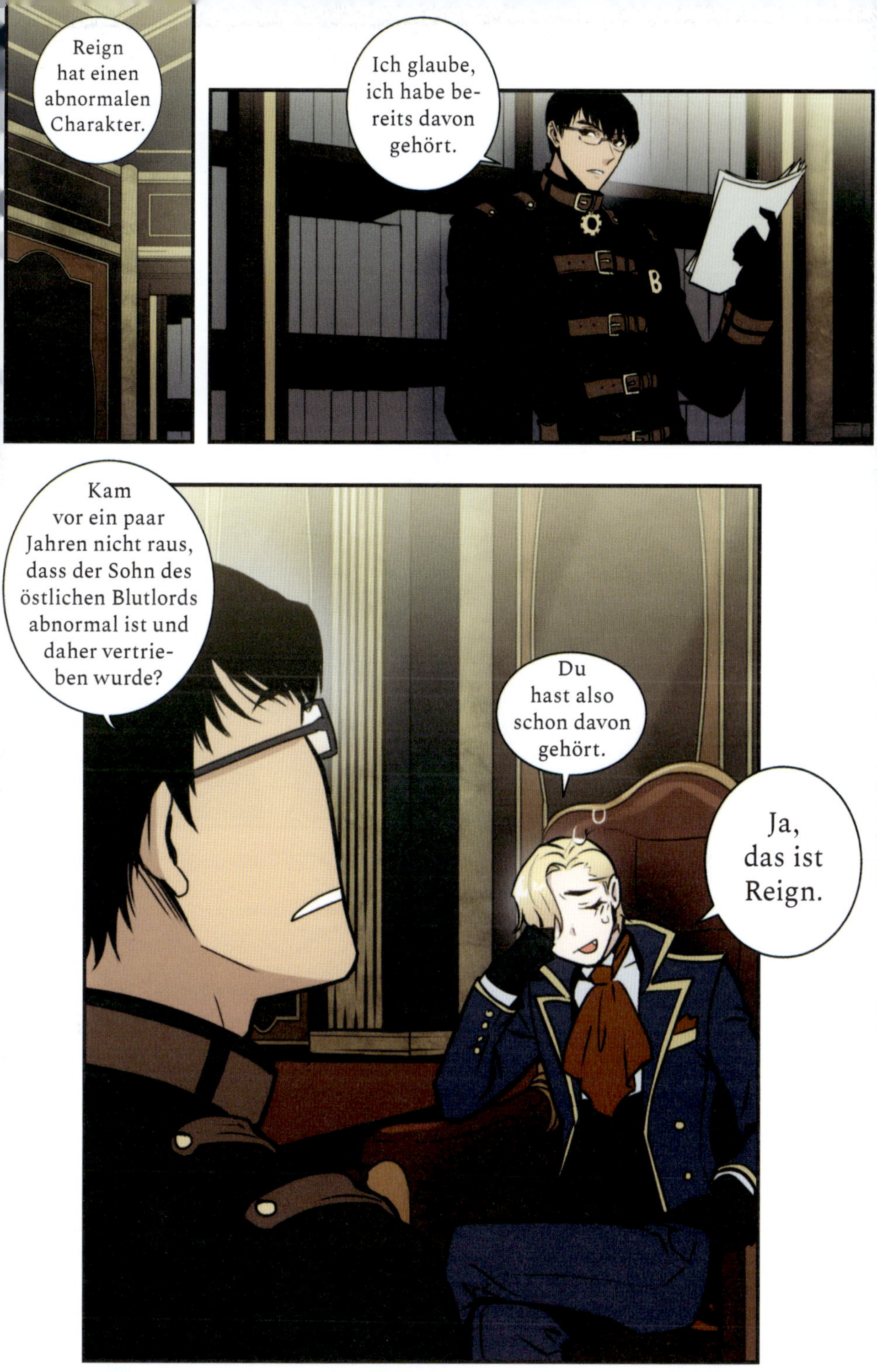
Reign hat einen abnormalen Charakter.
Ich glaube, ich habe bereits davon gehört.
Kam vor ein paar Jahren nicht raus, dass der Sohn des östlichen Blutlords abnormal ist und daher vertrieben wurde?
Du hast also schon davon gehört.
Ja, das ist Reign.

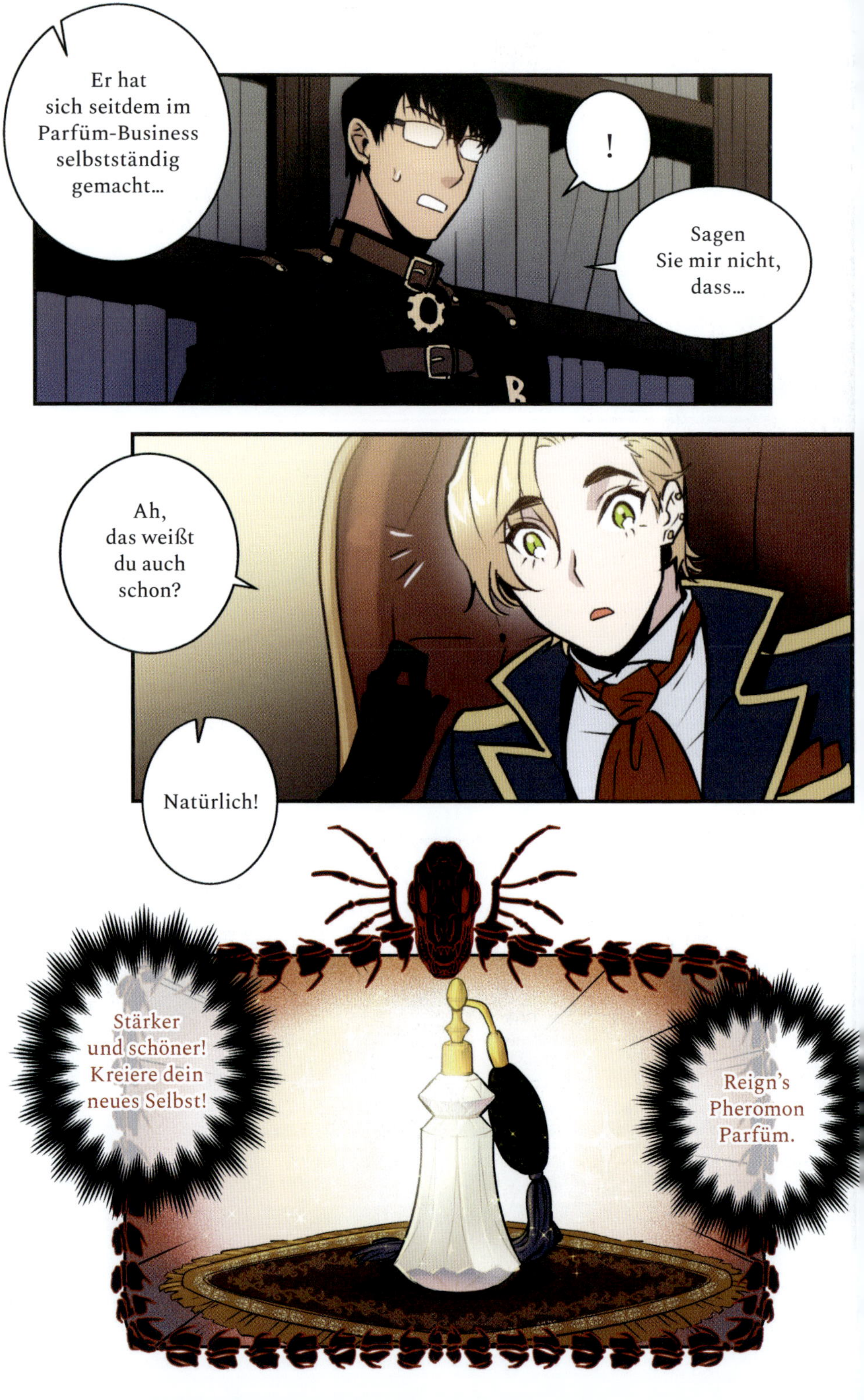
Er hat sich seitdem im Parfüm-Business selbstständig gemacht…
!
Sagen Sie mir nicht, dass…
Ah, das weißt du auch schon?
Natürlich!
Stärker und schöner! Kreiere dein neues Selbst!
Reign's Pheromon Parfüm.

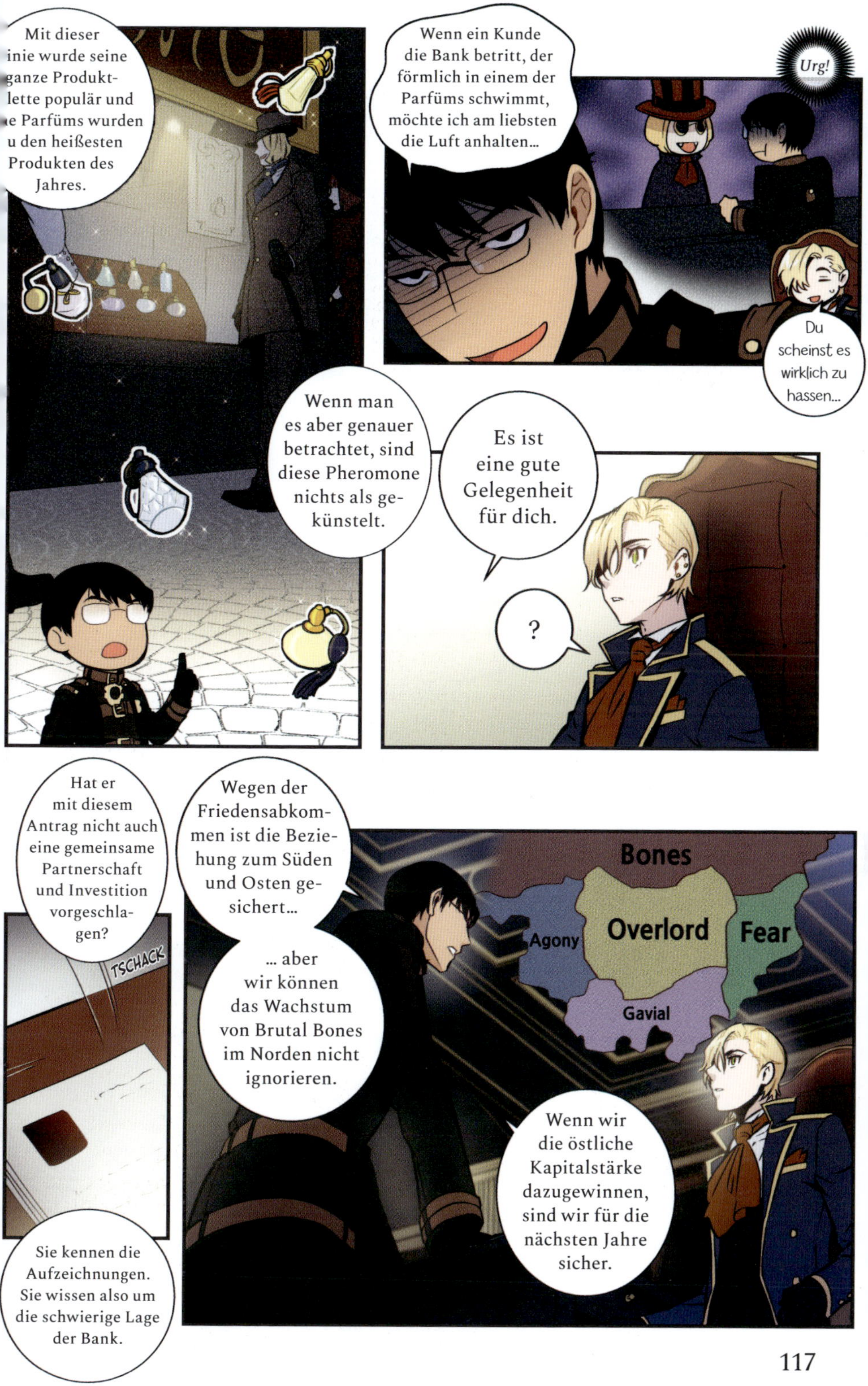

Mit dieser
inie wurde seine
ganze Produkt-
lette populär und
ie Parfüms wurden
u den heißesten
Produkten des
Jahres.
Wenn ein Kunde die Bank betritt, der förmlich in einem der Parfüms schwimmt, möchte ich am liebsten die Luft anhalten...
Urg!
Du scheinst es wirklich zu hassen...
Wenn man es aber genauer betrachtet, sind diese Pheromone nichts als ge-künstelt.
Es ist eine gute Gelegenheit für dich.
?
Hat er mit diesem Antrag nicht auch eine gemeinsame Partnerschaft und Investition vorgeschla-gen?
TSCHACK
Sie kennen die Aufzeichnungen. Sie wissen also um die schwierige Lage der Bank.
Wegen der Friedensabkom-men ist die Bezie-hung zum Süden und Osten ge-sichert...
... aber wir können das Wachstum von Brutal Bones im Norden nicht ignorieren.
Bones
Agony
Overlord
Fear
Gavial
Wenn wir die östliche Kapitalstärke dazugewinnen, sind wir für die nächsten Jahre sicher.

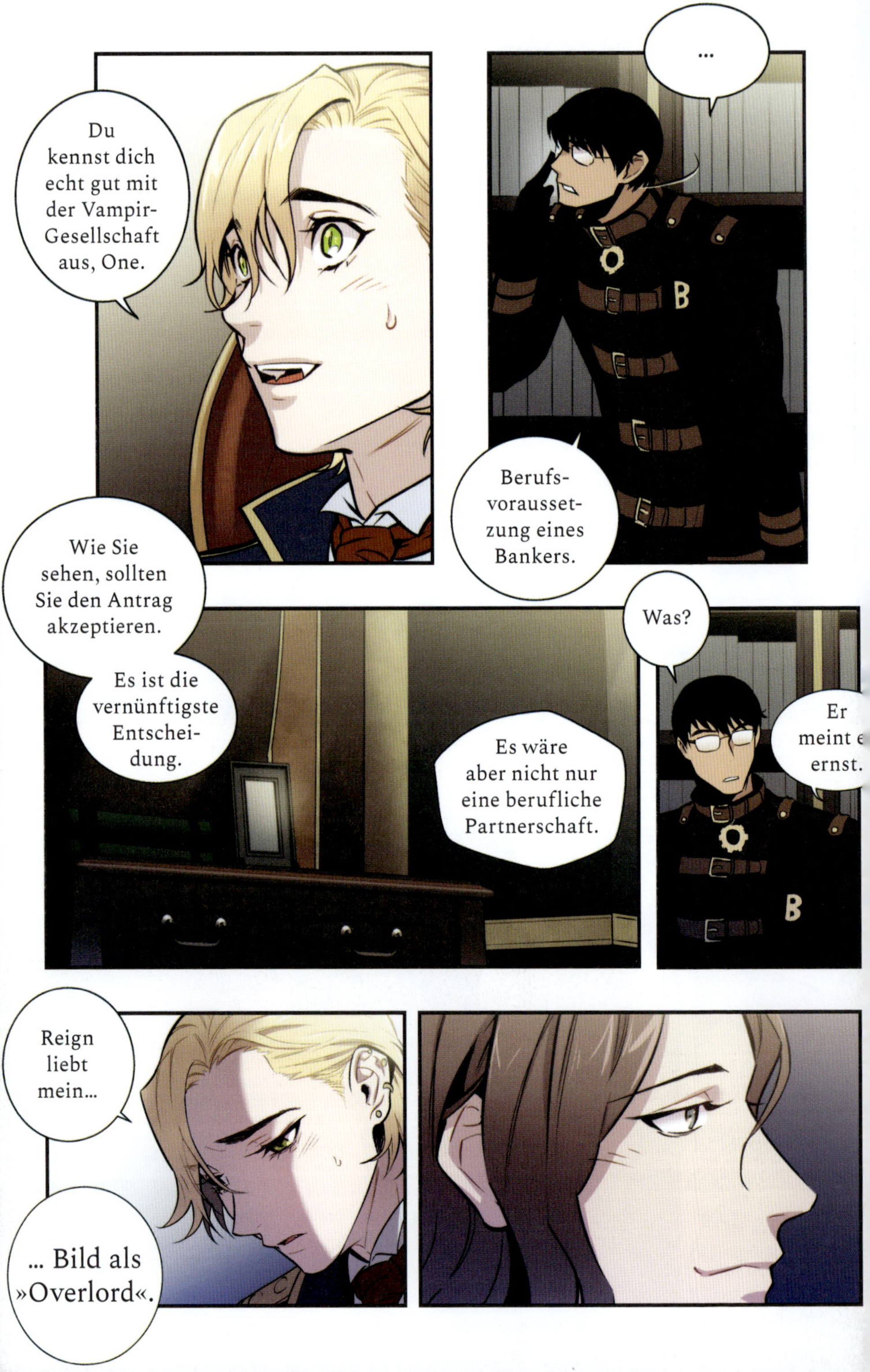
Du kennst dich echt gut mit der Vampir-Gesellschaft aus, One.
...
Berufs-voraussetzung eines Bankers.
Wie Sie sehen, sollten Sie den Antrag akzeptieren.
Es ist die vernünftigste Entscheidung.
Es wäre aber nicht nur eine berufliche Partnerschaft.
Was?
Er meint e ernst.
Reign liebt mein...
... Bild als »Overlord«.

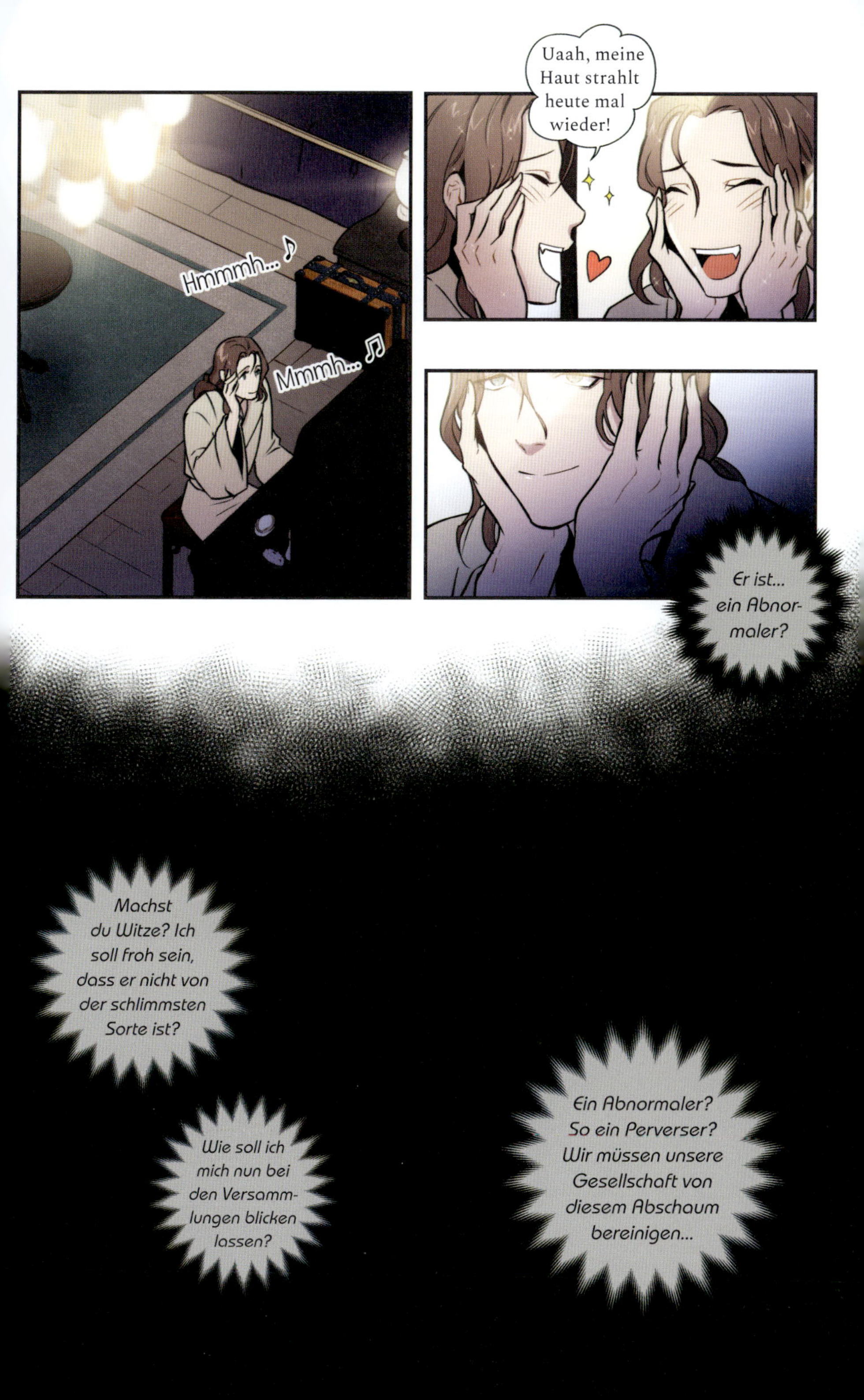
Hmmmh... ♪
Mmmh... ♫
Uaah, meine Haut strahlt heute mal wieder!
Er ist... ein Abnormaler?
Machst du Witze? Ich soll froh sein, dass er nicht von der schlimmsten Sorte ist?
Wie soll ich mich nun bei den Versammlungen blicken lassen?
Ein Abnormaler? So ein Perverser? Wir müssen unsere Gesellschaft von diesem Abschaum bereinigen...

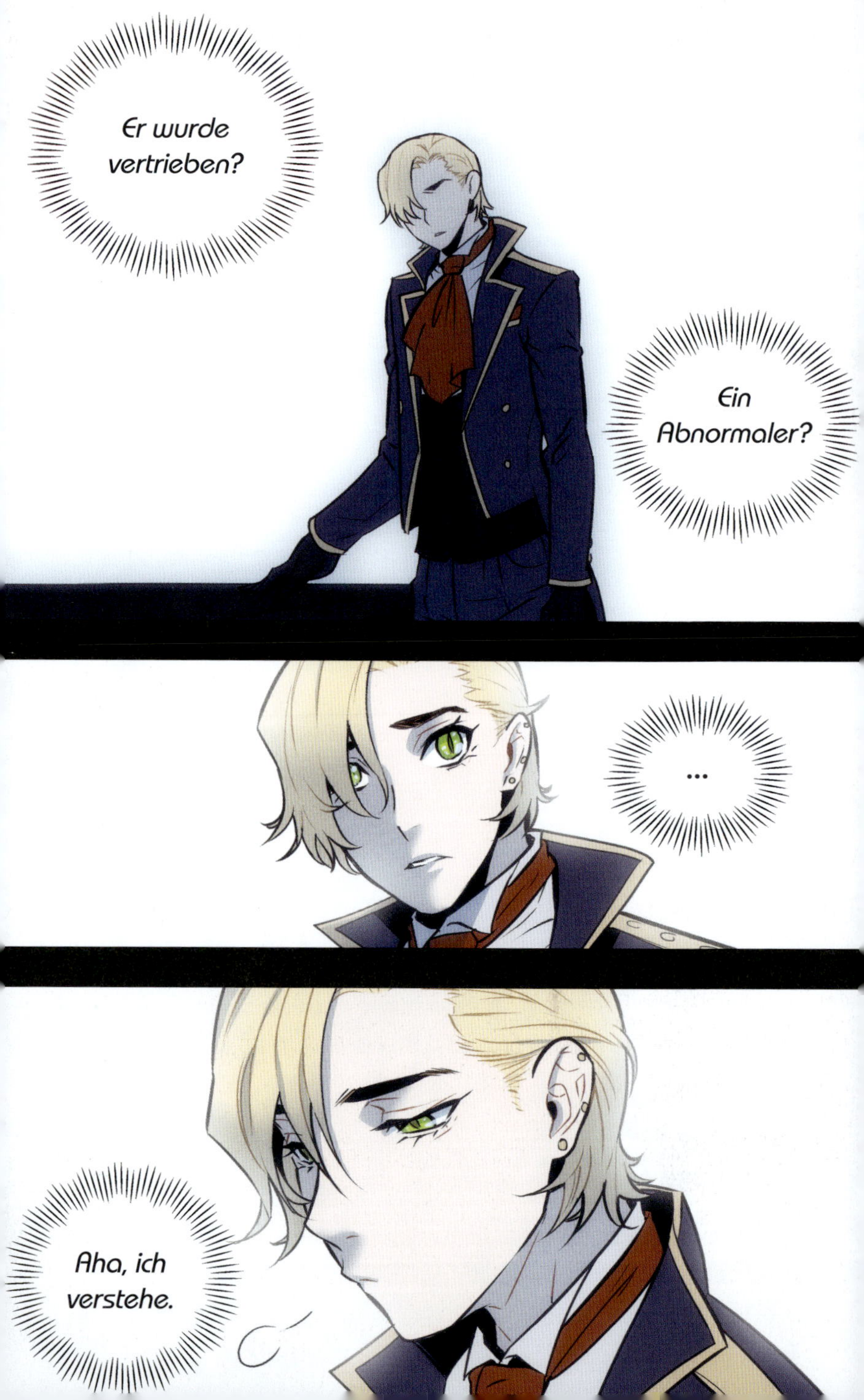
Er wurde vertrieben?
Ein Abnormaler?
...
Aha, ich verstehe.

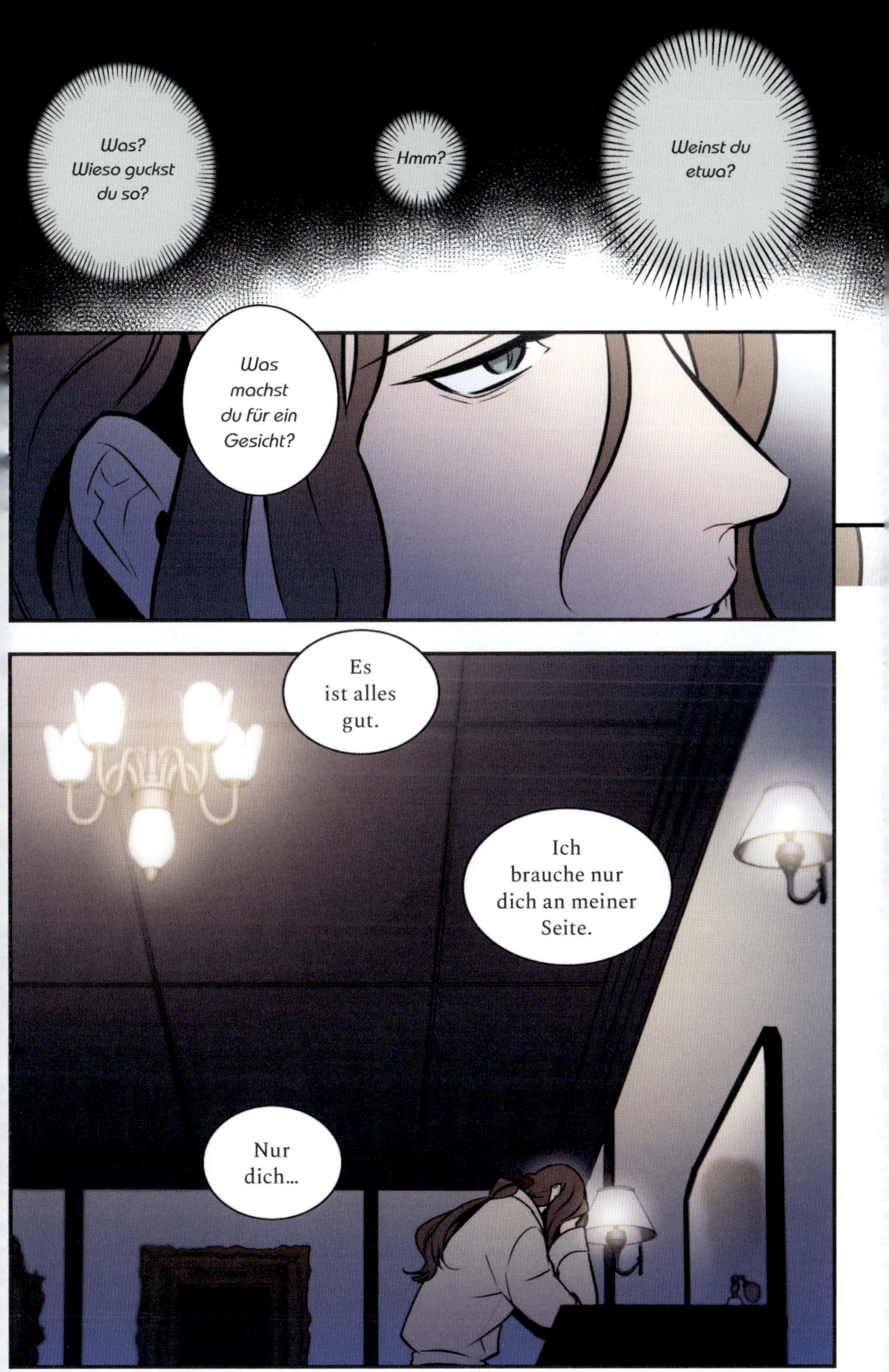
Was? Wieso guckst du so?
Hmm?
Weinst du etwa?
Was machst du für ein Gesicht?
Es ist alles gut.
Ich brauche nur dich an meiner Seite.
Nur dich…

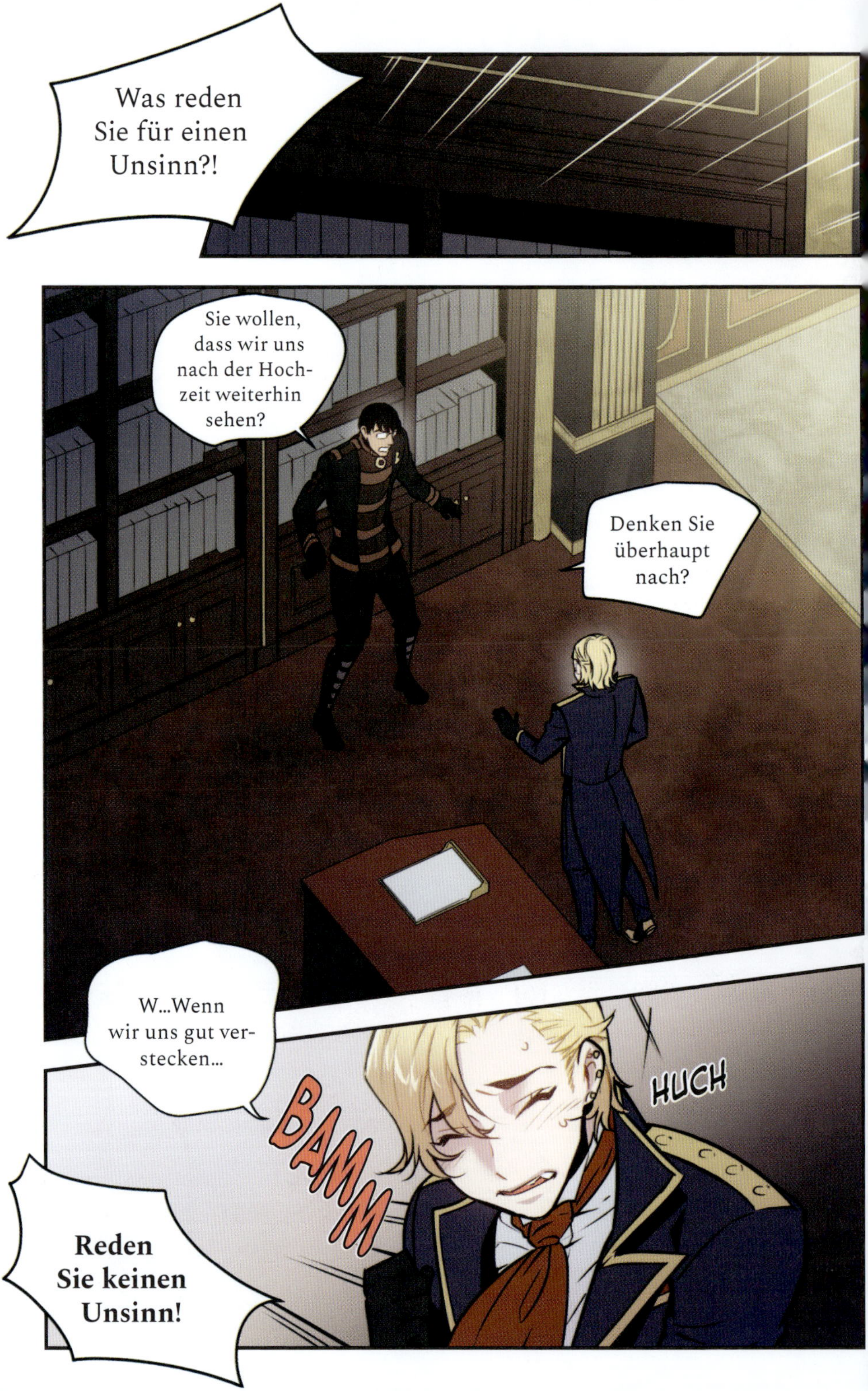

Was reden Sie für einen Unsinn?!
Sie wollen, dass wir uns nach der Hochzeit weiterhin sehen?
Denken Sie überhaupt nach?
W...Wenn wir uns gut verstecken...
BAMM
HUCH
Reden Sie keinen Unsinn!

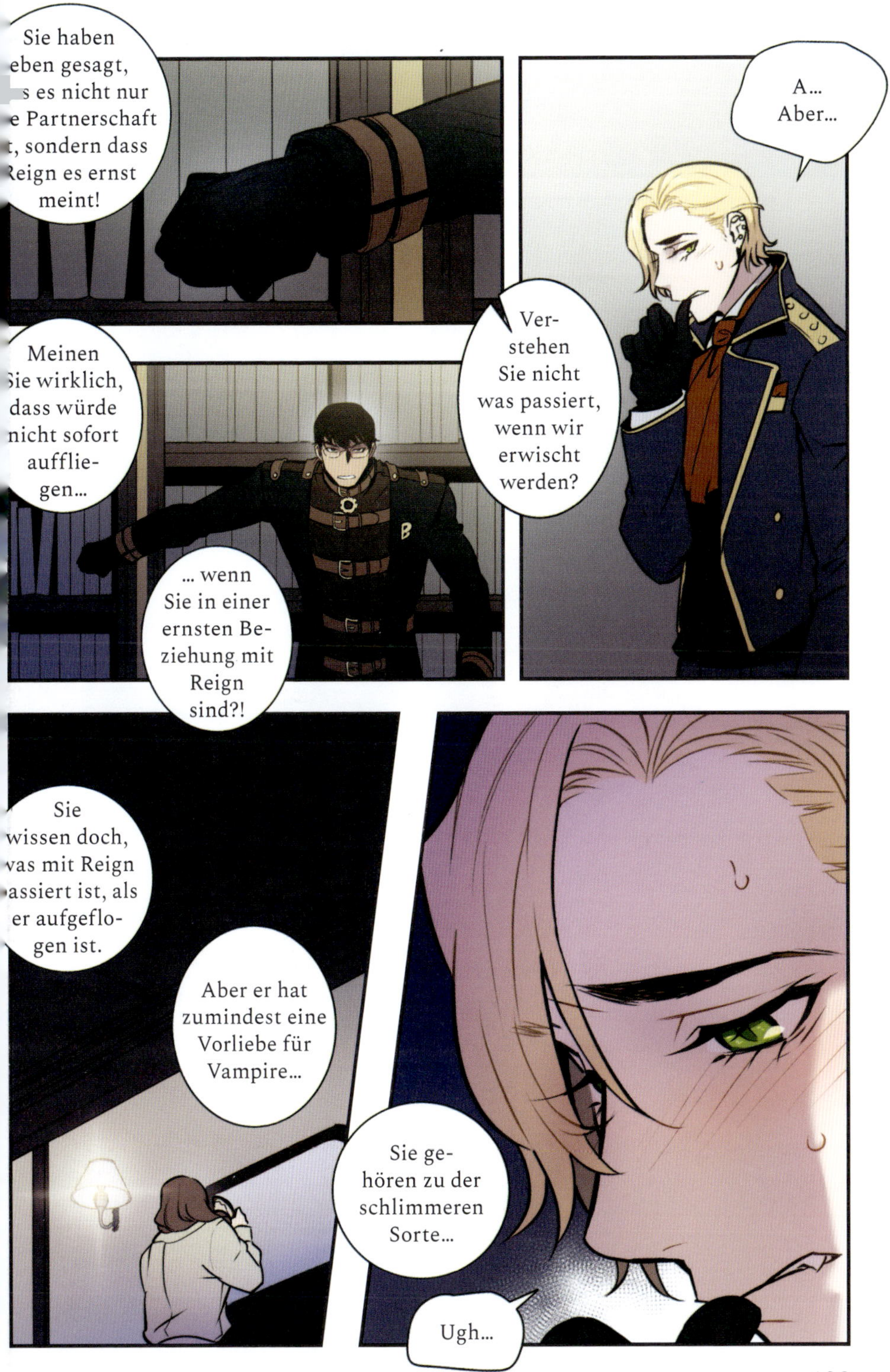
Sie haben
eben gesagt,
s es nicht nur
e Partnerschaft
t, sondern dass
eign es ernst
meint!
A...
Aber...
Meinen
ie wirklich,
dass würde
nicht sofort
aufflie-
gen...
Ver-
stehen
Sie nicht
was passiert,
wenn wir
erwischt
werden?
... wenn
Sie in einer
ernsten Be-
ziehung mit
Reign
sind?!
Sie
wissen doch,
vas mit Reign
assiert ist, als
er aufgeflo-
gen ist.
Aber er hat
zumindest eine
Vorliebe für
Vampire...
Sie ge-
hören zu der
schlimmeren
Sorte...
Ugh...

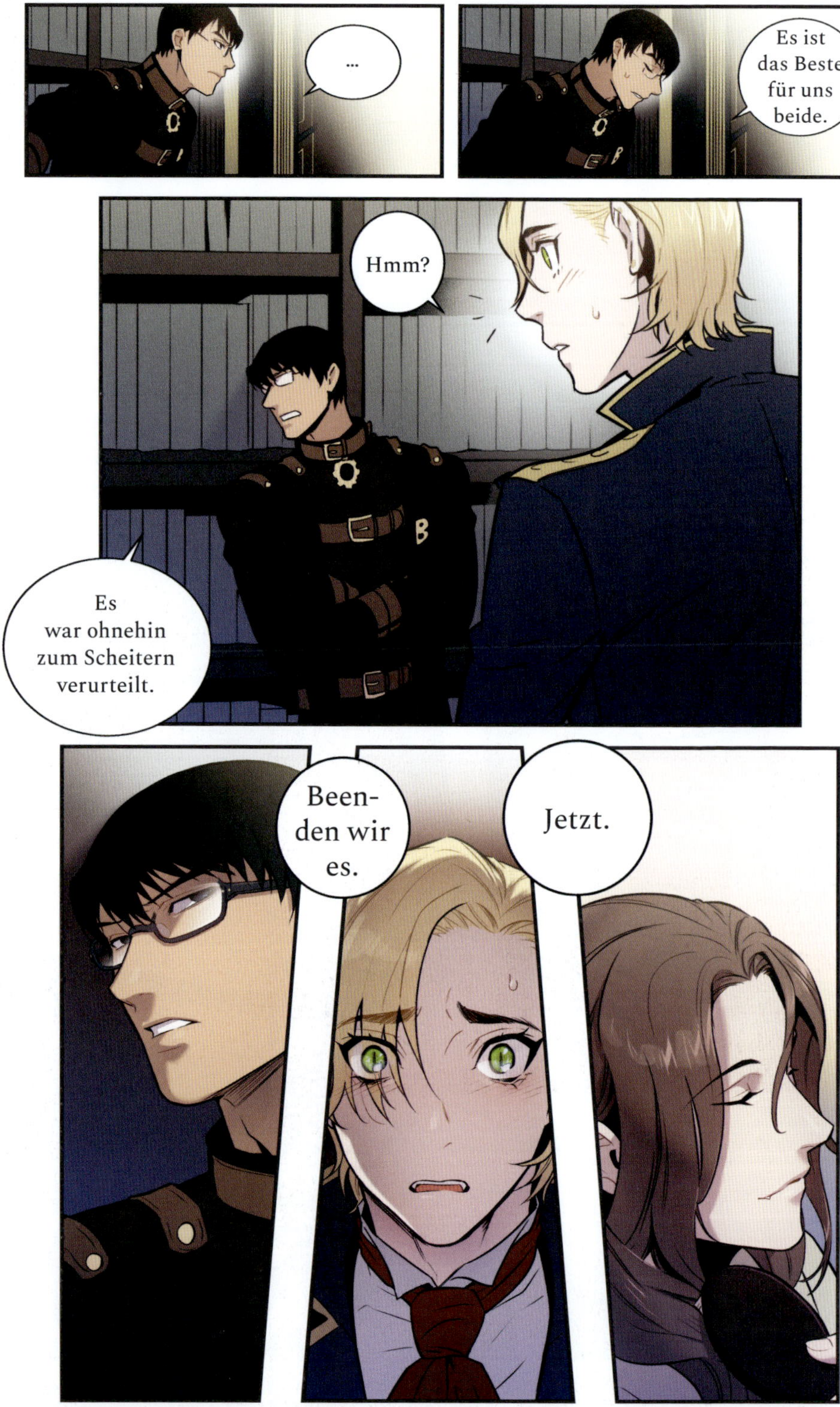
...
Es ist das Beste für uns beide.
Hmm?
Es war ohnehin zum Scheitern verurteilt.
Been-den wir es.
Jetzt.

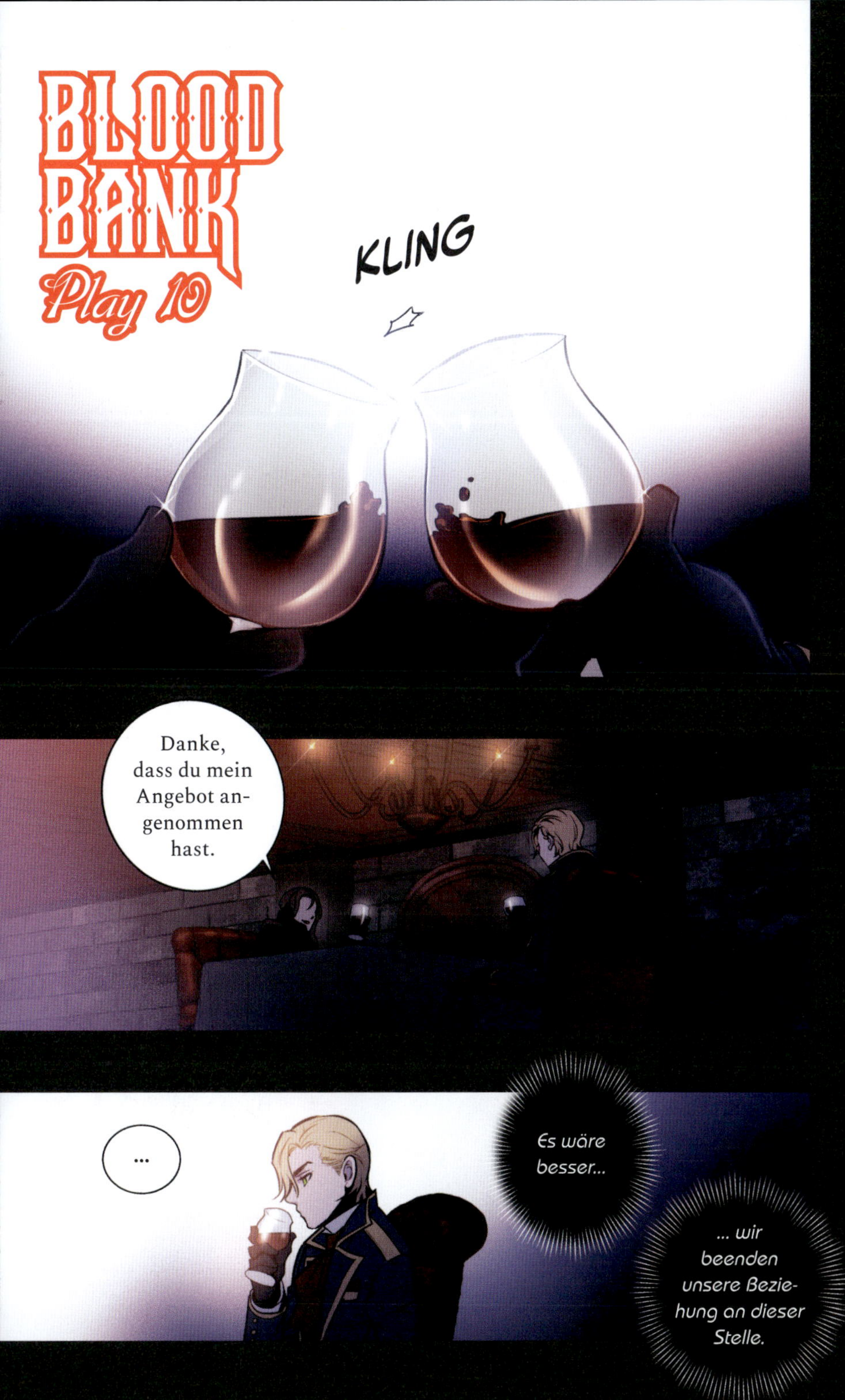
BLOOD BANK
Play 10
KLING
Danke, dass du mein Angebot angenommen hast.
...
Es wäre besser...
... wir beenden unsere Beziehung an dieser Stelle.

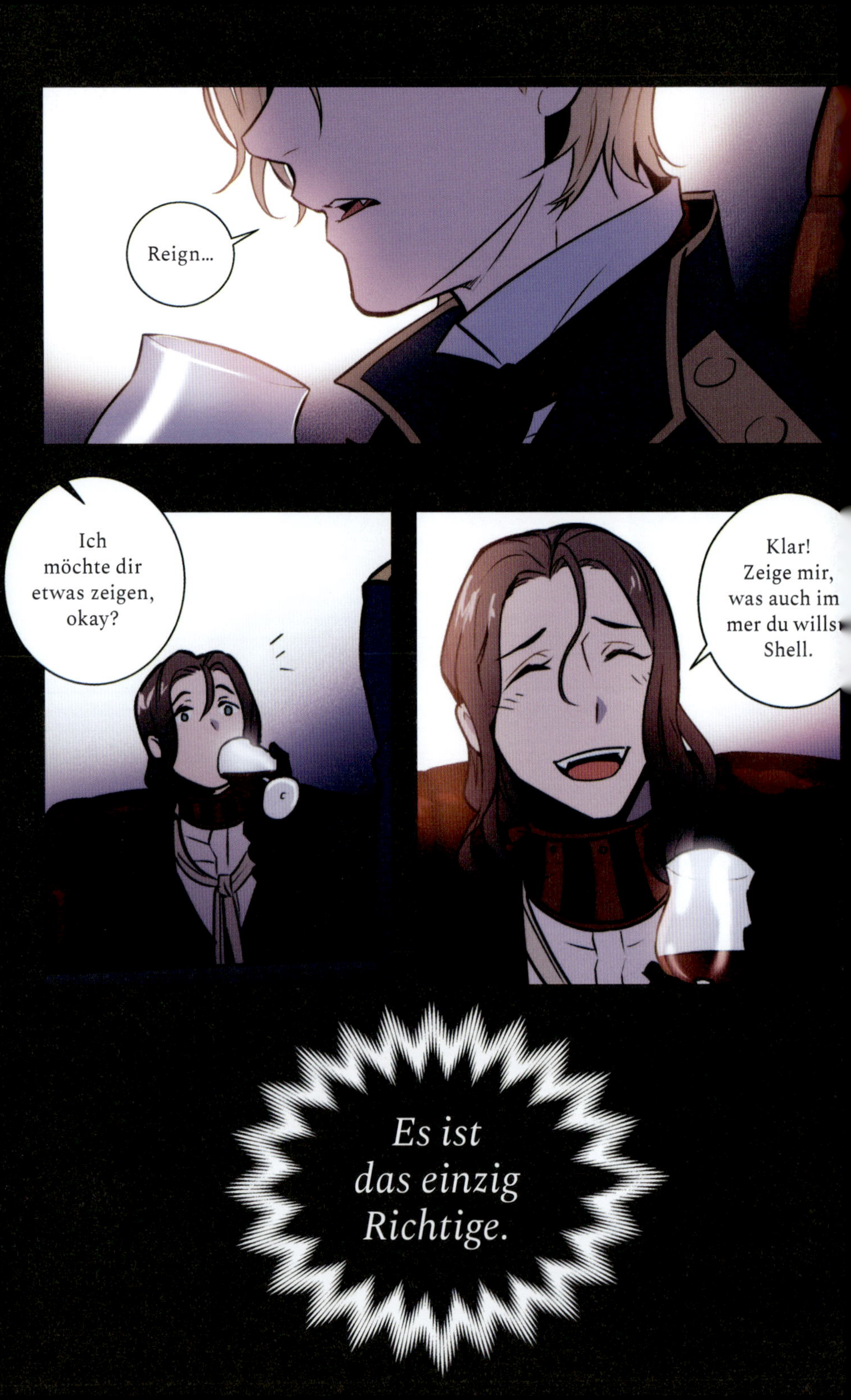
Reign...
Ich möchte dir etwas zeigen, okay?
Klar! Zeige mir, was auch immer du willst, Shell.
Es ist das einzig Richtige.

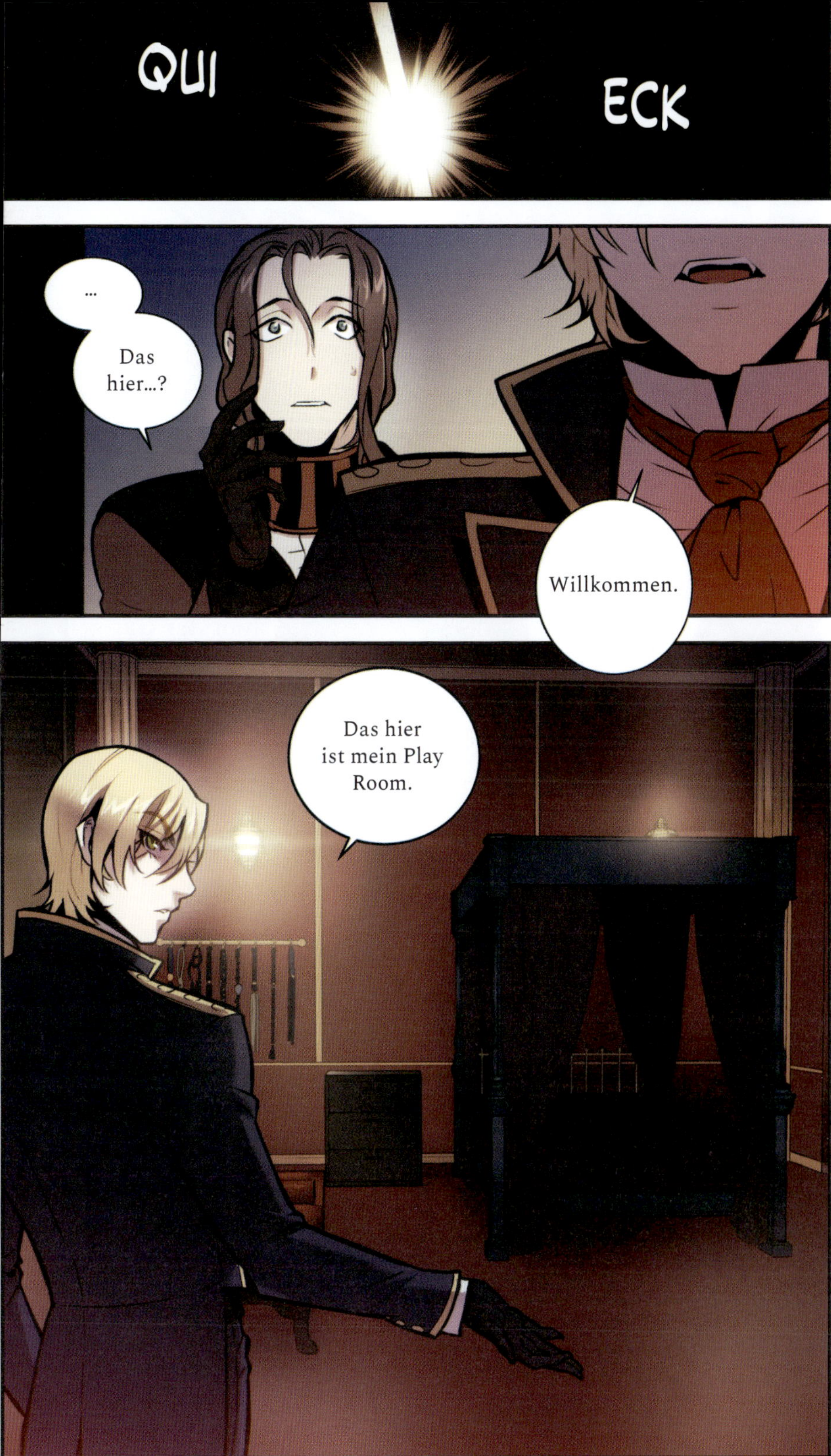
QUI
ECK
...
Das hier...?
Willkommen.
Das hier ist mein Play Room.

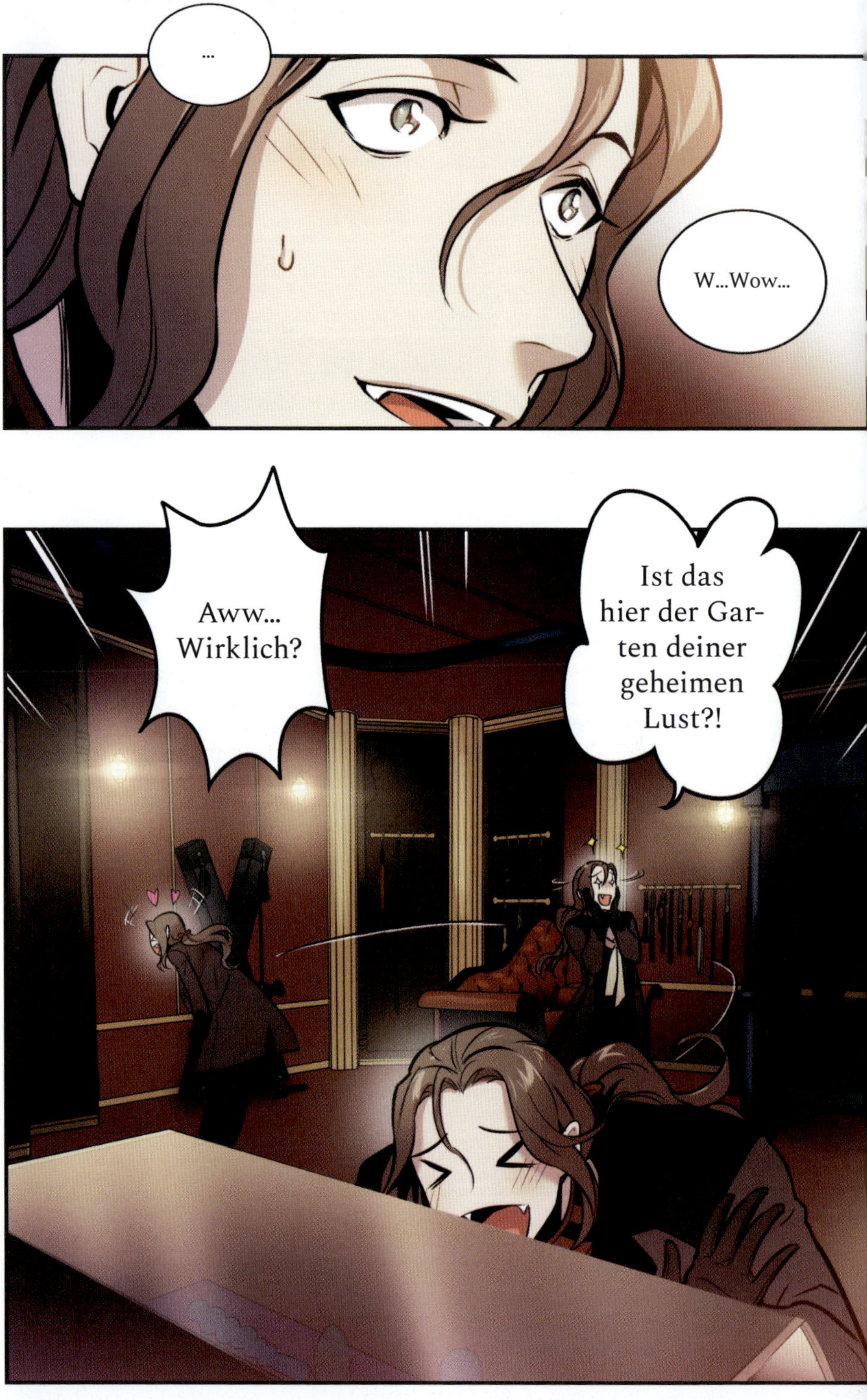
...
W...Wow...
Aww... Wirklich?
Ist das hier der Garten deiner geheimen Lust?!

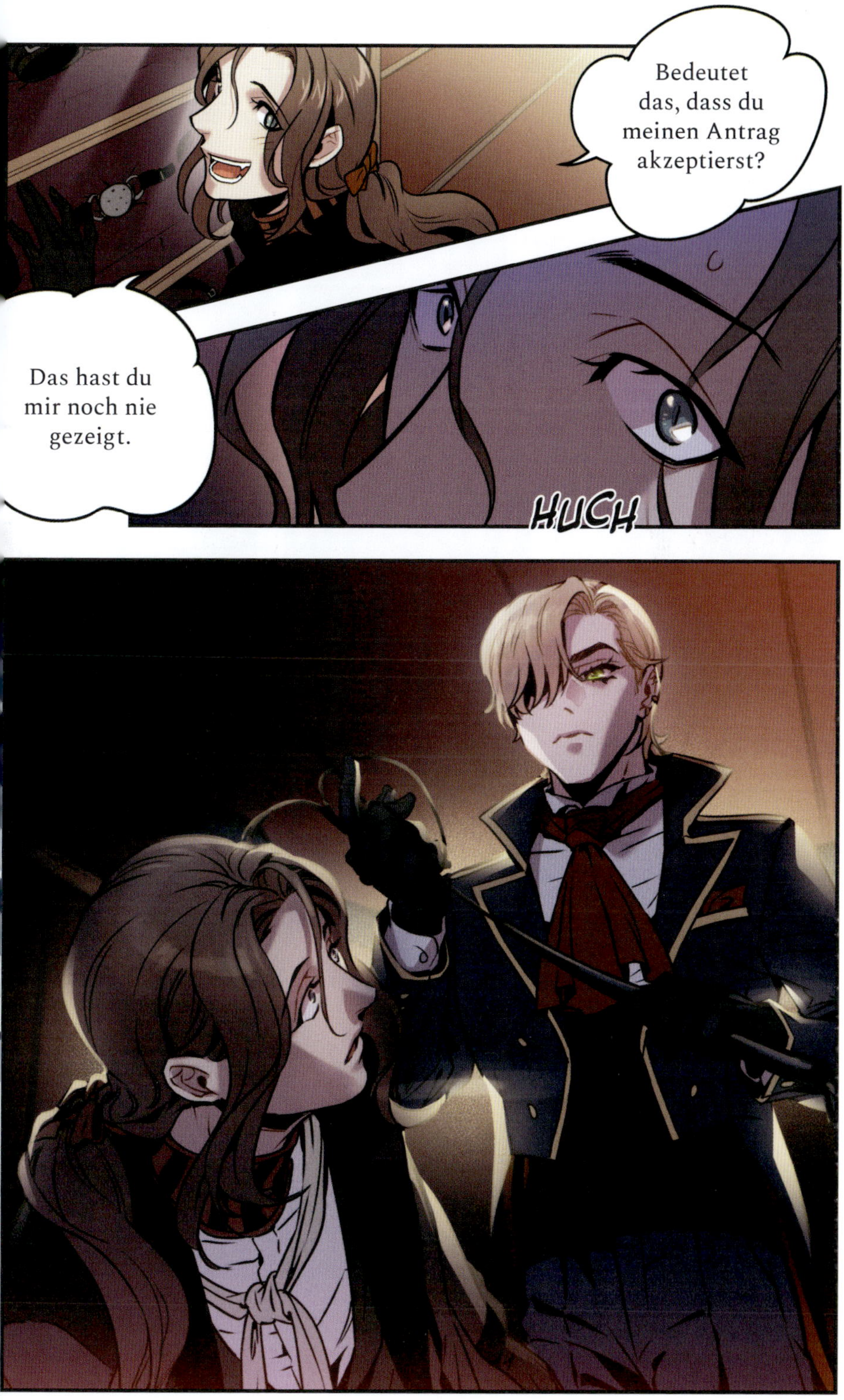
Bedeutet das, dass du meinen Antrag akzeptierst?
Das hast du mir noch nie gezeigt.
HUCH

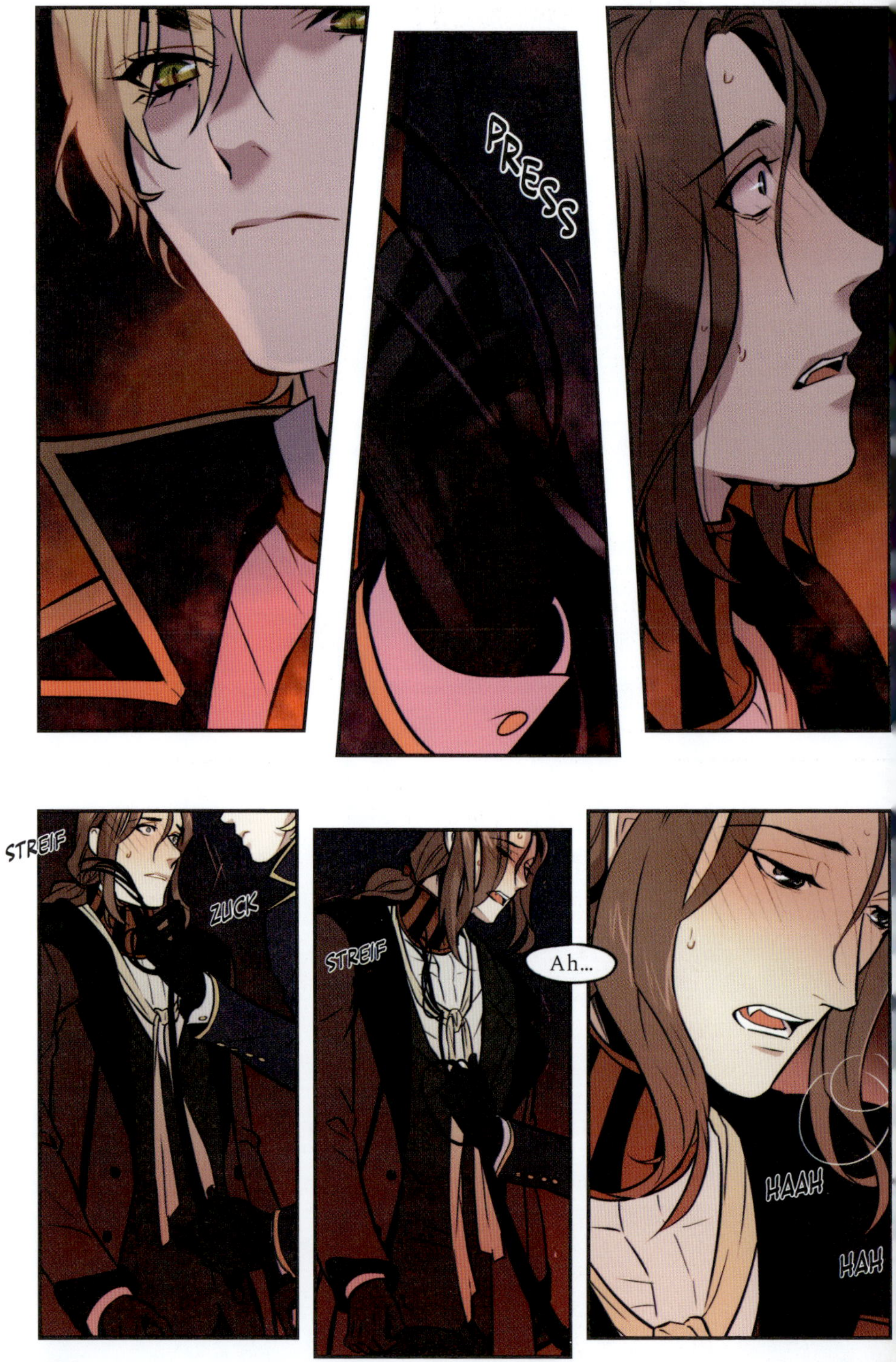
PRESS
STREIF
ZUCK
STREIF
Ah...
HAAH
HAH

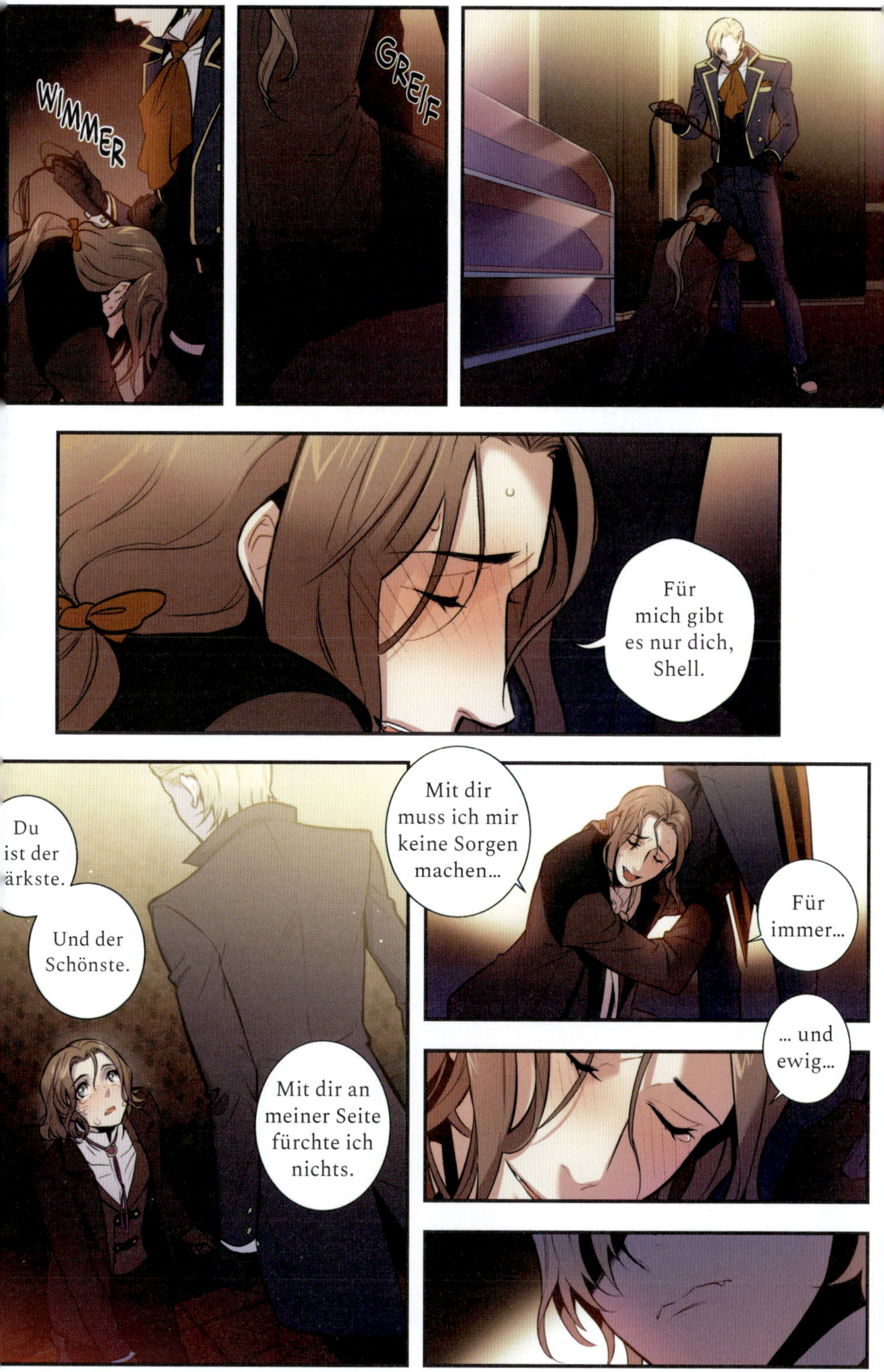
WIMMER
GREIF
Für mich gibt es nur dich, Shell.
Du ist der ärkste.
Und der Schönste.
Mit dir an meiner Seite fürchte ich nichts.
Mit dir muss ich mir keine Sorgen machen…
Für immer…
… und ewig…

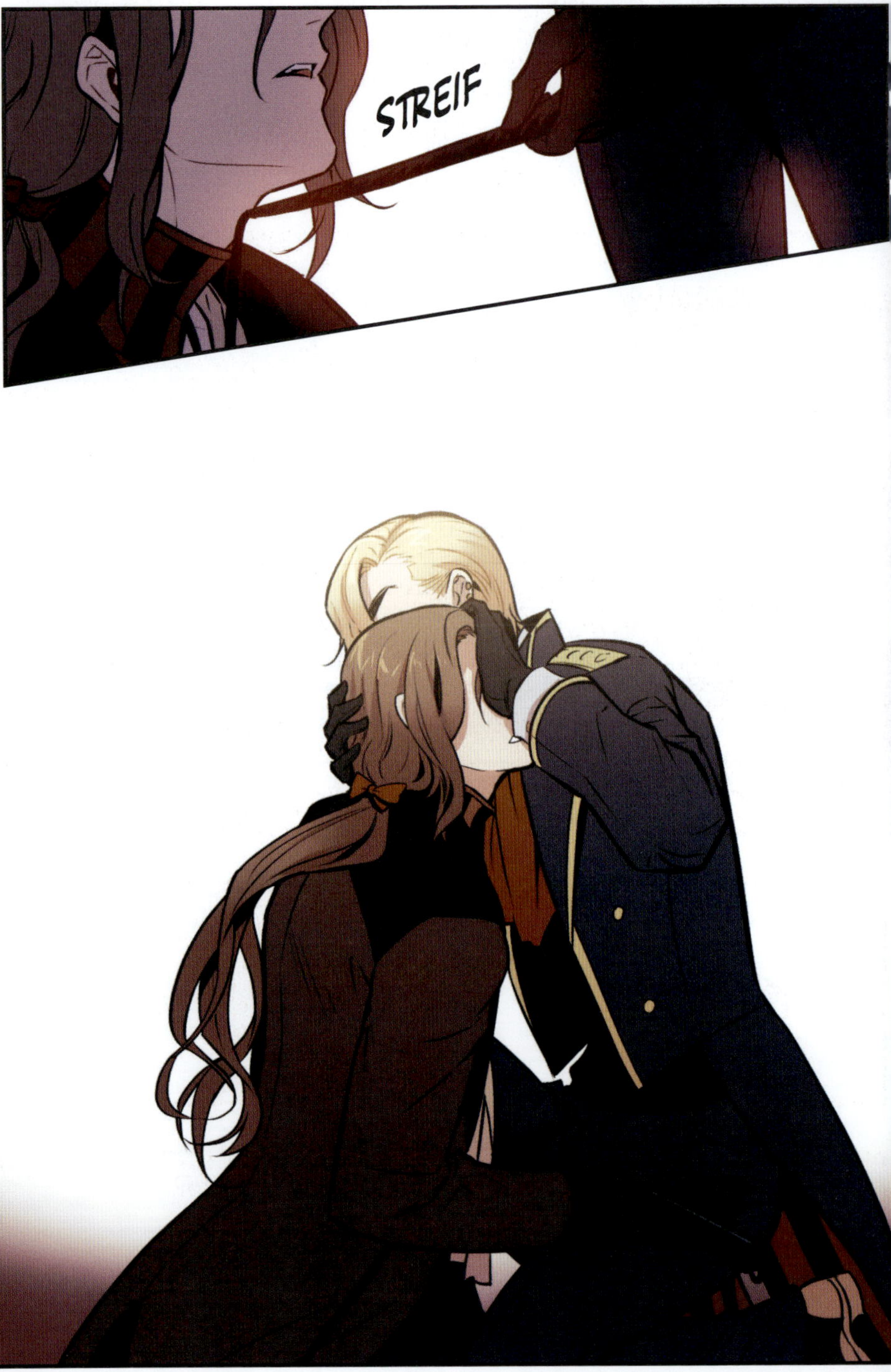
STREIF

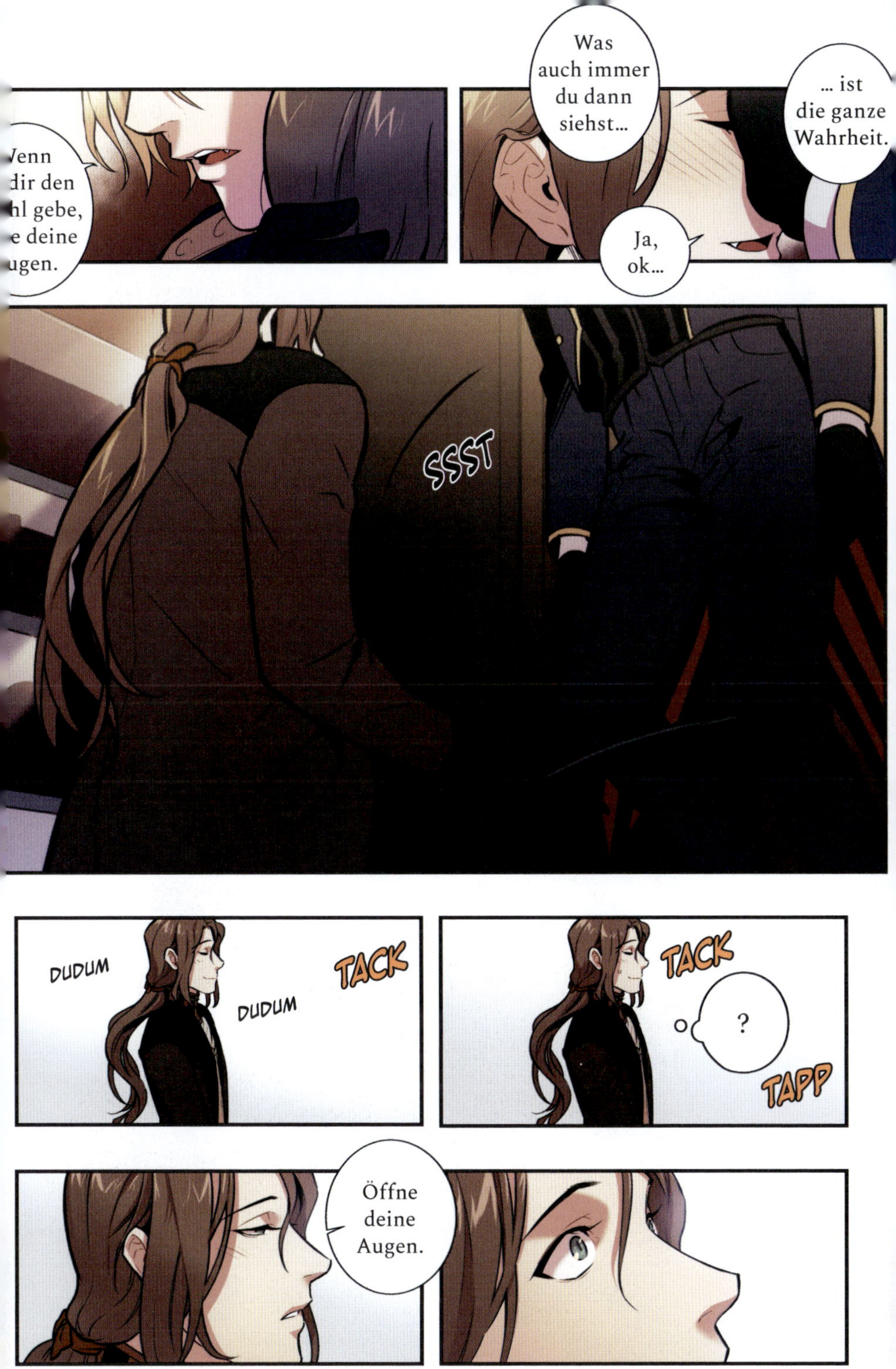

Venn dir den hl gebe, e deine ugen.
Was auch immer du dann siehst…
… ist die ganze Wahrheit.
Ja, ok…
SSST
DUDUM
DUDUM
TACK
TACK
?
TAPP
Öffne deine Augen.

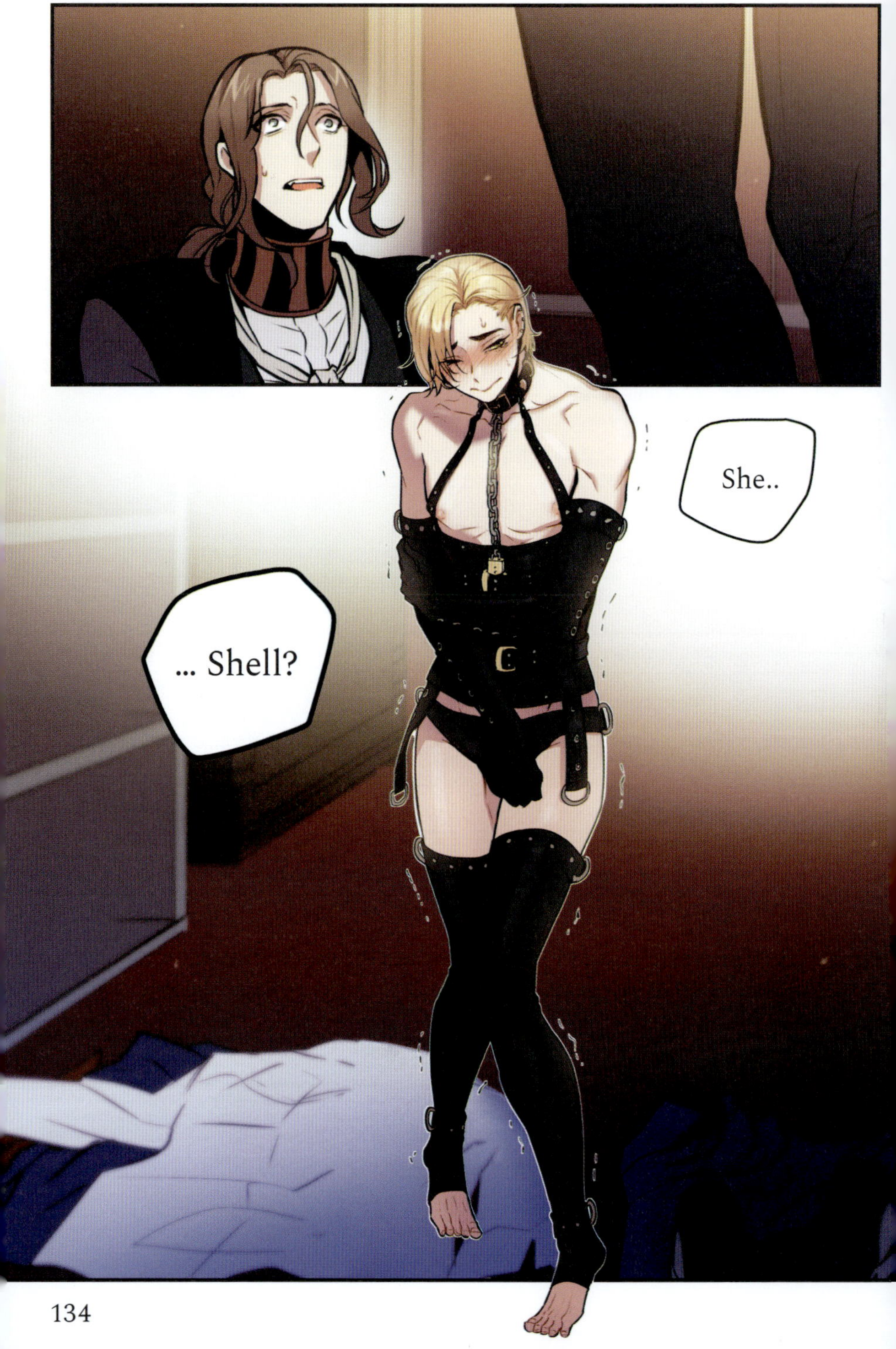
She..
... Shell?

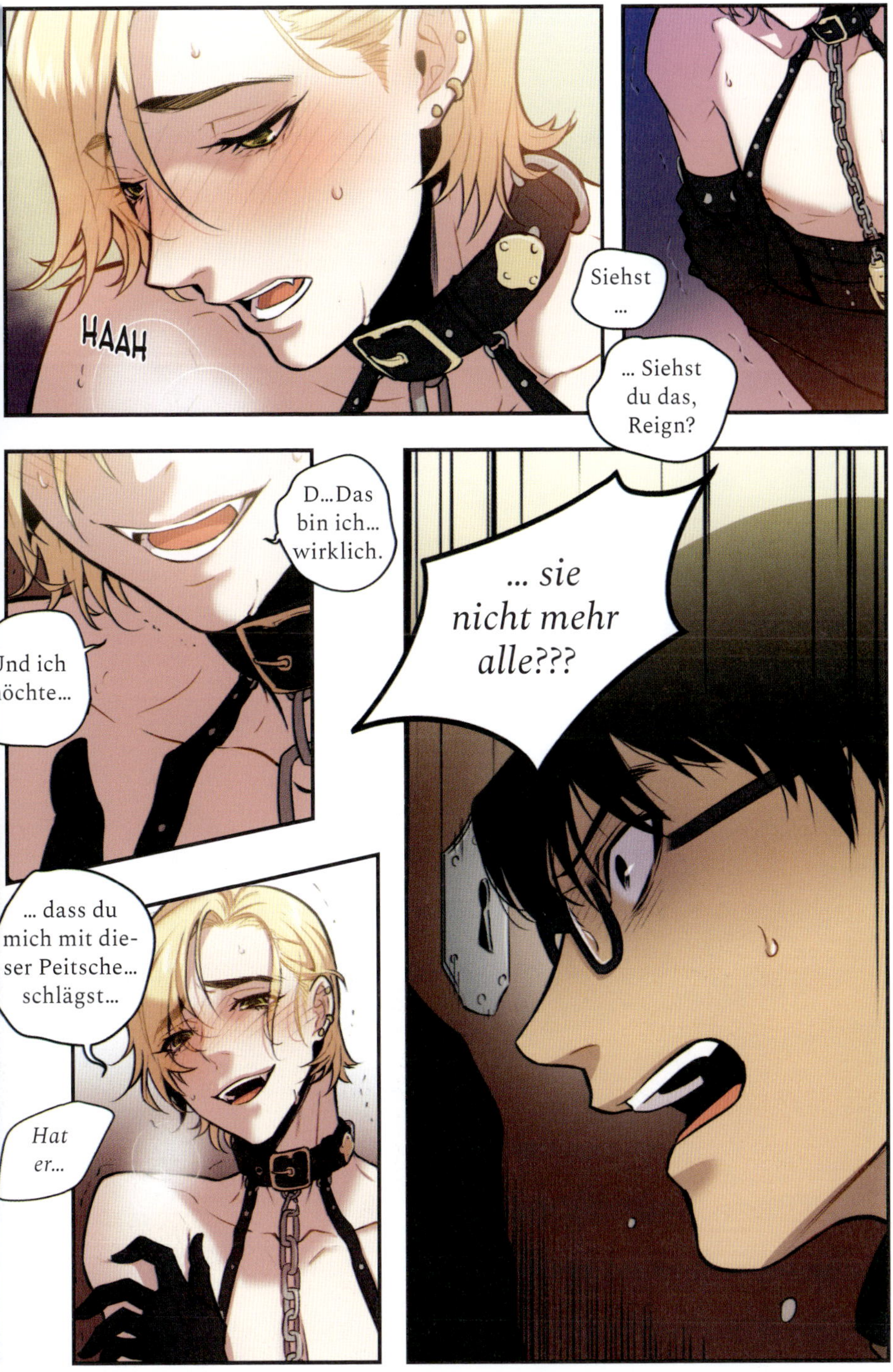
HAAH
Siehst …
… Siehst du das, Reign?
D…Das bin ich… wirklich.
nd ich öchte…
… dass du mich mit die-ser Peitsche… schlägst…
Hat er…
… sie nicht mehr alle???

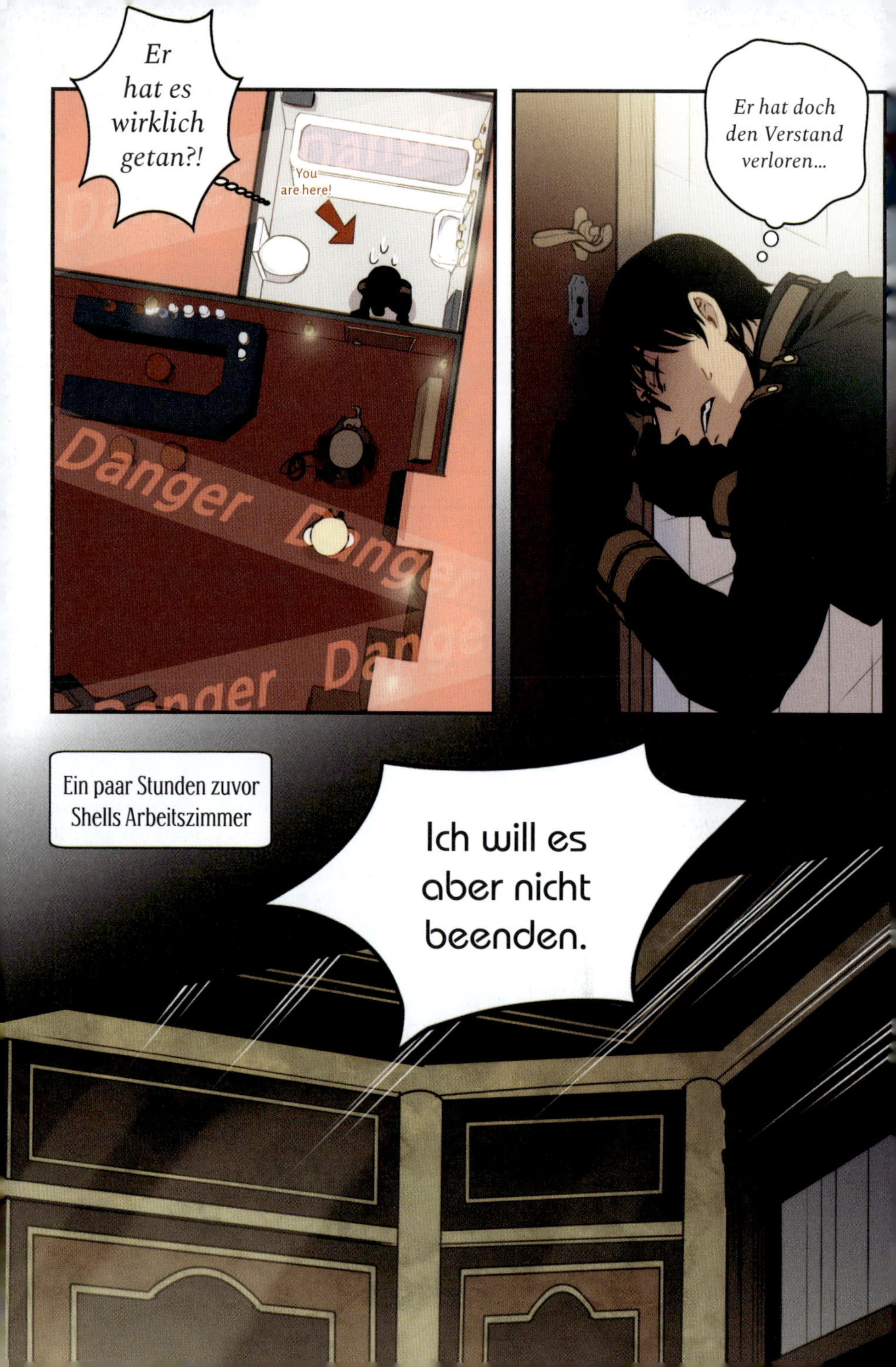
Er hat es wirklich getan?!
You are here!
Danger
Er hat doch den Verstand verloren…
Ein paar Stunden zuvor
Shells Arbeitszimmer
Ich will es aber nicht beenden.

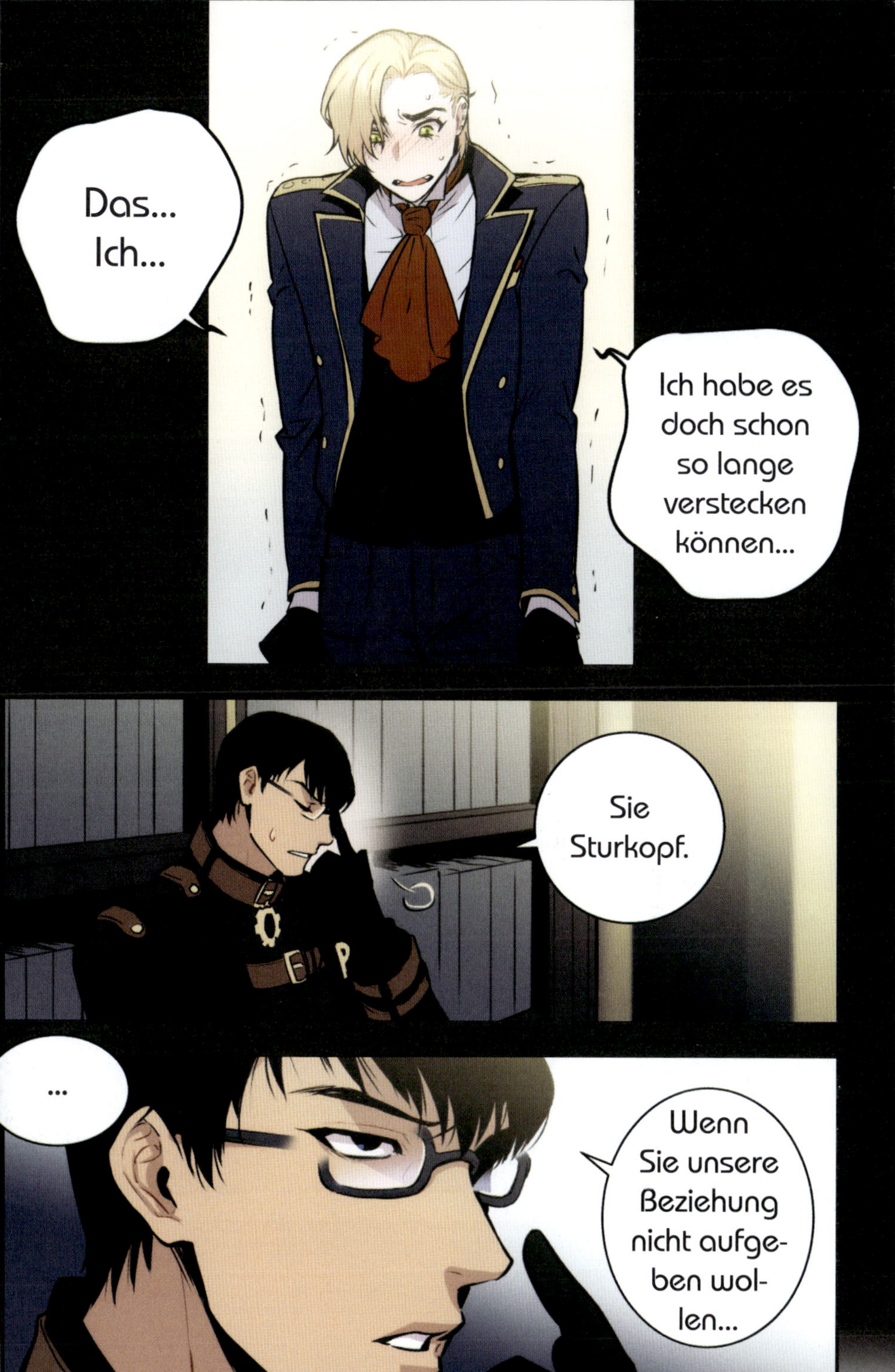
Das...
Ich...
Ich habe es doch schon so lange verstecken können...
Sie Sturkopf.
...
Wenn Sie unsere Beziehung nicht aufgeben wollen...

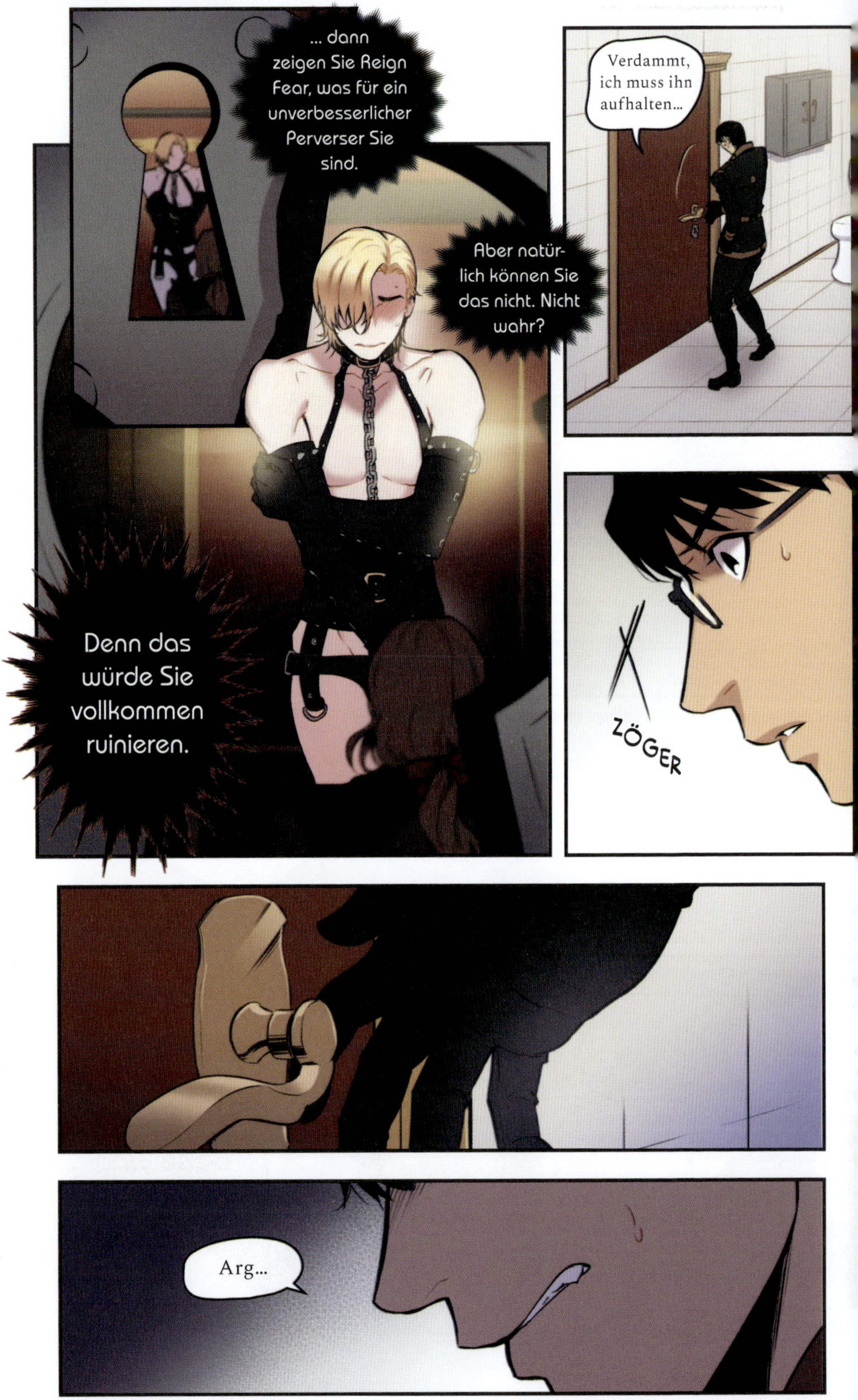
… dann zeigen Sie Reign Fear, was für ein unverbesserlicher Perverser Sie sind.
Aber natürlich können Sie das nicht. Nicht wahr?
Denn das würde Sie vollkommen ruinieren.
Verdammt, ich muss ihn aufhalten…
ZÖGER
Arg…

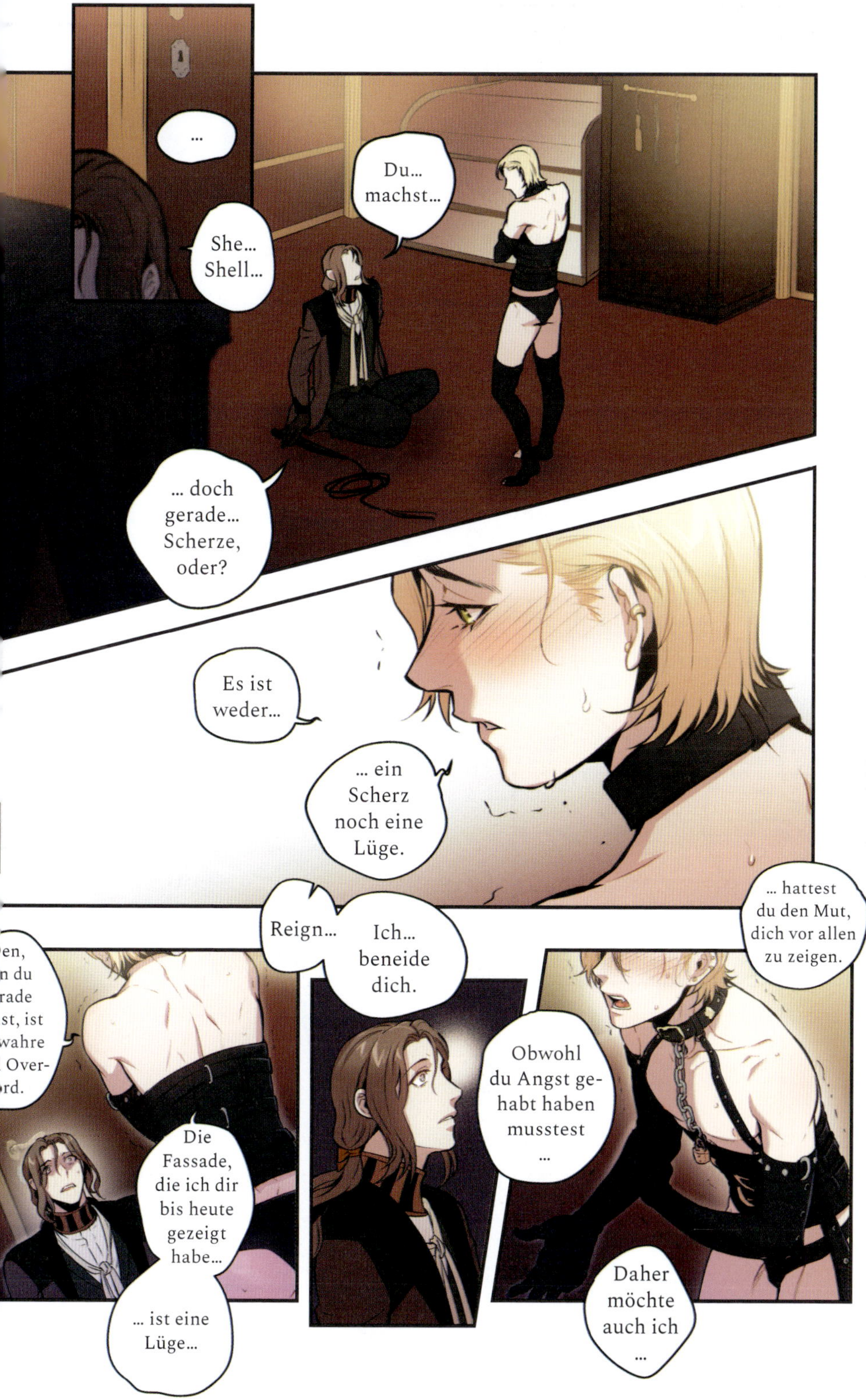

...
She... Shell...
Du... machst...
... doch gerade... Scherze, oder?
Es ist weder...
... ein Scherz noch eine Lüge.
Die Fassade, die ich dir bis heute gezeigt habe...
... ist eine Lüge...
Reign...
Ich... beneide dich.
Obwohl du Angst gehabt haben musstest ...
... hattest du den Mut, dich vor allen zu zeigen.
Daher möchte auch ich ...

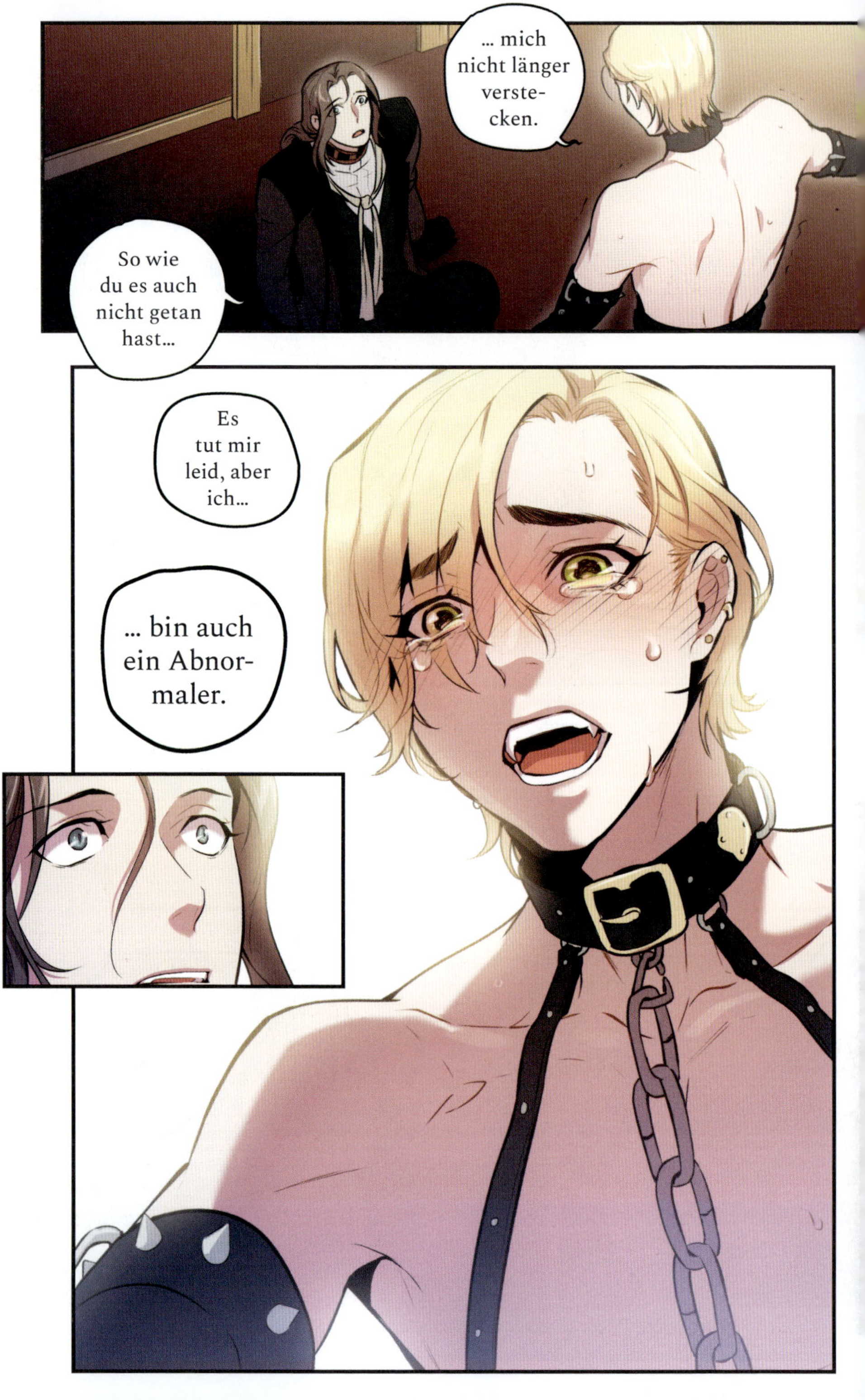
... mich nicht länger verste-cken.
So wie du es auch nicht getan hast...
Es tut mir leid, aber ich...
... bin auch ein Abnor-maler.

BLOOD BANK
Play 11

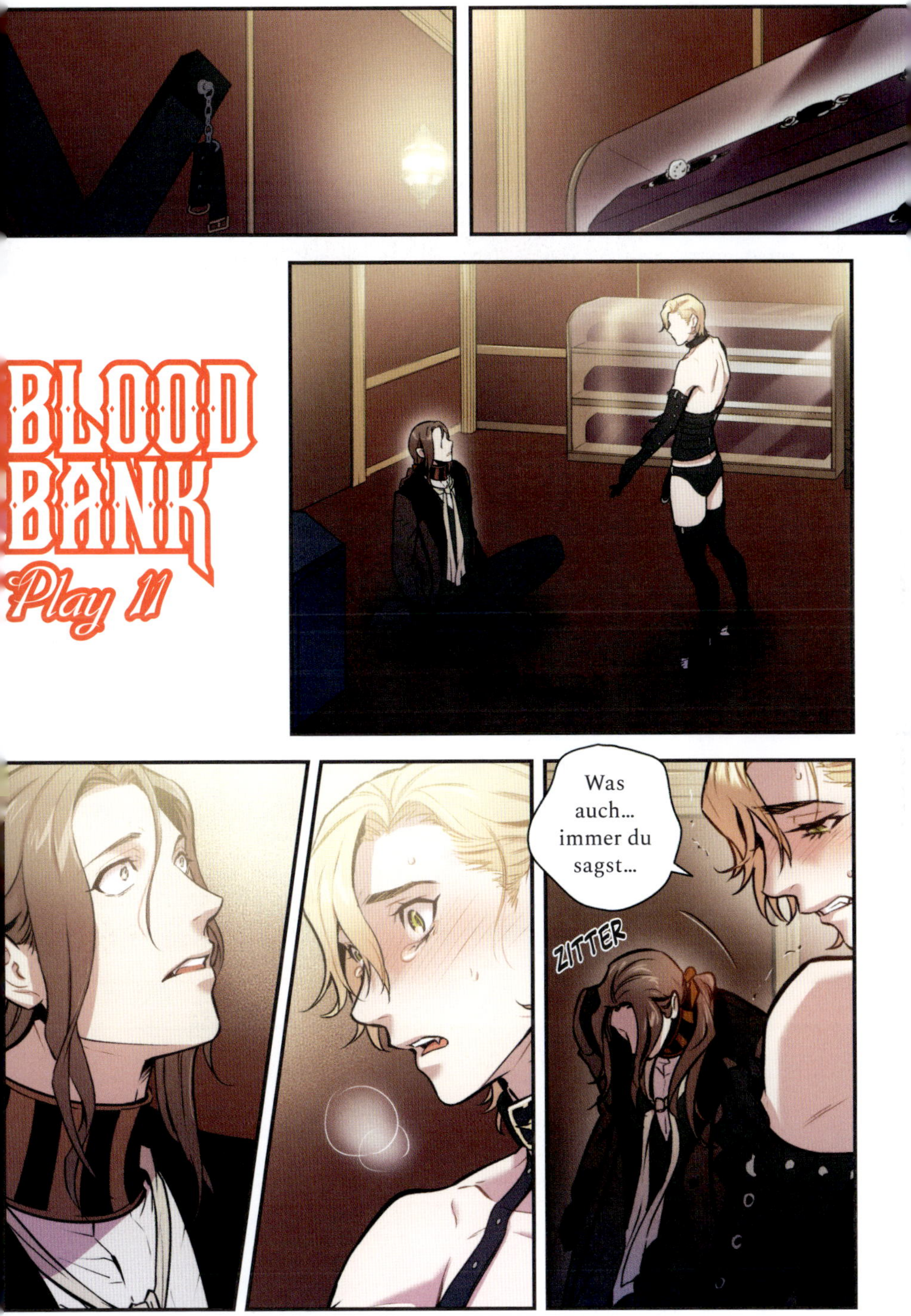

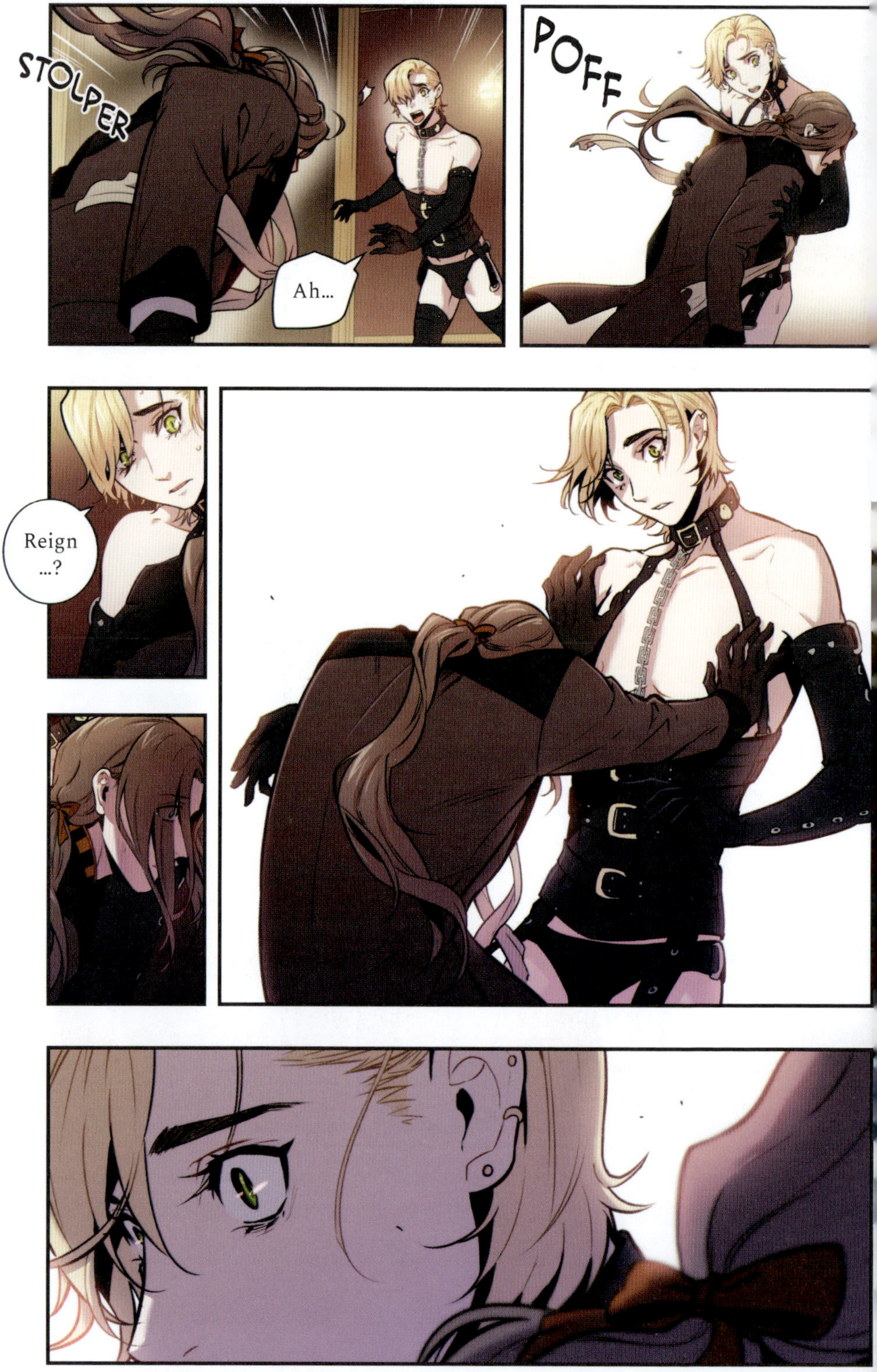
STOLPER
Ah...
POFF
Reign
...?

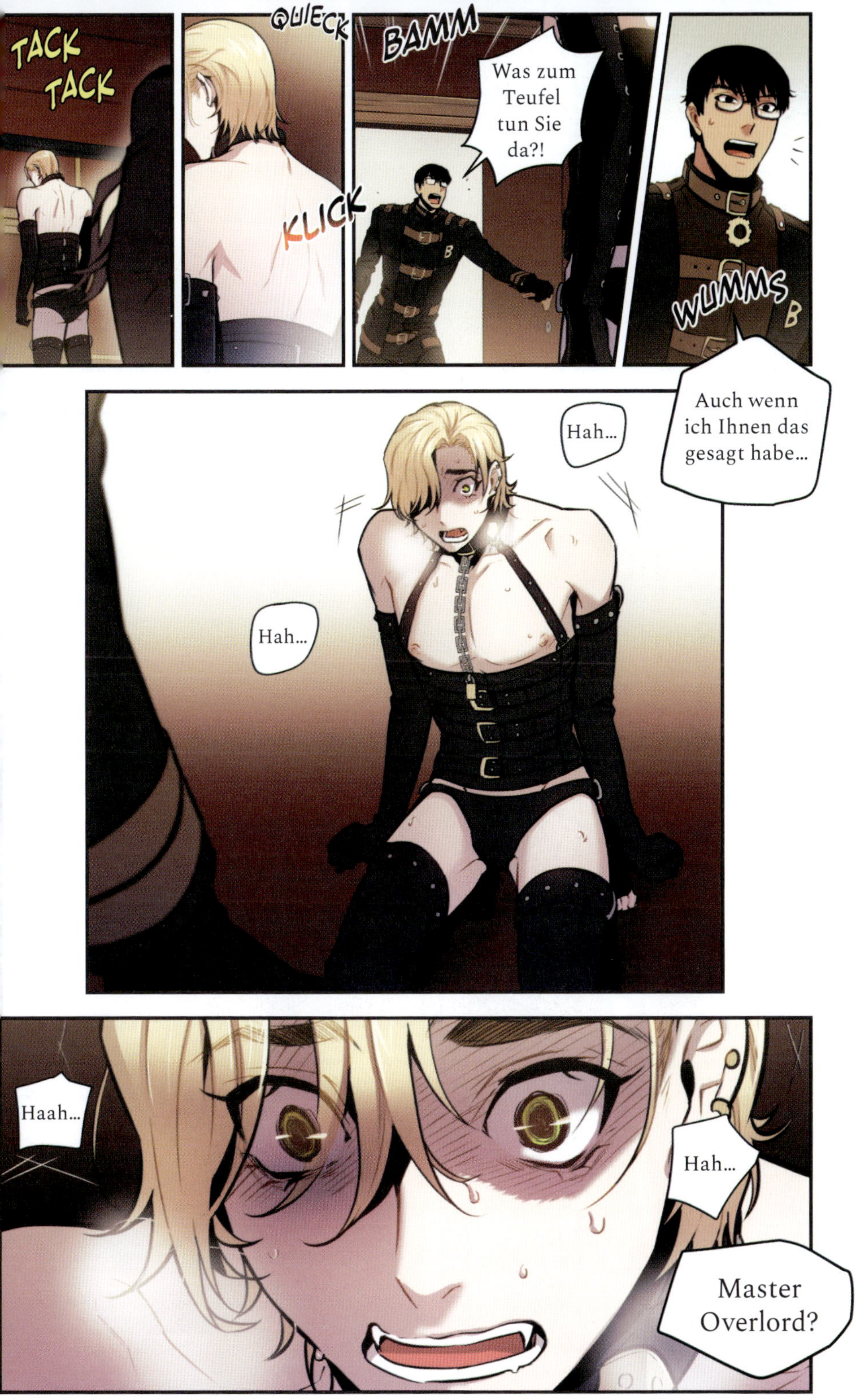
TACK
TACK
QUIECK
BAMM
KLICK
Was zum Teufel tun Sie da?!
WUMMS
Auch wenn ich Ihnen das gesagt habe...
Hah...
Hah...
Haah...
Hah...
Master Overlord?

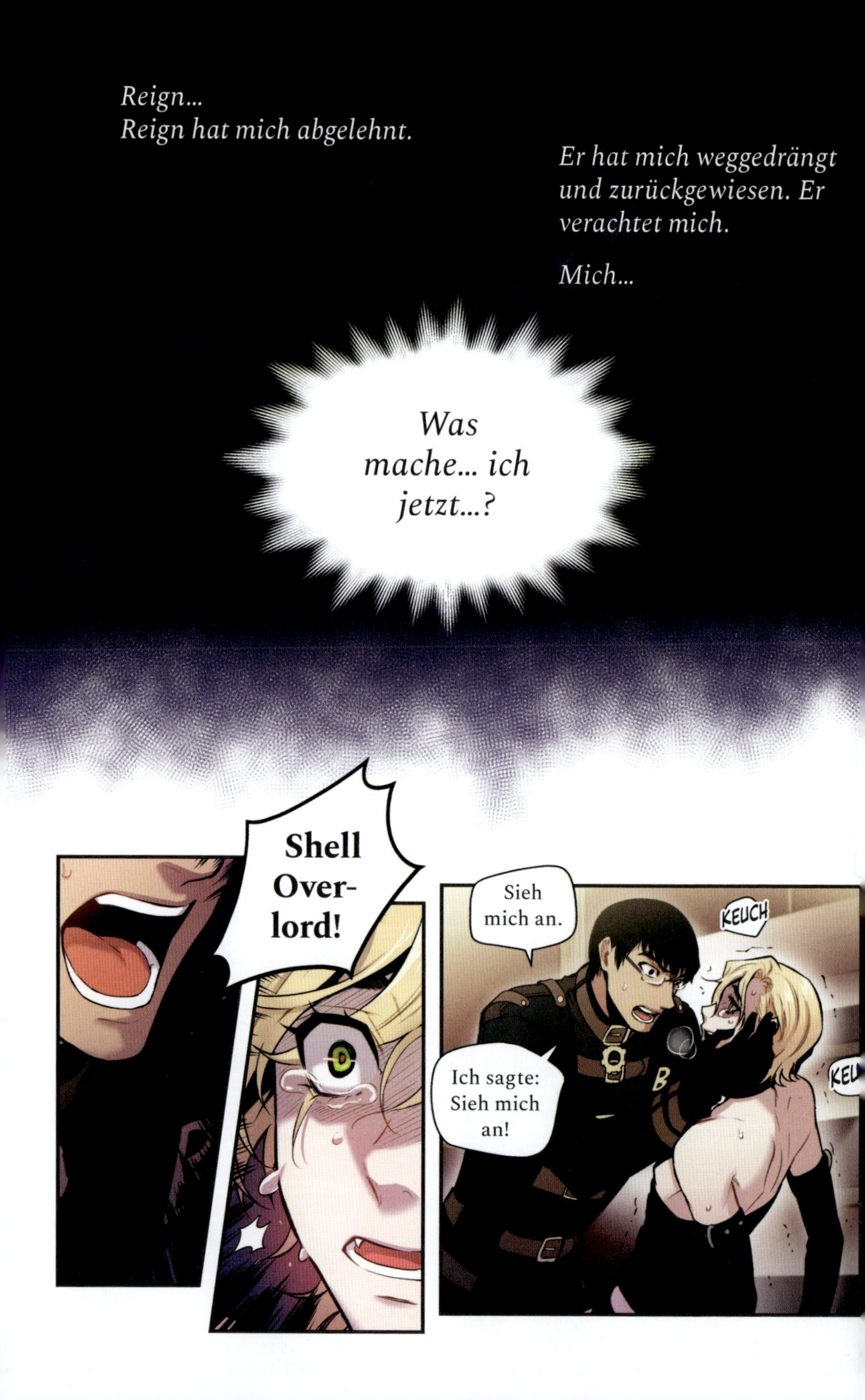
Reign…
Reign hat mich abgelehnt.
Er hat mich weggedrängt und zurückgewiesen. Er verachtet mich.
Mich…
Was mache… ich jetzt…?
Shell Overlord!
Sieh mich an.
KEUCH
Ich sagte: Sieh mich an!

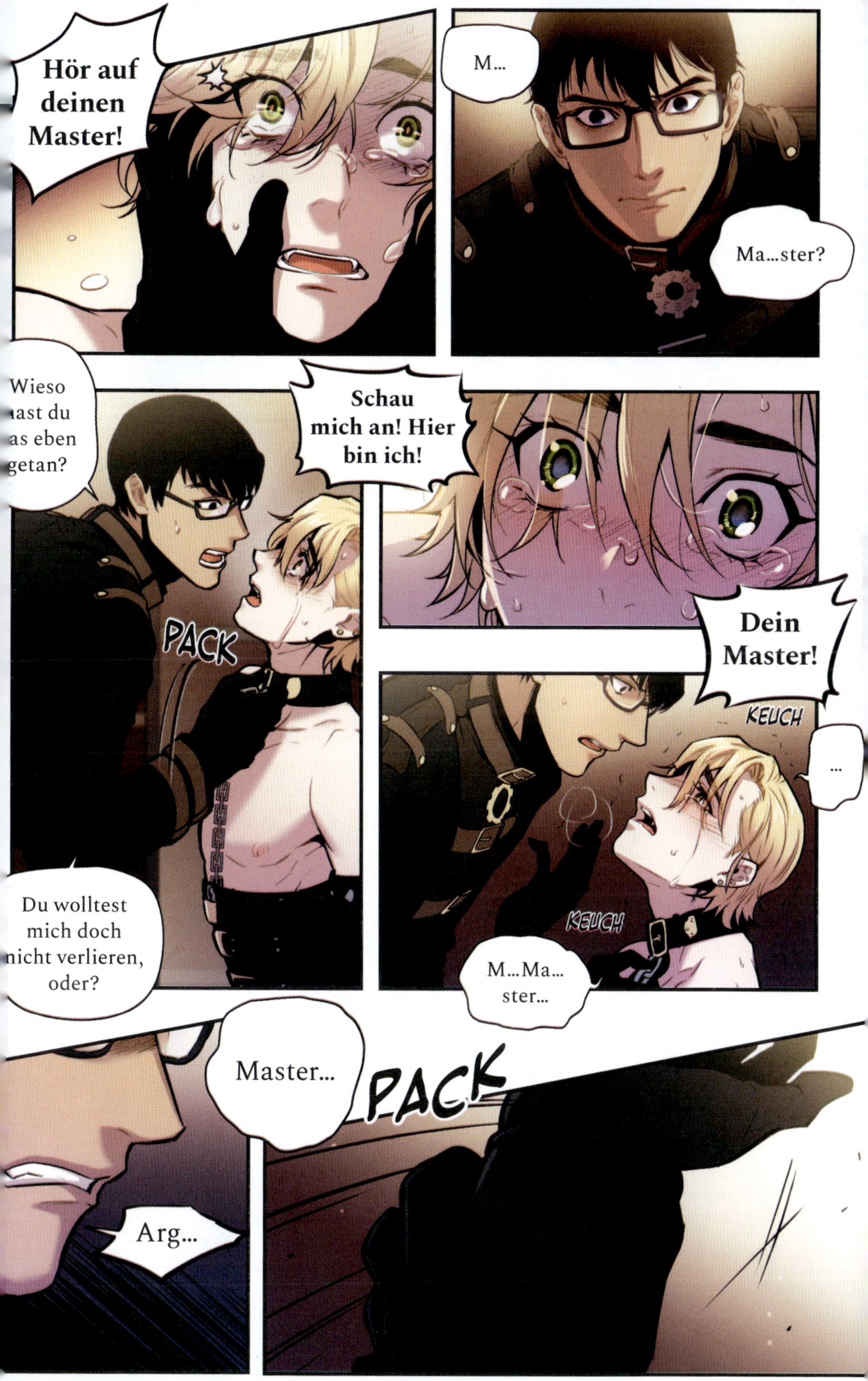
Hör auf deinen Master!
M…
Ma…ster?
Wieso
ast du
as eben
getan?
PACK
Schau mich an! Hier bin ich!
Du wolltest mich doch nicht verlieren, oder?
Dein Master!
KEUCH
…
KEUCH
M…Ma… ster…
Master…
PACK
Arg…

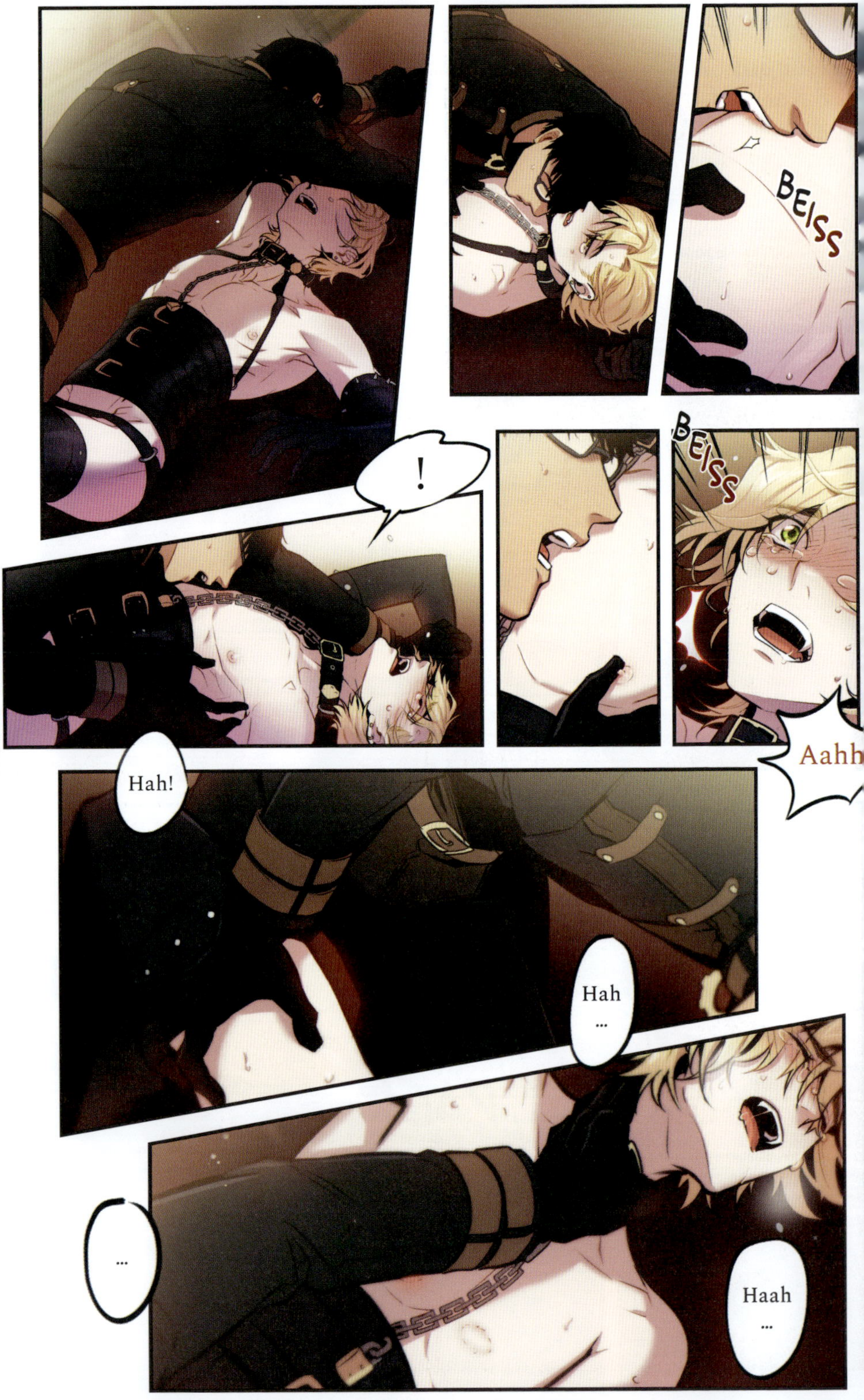
BEISS
!
BEISS
Aahh
Hah!
Hah
...
...
Haah
...

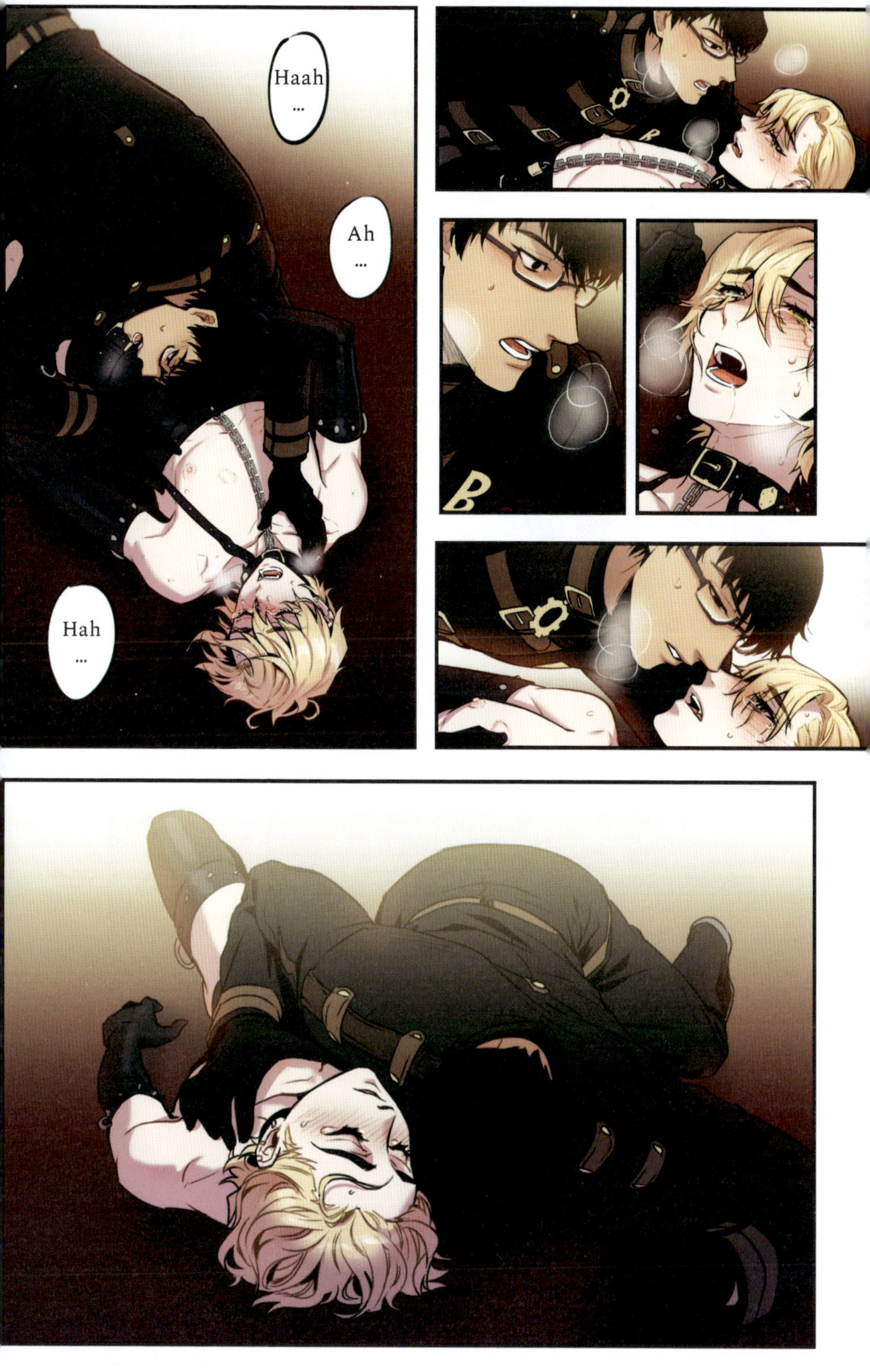
Haah
...
Ah
...
Hah
...

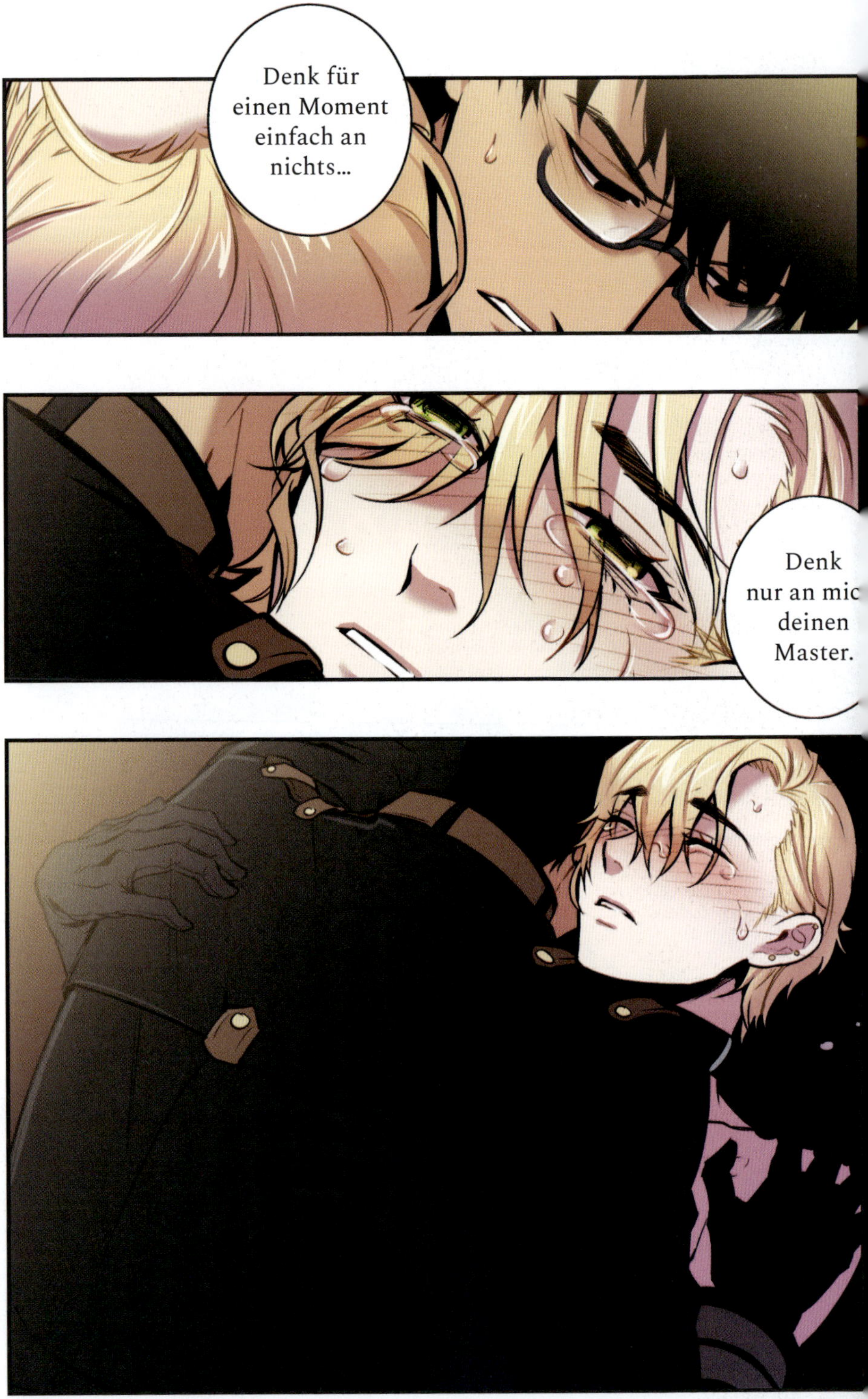
Denk für einen Moment einfach an nichts...
Denk nur an mic deinen Master.

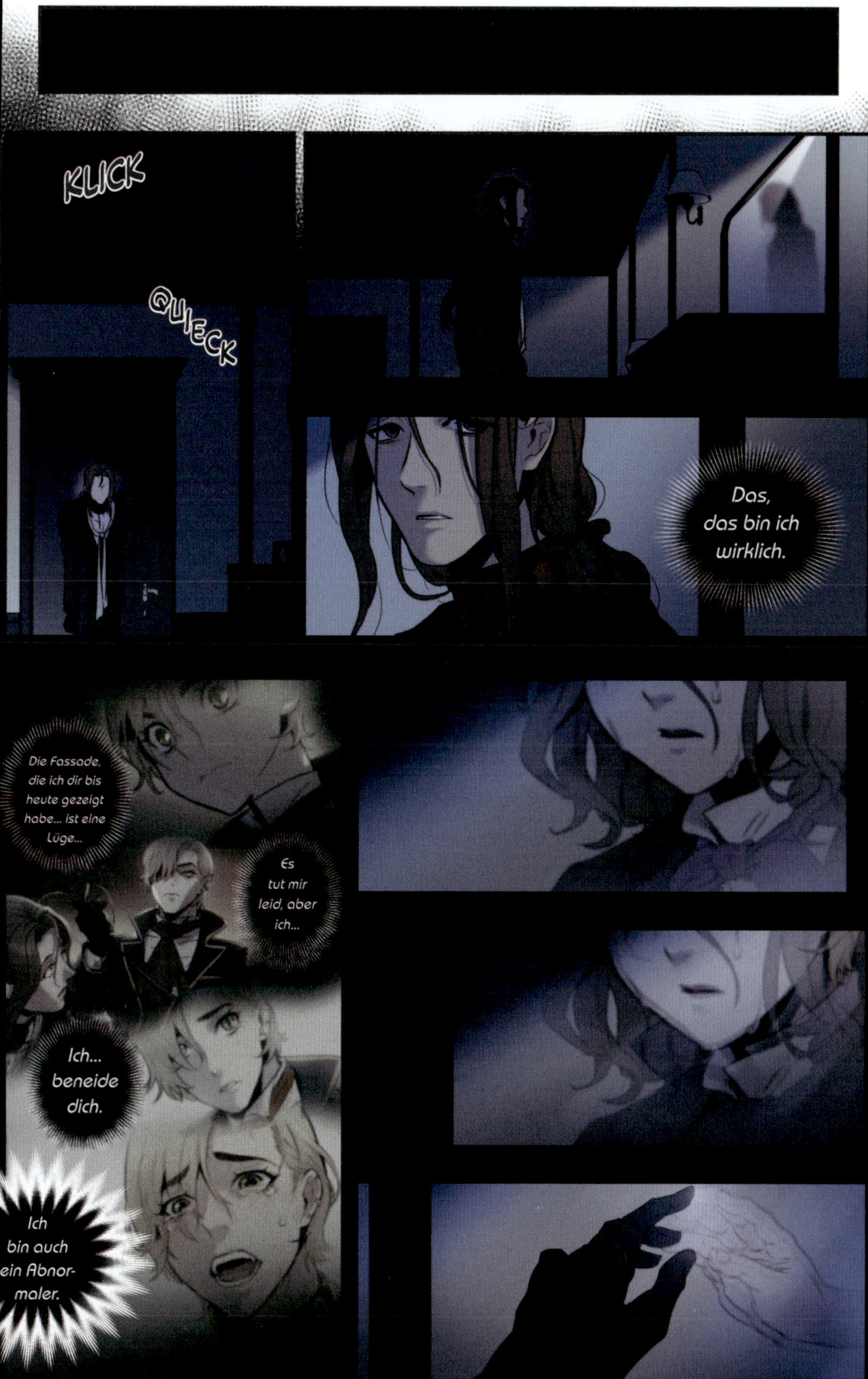
KLICK
QUIECK
Das, das bin ich wirklich.
Die Fassade, die ich dir bis heute gezeigt habe... ist eine Lüge...
Es tut mir leid, aber ich...
Ich... beneide dich.
Ich bin auch ein Abnormaler.

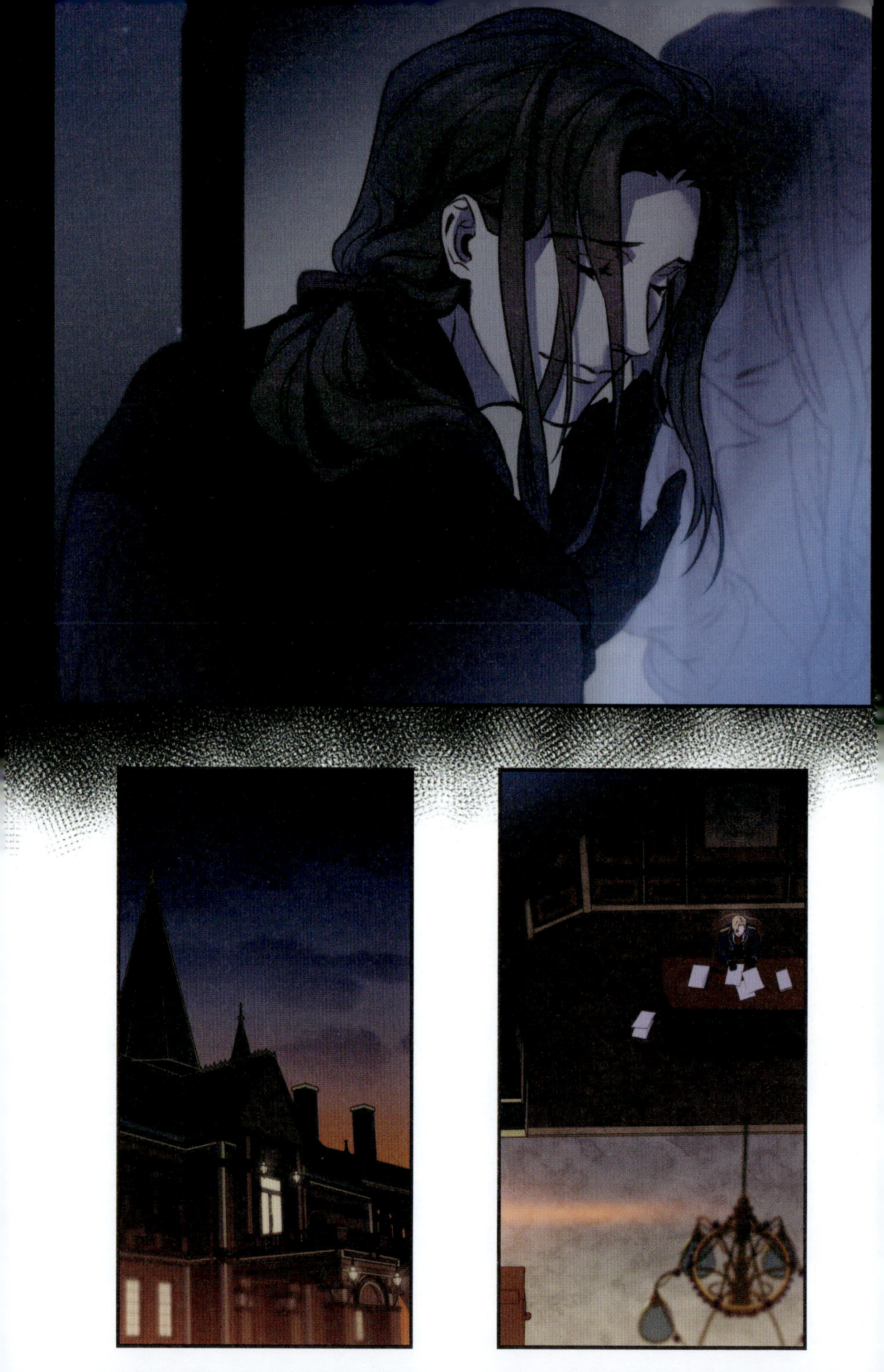

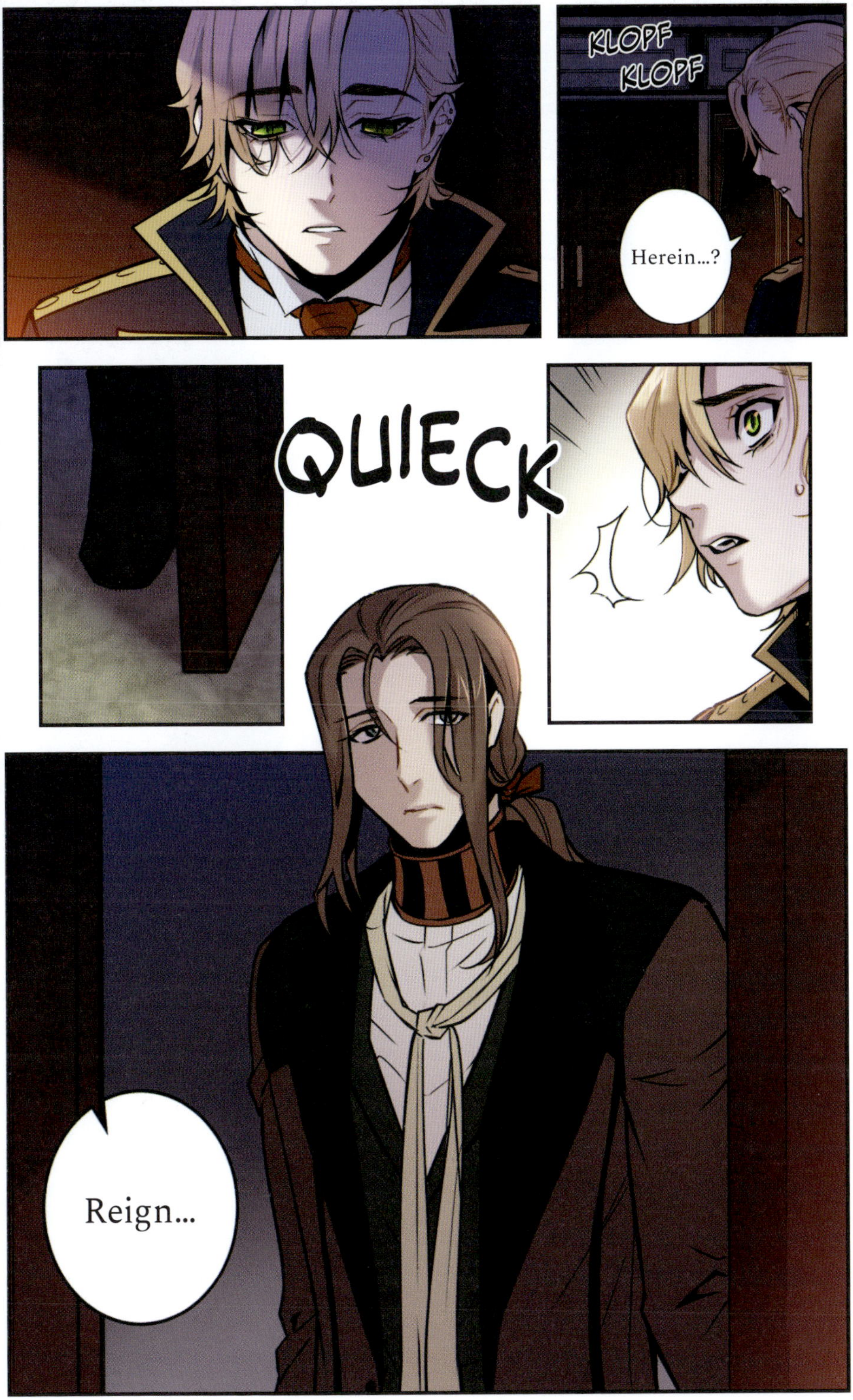
KLOPF
KLOPF
Herein...?
QUIECK
Reign...

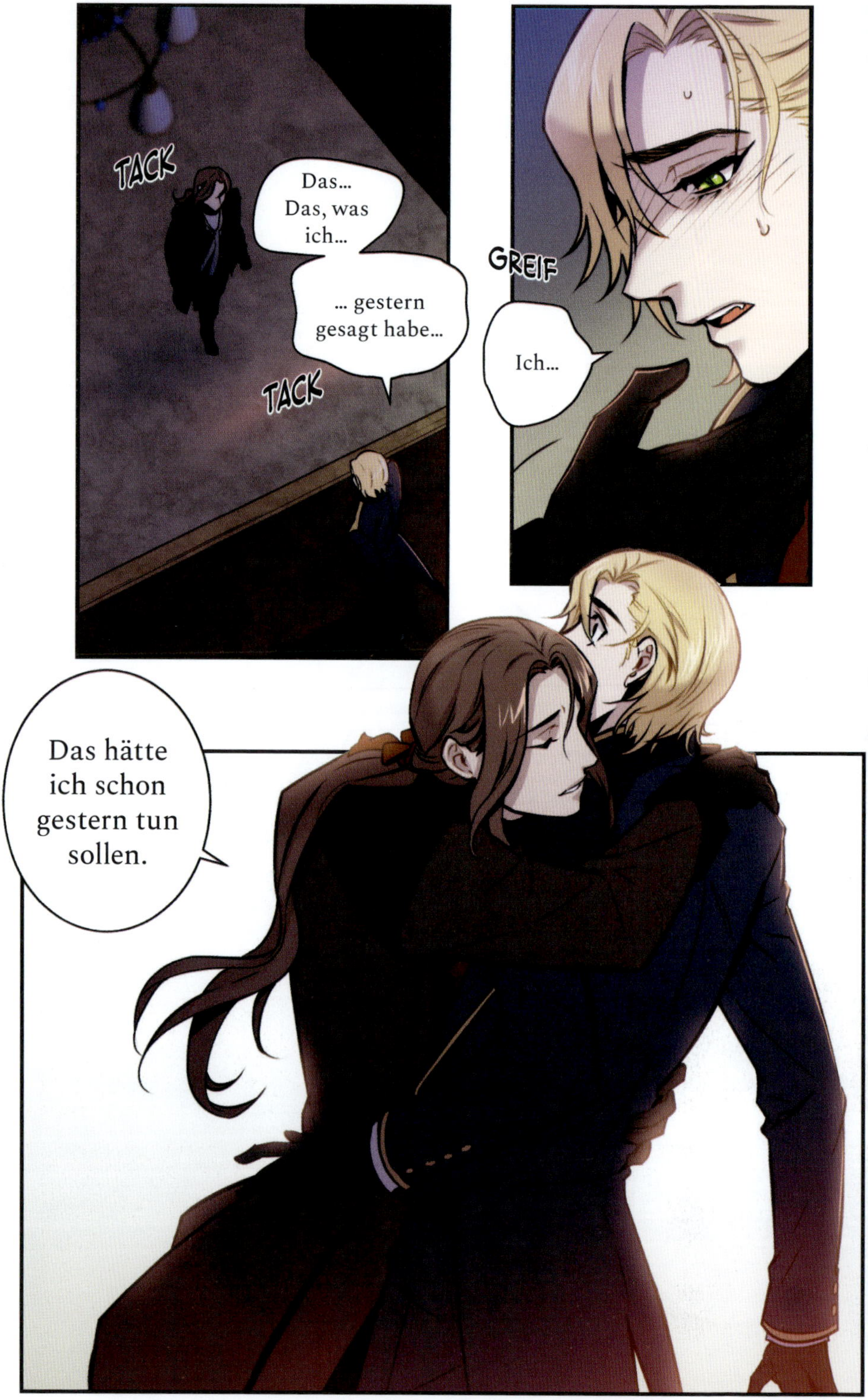
TACK
Das…
Das, was
ich…
… gestern
gesagt habe…
TACK
GREIF
Ich…
Das hätte
ich schon
gestern tun
sollen.

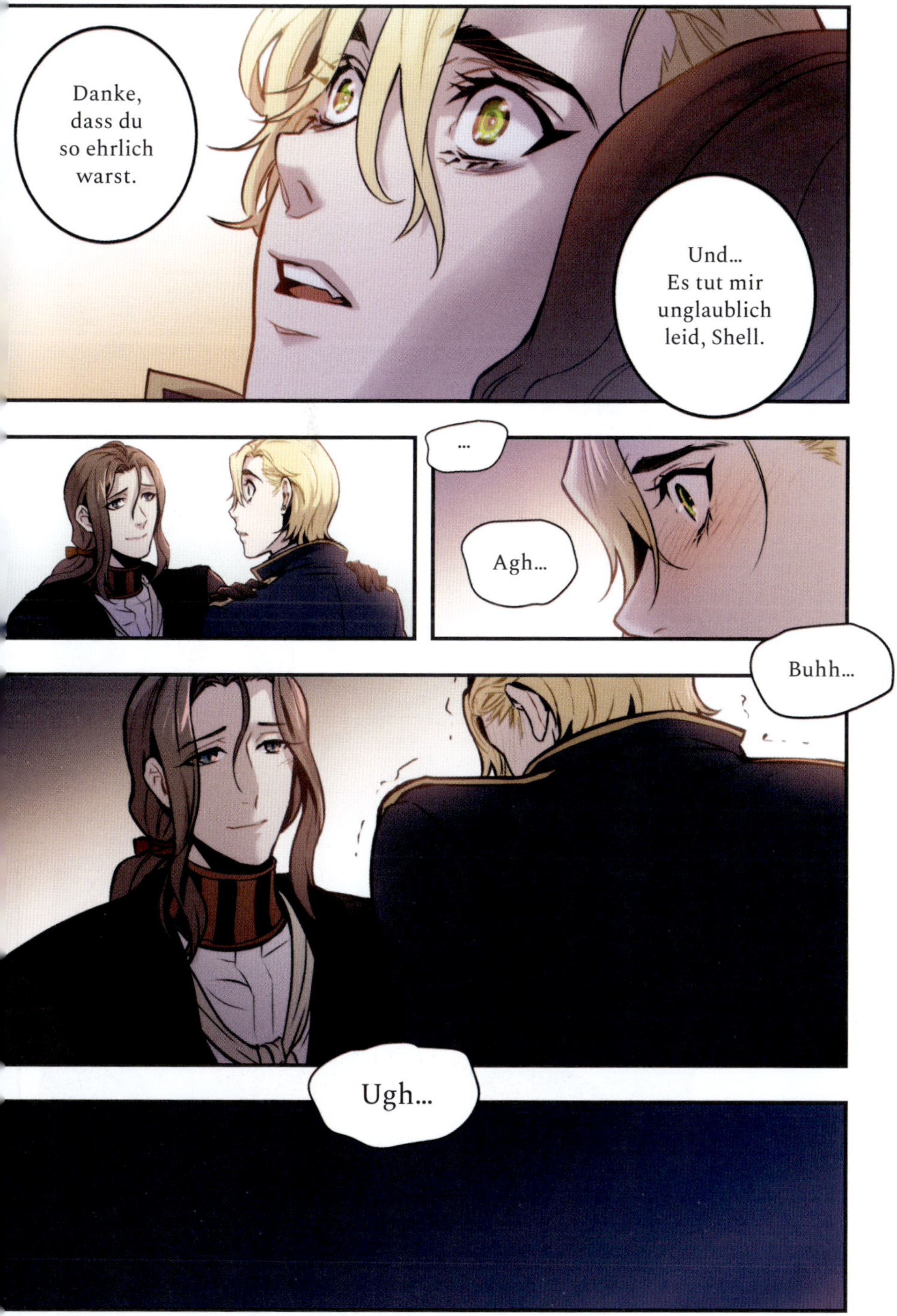
Danke, dass du so ehrlich warst.
Und... Es tut mir unglaublich leid, Shell.
...
Agh...
Buhh...
Ugh...

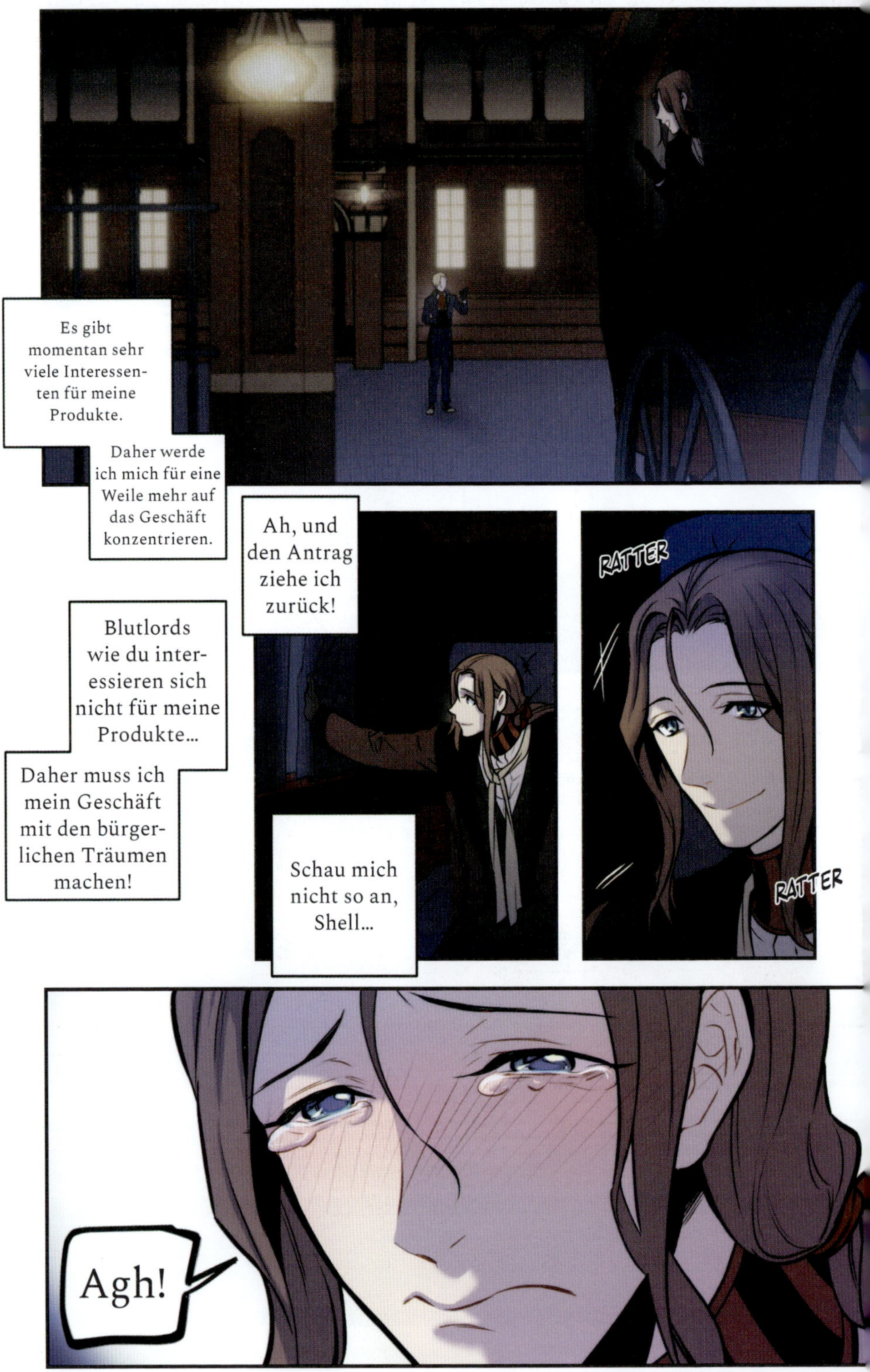
Es gibt momentan sehr viele Interessenten für meine Produkte.
Daher werde ich mich für eine Weile mehr auf das Geschäft konzentrieren.
Ah, und den Antrag ziehe ich zurück!
Blutlords wie du interessieren sich nicht für meine Produkte...
Daher muss ich mein Geschäft mit den bürgerlichen Träumen machen!
Schau mich nicht so an, Shell...
RATTER
RATTER
Agh!

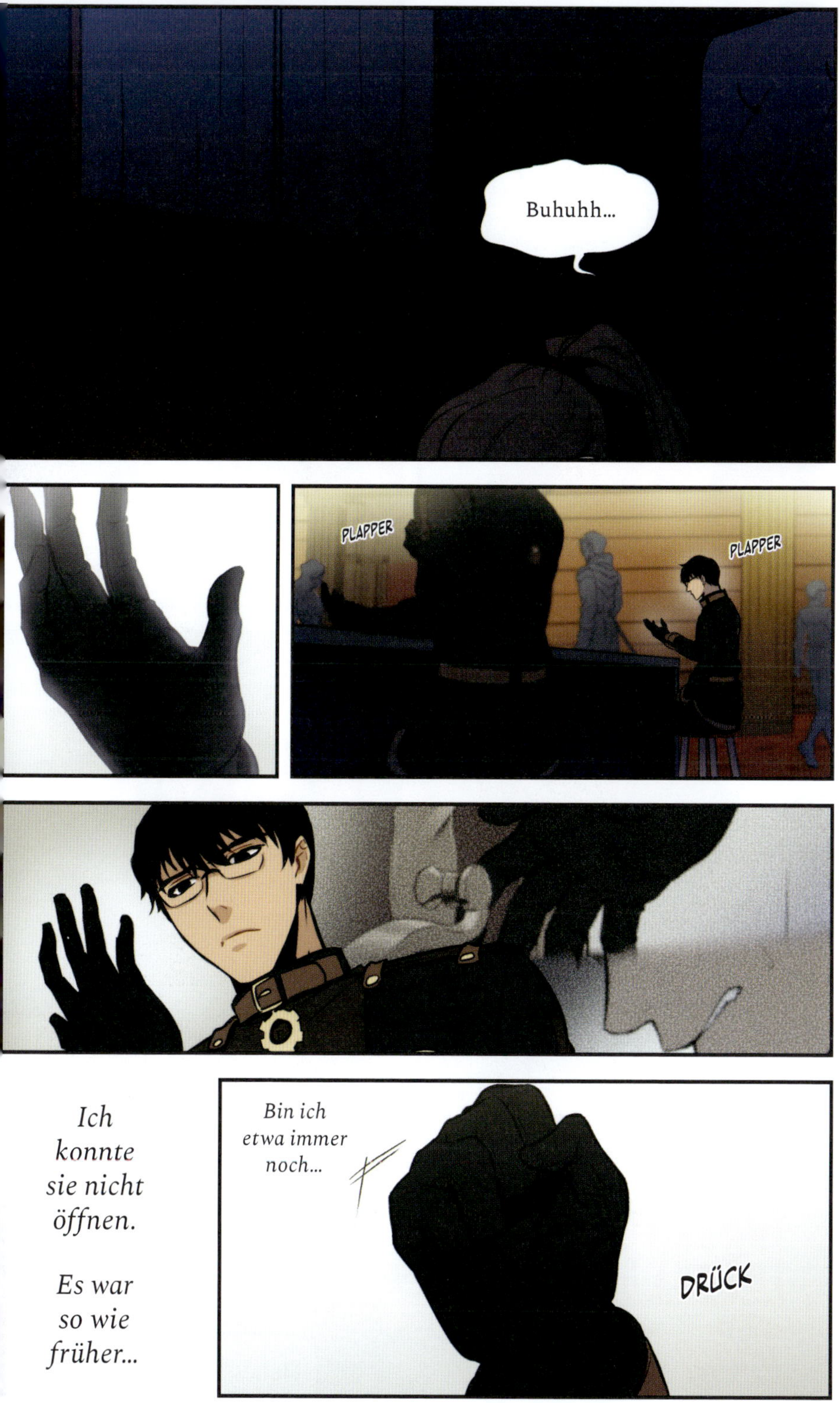
Buhuhh...
PLAPPER
PLAPPER
Ich konnte sie nicht öffnen.
Es war so wie früher...
Bin ich etwa immer noch...
DRÜCK

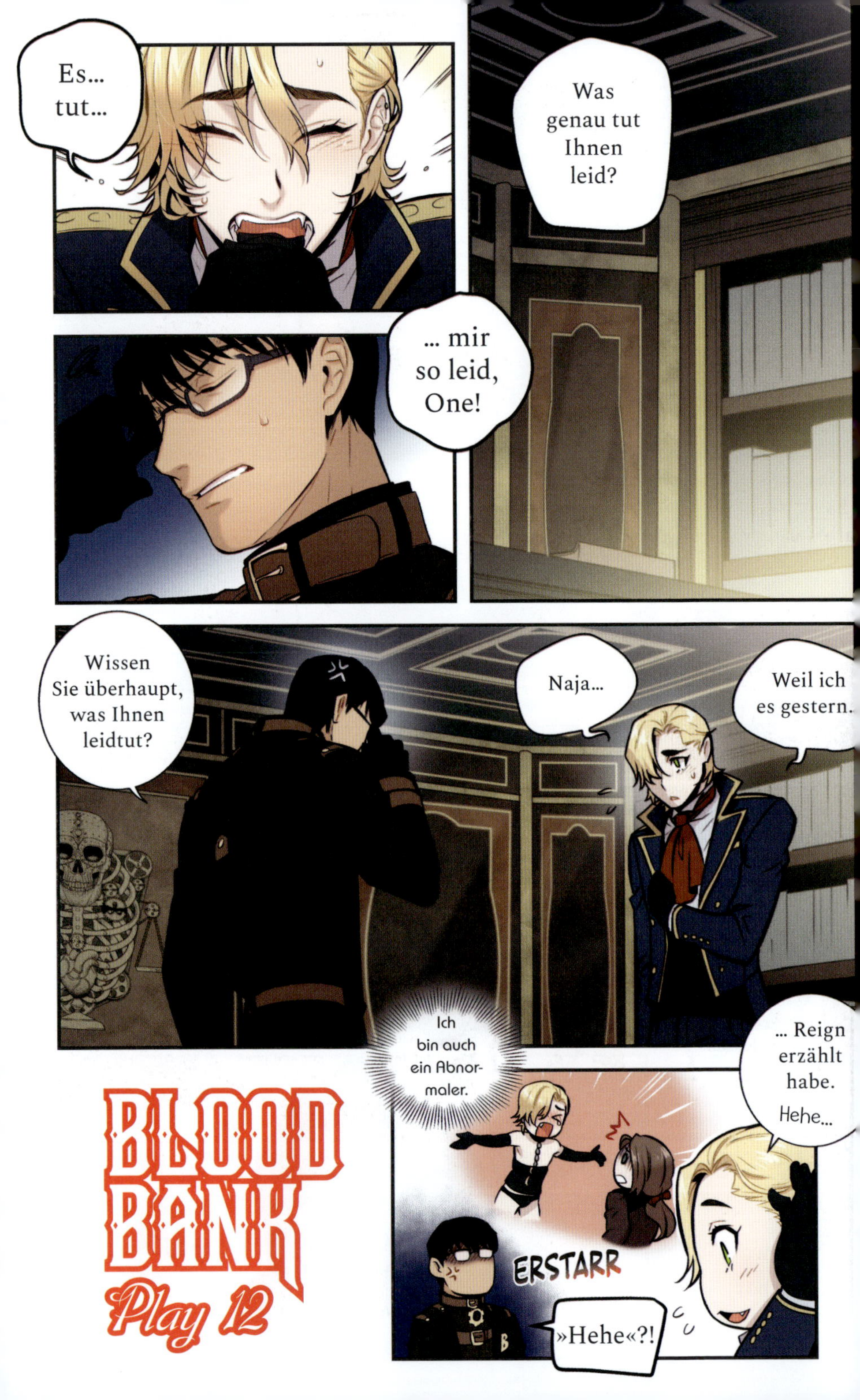
Es... tut...
... mir so leid, One!
Was genau tut Ihnen leid?
Wissen Sie überhaupt, was Ihnen leidtut?
Naja...
Weil ich es gestern...
... Reign erzählt habe.
Hehe...
Ich bin auch ein Abnormaler.
ERSTARR
»Hehe«?!
BLOOD BANK
Play 12

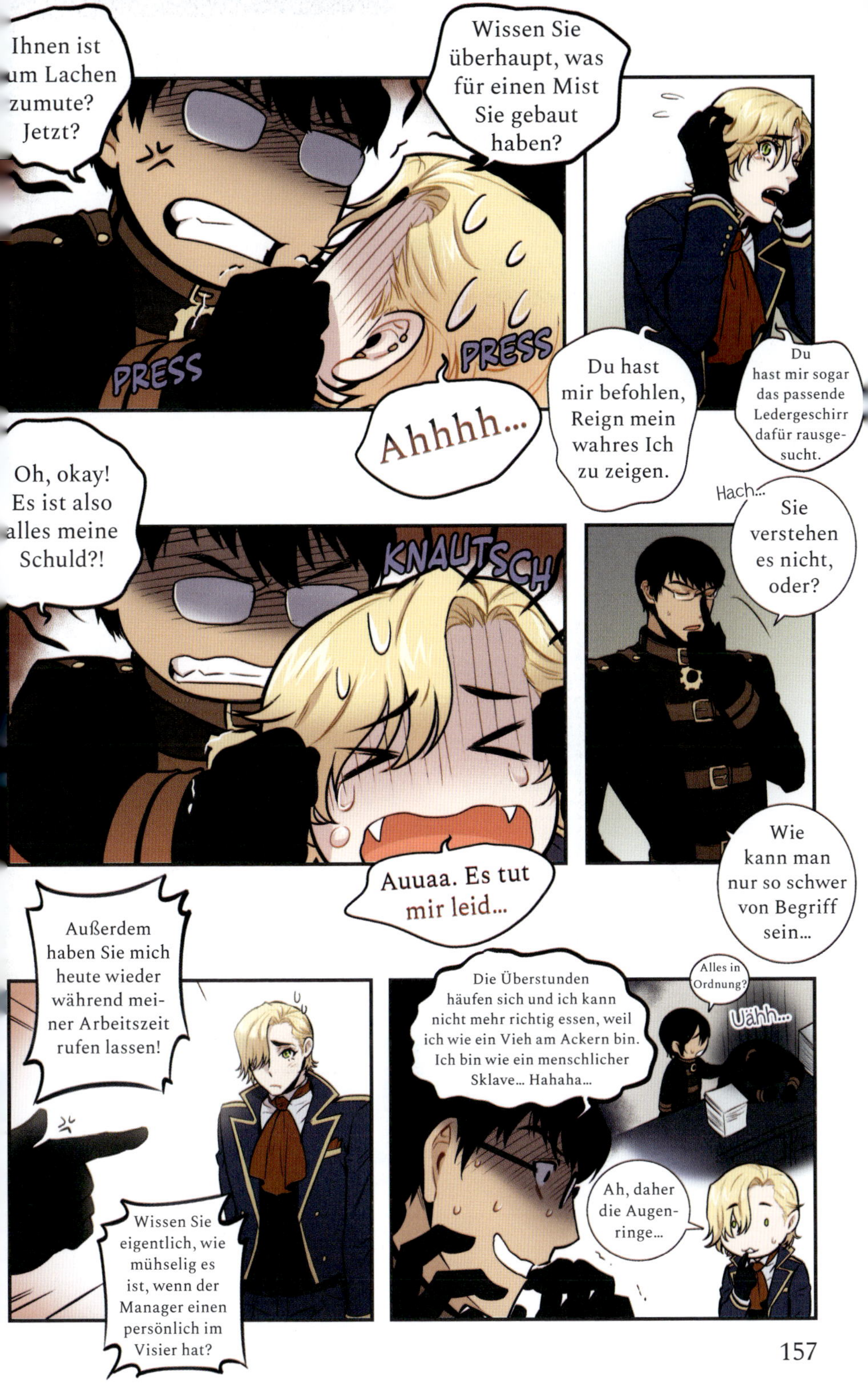
Ihnen ist
um Lachen
zumute?
Jetzt?
Wissen Sie
überhaupt, was
für einen Mist
Sie gebaut
haben?
PRESS
PRESS
Ahhhh...
Du hast
mir befohlen,
Reign mein
wahres Ich
zu zeigen.
Du
hast mir sogar
das passende
Ledergeschirr
dafür rausge-
sucht.
Oh, okay!
Es ist also
alles meine
Schuld?!
KNAUTSCH
Auuaa. Es tut
mir leid...
Hach...
Sie
verstehen
es nicht,
oder?
Wie
kann man
nur so schwer
von Begriff
sein...
Außerdem
haben Sie mich
heute wieder
während mei-
ner Arbeitszeit
rufen lassen!
Wissen Sie
eigentlich, wie
mühselig es
ist, wenn der
Manager einen
persönlich im
Visier hat?
Die Überstunden
häufen sich und ich kann
nicht mehr richtig essen, weil
ich wie ein Vieh am Ackern bin.
Ich bin wie ein menschlicher
Sklave... Hahaha...
Alles in
Ordnung?
Uähh...
Ah, daher
die Augen-
ringe...

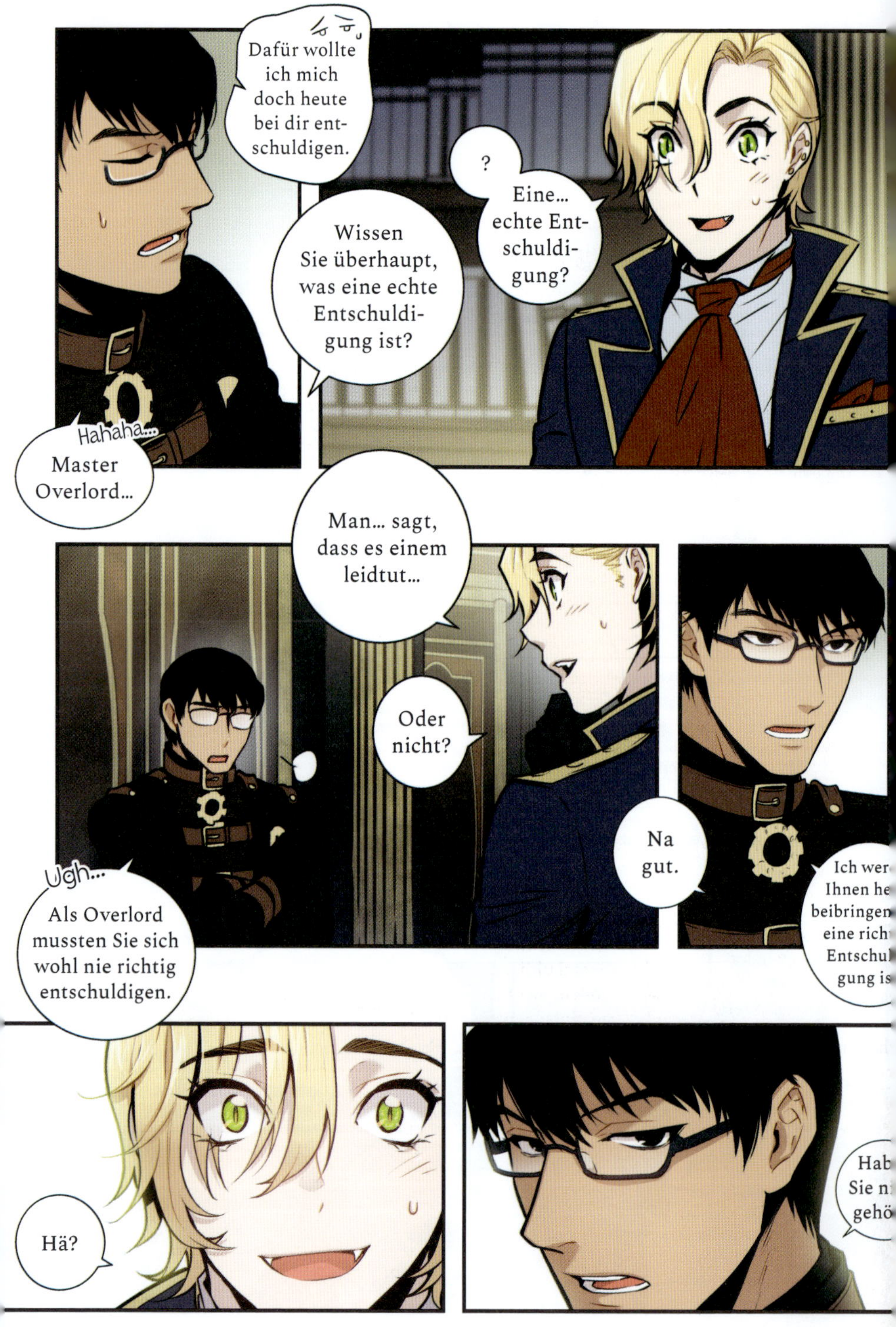

Dafür wollte ich mich doch heute bei dir entschuldigen.
?
Eine… echte Entschuldigung?
Wissen Sie überhaupt, was eine echte Entschuldigung ist?
Hahaha…
Master Overlord…
Man… sagt, dass es einem leidtut…
Oder nicht?
Ugh…
Als Overlord mussten Sie sich wohl nie richtig entschuldigen.
Na gut.
Hä?

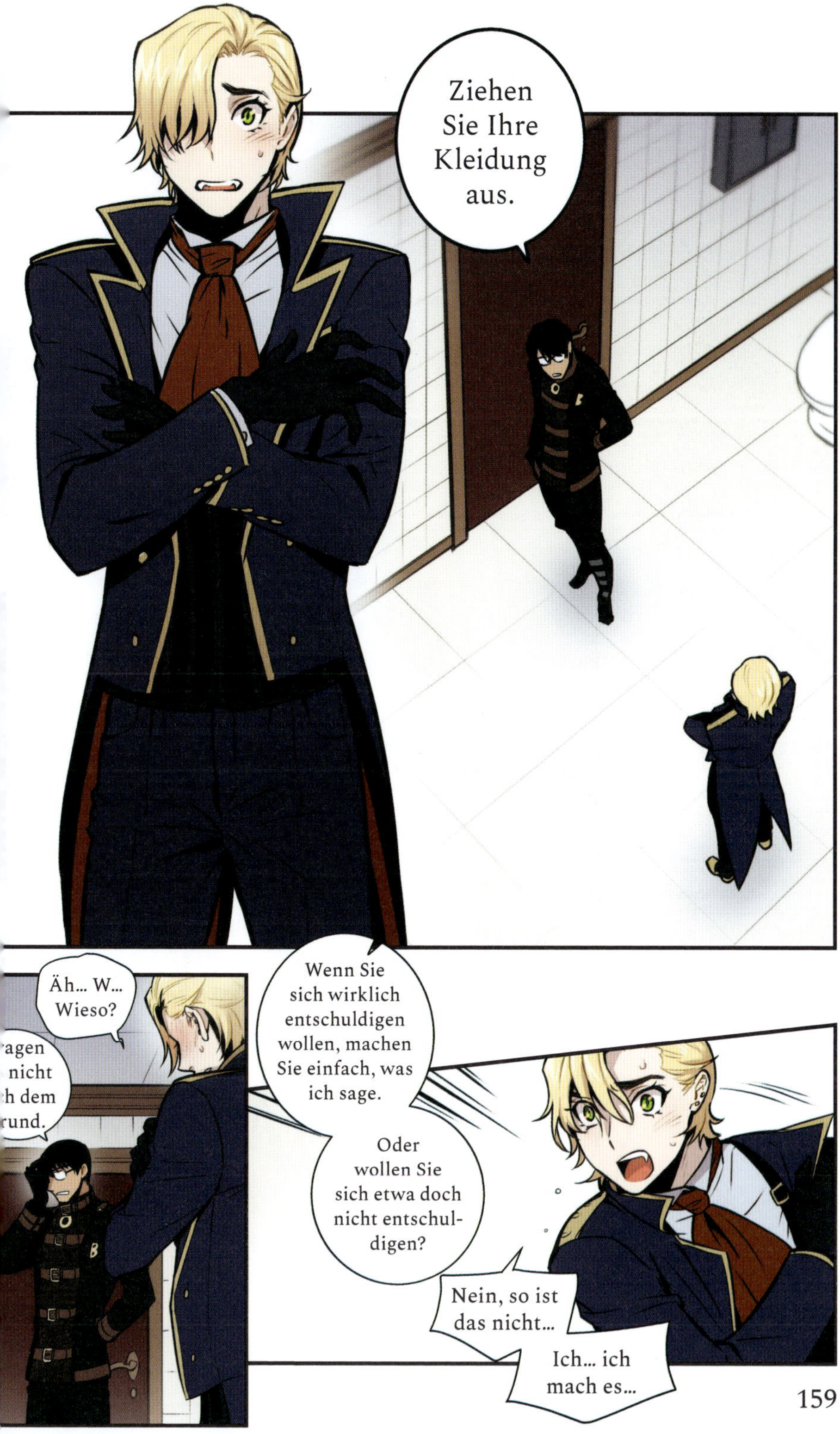
Ziehen Sie Ihre Kleidung aus.
Äh… W… Wieso?
Wenn Sie sich wirklich entschuldigen wollen, machen Sie einfach, was ich sage.
Oder wollen Sie sich etwa doch nicht entschuldigen?
Nein, so ist das nicht…
Ich… ich mach es…

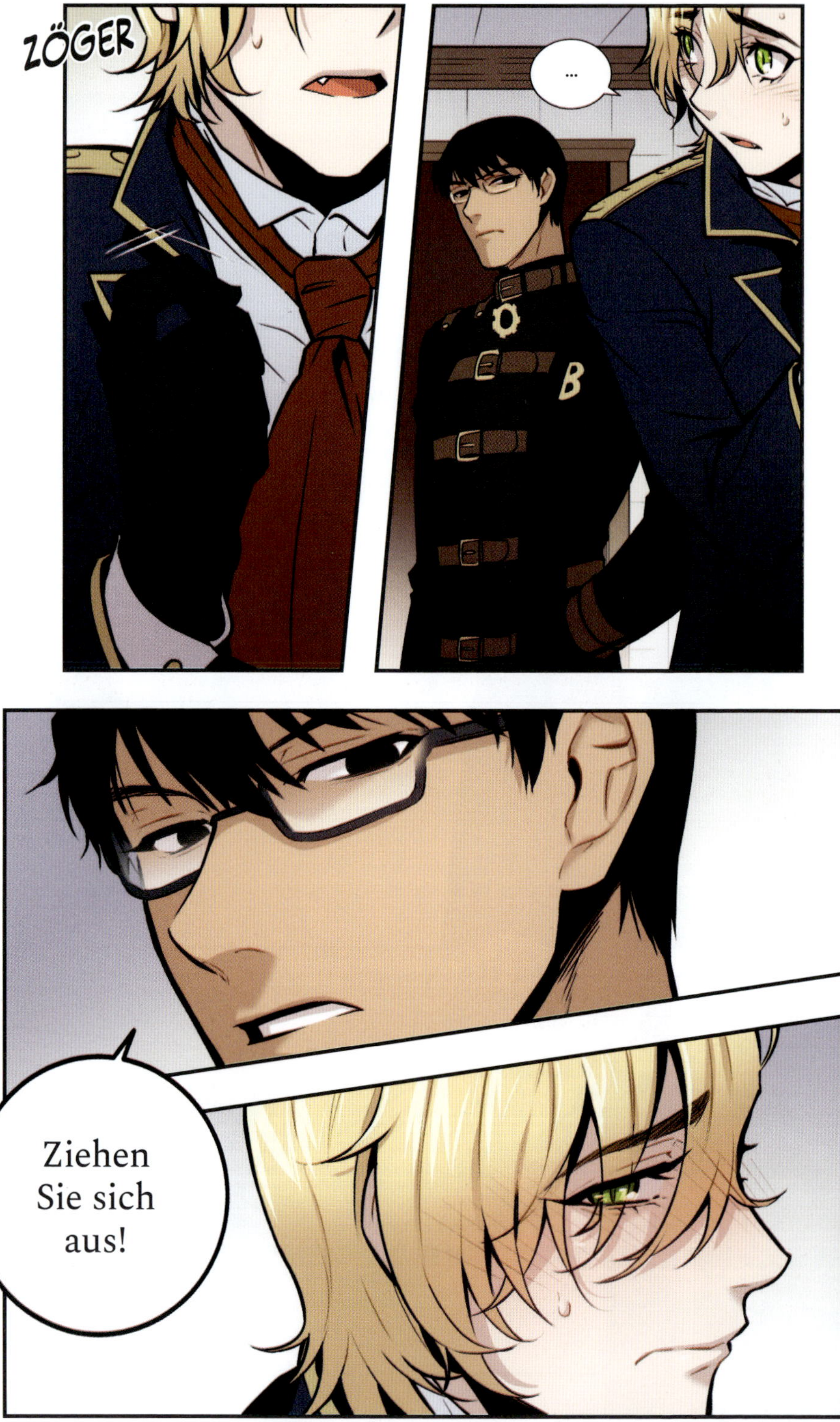
ZÖGER
...
Ziehen Sie sich aus!

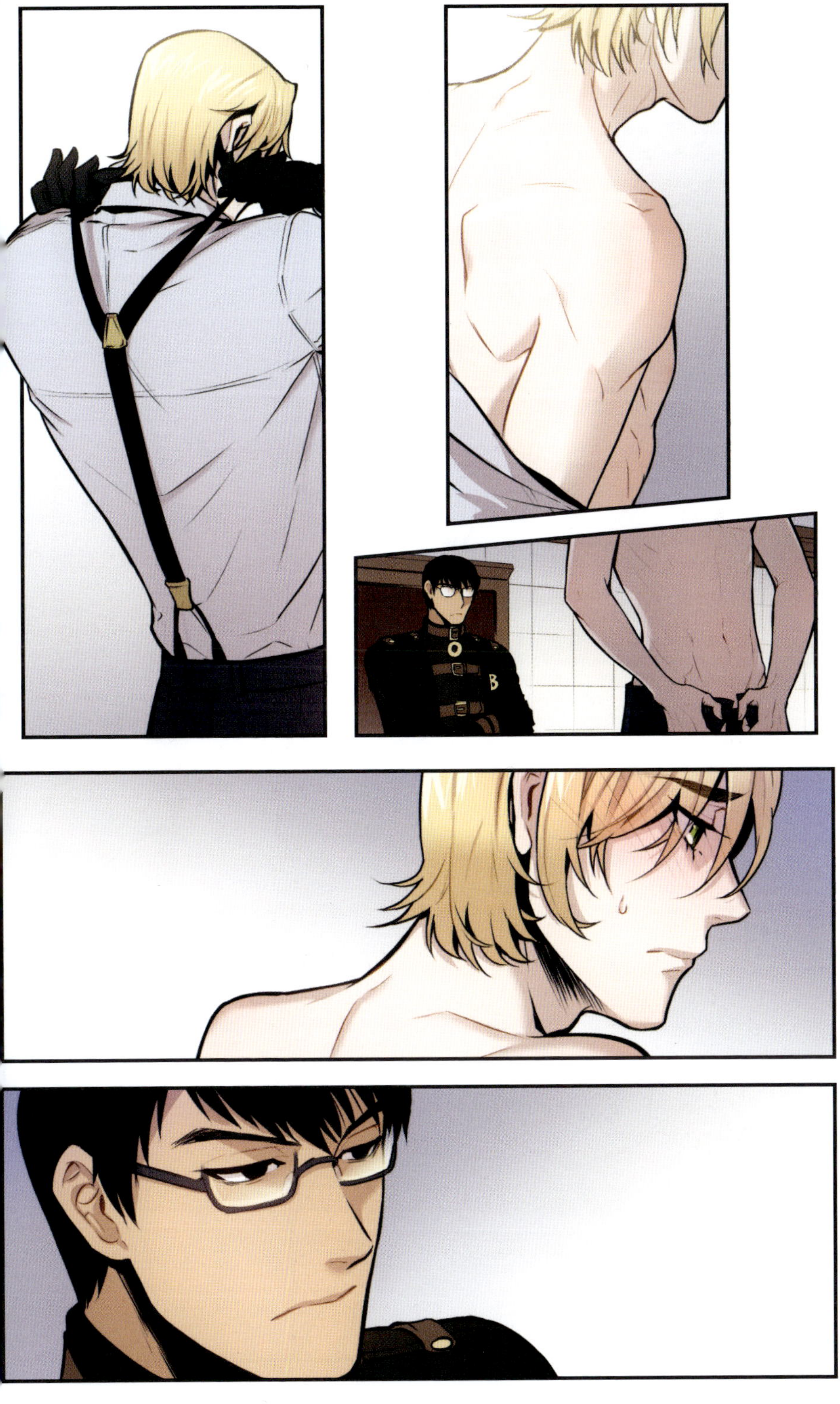

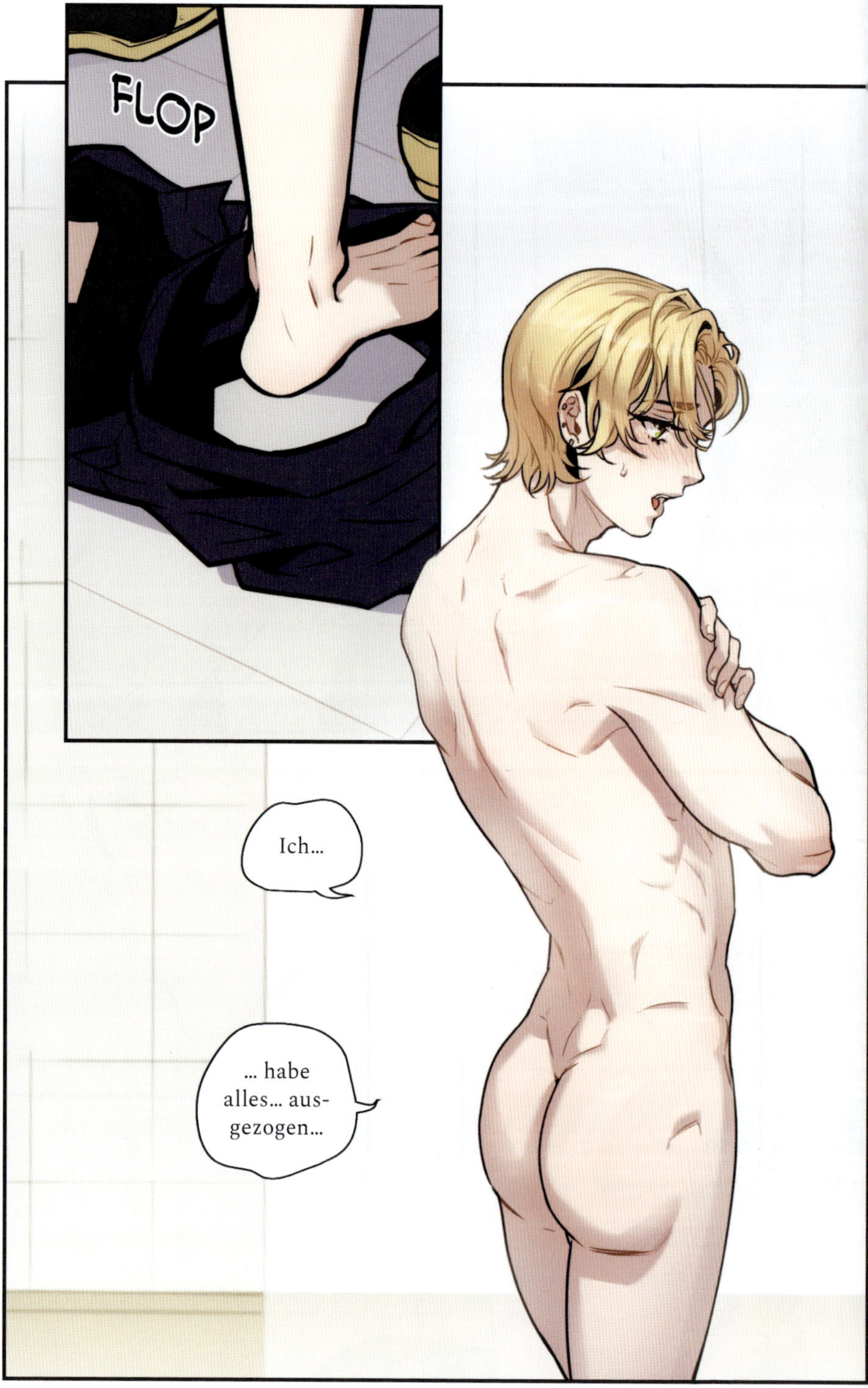
FLOP
Ich…
… habe alles… aus-gezogen…

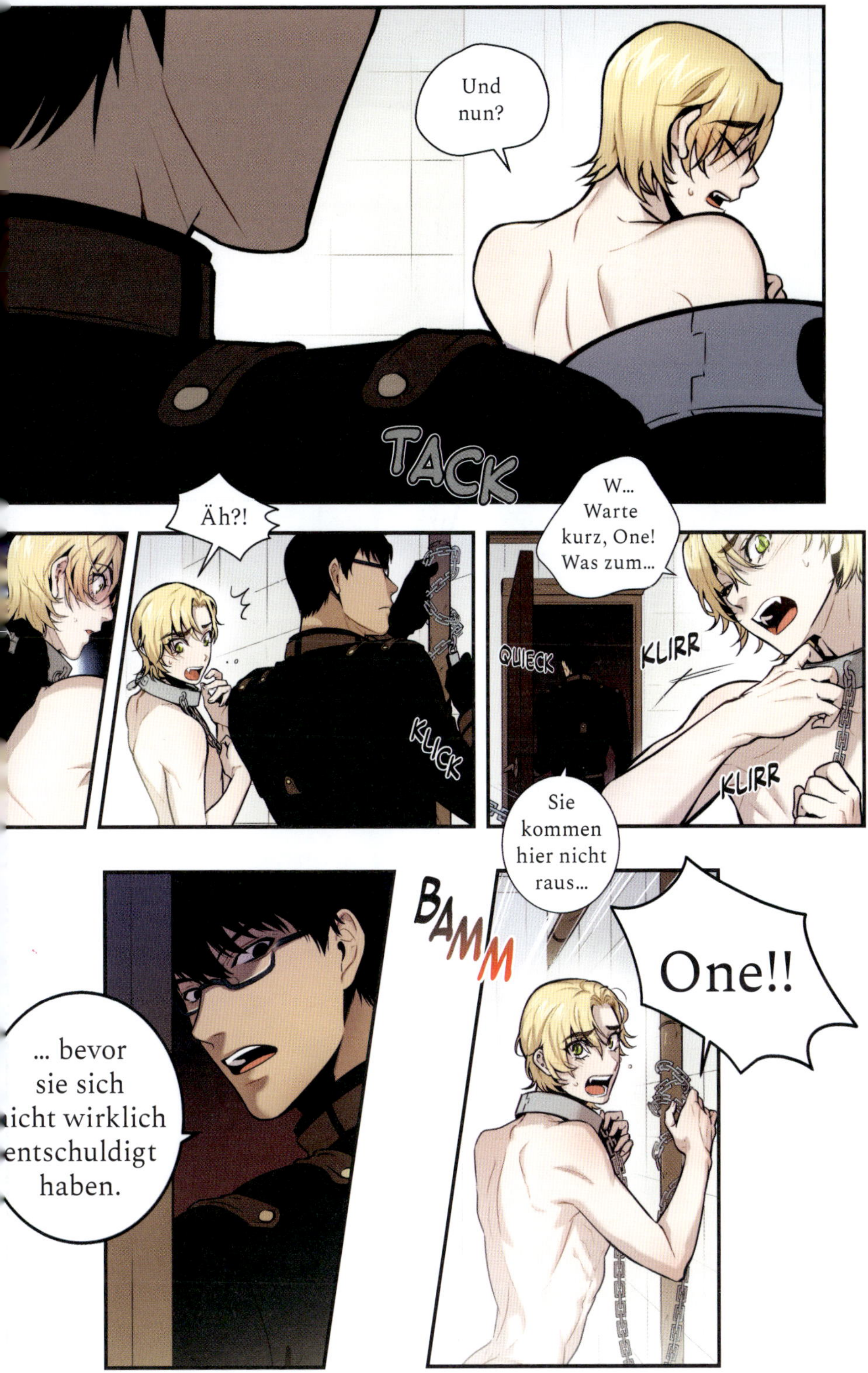

Und nun?
TACK
Äh?!
KLICK
W... Warte kurz, One! Was zum...
QUIECK
KLIRR
KLIRR
Sie kommen hier nicht raus...
... bevor sie sich icht wirklich entschuldigt haben.
BAMM
One!!

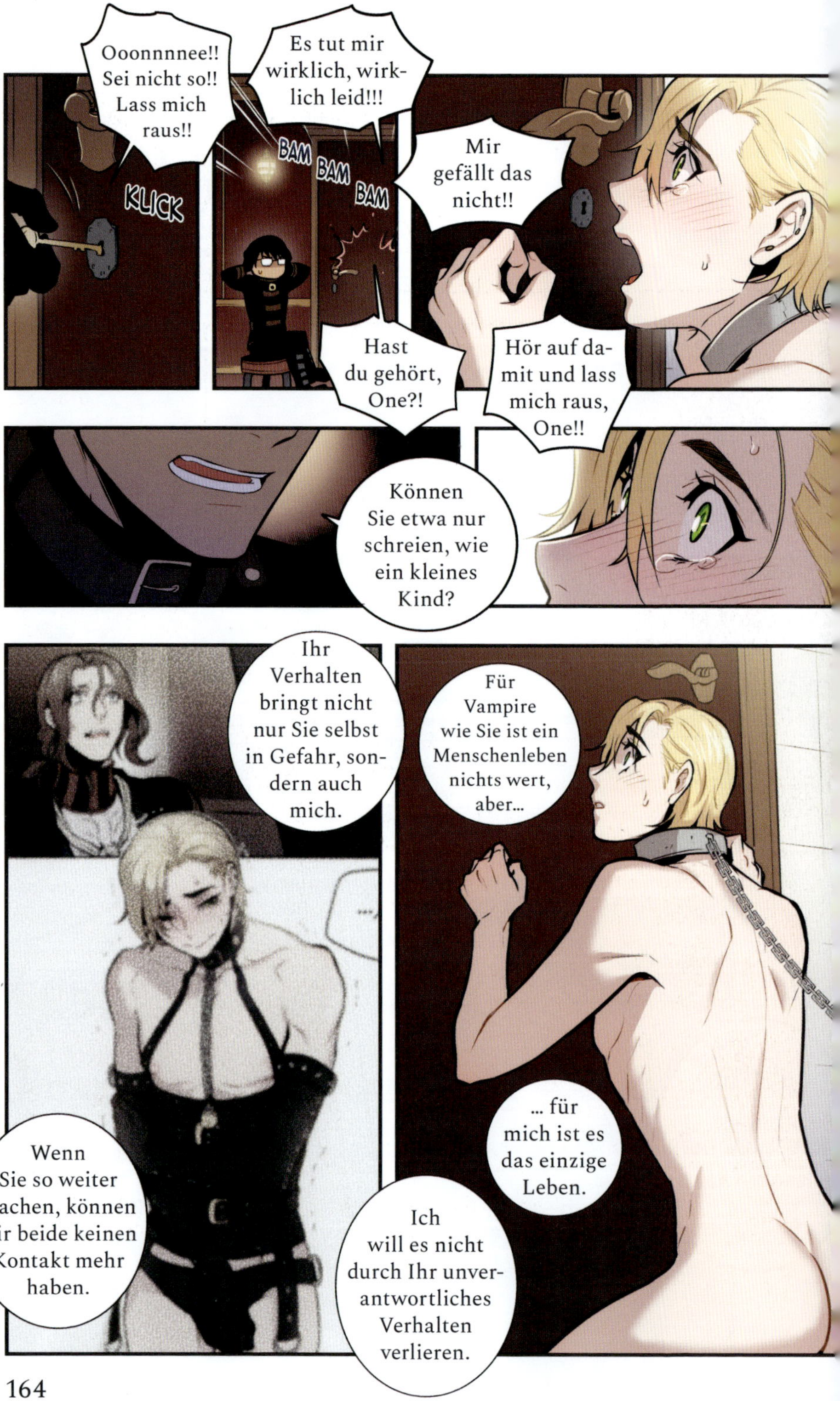
KLICK
Ooonnnnee!! Sei nicht so!! Lass mich raus!!
Es tut mir wirklich, wirklich leid!!!
BAM
BAM
BAM
Mir gefällt das nicht!!
Hast du gehört, One?!
Hör auf damit und lass mich raus, One!!
Können Sie etwa nur schreien, wie ein kleines Kind?
Ihr Verhalten bringt nicht nur Sie selbst in Gefahr, sondern auch mich.
Wenn Sie so weiter machen, können wir beide keinen Kontakt mehr haben.
...
Für Vampire wie Sie ist ein Menschenleben nichts wert, aber...
... für mich ist es das einzige Leben.
Ich will es nicht durch Ihr unverantwortliches Verhalten verlieren.

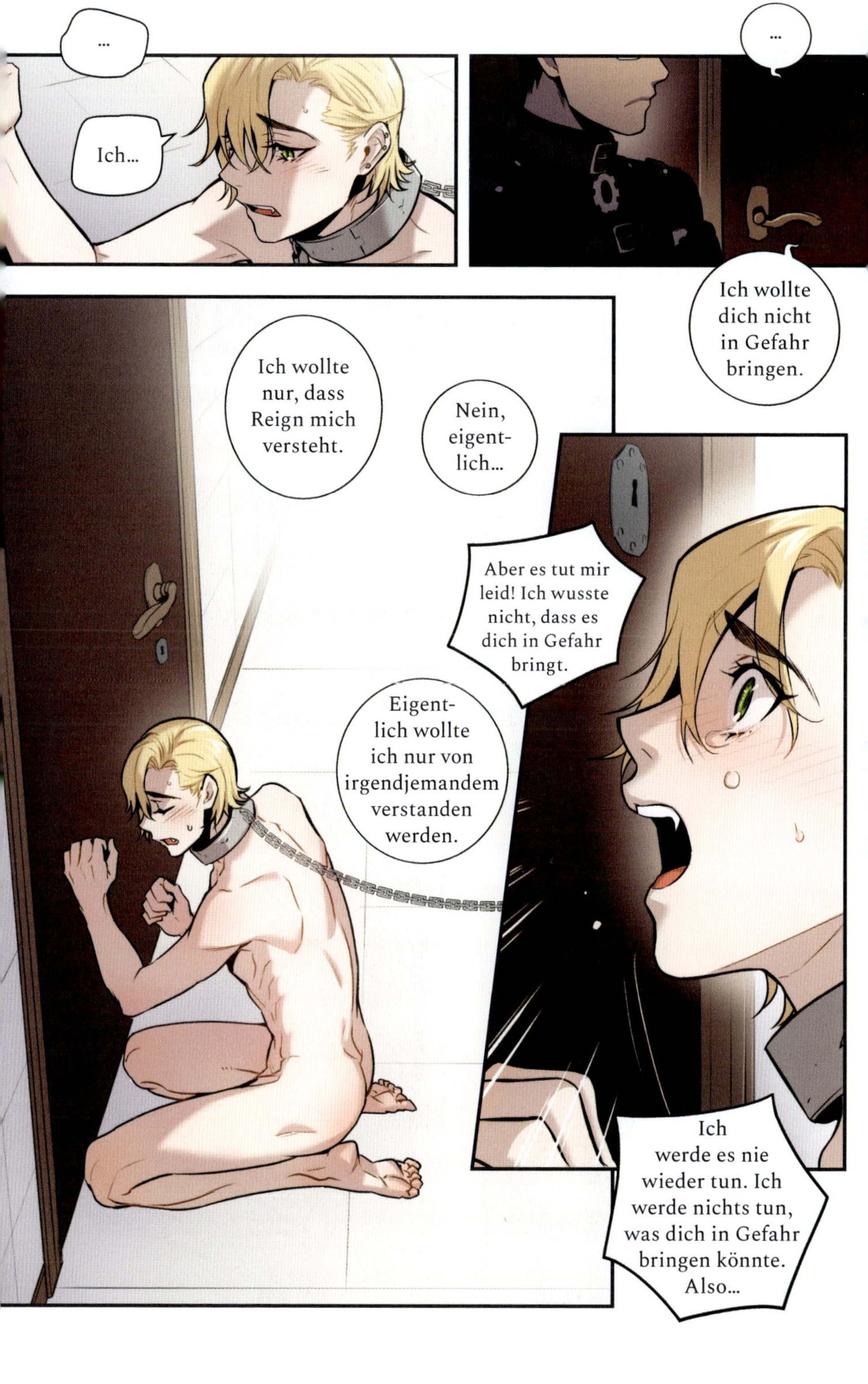
...
Ich...
...
Ich wollte dich nicht in Gefahr bringen.
Ich wollte nur, dass Reign mich versteht.
Nein, eigent-lich...
Eigent-lich wollte ich nur von irgendjemandem verstanden werden.
Aber es tut mir leid! Ich wusste nicht, dass es dich in Gefahr bringt.
Ich werde es nie wieder tun. Ich werde nichts tun, was dich in Gefahr bringen könnte. Also...

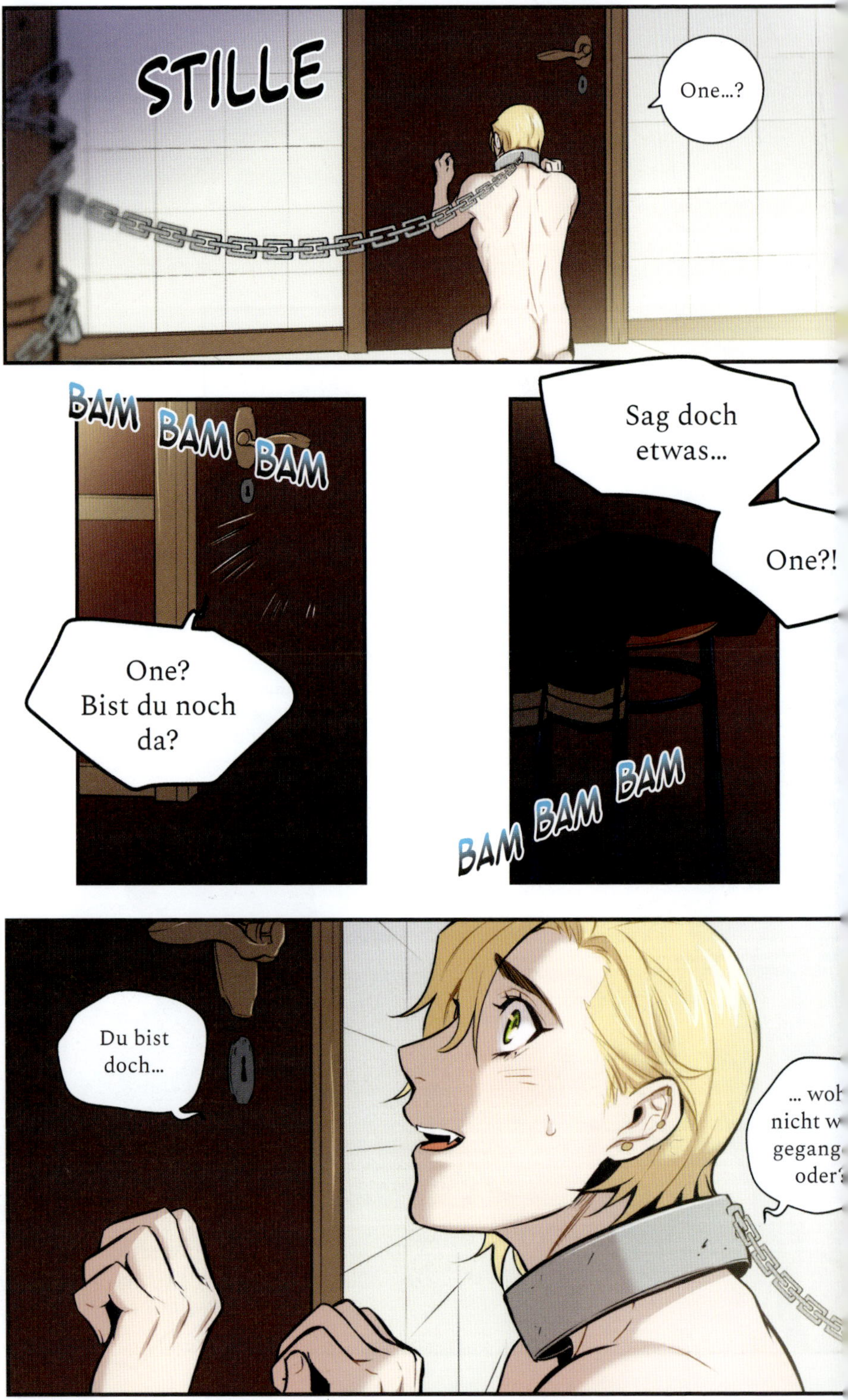
STILLE
One…?
BAM BAM BAM
One?
Bist du noch
da?
Sag doch
etwas…
One?!
BAM BAM BAM
Du bist
doch…
... woh
nicht w
gegang
oder

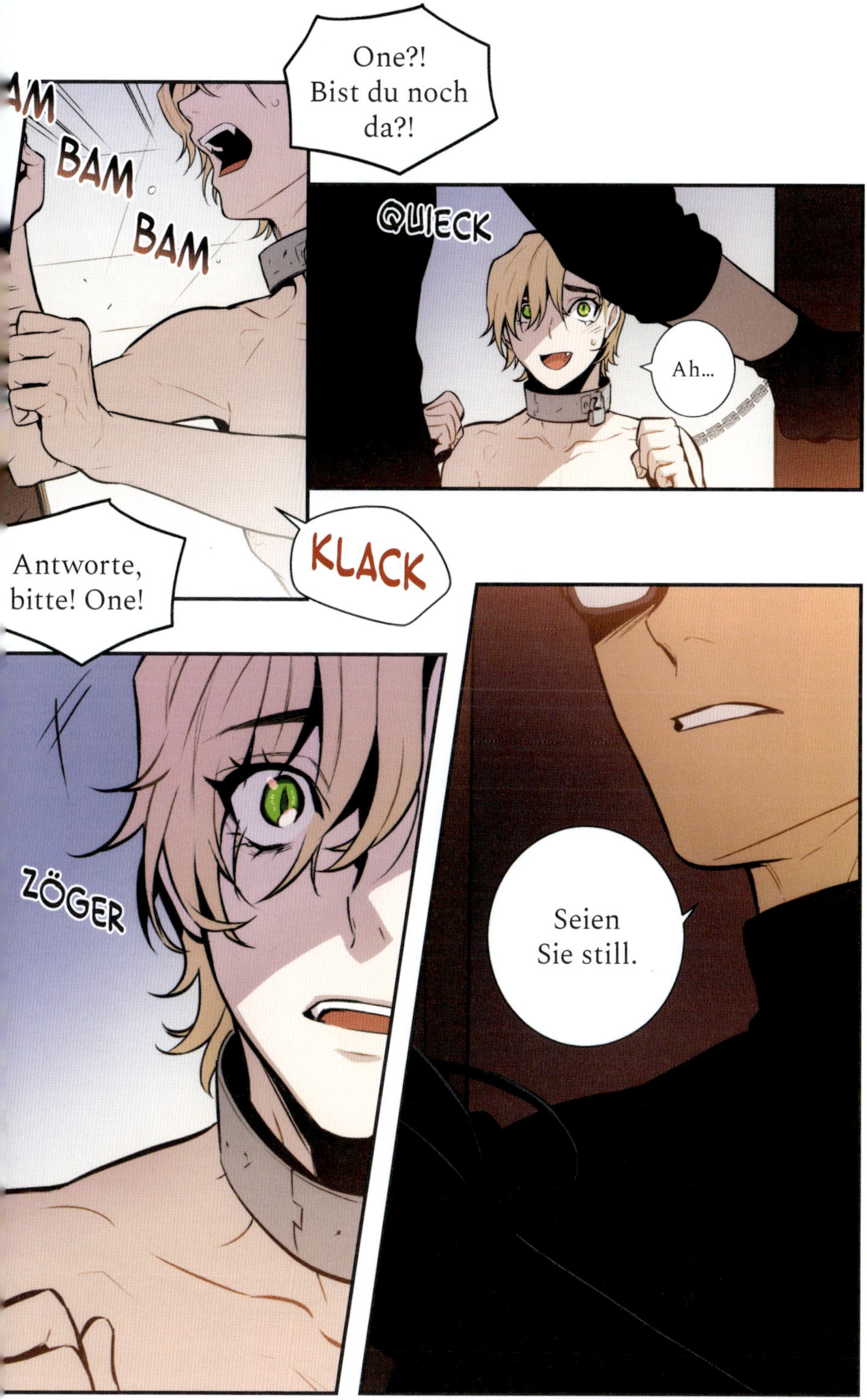
BAM
BAM
BAM
One?! Bist du noch da?!
QUIECK
Ah…
Antworte, bitte! One!
KLACK
ZÖGER
Seien Sie still.

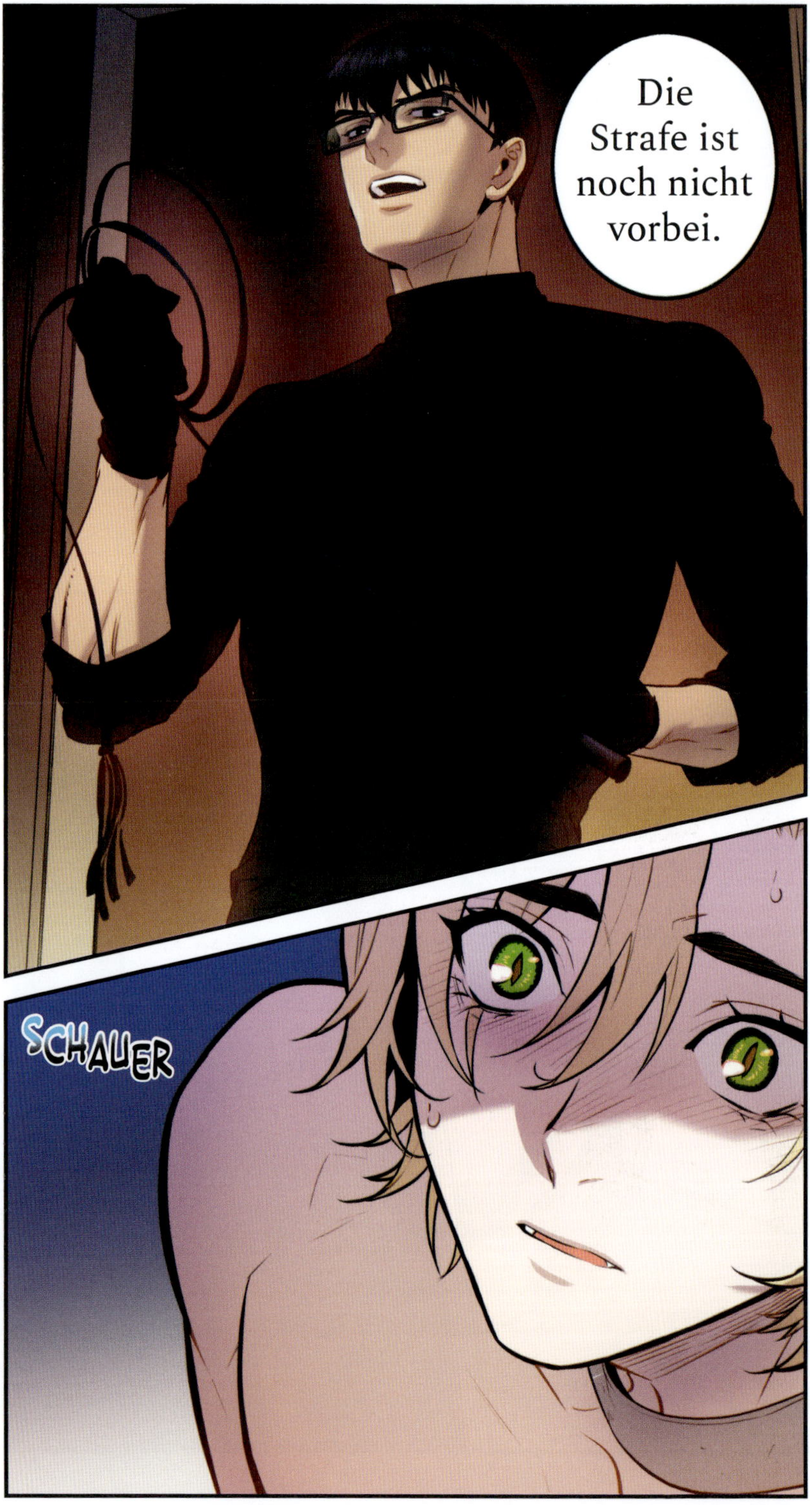
Die Strafe ist noch nicht vorbei.
SCHAUER

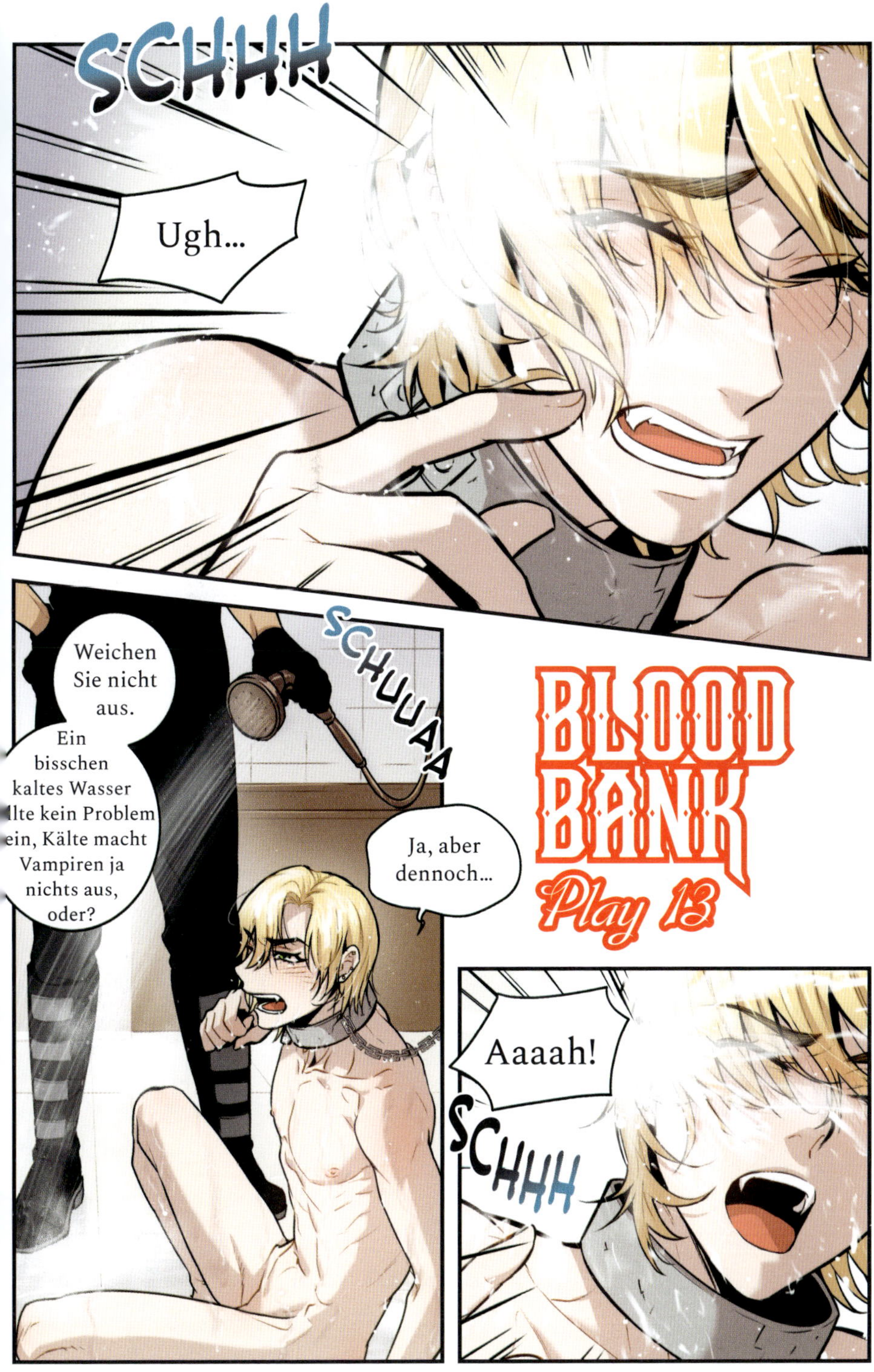
SCHHH
Ugh…
Weichen Sie nicht aus.
SCHUUAA
Ein bisschen kaltes Wasser
lte kein Problem
ein, Kälte macht Vampiren ja nichts aus, oder?
Ja, aber dennoch…
BLOOD BANK
Play 13
Aaaah!
SCHHH

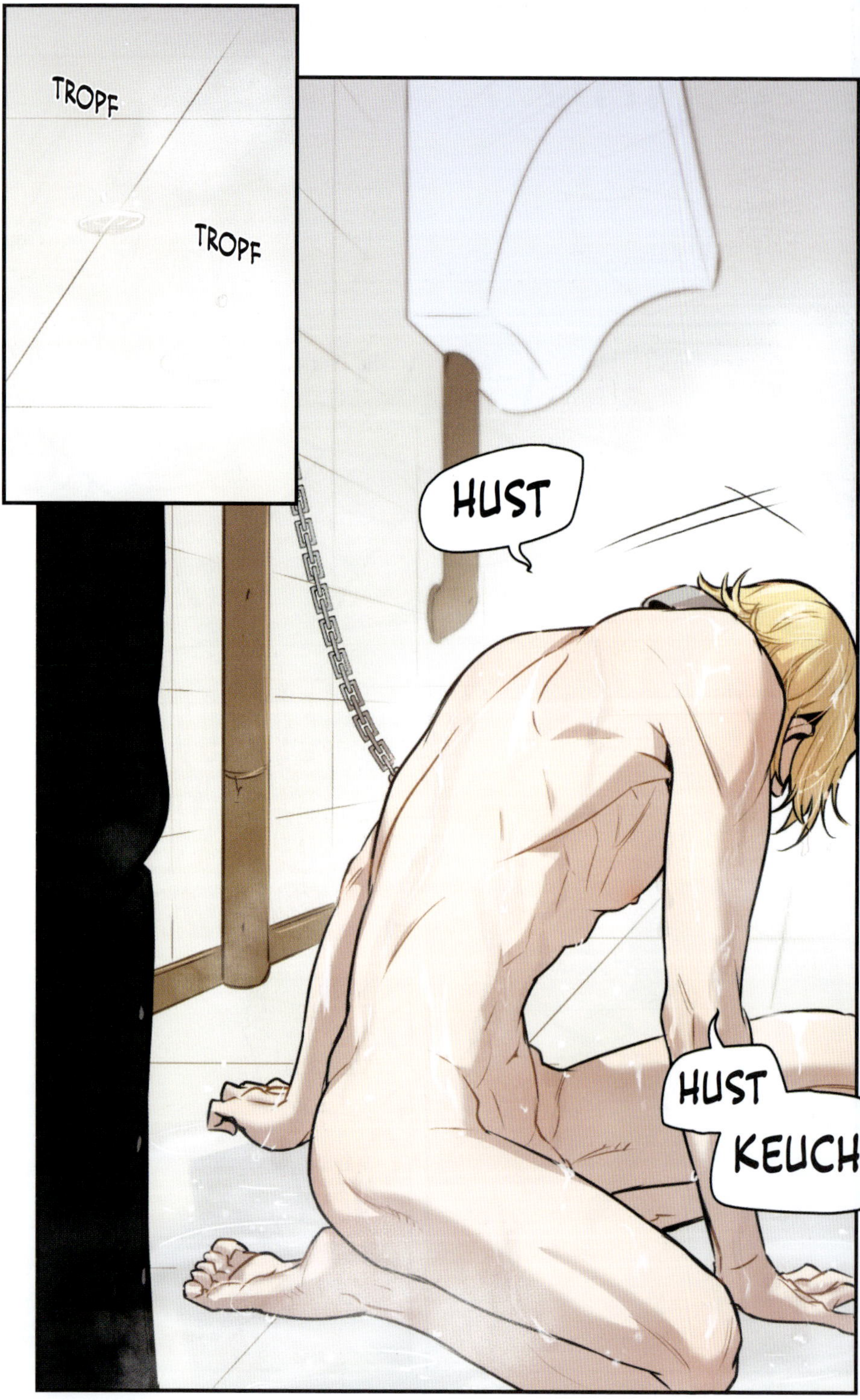
TROPF
TROPF
HUST
HUST
KEUCH

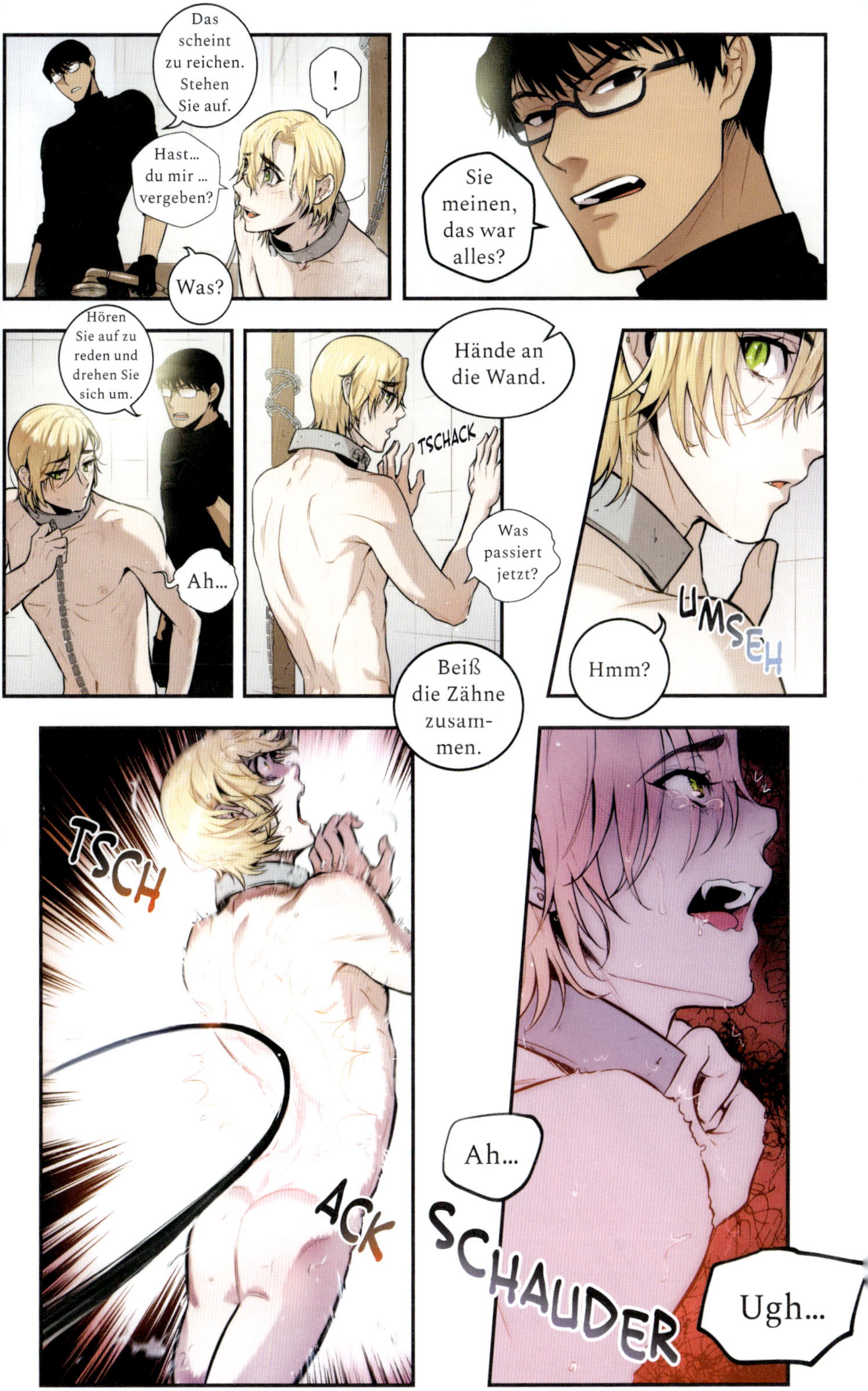
Das scheint zu reichen. Stehen Sie auf.
!
Hast… du mir … vergeben?
Was?
Sie meinen, das war alles?
Hören Sie auf zu reden und drehen Sie sich um.
Ah…
Hände an die Wand.
TSCHACK
Was passiert jetzt?
UMSEH
Hmm?
Beiß die Zähne zusam- men.
TSCH
ACK
Ah…
SCHAUDER
Ugh…

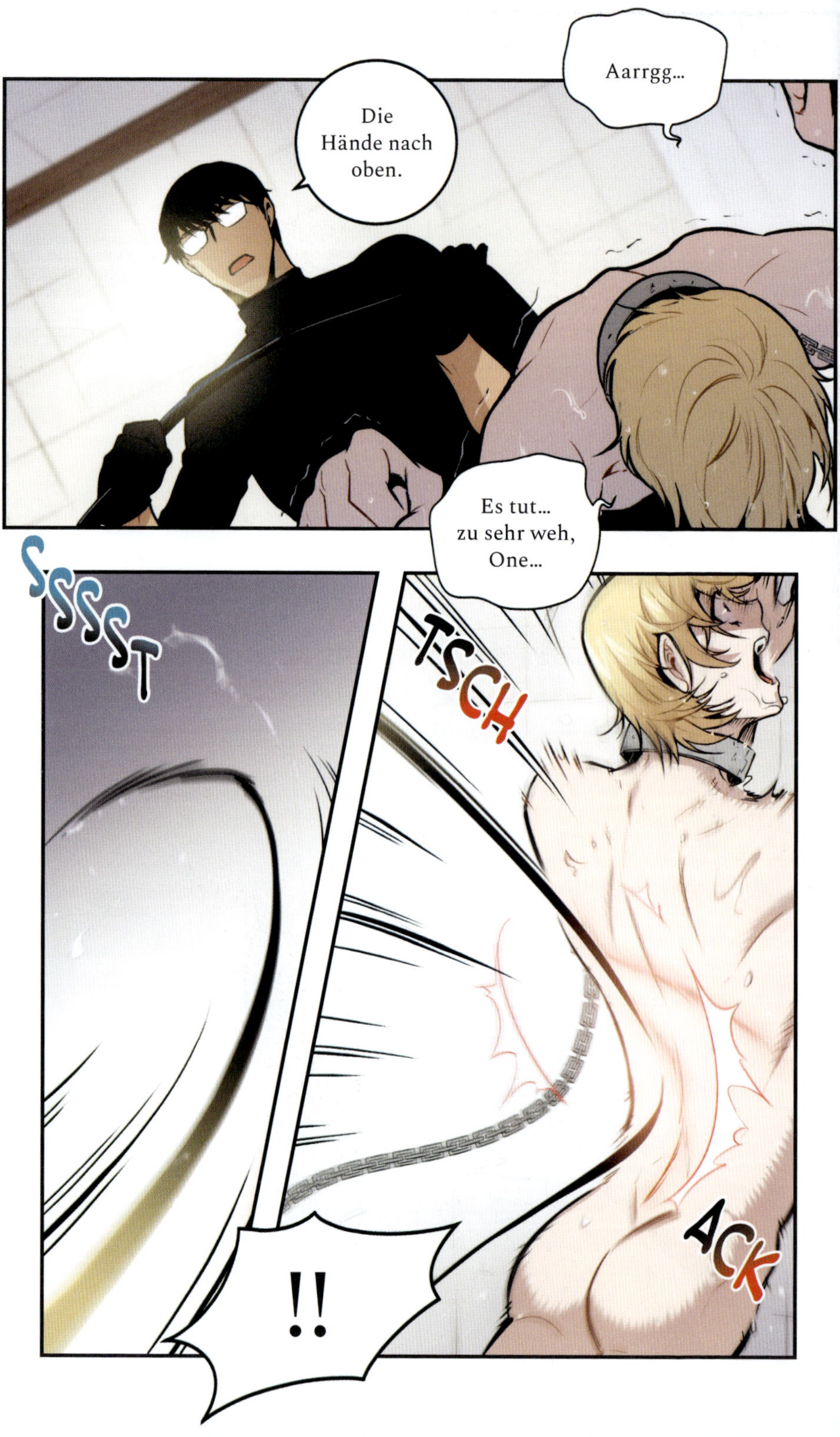

Die Hände nach oben.
Aarrgg...
Es tut... zu sehr weh, One...
SSSST
TSCH
ACK
!!

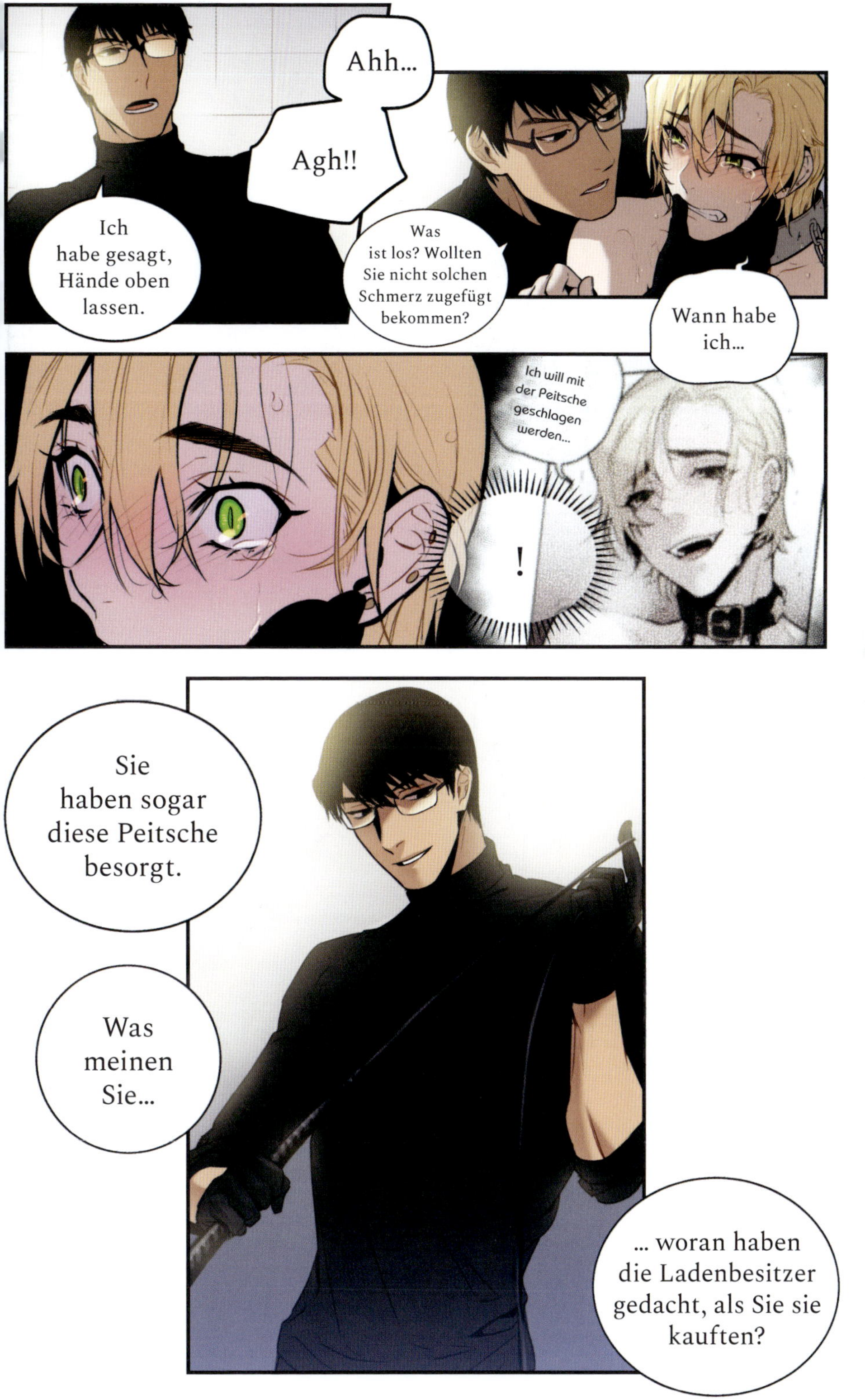
Ahh…
Agh!!
Ich habe gesagt, Hände oben lassen.
Was ist los? Wollten Sie nicht solchen Schmerz zugefügt bekommen?
Wann habe ich…
Ich will mit der Peitsche geschlagen werden…
!
Sie haben sogar diese Peitsche besorgt.
Was meinen Sie…
… woran haben die Ladenbesitzer gedacht, als Sie sie kauften?

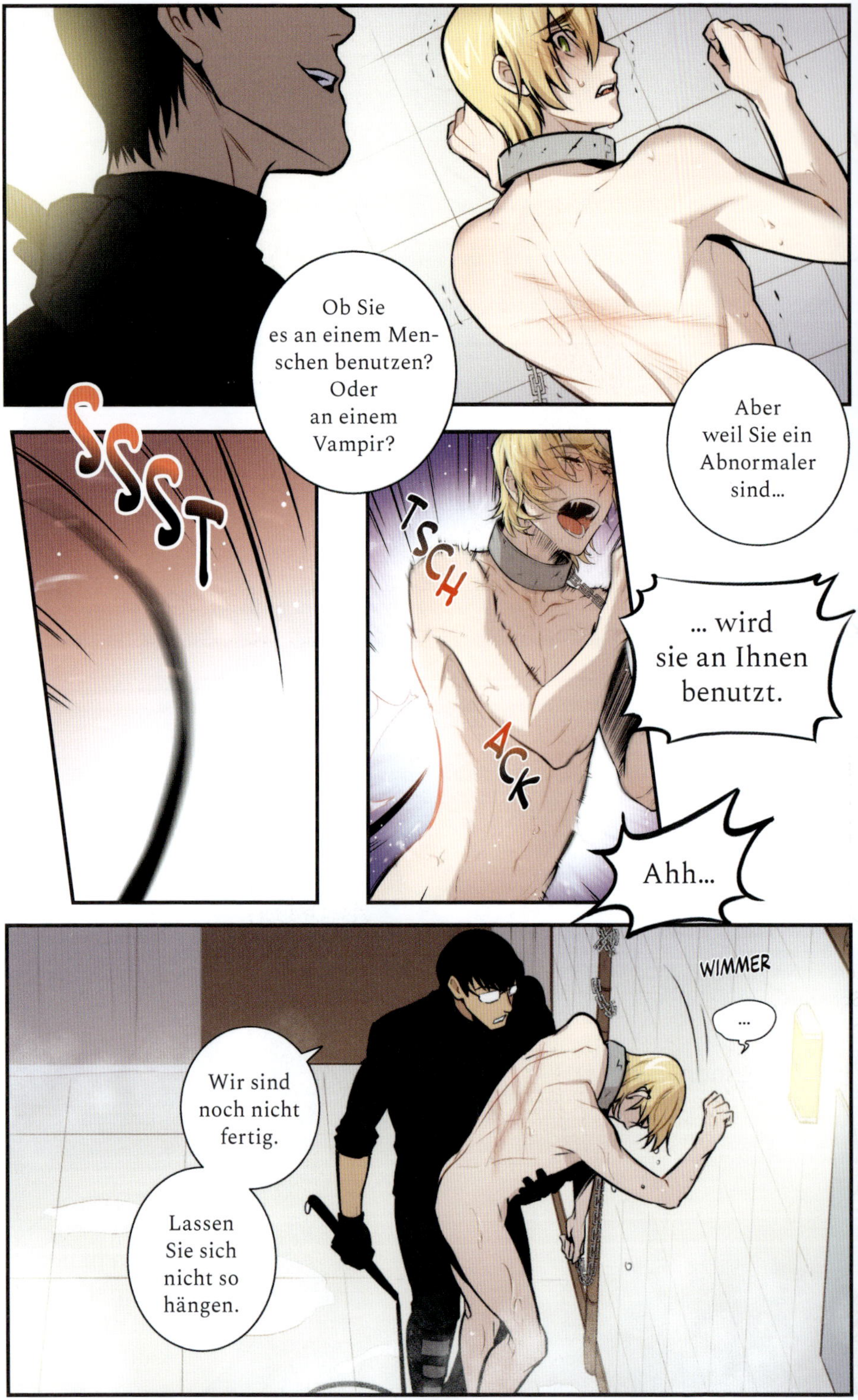
Ob Sie es an einem Menschen benutzen? Oder an einem Vampir?
Aber weil Sie ein Abnormaler sind…
SSSST
TSCH
ACK
… wird sie an Ihnen benutzt.
Ahh…
WIMMER
…
Wir sind noch nicht fertig.
Lassen Sie sich nicht so hängen.

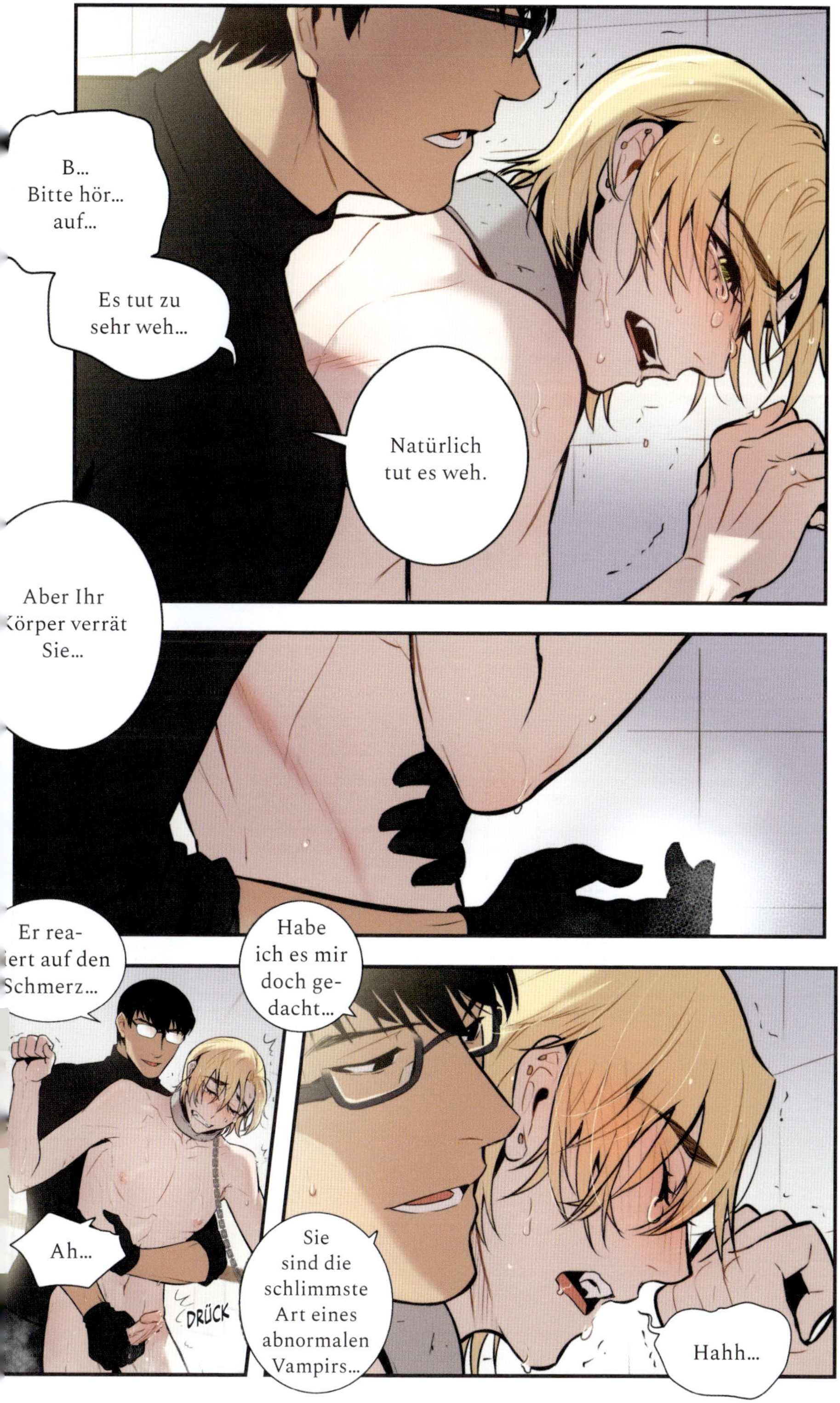

B... Bitte hör... auf...
Es tut zu sehr weh...
Natürlich tut es weh.
Aber Ihr Körper verrät Sie...
Er reagiert auf den Schmerz...
Ah...
DRÜCK
Habe ich es mir doch gedacht...
Sie sind die schlimmste Art eines abnormalen Vampirs...
Hahh...

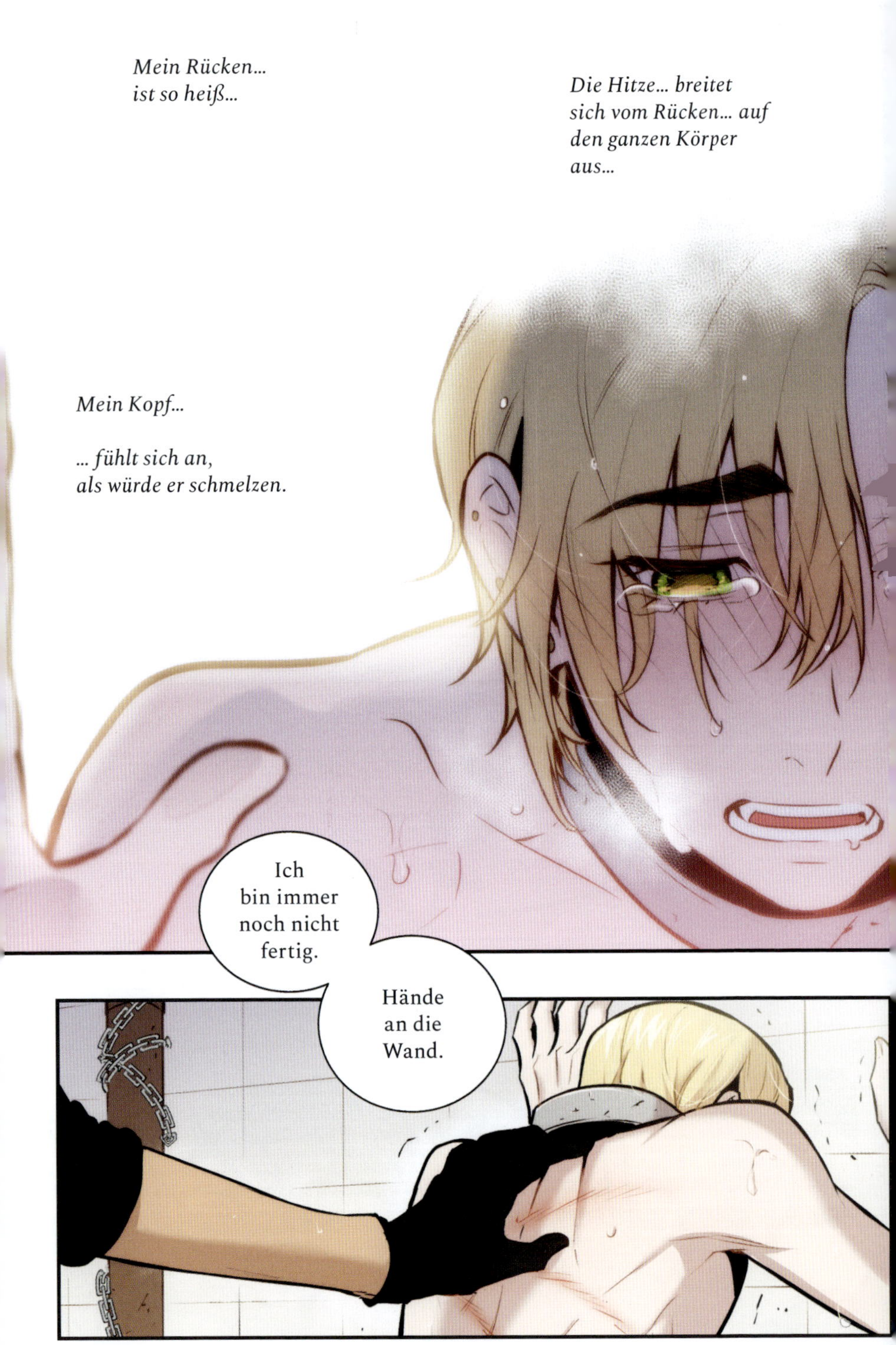
Mein Rücken…
ist so heiß…
Die Hitze… breitet
sich vom Rücken… auf
den ganzen Körper
aus…
Mein Kopf…
… fühlt sich an,
als würde er schmelzen.
Ich
bin immer
noch nicht
fertig.
Hände
an die
Wand.

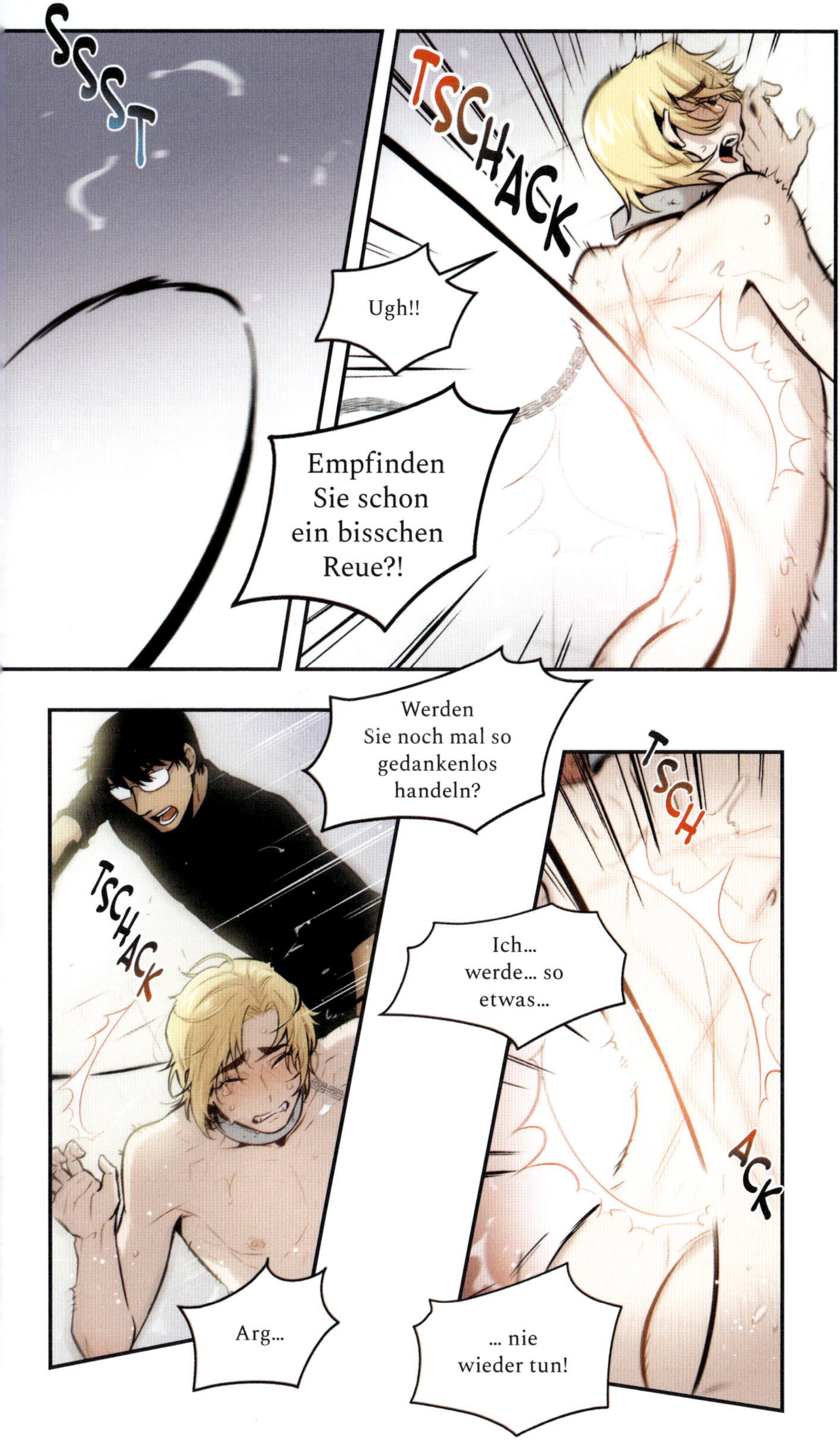
SSST
TSCHACK
Ugh!!
Empfinden Sie schon ein bisschen Reue?!
Werden Sie noch mal so gedankenlos handeln?
TSCHACK
Arg...
TSCH
Ich... werde... so etwas...
ACK
... nie wieder tun!

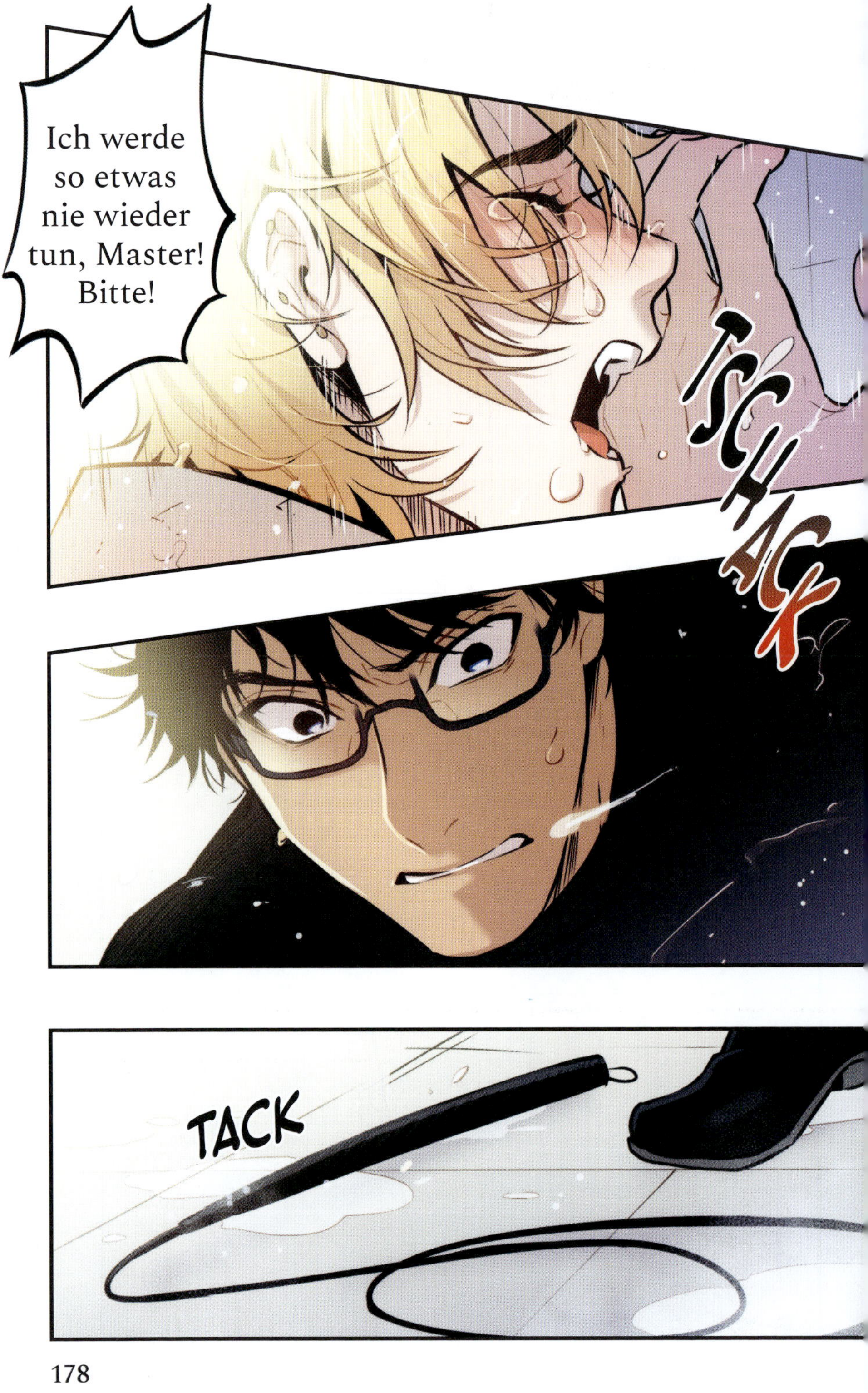
Ich werde
so etwas
nie wieder
tun, Master!
Bitte!
TSCHACK
TACK

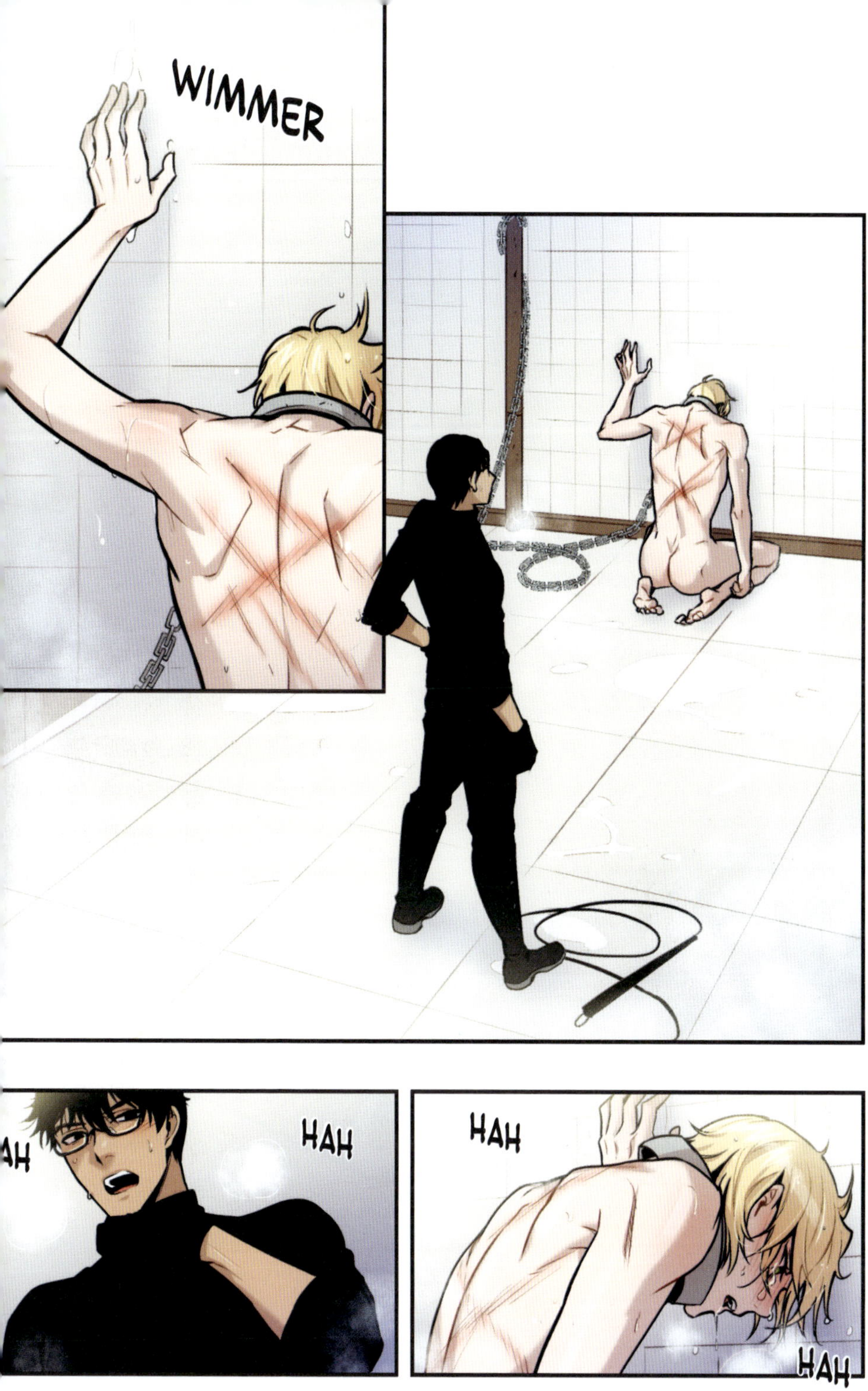
WIMMER
HAH
HAH
HAH

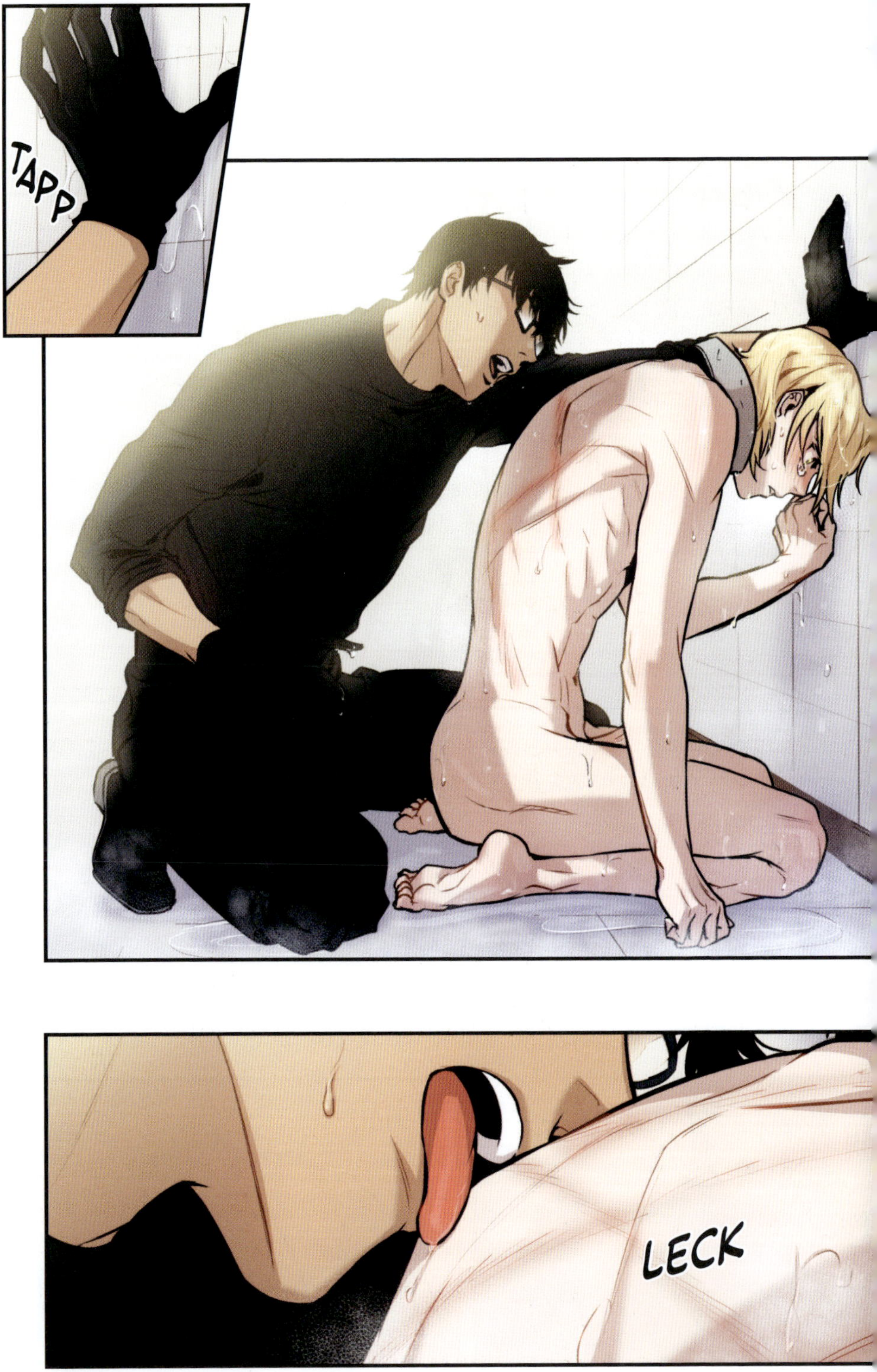
TAPP
LECK

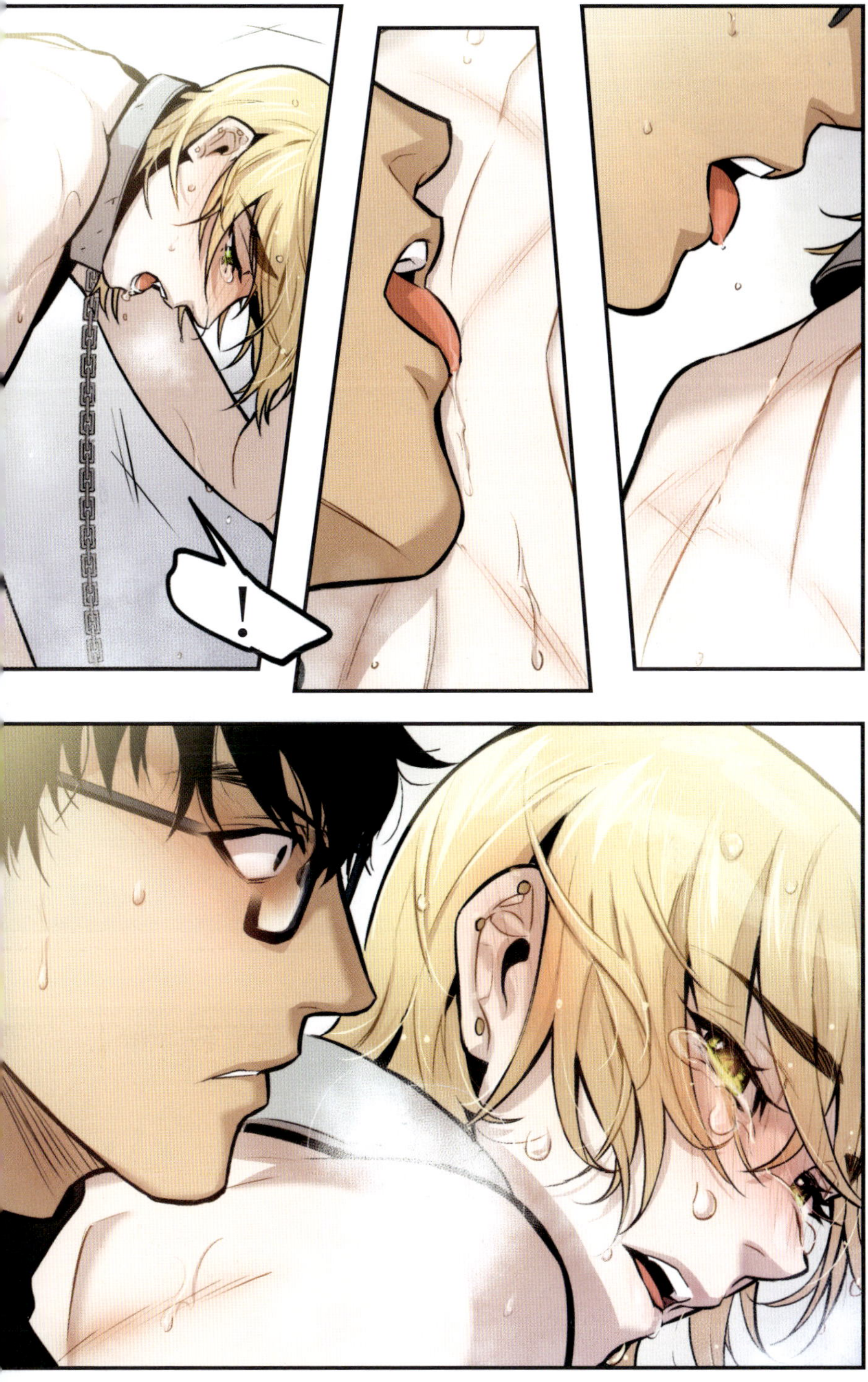

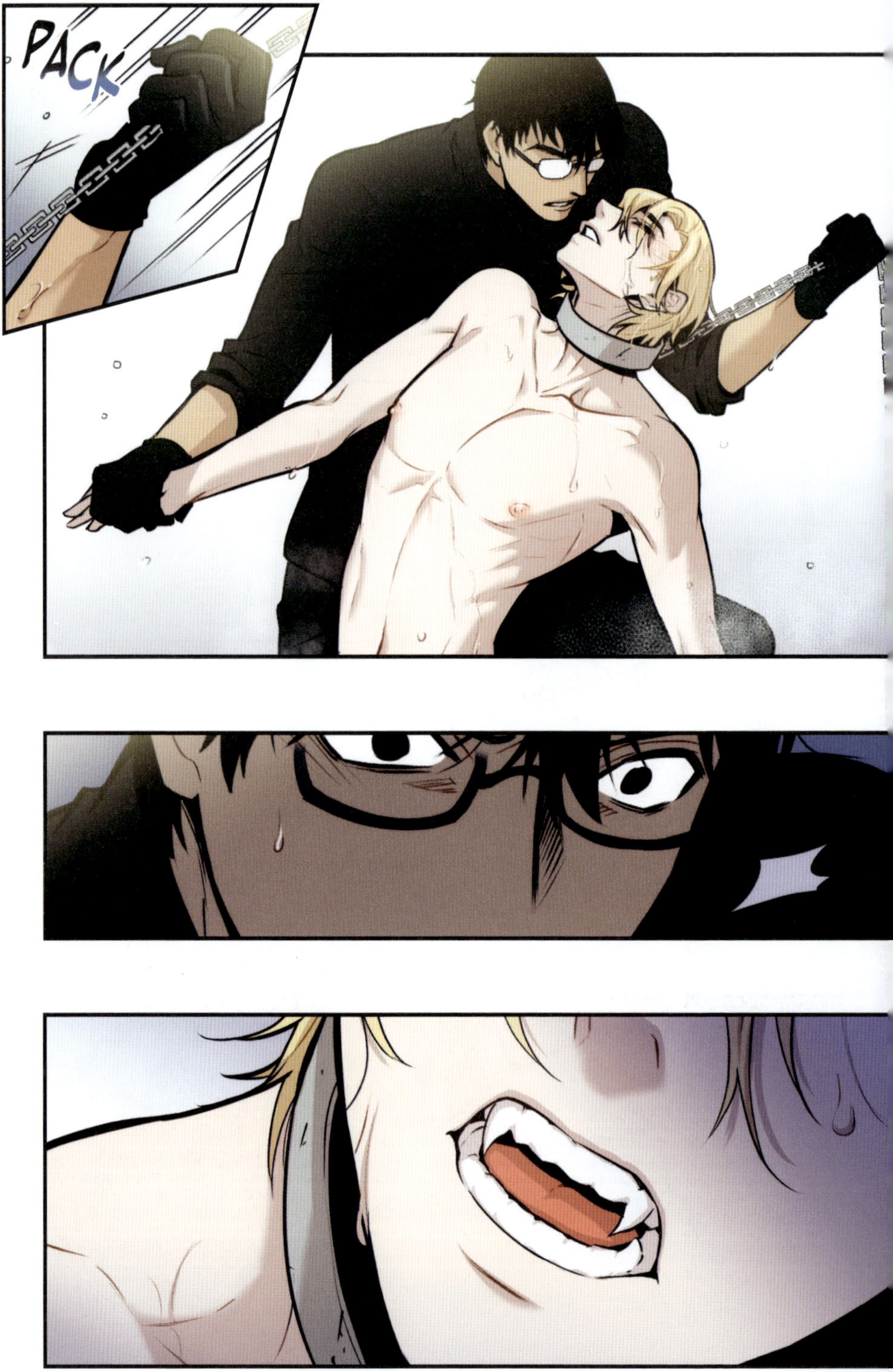
PACK

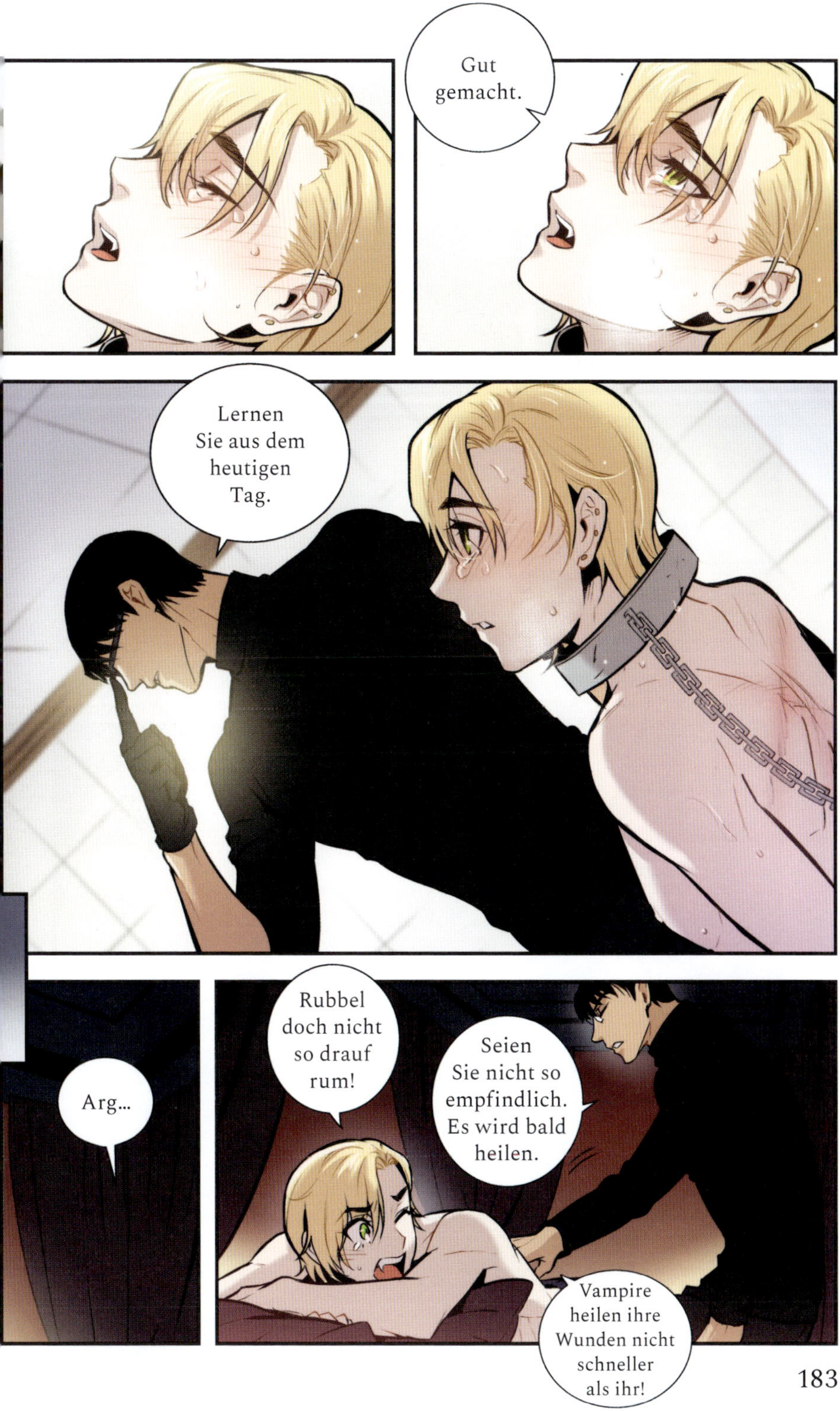
Gut gemacht.
Lernen Sie aus dem heutigen Tag.
Arg...
Rubbel doch nicht so drauf rum!
Seien Sie nicht so empfindlich. Es wird bald heilen.
Vampire heilen ihre Wunden nicht schneller als ihr!

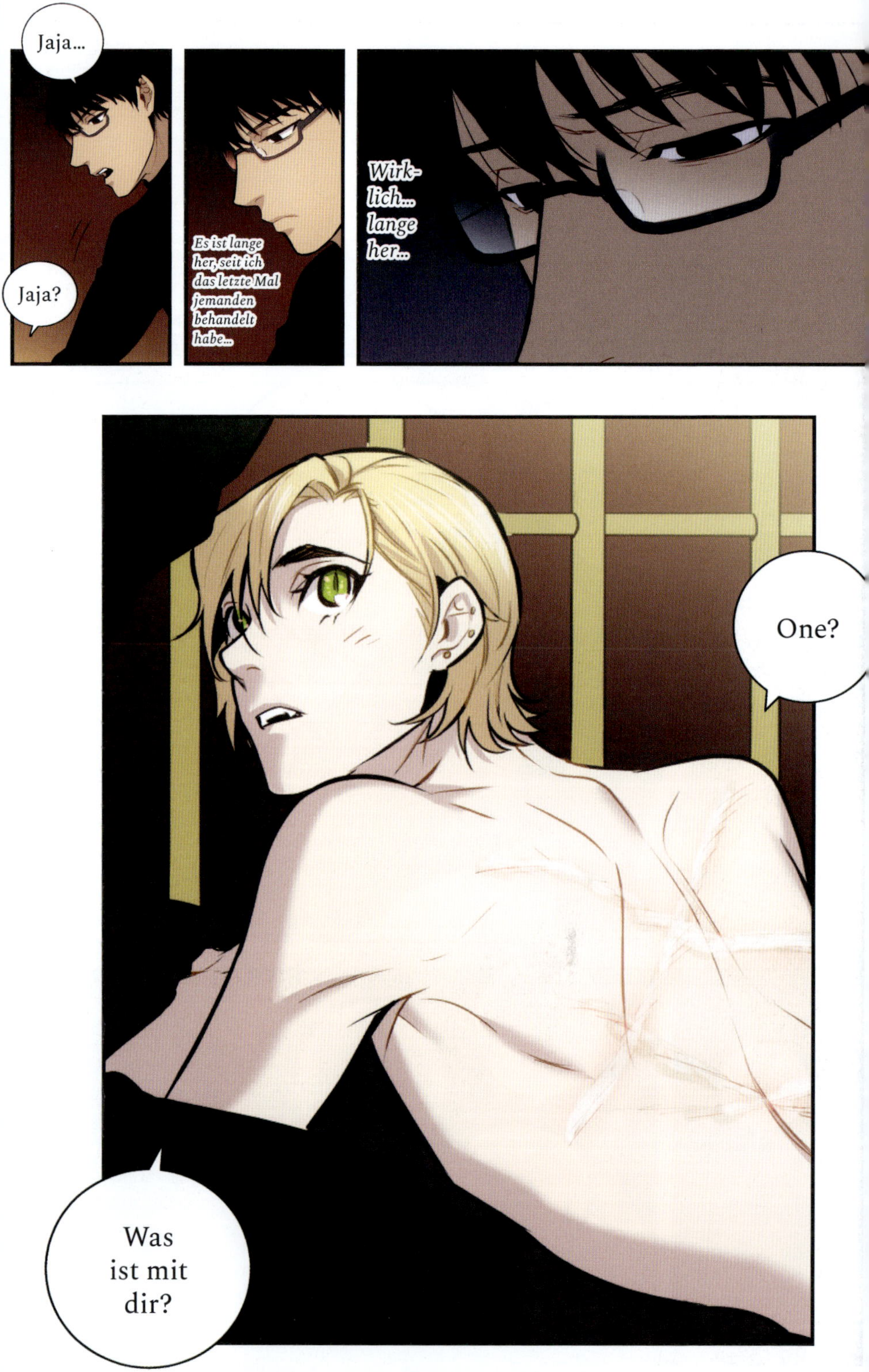
Jaja...
Jaja?
Es ist lange her, seit ich das letzte Mal jemanden behandelt habe...
Wirk-lich... lange her...
One?
Was ist mit dir?

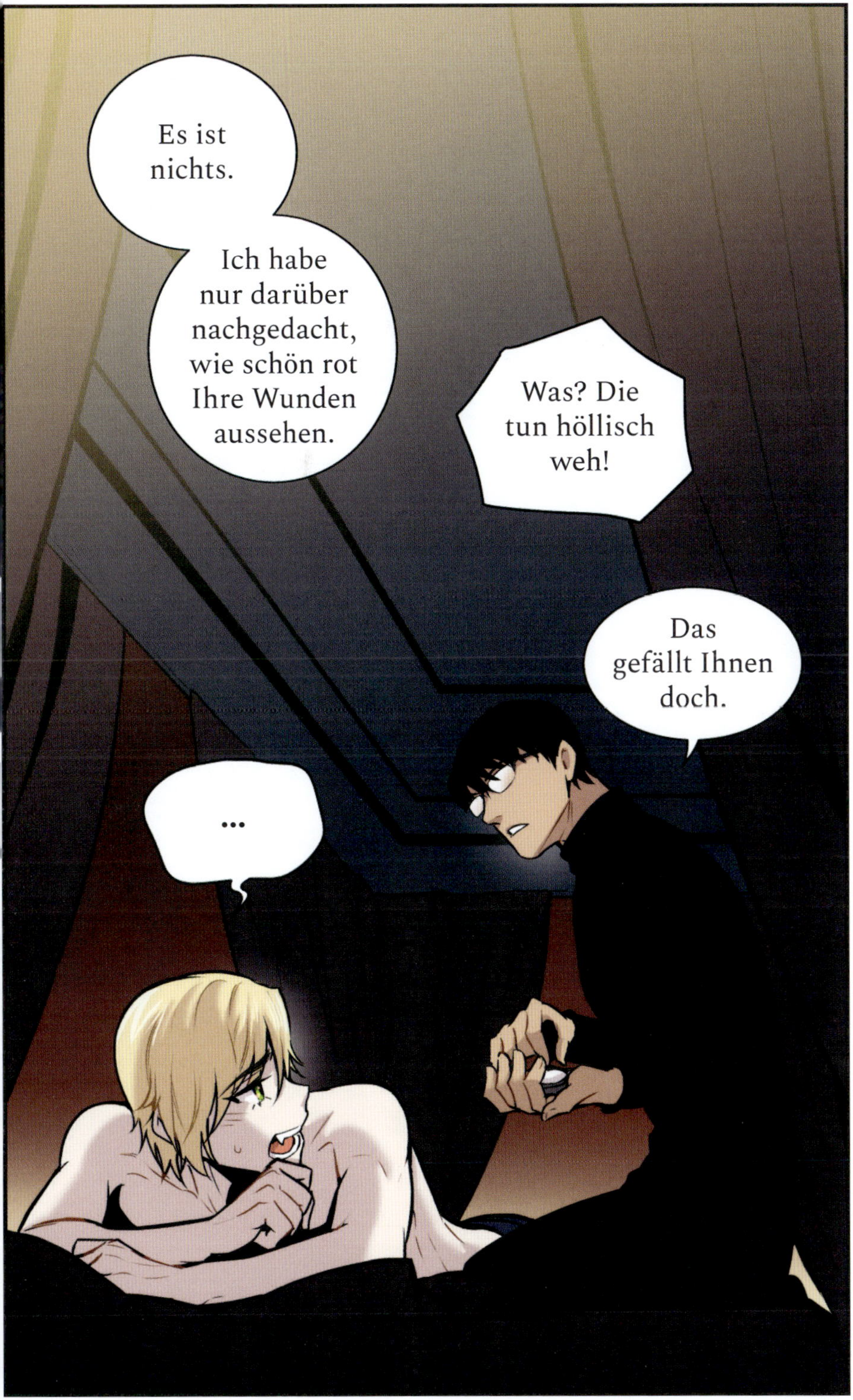
Es ist nichts.
Ich habe nur darüber nachgedacht, wie schön rot Ihre Wunden aussehen.
Was? Die tun höllisch weh!
Das gefällt Ihnen doch.
...

BLOOD BANK
Play 14

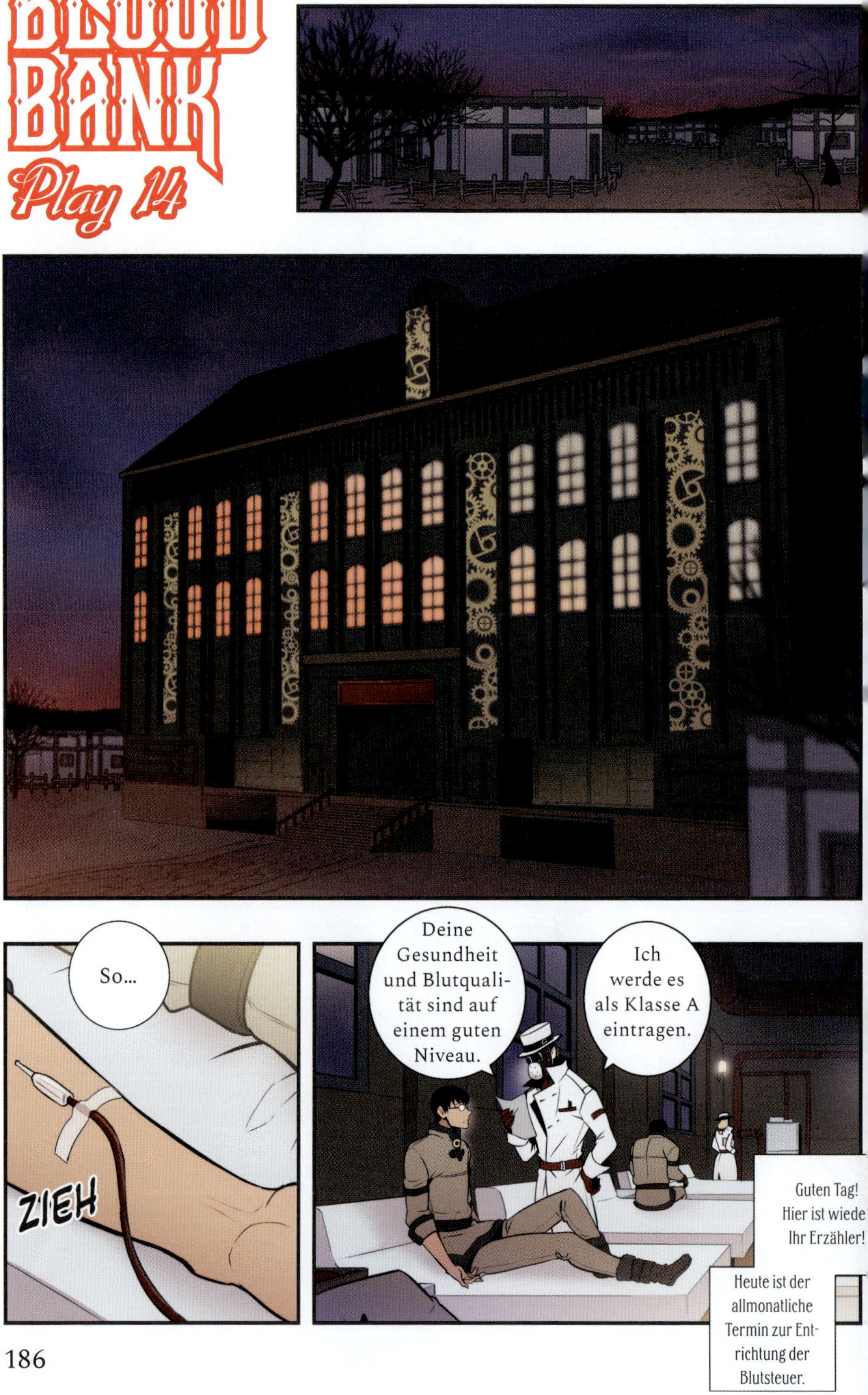

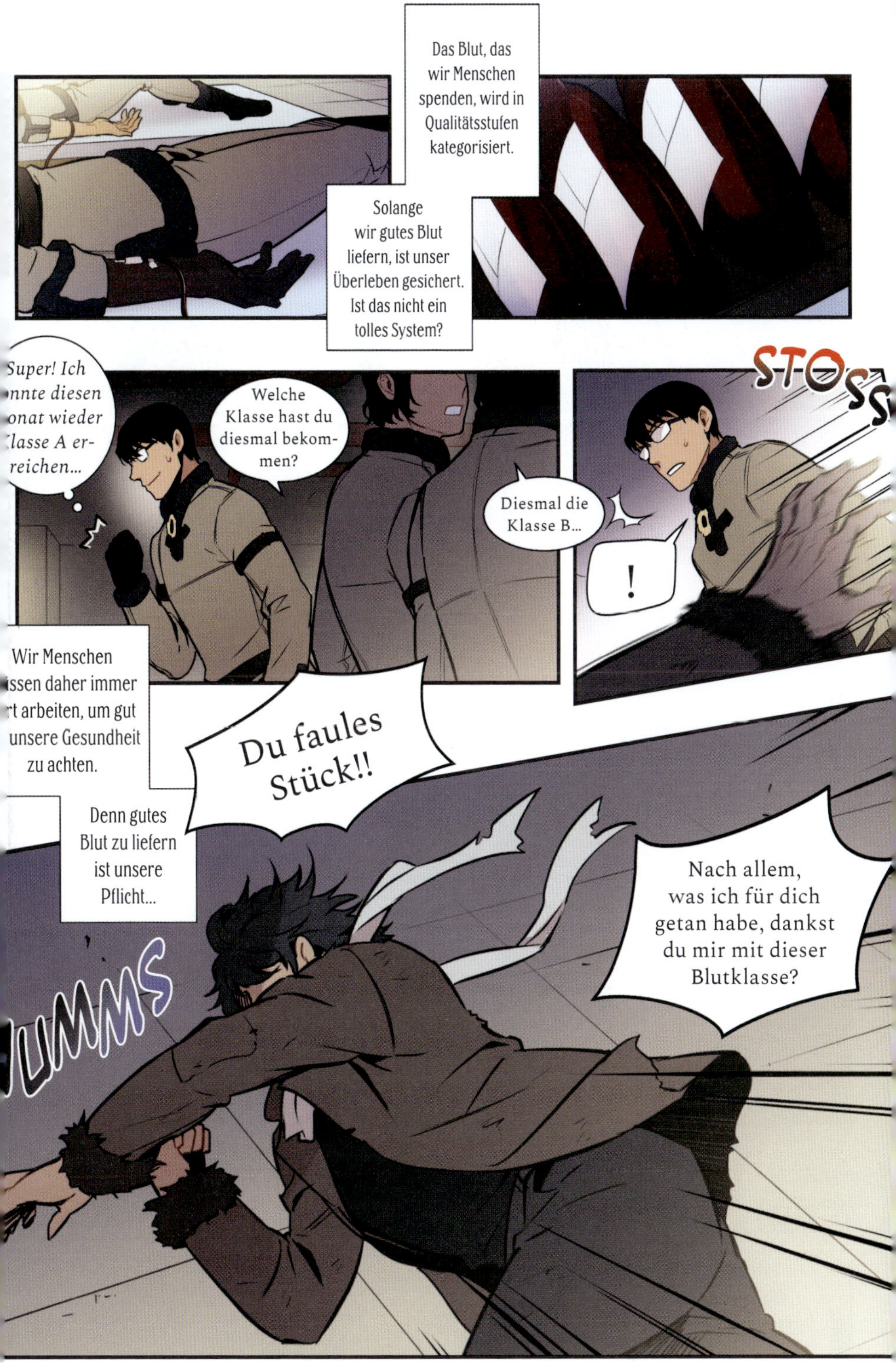
Das Blut, das wir Menschen spenden, wird in Qualitätsstufen kategorisiert.
Solange wir gutes Blut liefern, ist unser Überleben gesichert. Ist das nicht ein tolles System?
Super! Ich nnte diesen onat wieder lasse A er- reichen...
Welche Klasse hast du diesmal bekom- men?
Diesmal die Klasse B...
STOSS
!
Wir Menschen issen daher immer t arbeiten, um gut unsere Gesundheit zu achten.
Du faules Stück!!
Denn gutes Blut zu liefern ist unsere Pflicht...
Nach allem, was ich für dich getan habe, dankst du mir mit dieser Blutklasse?
UMMS

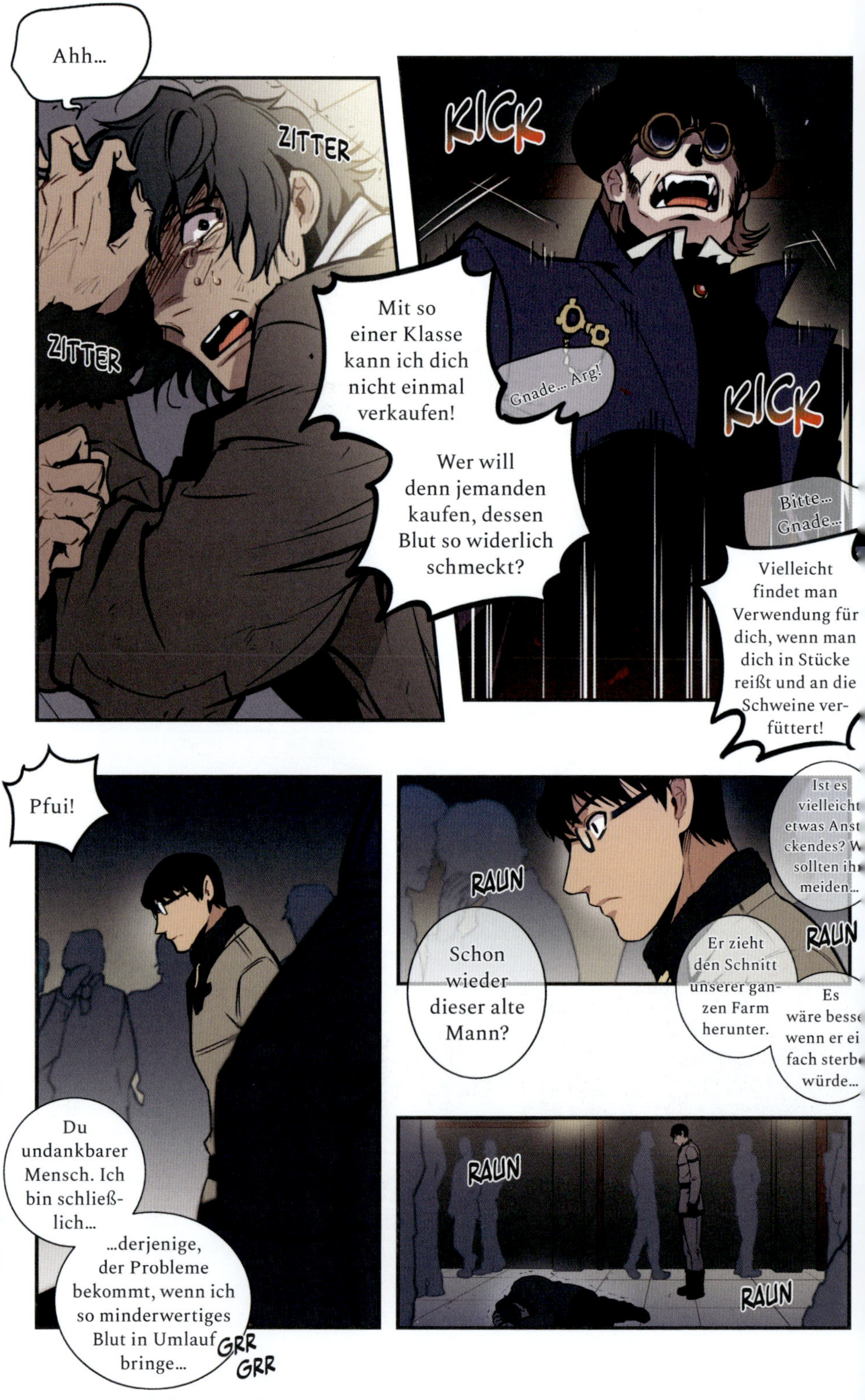
Ahh...
ZITTER
ZITTER
KICK
Mit so einer Klasse kann ich dich nicht einmal verkaufen!
Wer will denn jemanden kaufen, dessen Blut so widerlich schmeckt?
Gnade... Arg!
KICK
Bitte... Gnade...
Vielleicht findet man Verwendung für dich, wenn man dich in Stücke reißt und an die Schweine verfüttert!
Pfui!
Du undankbarer Mensch. Ich bin schließlich...
...derjenige, der Probleme bekommt, wenn ich so minderwertiges Blut in Umlauf bringe...
GRR
GRR
RAUN
Schon wieder dieser alte Mann?
Er zieht den Schnitt unserer ganzen Farm herunter.
RAUN
RAUN
RAUN

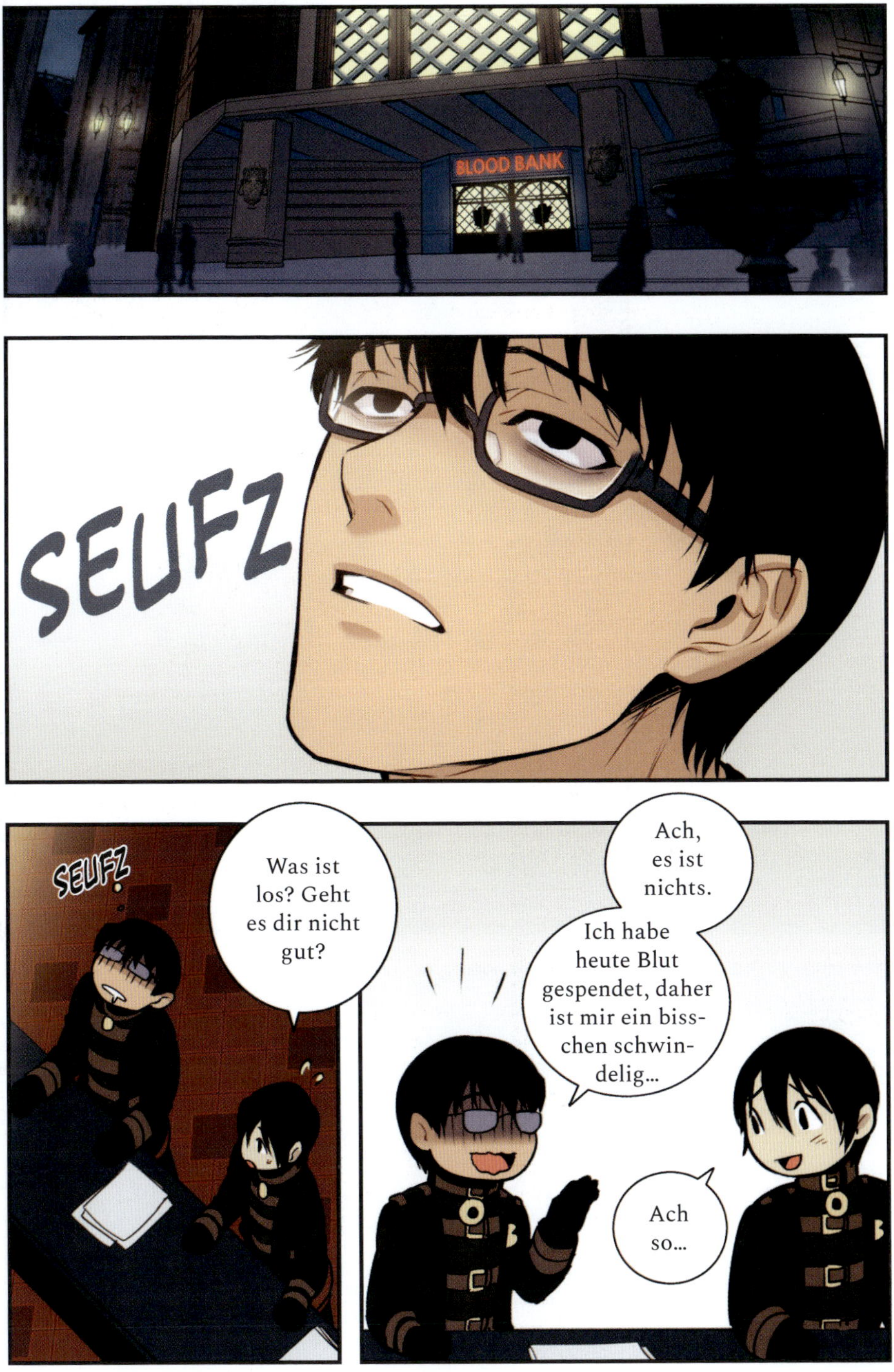
BLOOD BANK
SEUFZ
SEUFZ
Was ist los? Geht es dir nicht gut?
Ach, es ist nichts.
Ich habe heute Blut gespendet, daher ist mir ein bisschen schwindelig...
Ach so...

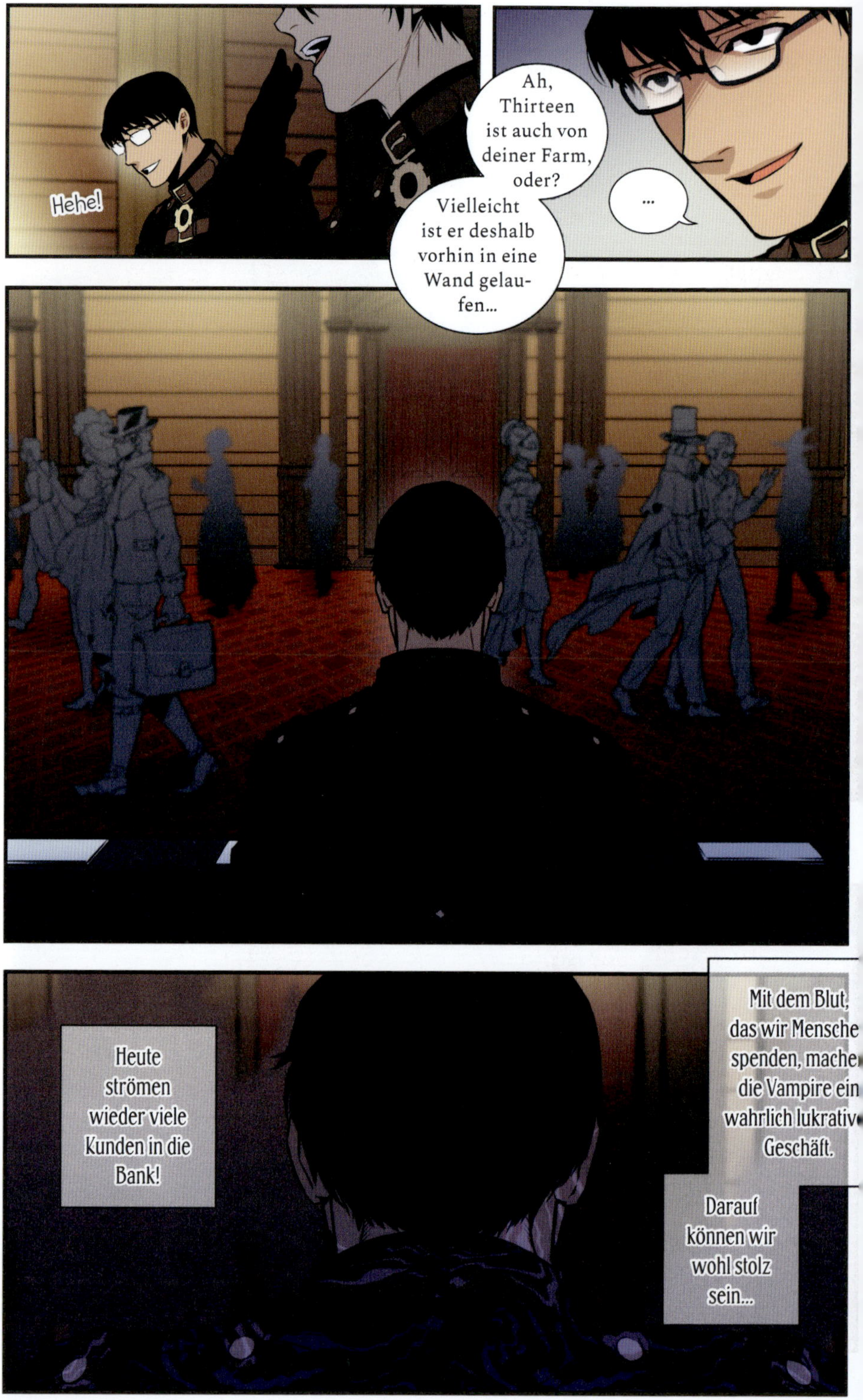
Hehe!
Ah, Thirteen ist auch von deiner Farm, oder?
Vielleicht ist er deshalb vorhin in eine Wand gelaufen...
...
Heute strömen wieder viele Kunden in die Bank!
Mit dem Blut, das wir Mensche spenden, mache die Vampire ein wahrlich lukrativ Geschäft.
Darauf können wir wohl stolz sein...

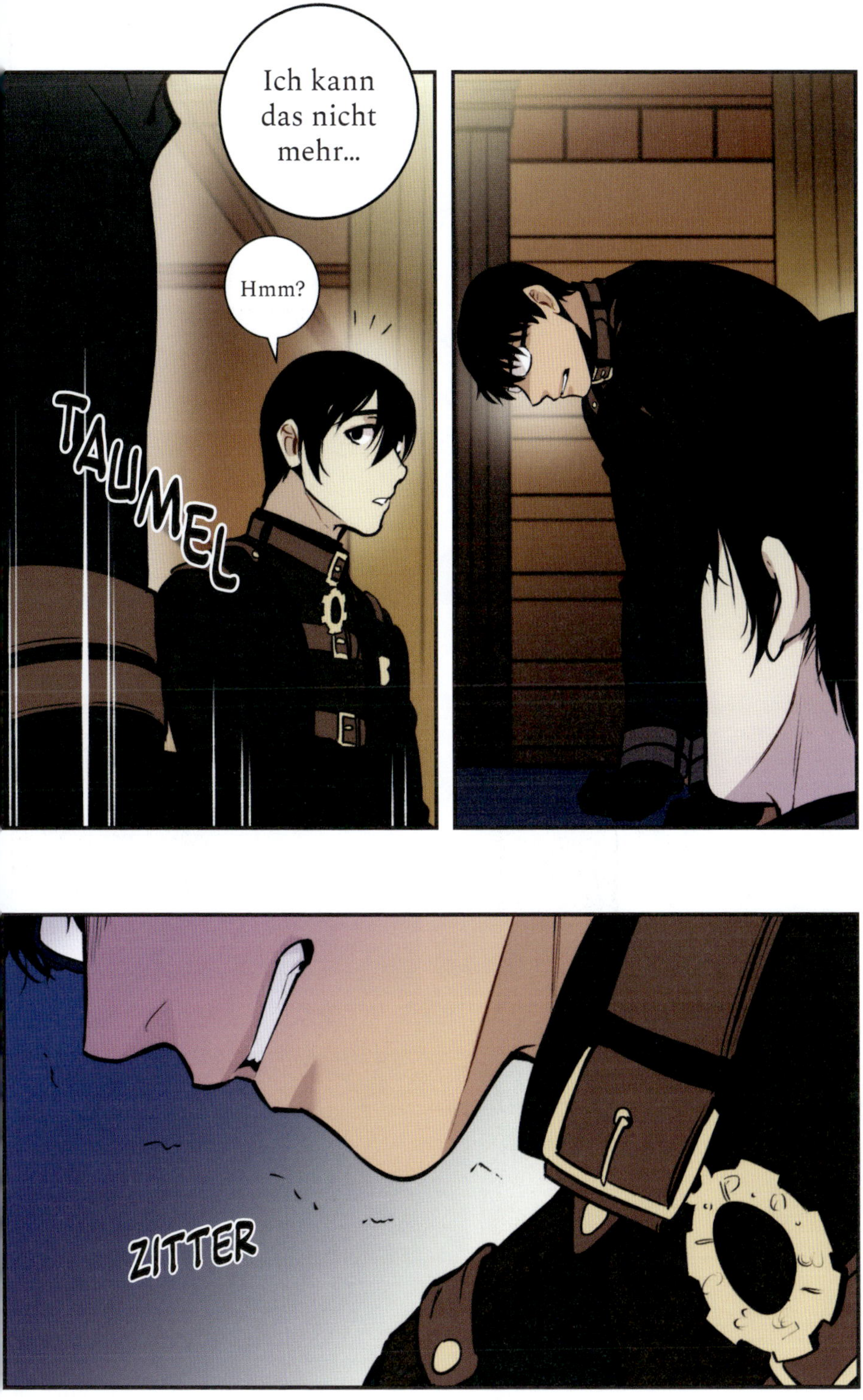
Ich kann das nicht mehr...
Hmm?
TAUMEL
ZITTER

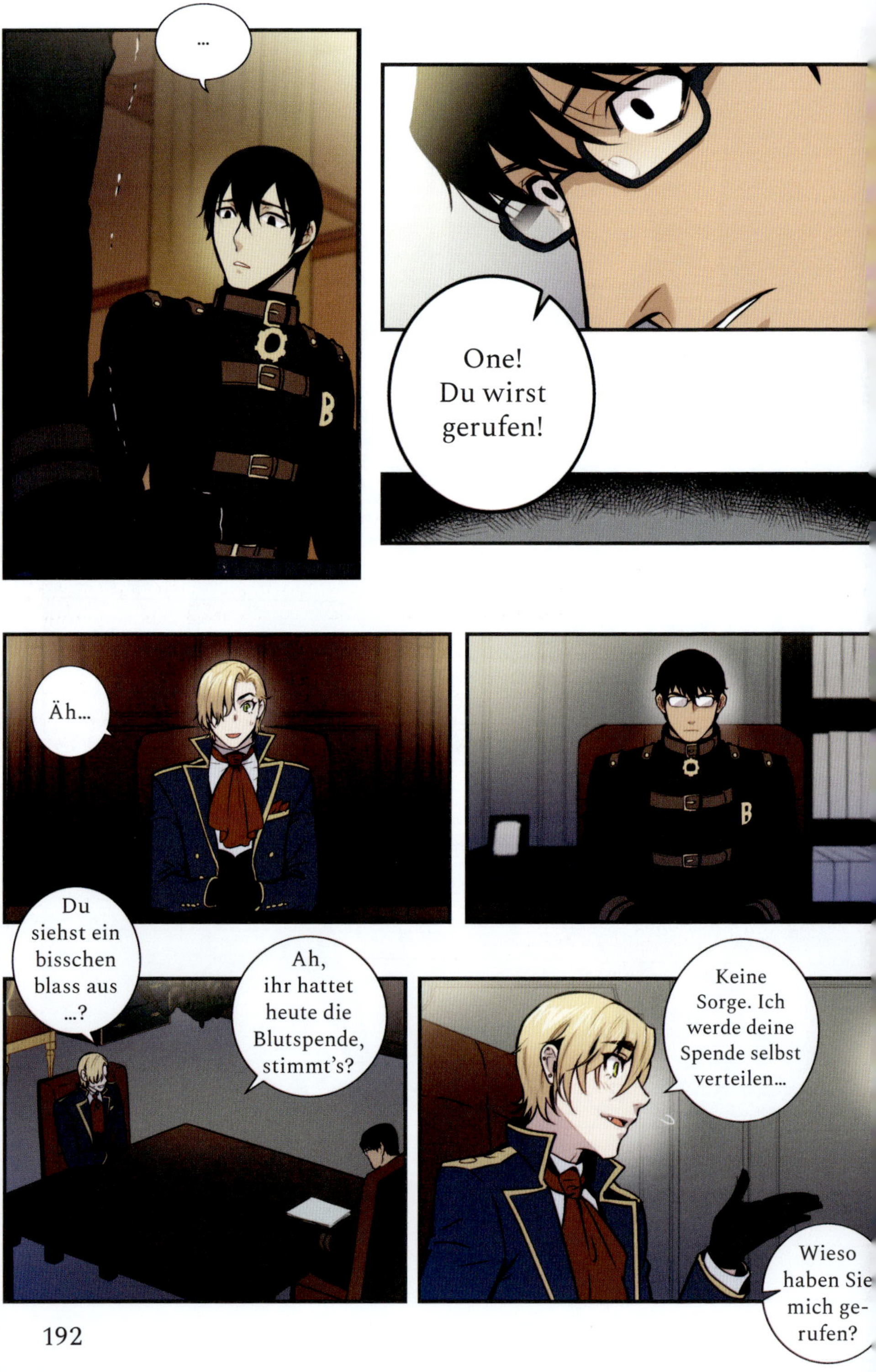
...
One! Du wirst gerufen!
Äh...
Du siehst ein bisschen blass aus ...?
Ah, ihr hattet heute die Blutspende, stimmt's?
Keine Sorge. Ich werde deine Spende selbst verteilen...
Wieso haben Sie mich ge-rufen?

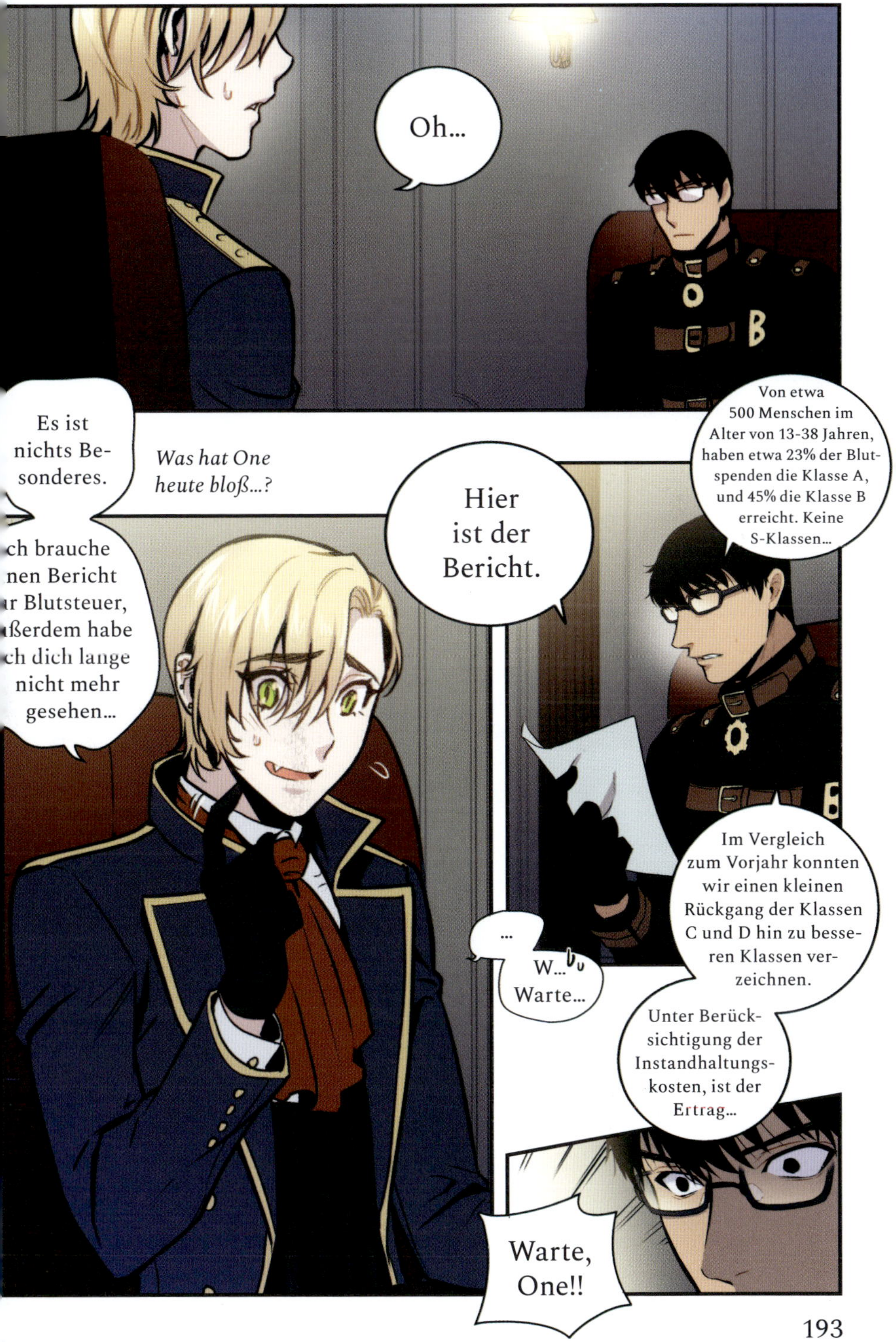
Oh…
Es ist nichts Besonderes.
Was hat One heute bloß…?
ch brauche nen Bericht r Blutsteuer, ßerdem habe ch dich lange nicht mehr gesehen…
Hier ist der Bericht.
Von etwa 500 Menschen im Alter von 13-38 Jahren, haben etwa 23% der Blutspenden die Klasse A, und 45% die Klasse B erreicht. Keine S-Klassen…
Im Vergleich zum Vorjahr konnten wir einen kleinen Rückgang der Klassen C und D hin zu besseren Klassen verzeichnen.
…
W… Warte…
Unter Berücksichtigung der Instandhaltungskosten, ist der Ertrag…
Warte, One!!

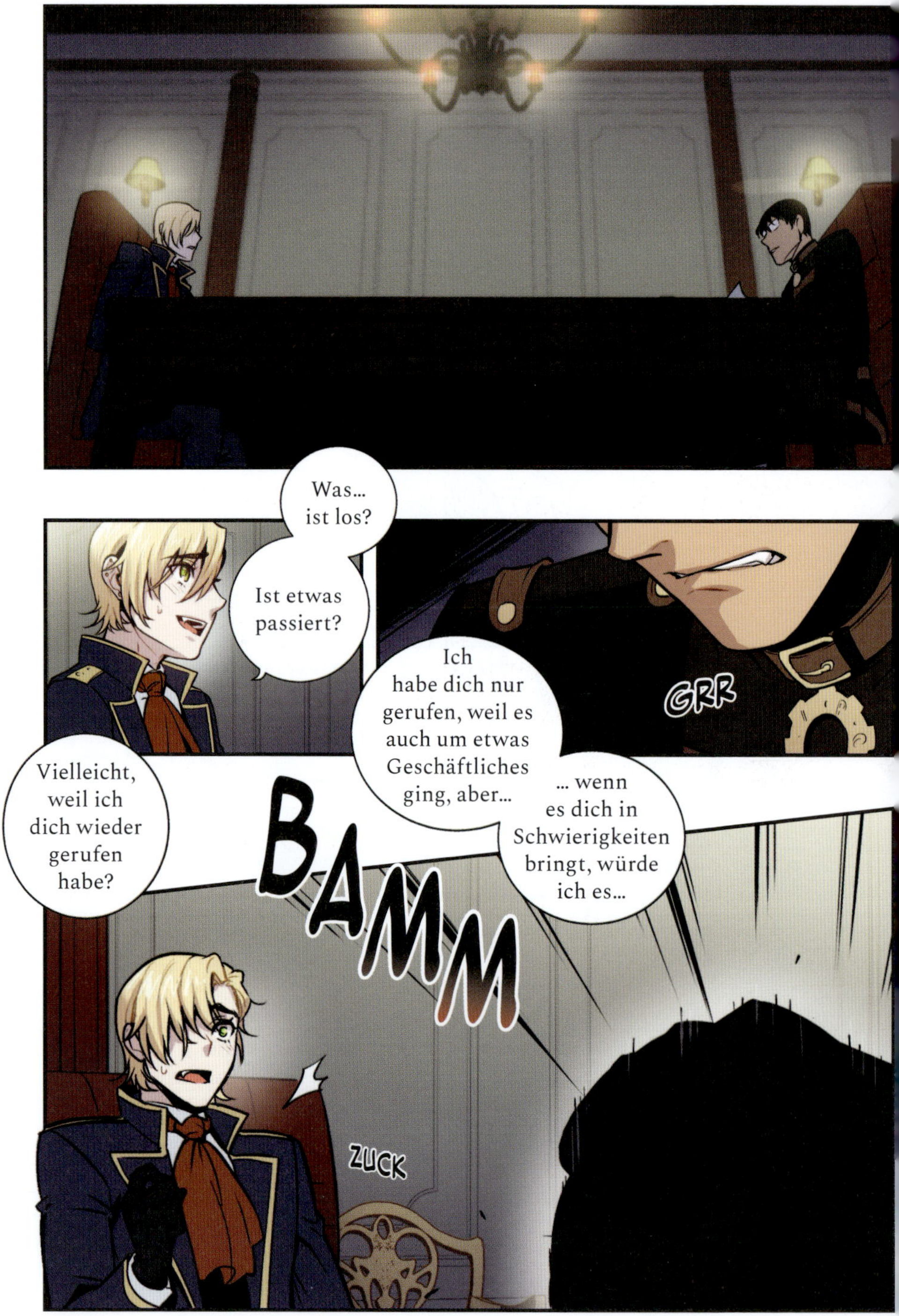

Was... ist los?
Ist etwas passiert?
GRR
Ich habe dich nur gerufen, weil es auch um etwas Geschäftliches ging, aber...
... wenn es dich in Schwierigkeiten bringt, würde ich es...
Vielleicht, weil ich dich wieder gerufen habe?
BAMM
ZUCK

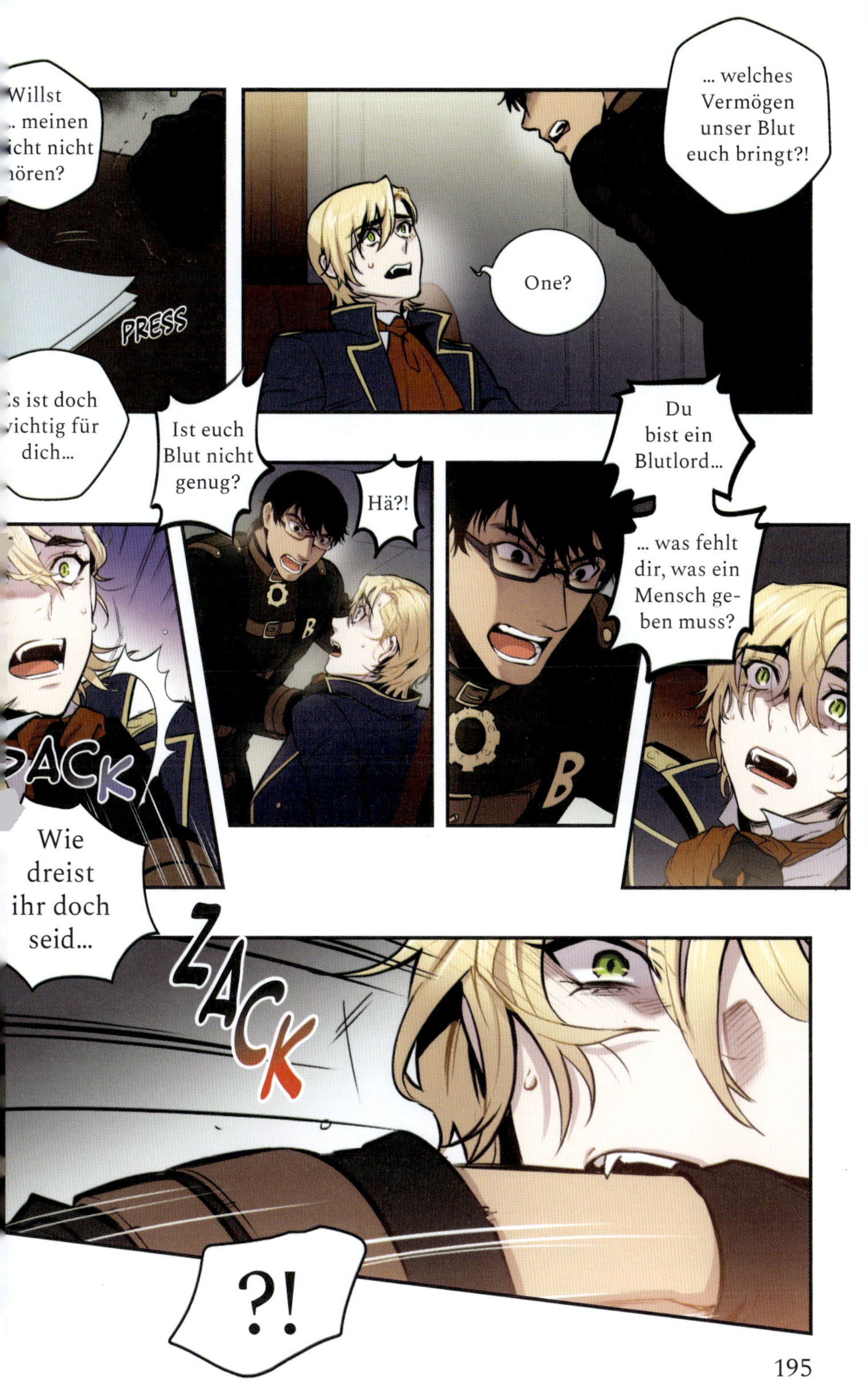

Willst
.. meinen
icht nicht
hören?
PRESS
... welches
Vermögen
unser Blut
euch bringt?!
One?
Es ist doch
vichtig für
dich...
Ist euch
Blut nicht
genug?
Hä?!
Du
bist ein
Blutlord...
... was fehlt
dir, was ein
Mensch ge-
ben muss?
ZACK
Wie
dreist
ihr doch
seid...
ZACK
?!

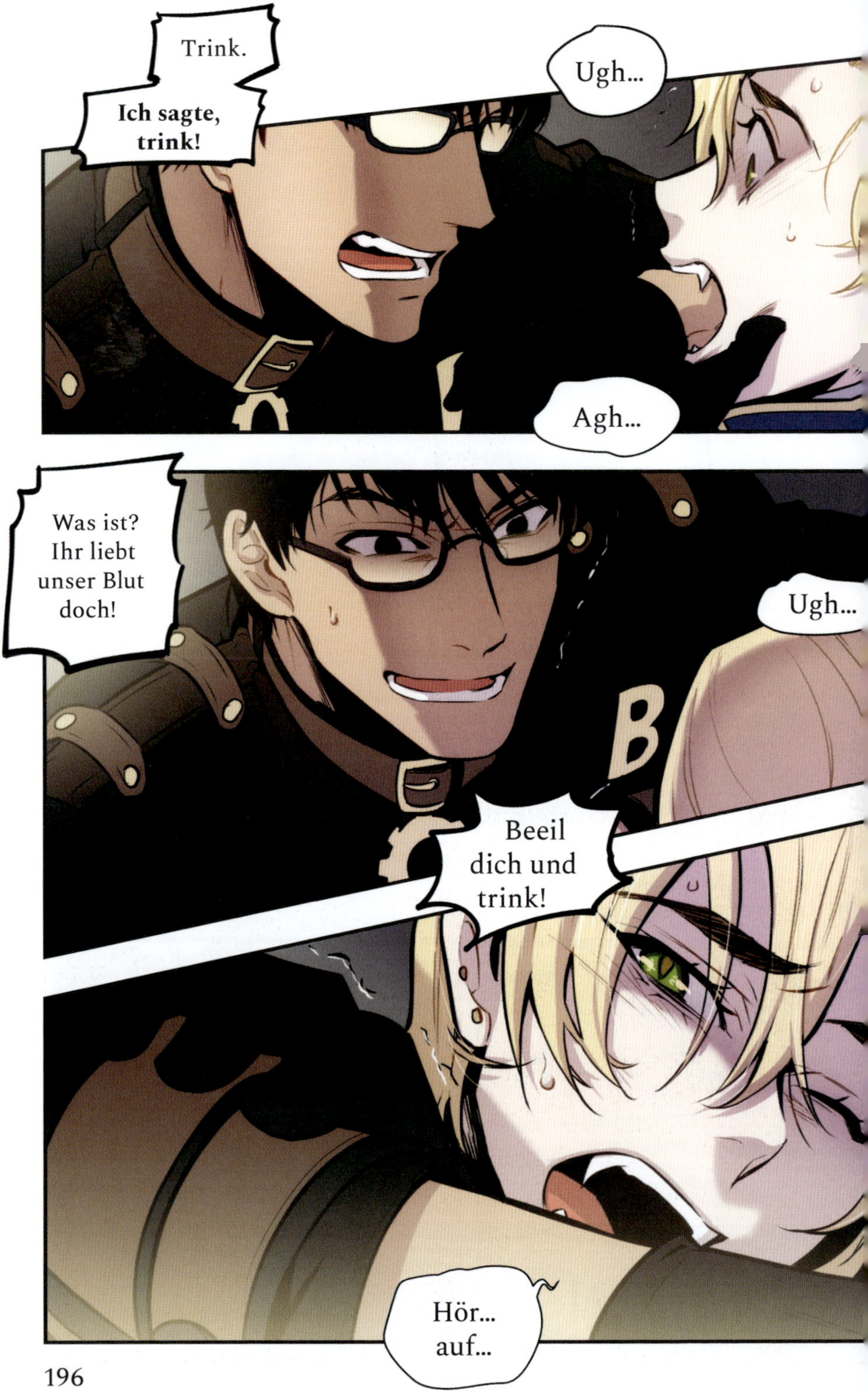
Trink.
Ich sagte, trink!
Ugh...
Agh...
Was ist? Ihr liebt unser Blut doch!
Ugh...
Beeil dich und trink!
Hör... auf...

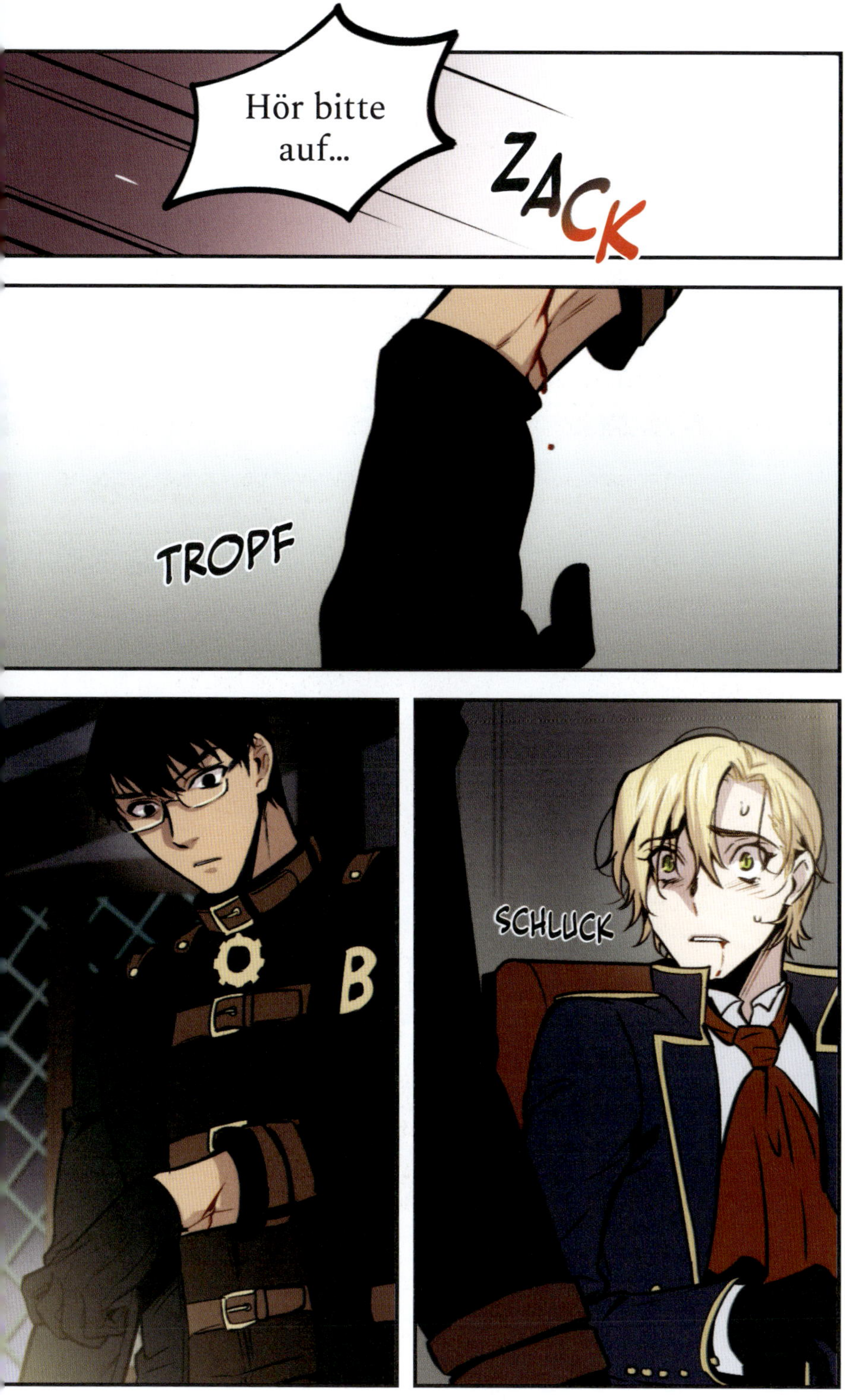
Hör bitte auf...
ZACK
TROPF
SCHLUCK

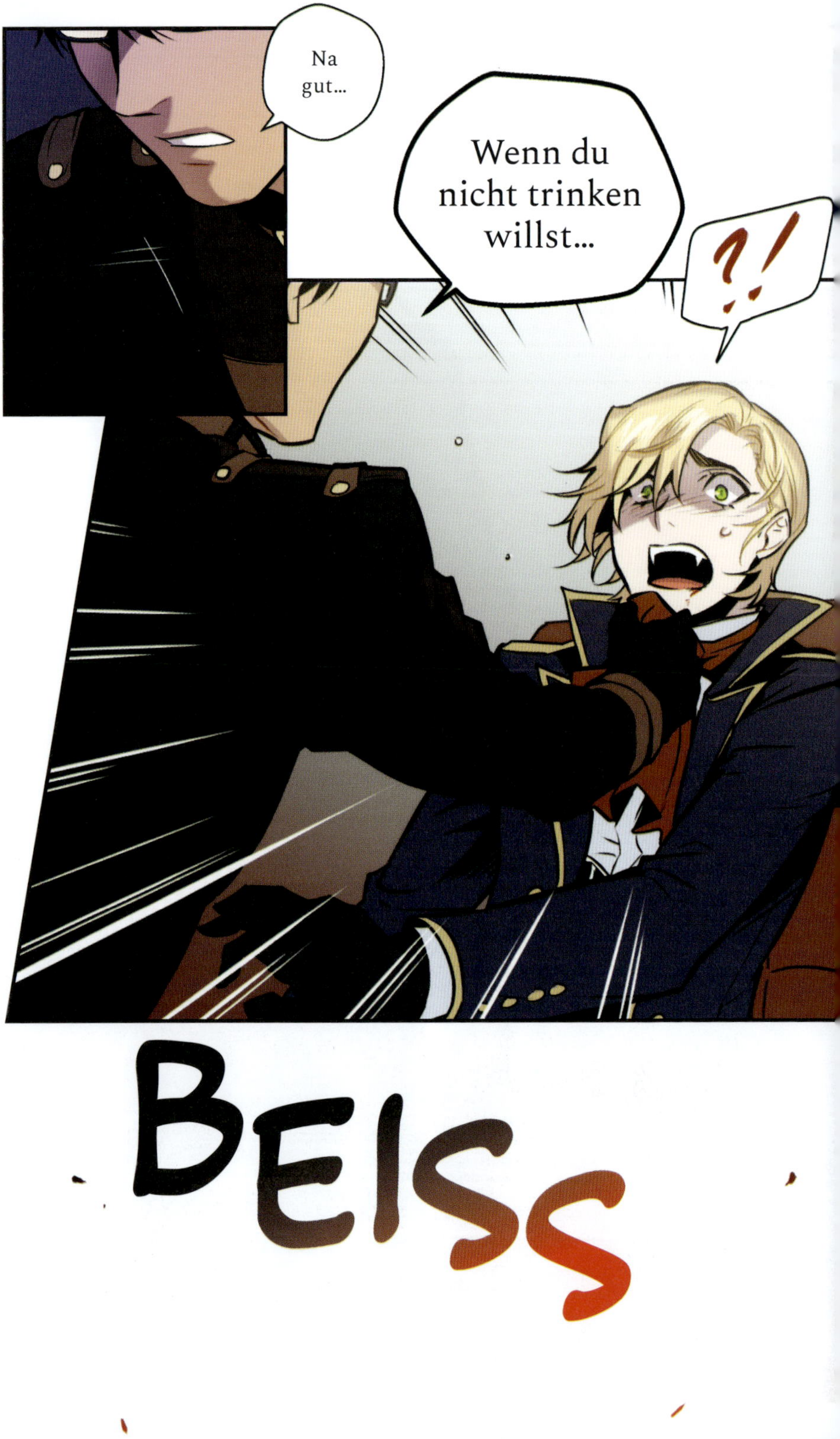
Na gut…
Wenn du nicht trinken willst…
?!
BEISS

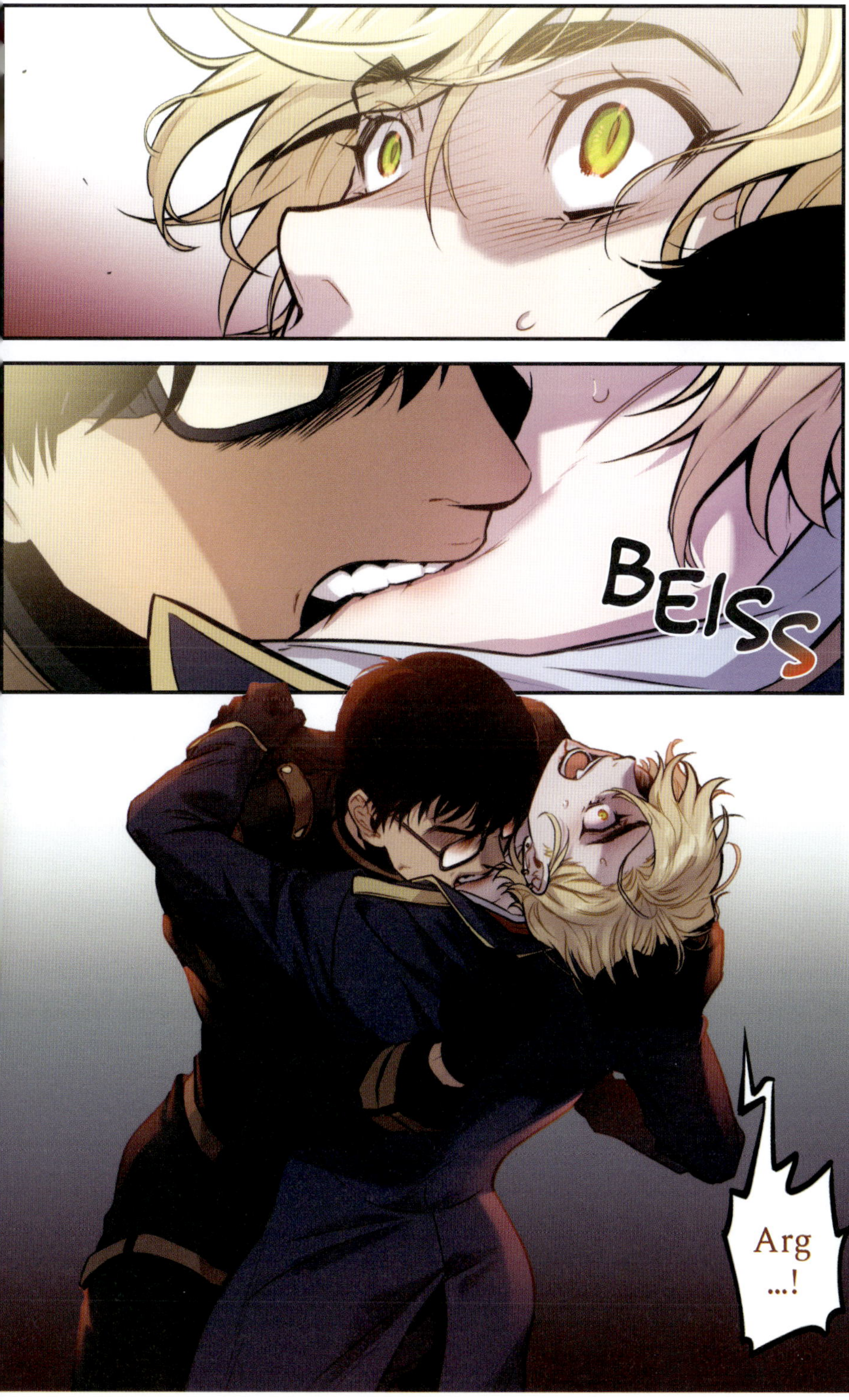
BEISS
Arg
...!

BLOOD BANK
Play 15

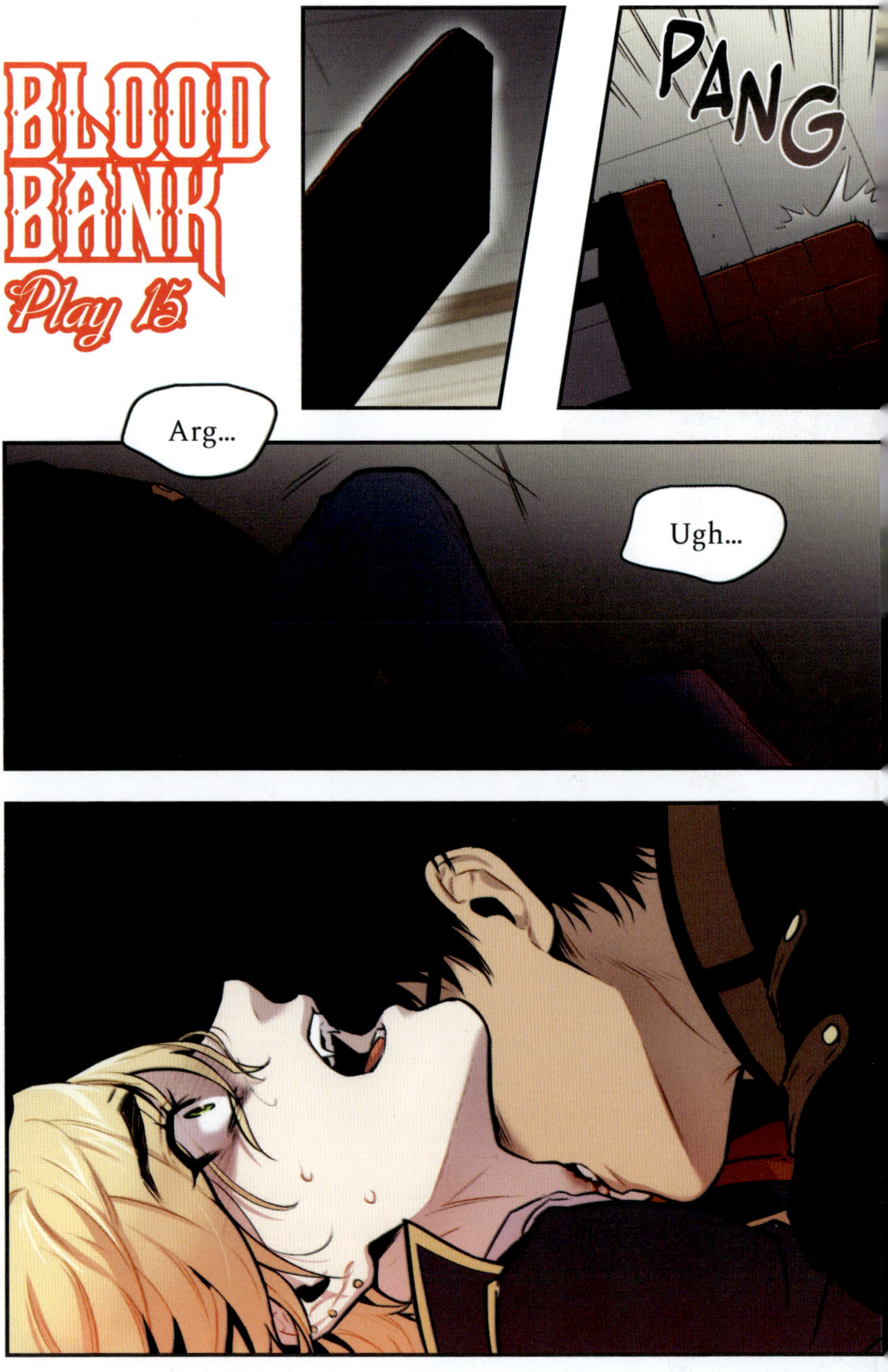

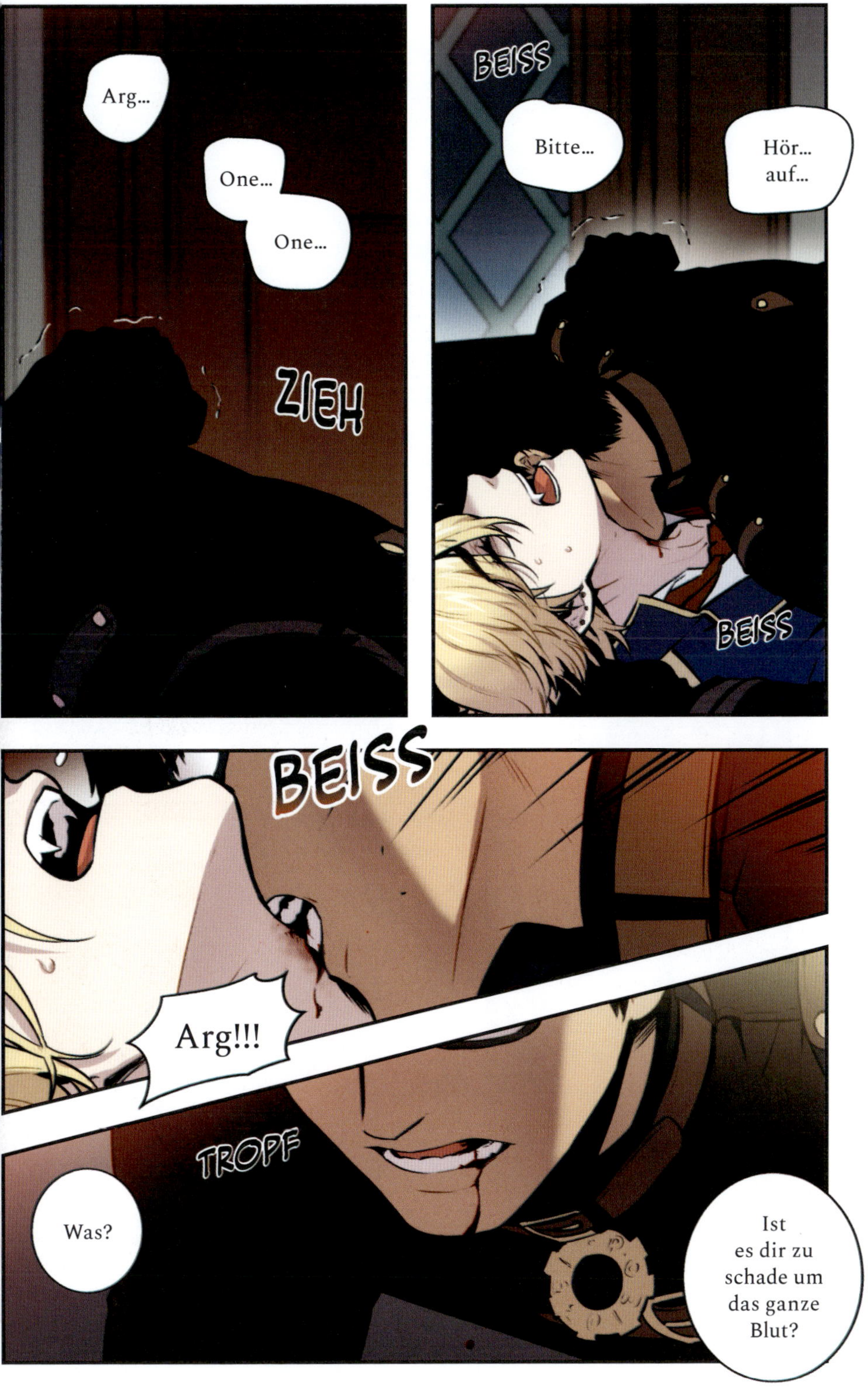
Arg...
One...
One...
ZIEH
BEISS
Hör... auf...
Bitte...
BEISS
BEISS
Arg!!!
TROPF
Ist es dir zu schade um das ganze Blut?
Was?

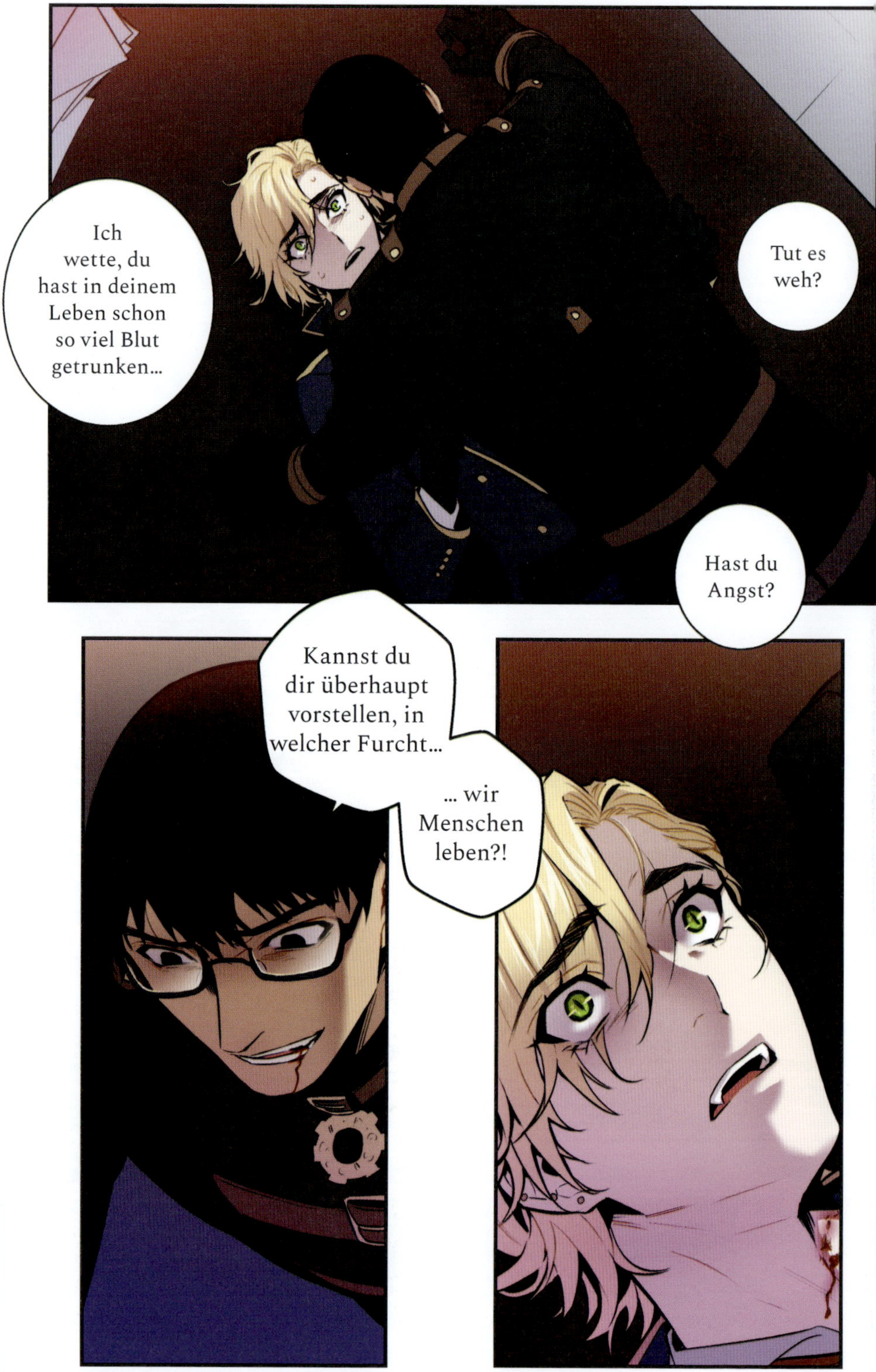
Tut es weh?
Ich wette, du hast in deinem Leben schon so viel Blut getrunken…
Hast du Angst?
Kannst du dir überhaupt vorstellen, in welcher Furcht…
… wir Menschen leben?!

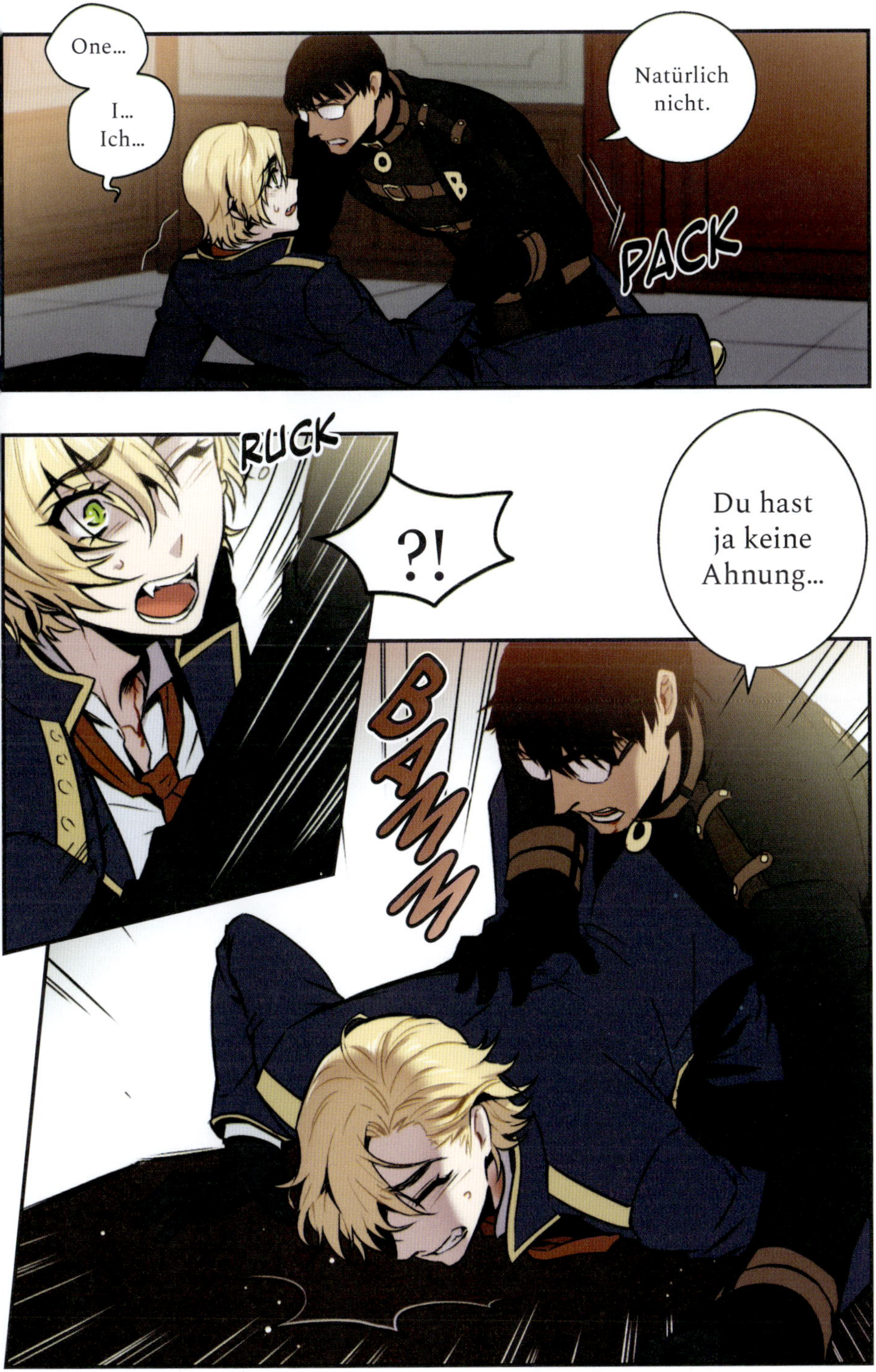
One…
I… Ich…
Natürlich nicht.
PACK
RÜCK
?!
Du hast ja keine Ahnung…
BAMM

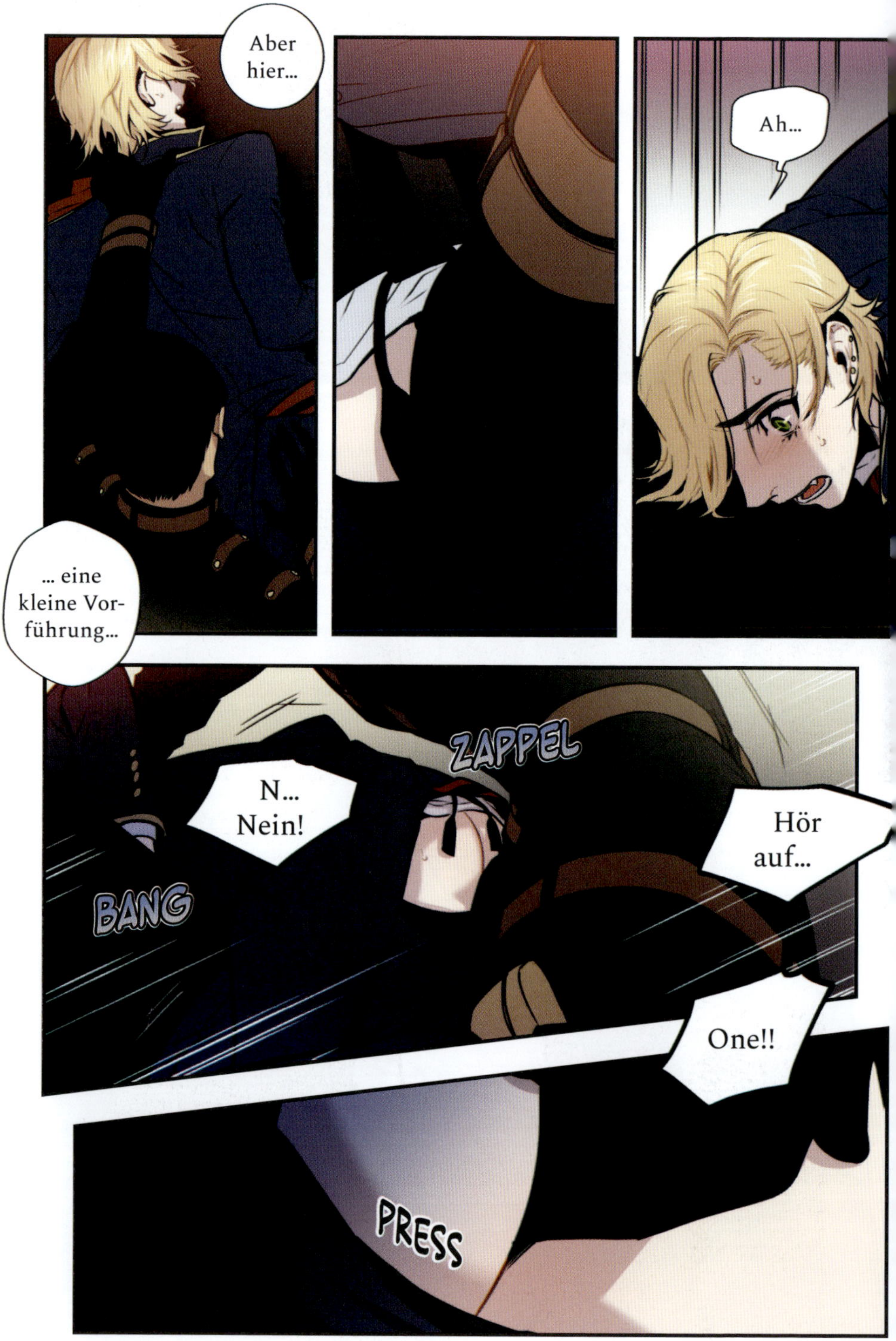
Aber hier...
Ah...
... eine kleine Vorführung...
ZAPPEL
N... Nein!
Hör auf...
BANG
One!!
PRESS

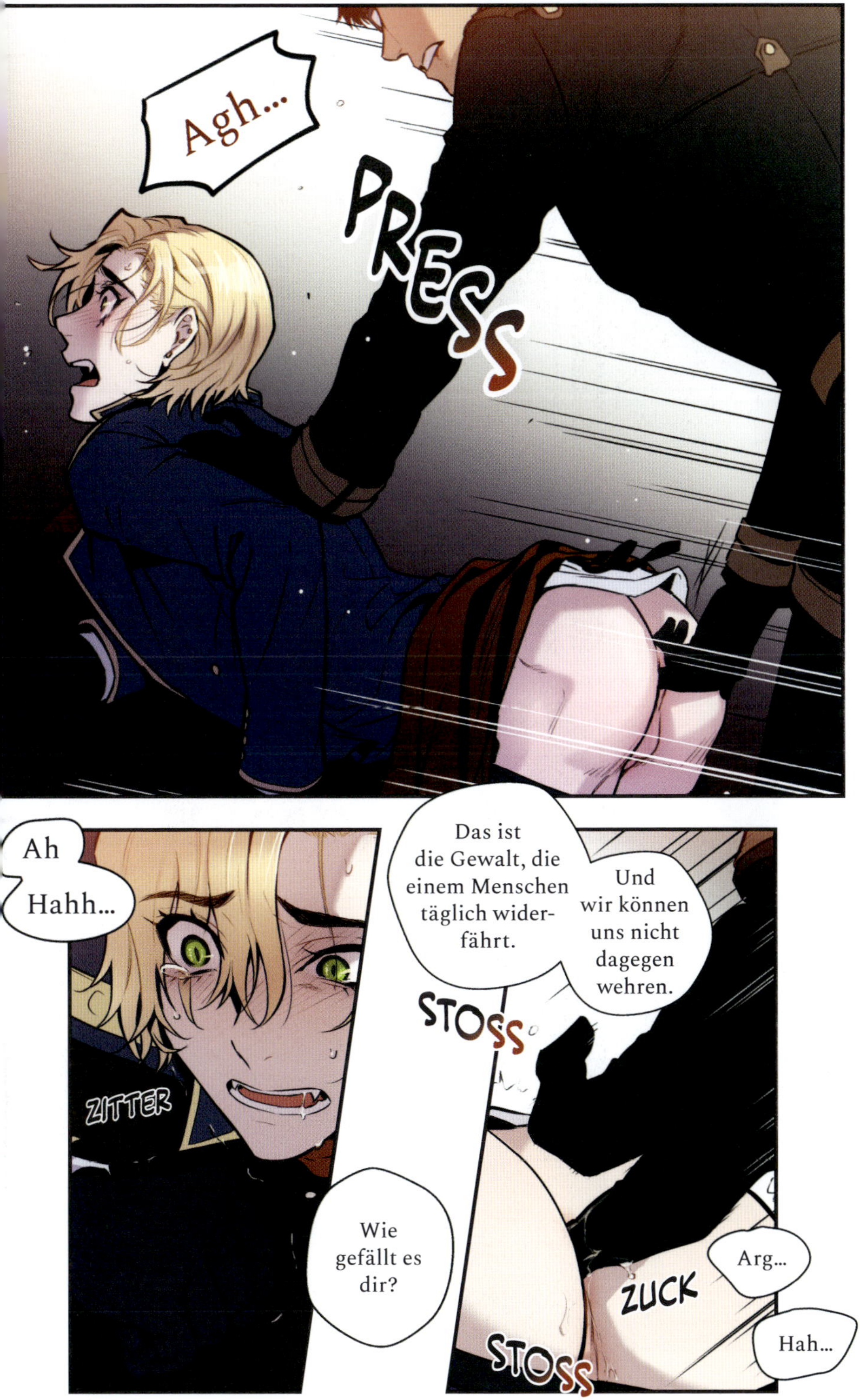

Agh...
PRESS
Ah
Hahh...
ZITTER
Das ist die Gewalt, die einem Menschen täglich widerfährt.
Und wir können uns nicht dagegen wehren.
STOSS
Wie gefällt es dir?
Arg...
ZUCK
Hah...
STOSS

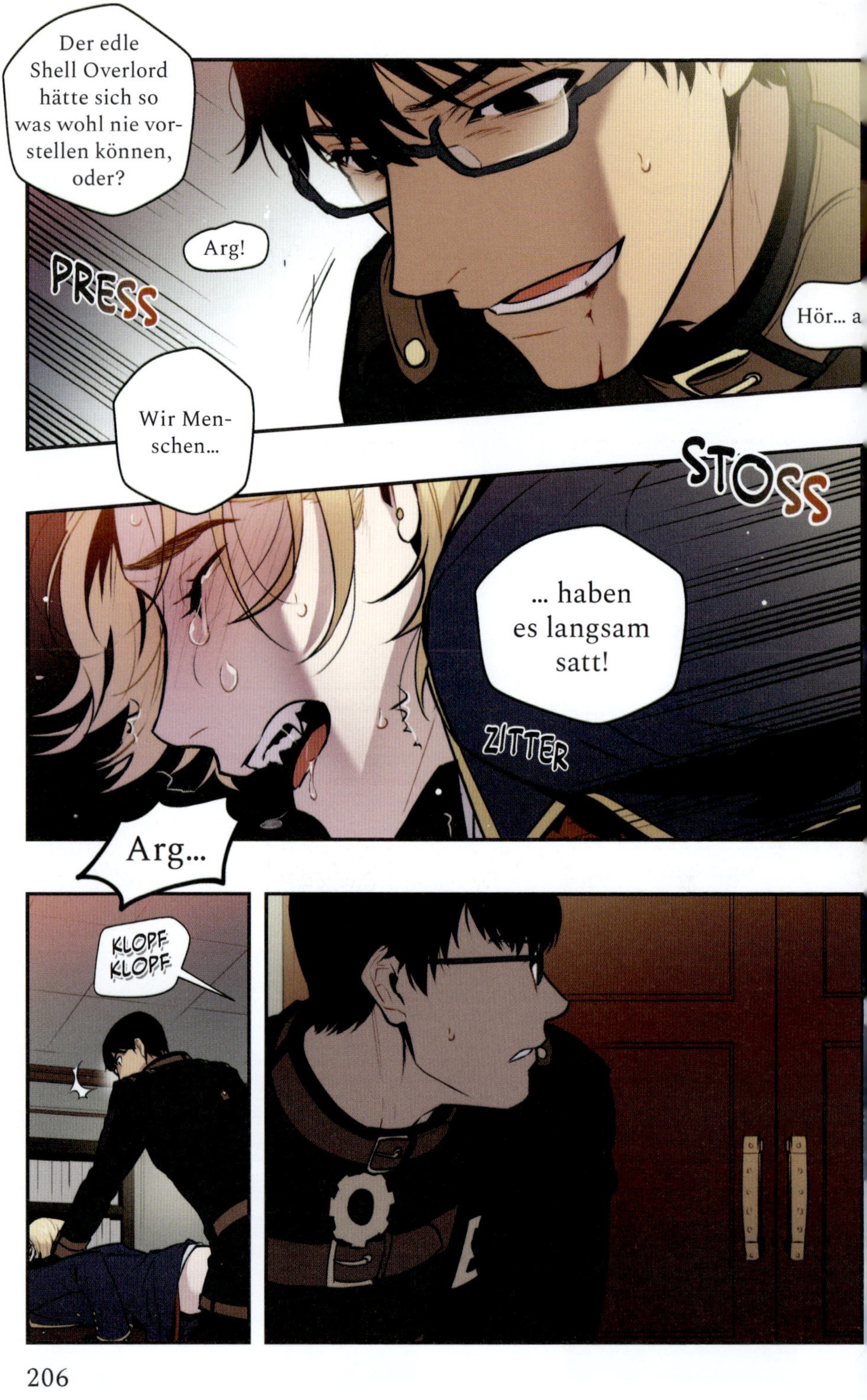
Der edle Shell Overlord hätte sich so was wohl nie vorstellen können, oder?
Arg!
PRESS
Hör... a
Wir Menschen...
STOSS
... haben es langsam satt!
ZITTER
Arg...
KLOPF KLOPF

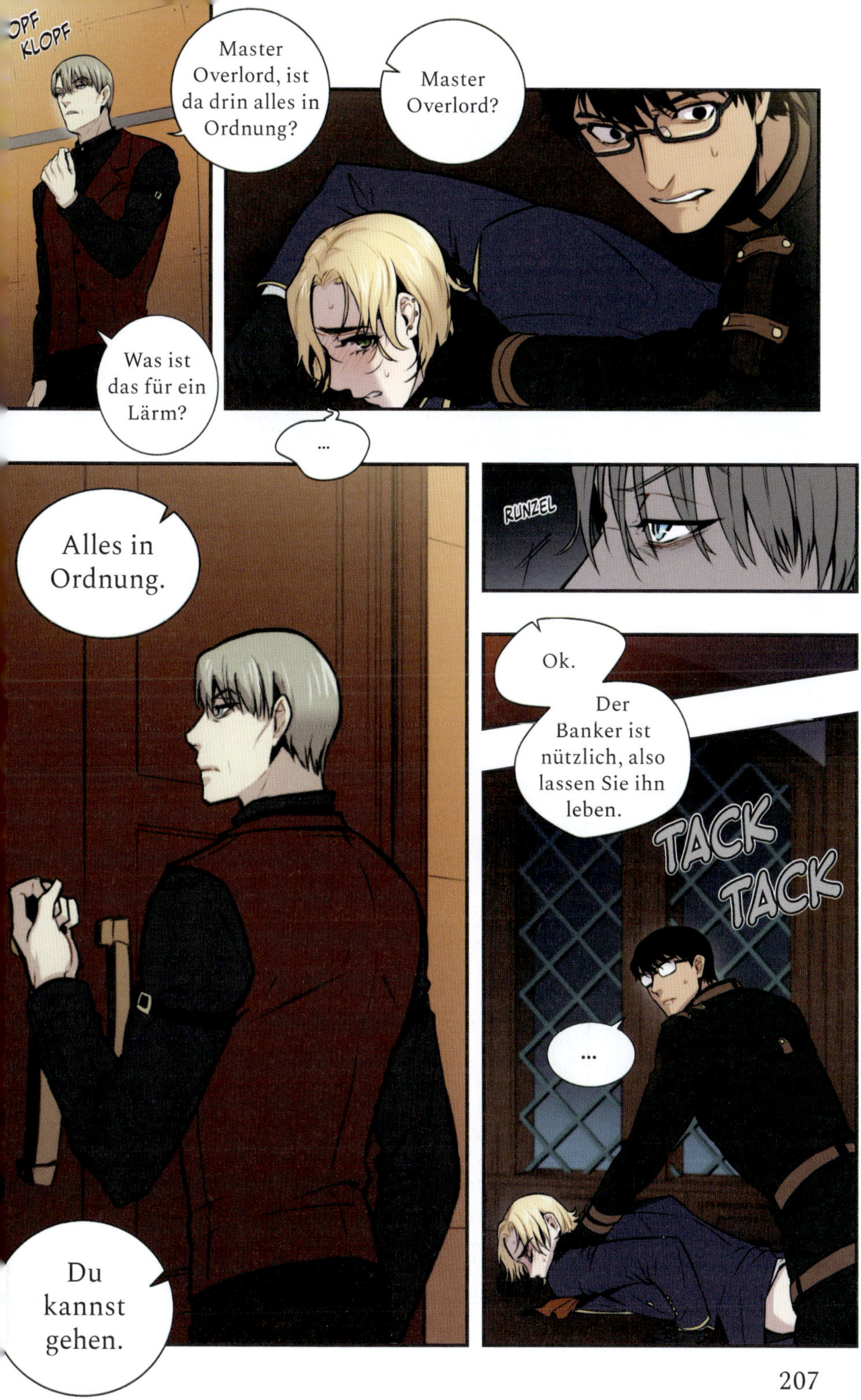

OPF
KLOPF
Master Overlord, ist da drin alles in Ordnung?
Master Overlord?
Was ist das für ein Lärm?
...
Alles in Ordnung.
Du kannst gehen.
RUNZEL
Ok.
Der Banker ist nützlich, also lassen Sie ihn leben.
TACK
TACK
...

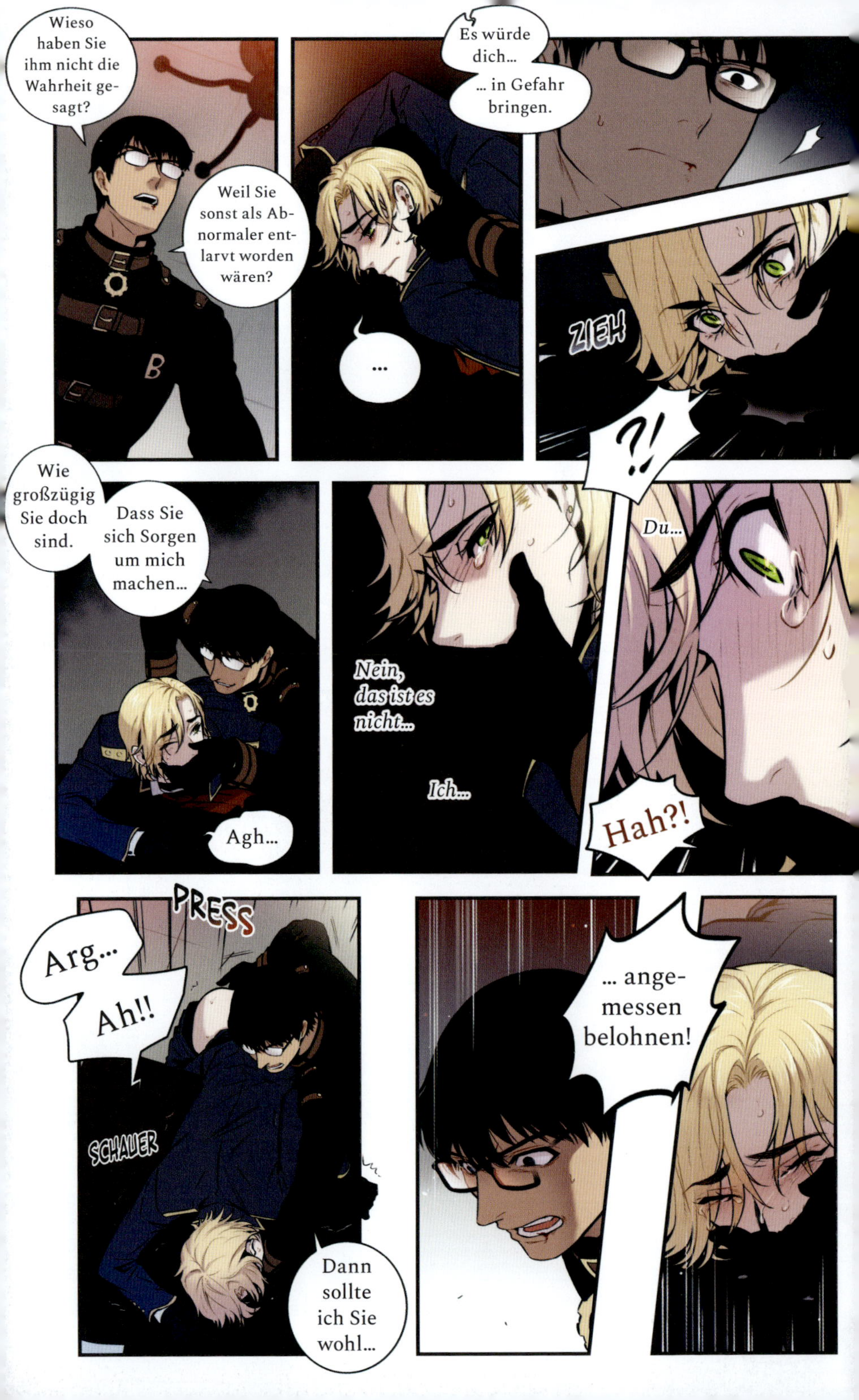

Wieso haben Sie ihm nicht die Wahrheit gesagt?
Weil Sie sonst als Abnormaler entlarvt worden wären?
Es würde dich…
… in Gefahr bringen.
…
ZIEH
?!
Wie großzügig Sie doch sind.
Dass Sie sich Sorgen um mich machen…
Agh…
Nein, das ist es nicht…
Ich…
Du…
Hah?!
PRESS
Arg…
Ah!!
SCHAUER
Dann sollte ich Sie wohl…
… angemessen belohnen!

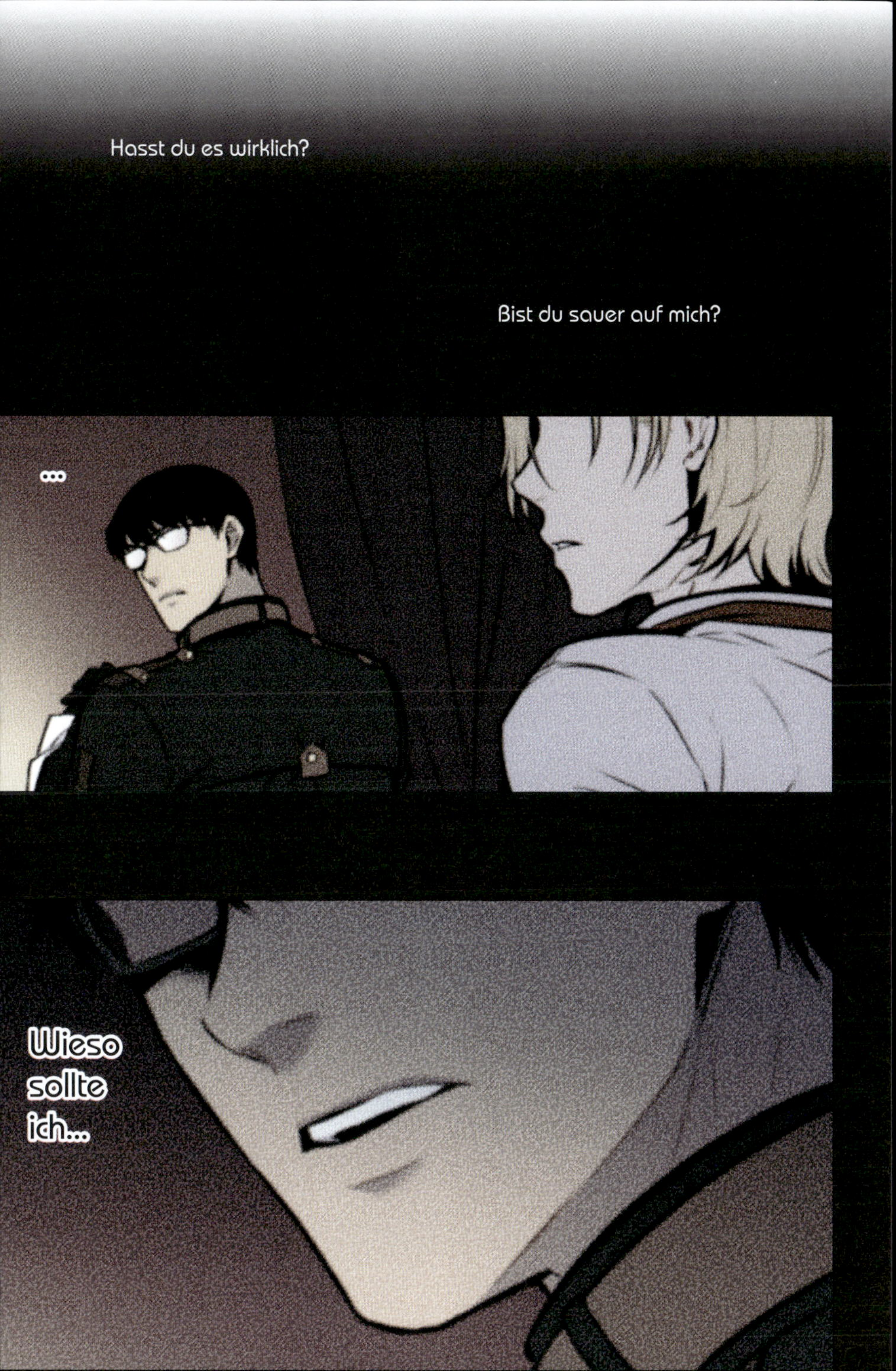
Hasst du es wirklich?
Bist du sauer auf mich?
...
Wieso sollte ich...

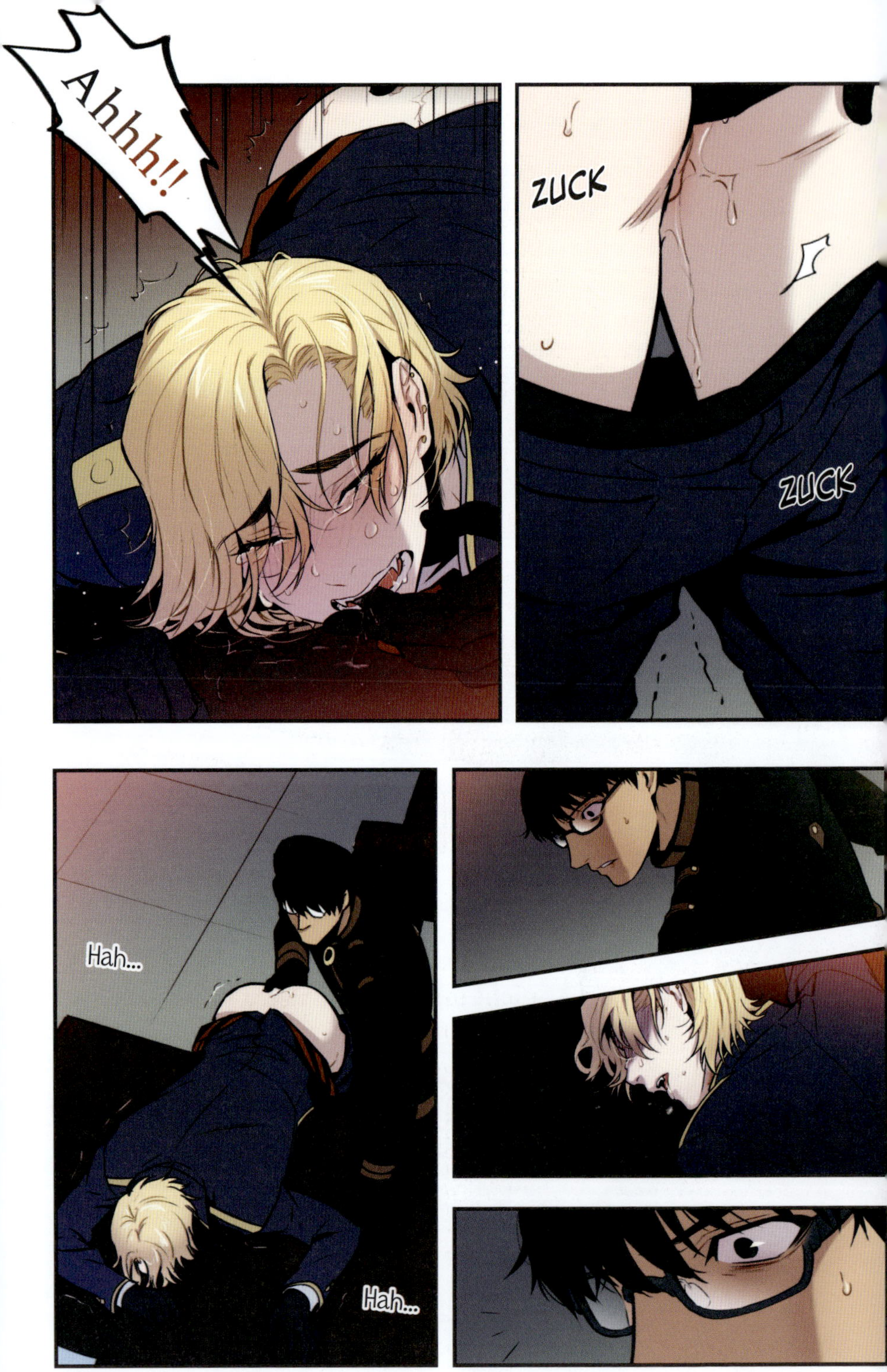
Ahhh!!
ZUCK
ZUCK
Hah...
Hah...

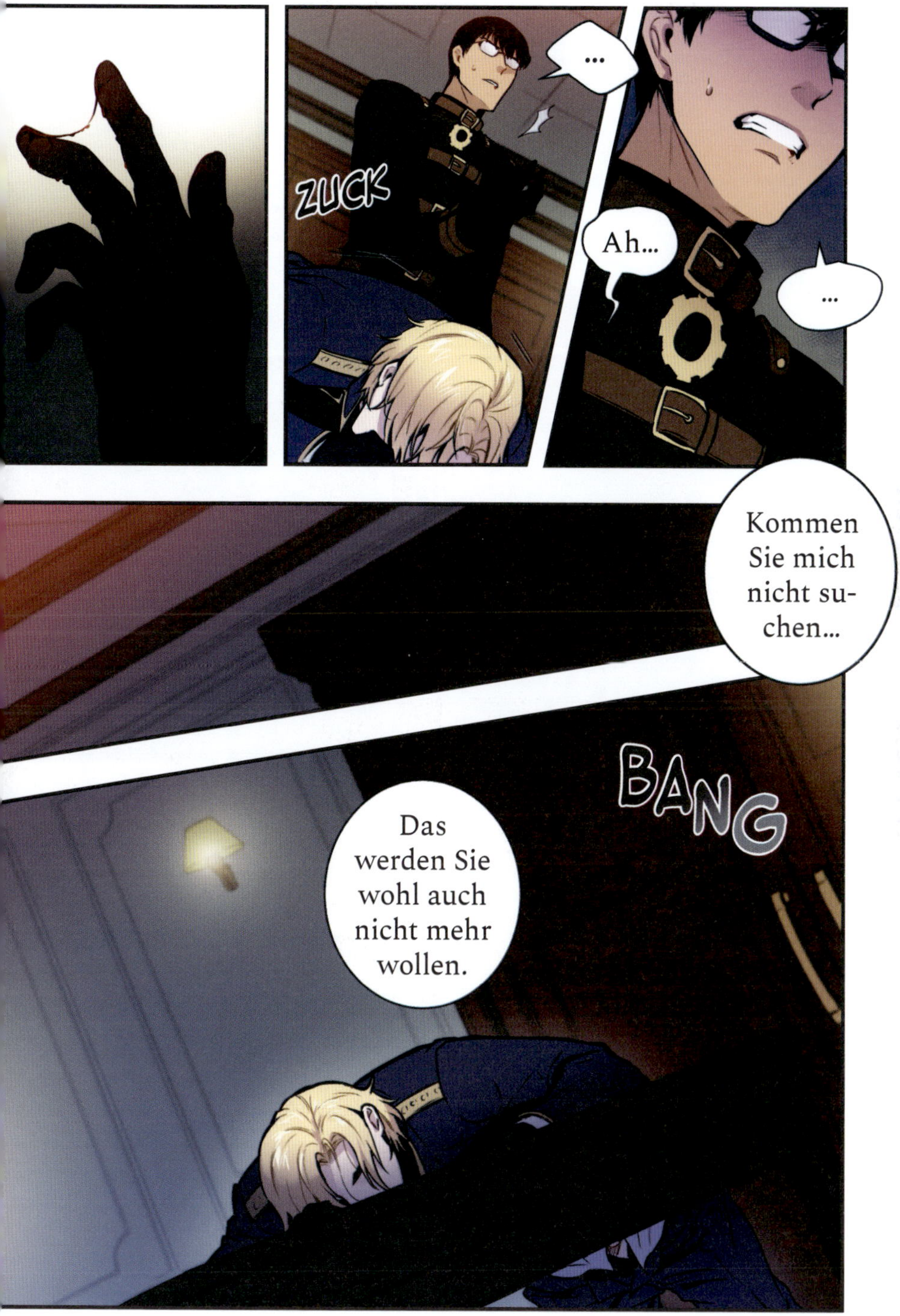
ZUCK
...
Ah...
...
Kommen Sie mich nicht suchen...
BANG
Das werden Sie wohl auch nicht mehr wollen.

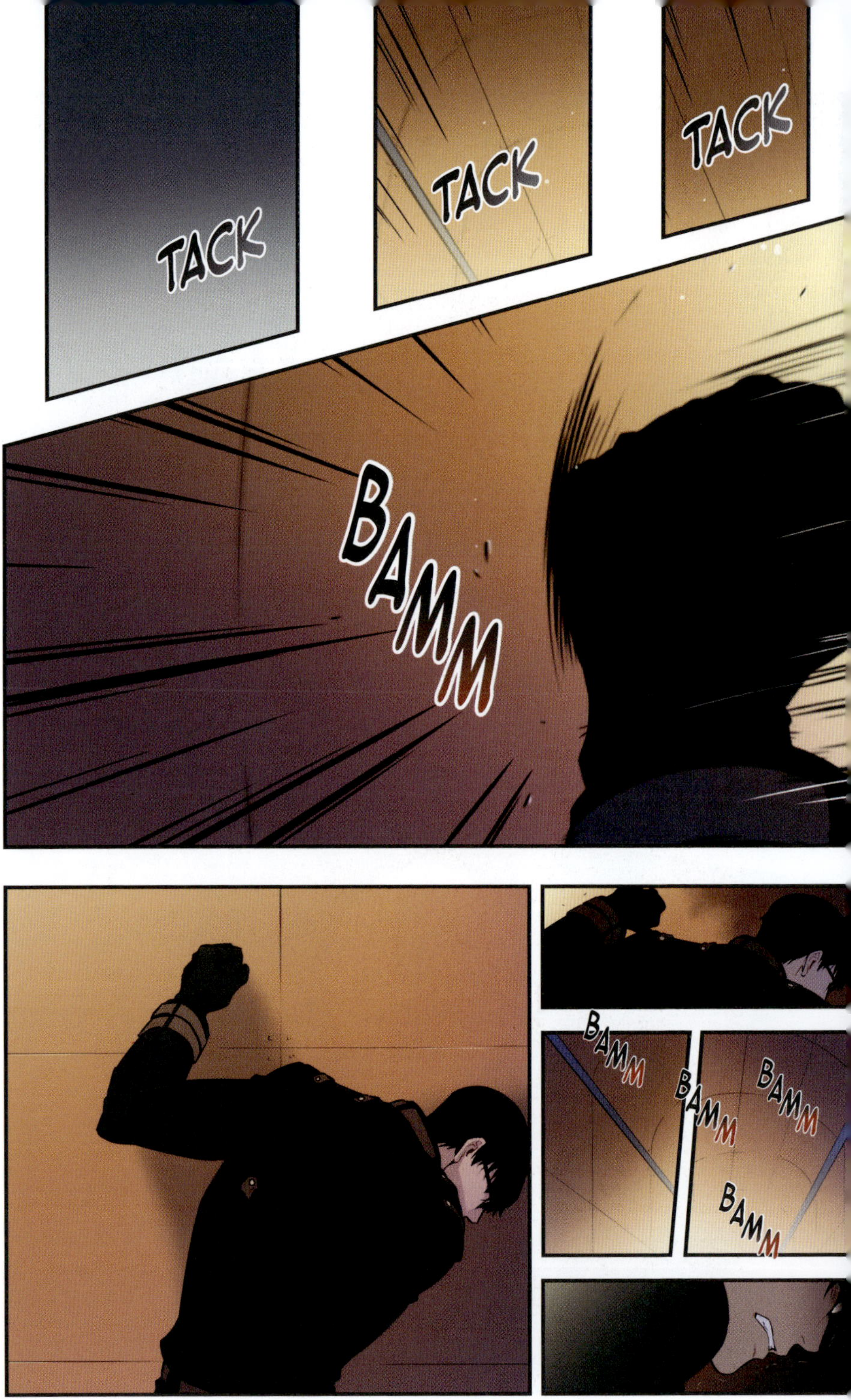
TACK
TACK
TACK
BAMM
BAMM
BAMM
BAMM
BAMM

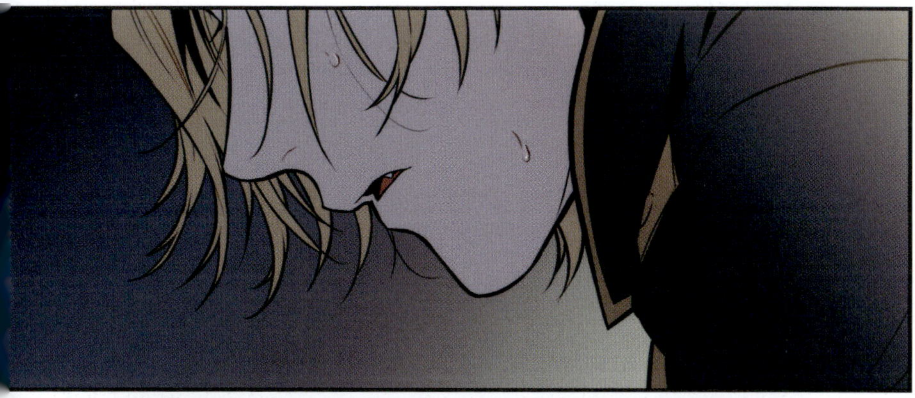
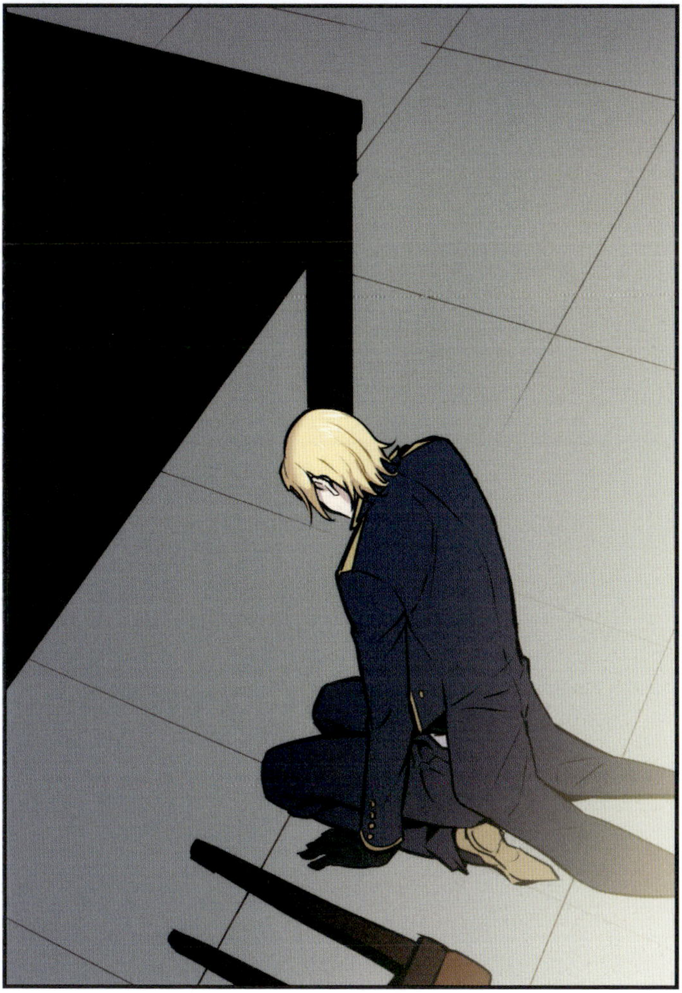

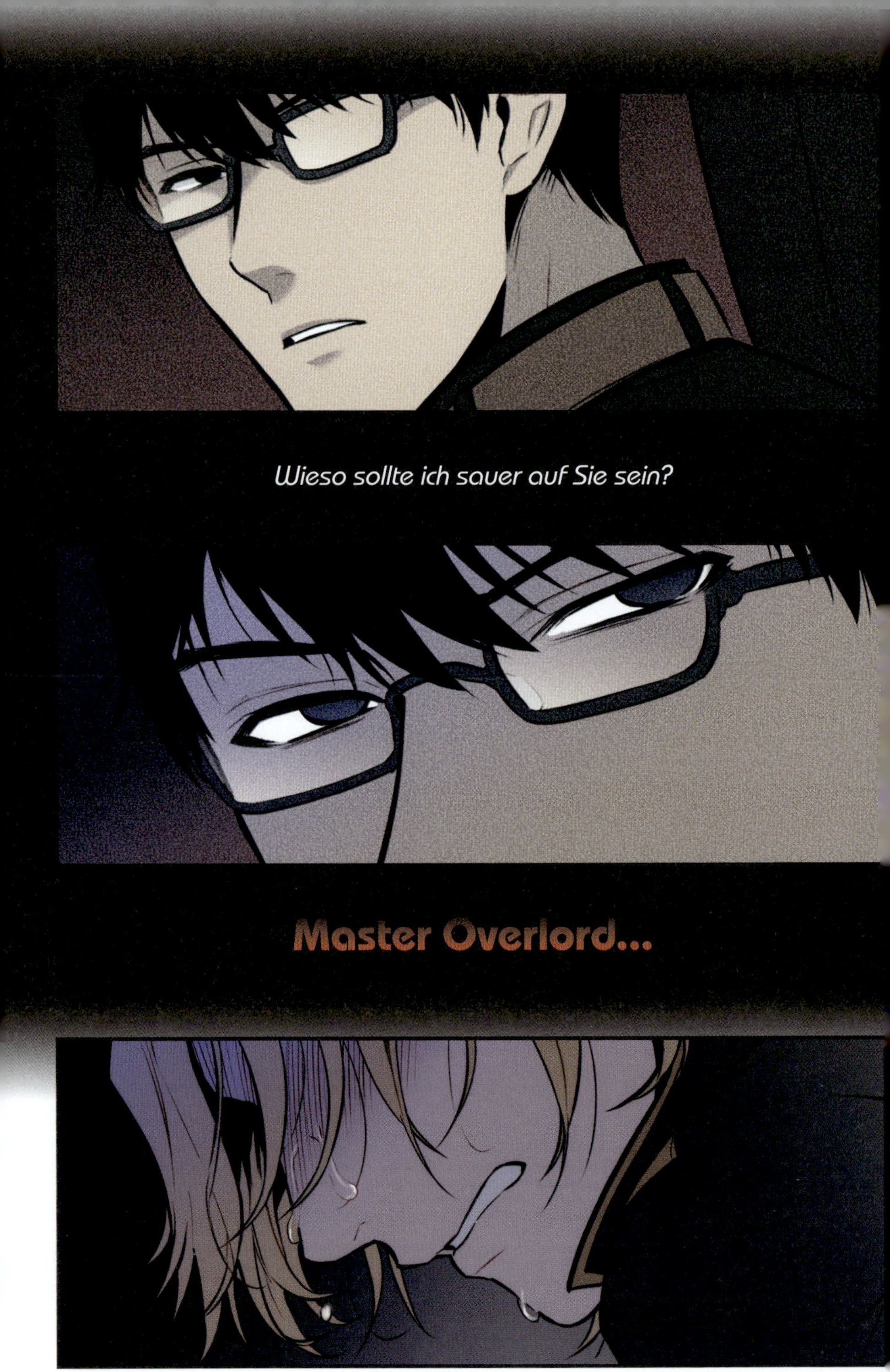
Wieso sollte ich sauer auf Sie sein?
Master Overlord...

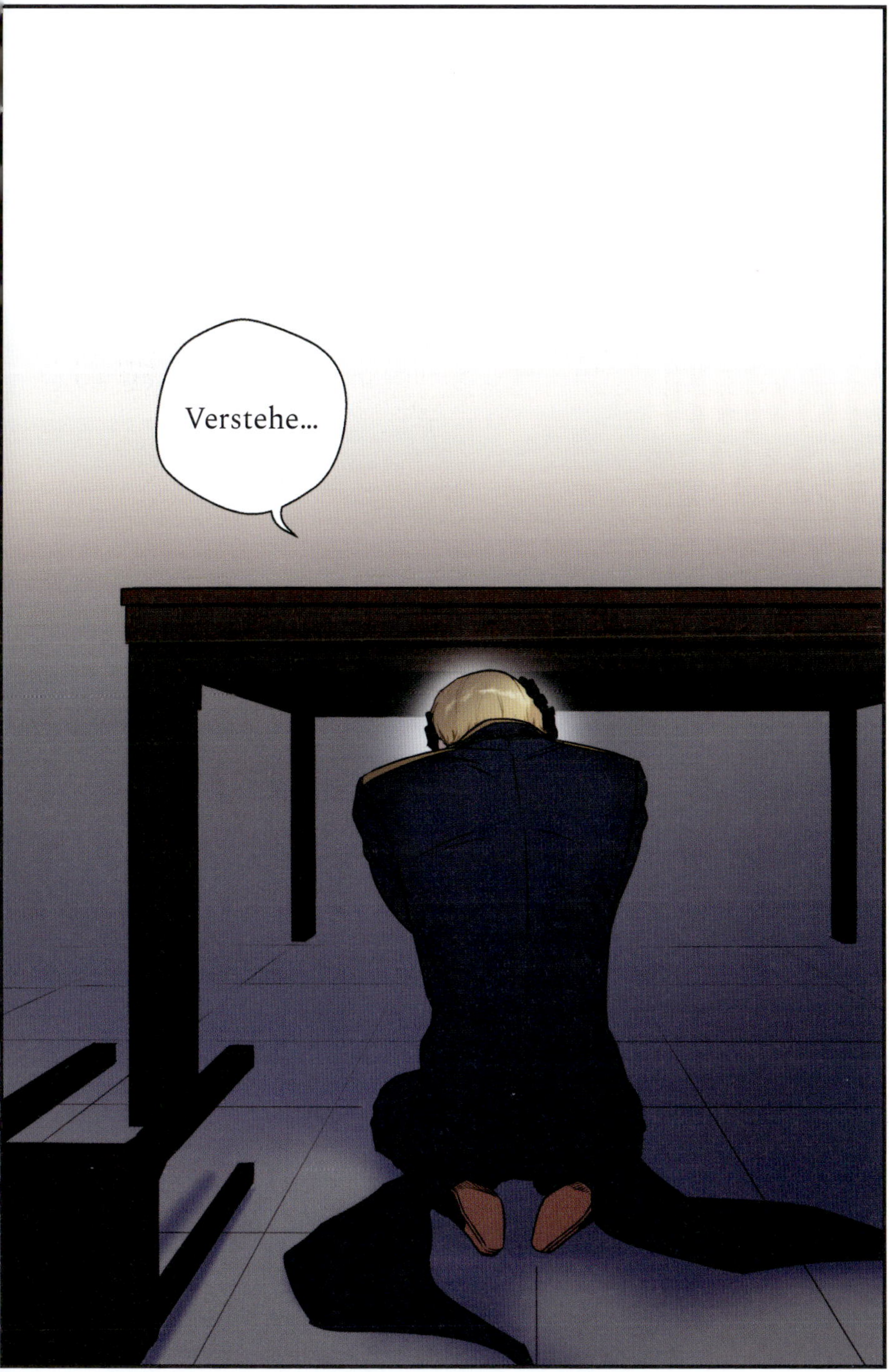
Verstehe…

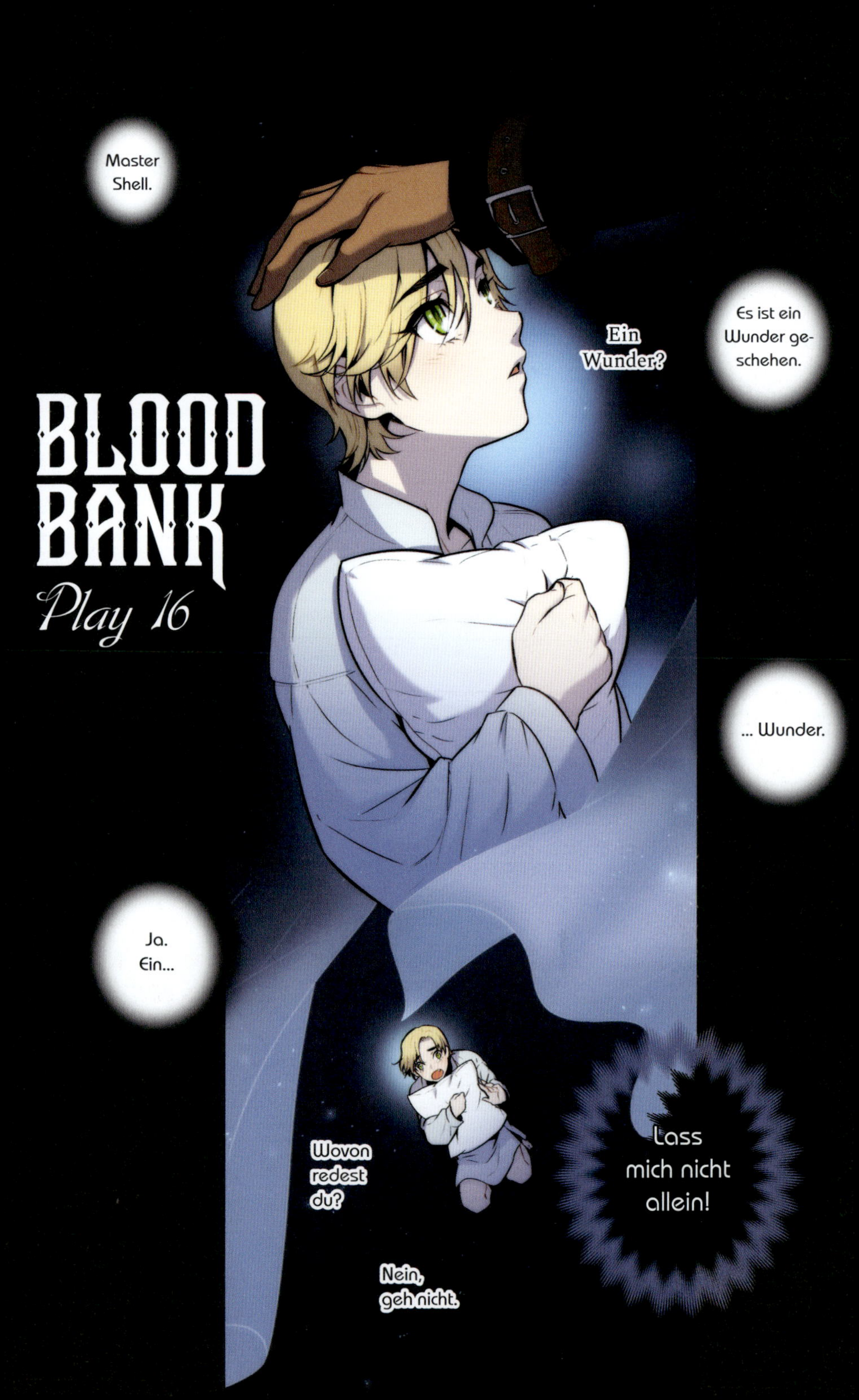
BLOOD BANK
Play 16
Master Shell.
Es ist ein Wunder geschehen.
Ein Wunder?
... Wunder.
Ja. Ein...
Lass mich nicht allein!
Wovon redest du?
Nein, geh nicht.

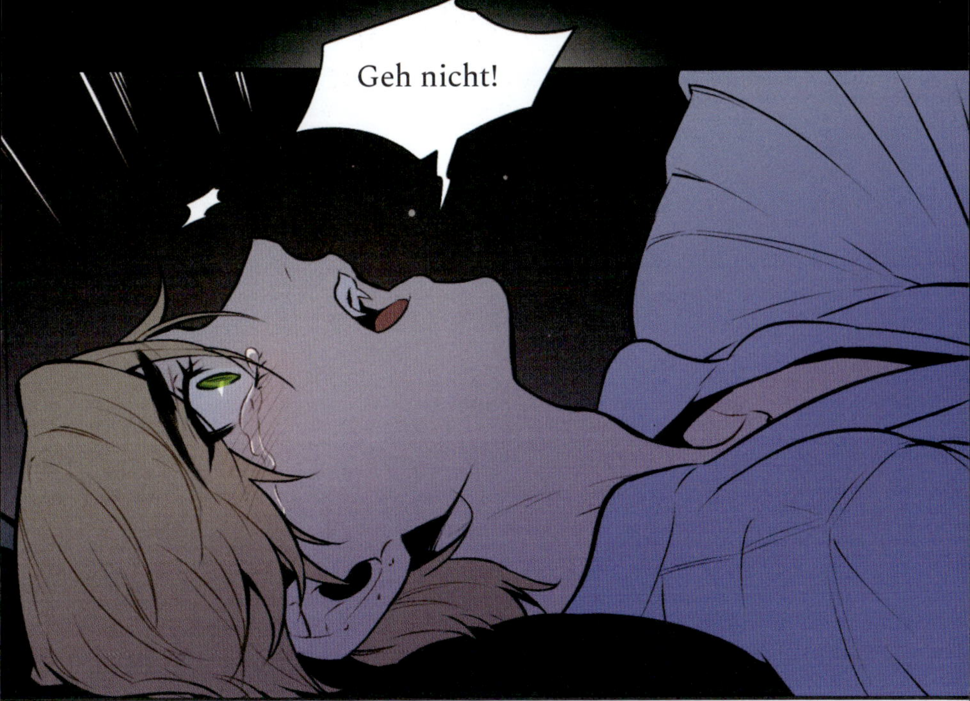
Geh nicht!

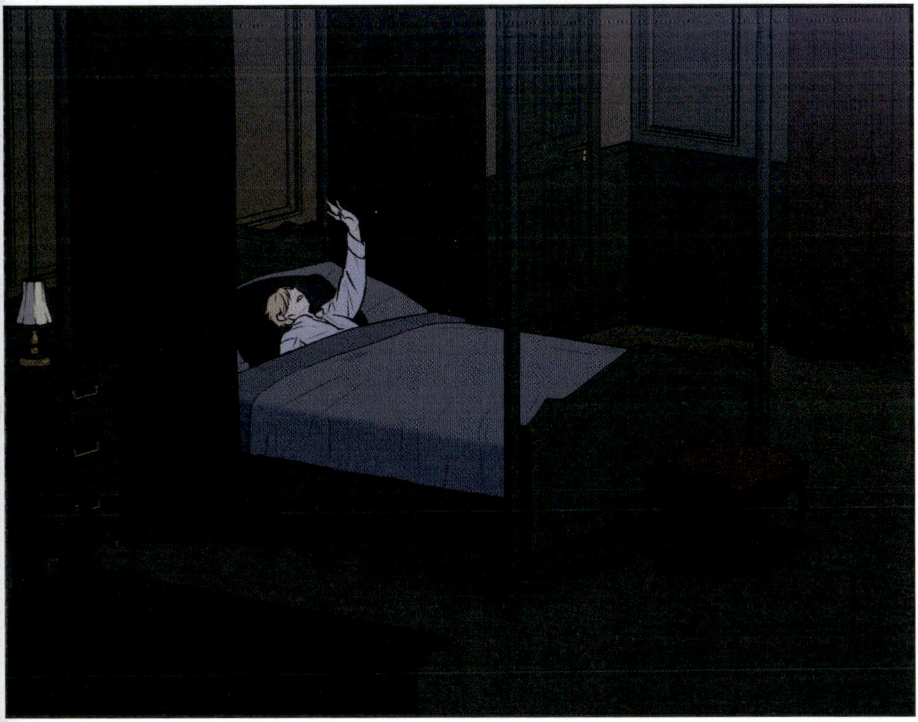

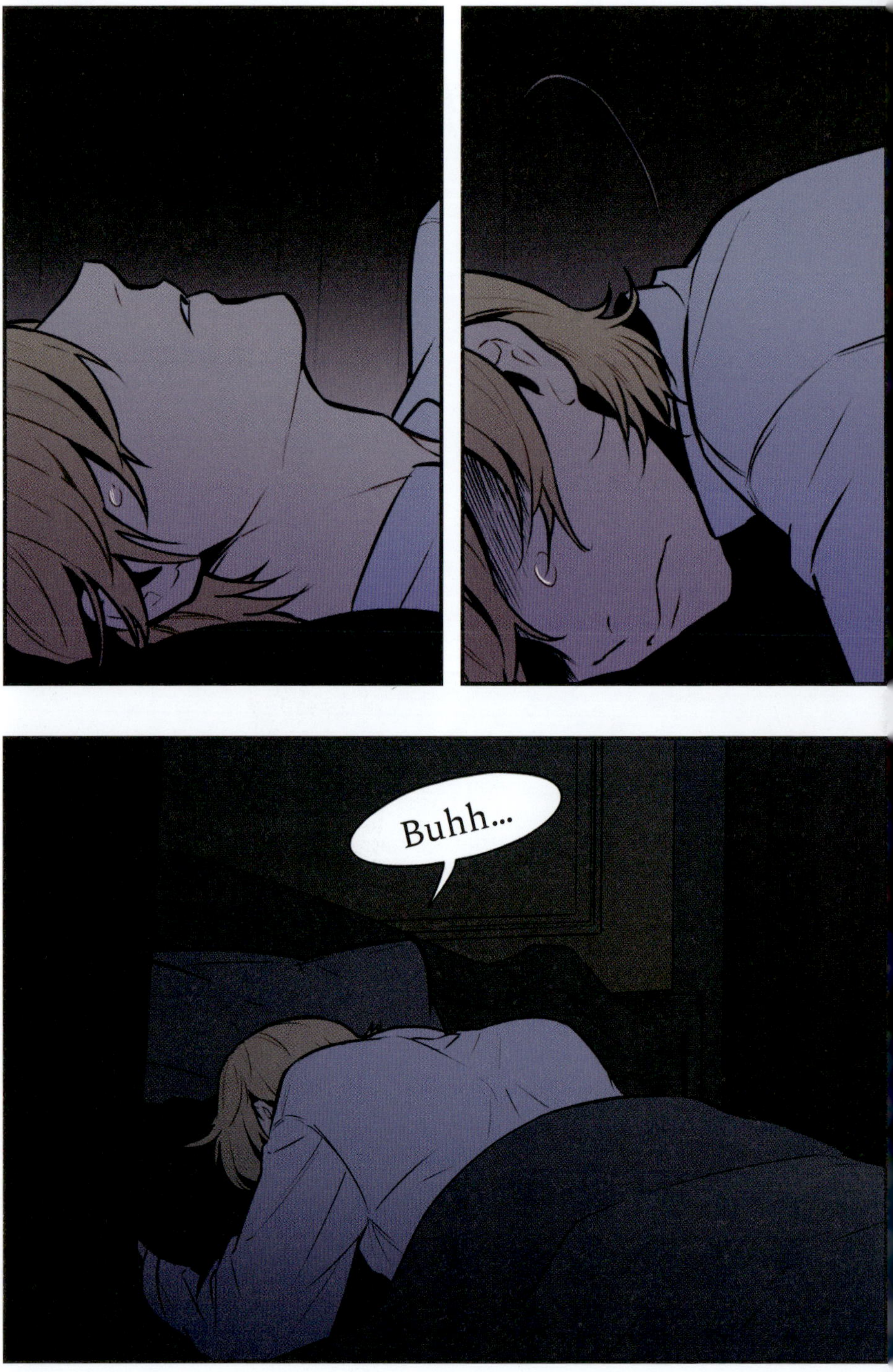
Buhh...

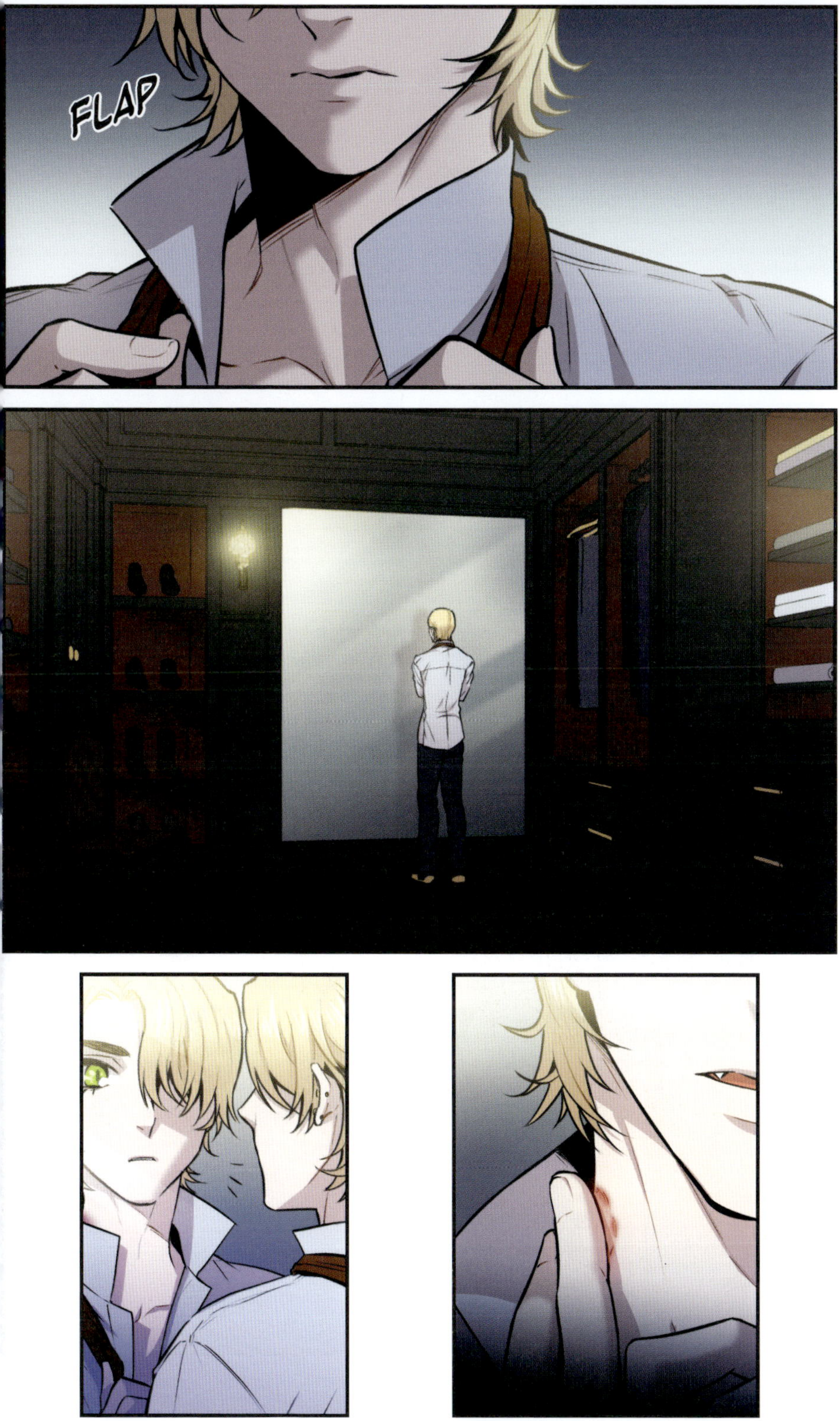
FLAP

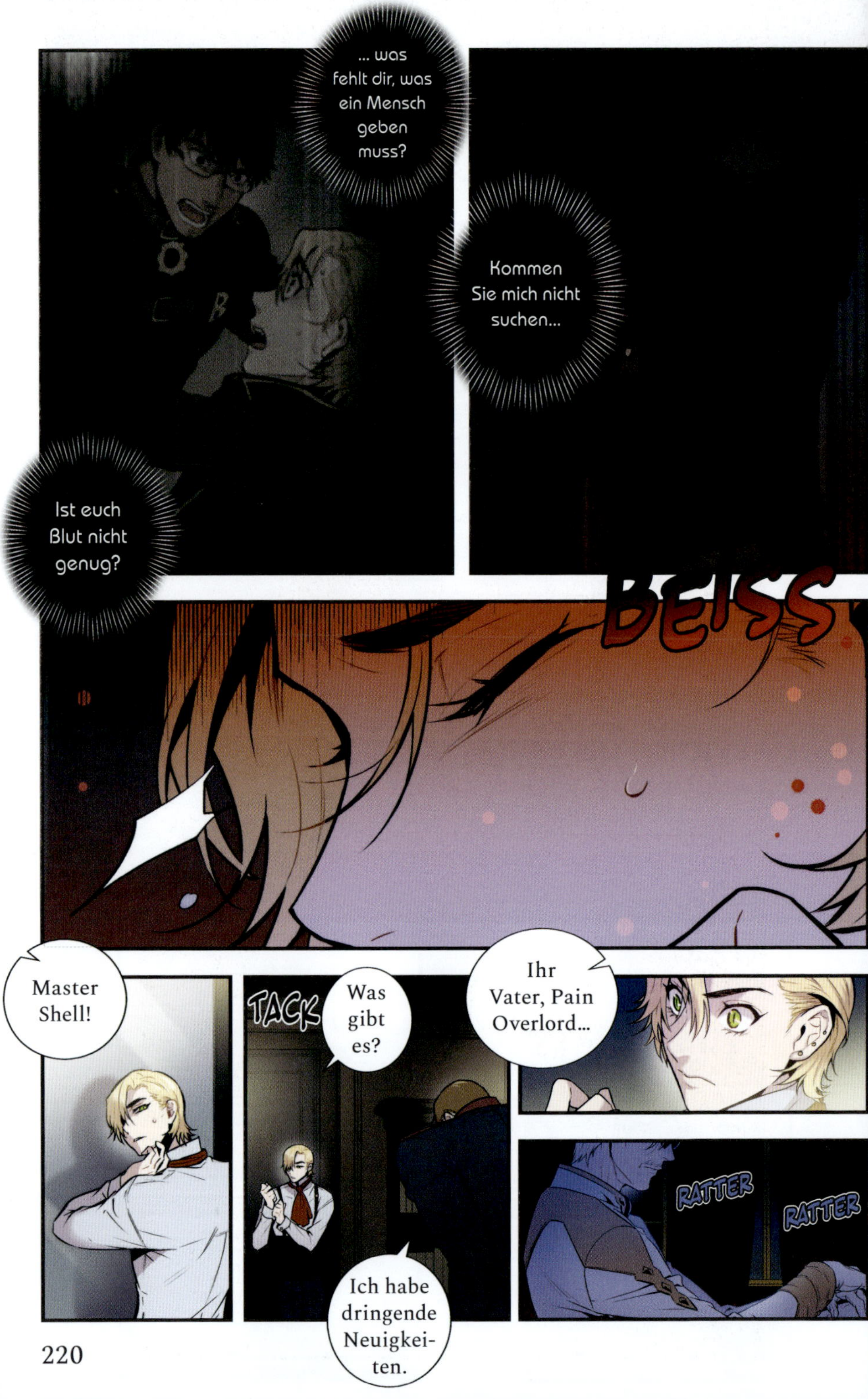
... was fehlt dir, was ein Mensch geben muss?
Kommen Sie mich nicht suchen...
Ist euch Blut nicht genug?
BEISS
Master Shell!
TACK
Was gibt es?
Ihr Vater, Pain Overlord...
Ich habe dringende Neuigkeiten.
RATTER
RATTER

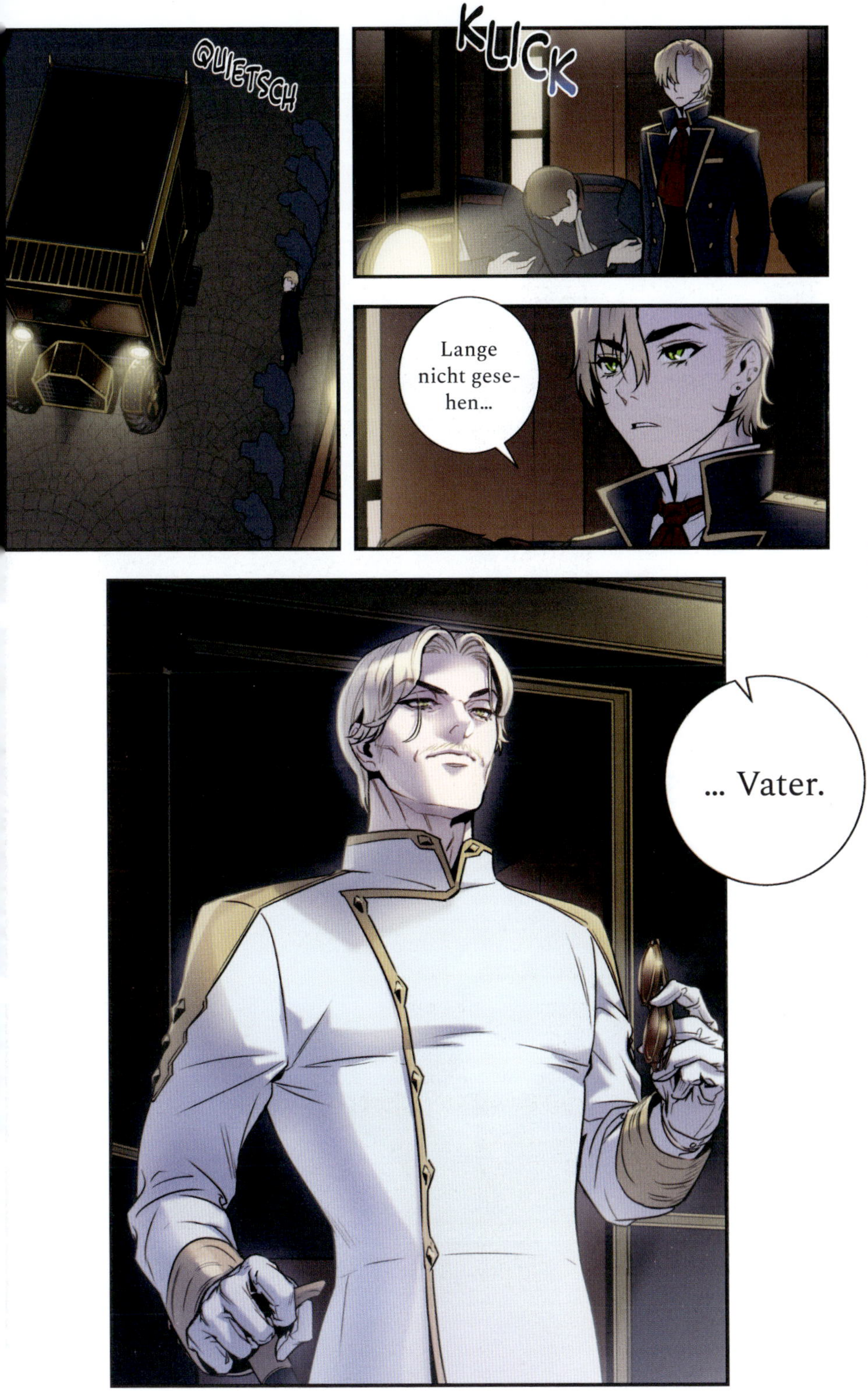
QUIETSCH
KLICK
Lange nicht gese-hen…
… Vater.

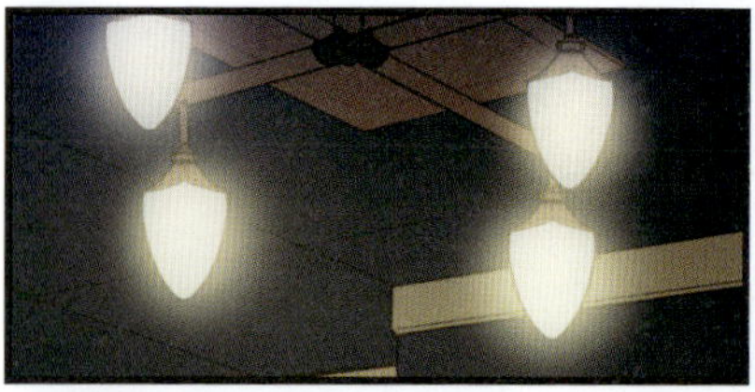

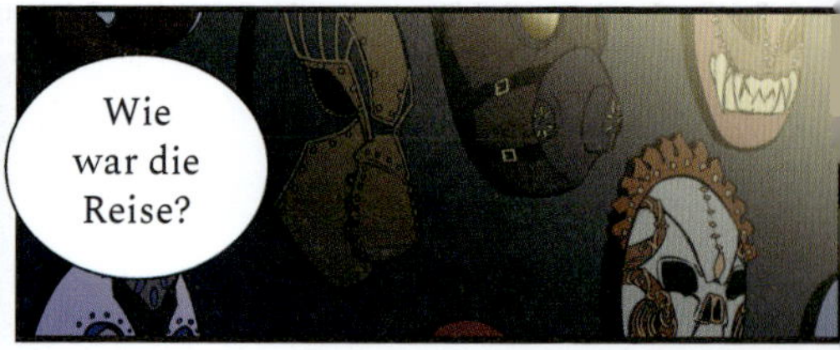
Wie war die Reise?

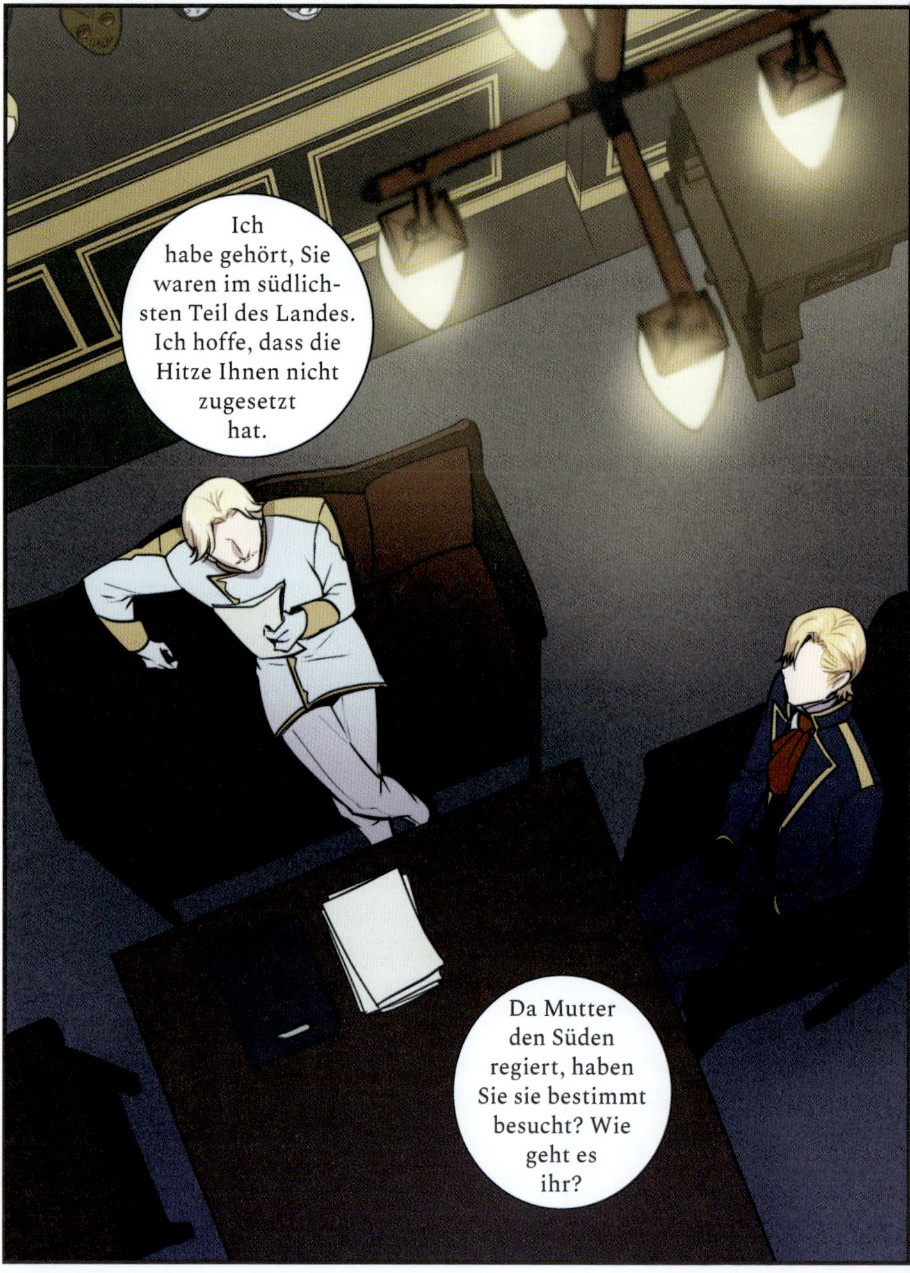
Ich habe gehört, Sie waren im südlichsten Teil des Landes. Ich hoffe, dass die Hitze Ihnen nicht zugesetzt hat.
Da Mutter den Süden regiert, haben Sie sie bestimmt besucht? Wie geht es ihr?

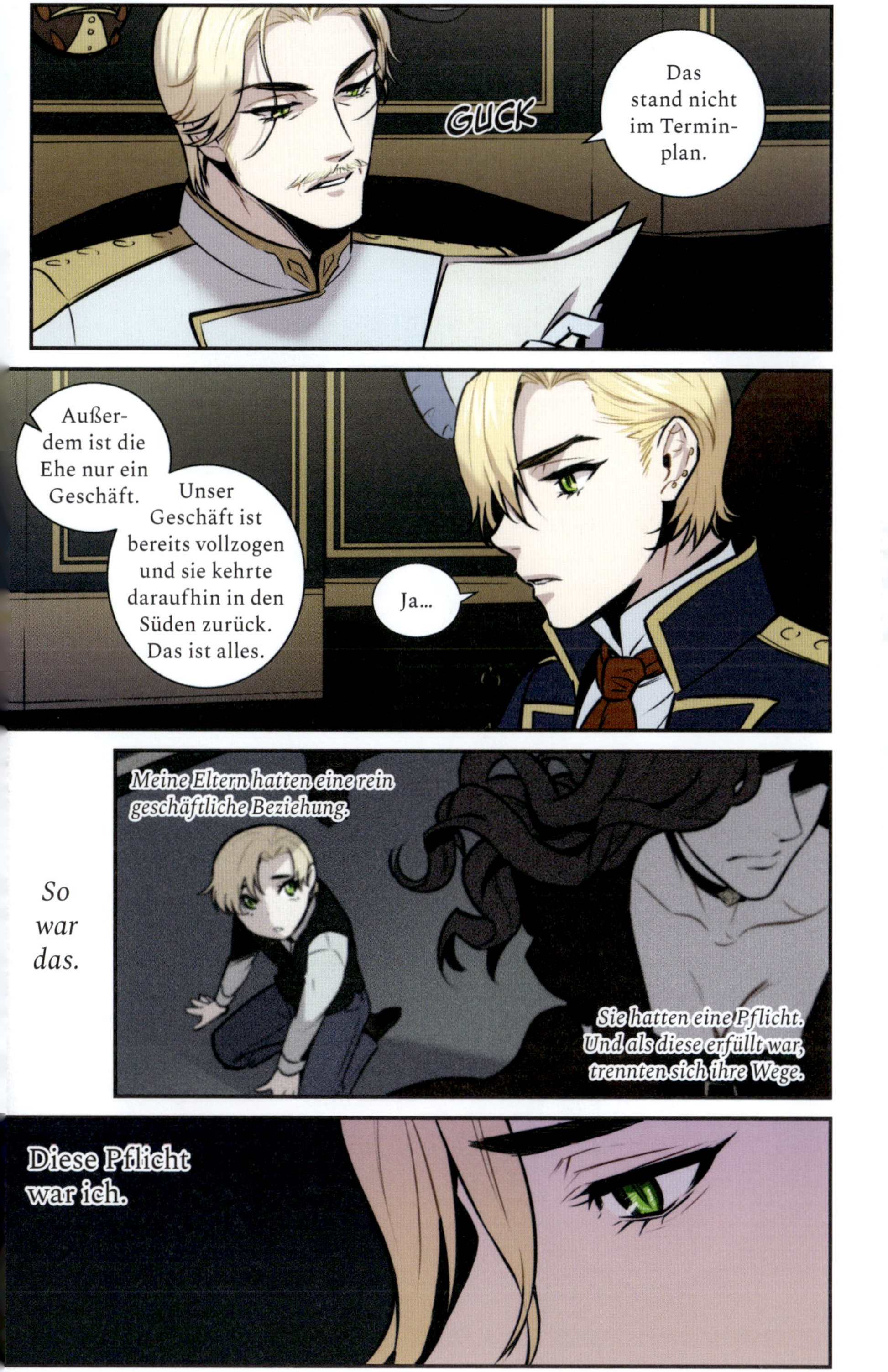
GUCK
Das stand nicht im Termin-plan.
Außer-dem ist die Ehe nur ein Geschäft.
Unser Geschäft ist bereits vollzogen und sie kehrte daraufhin in den Süden zurück. Das ist alles.
Ja...
So war das.
Meine Eltern hatten eine rein geschäftliche Beziehung.
Sie hatten eine Pflicht. Und als diese erfüllt war, trennten sich ihre Wege.
Diese Pflicht war ich.

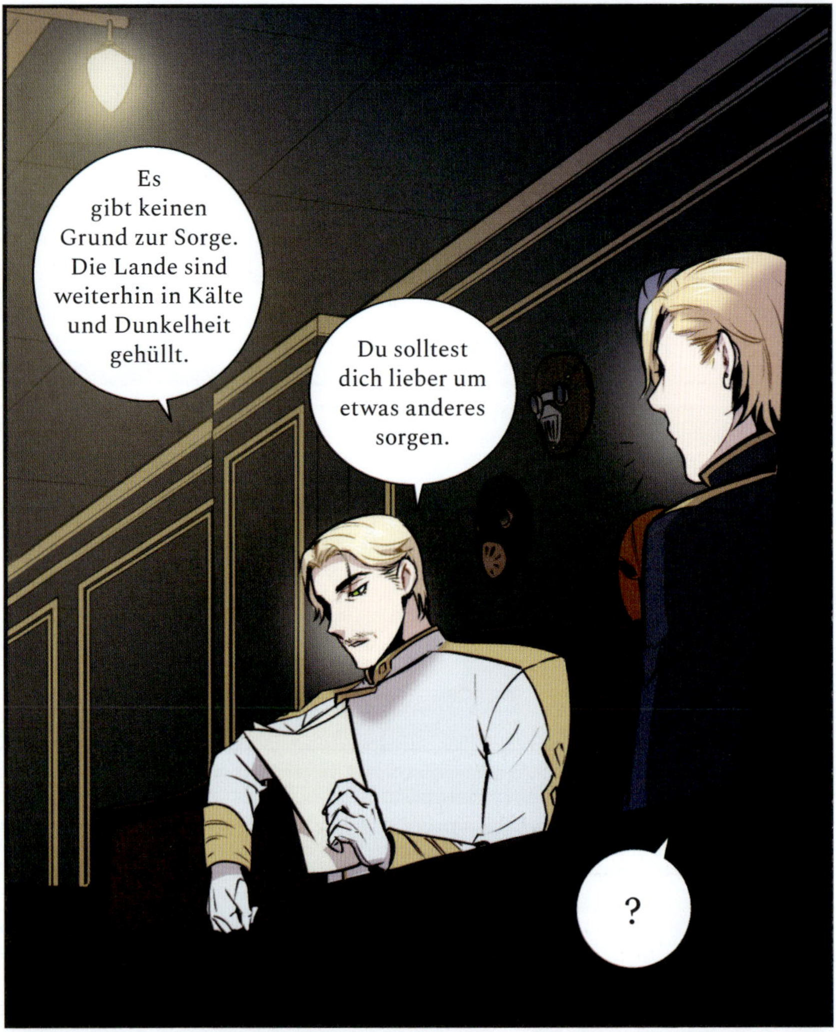
Es gibt keinen Grund zur Sorge. Die Lande sind weiterhin in Kälte und Dunkelheit gehüllt.
Du solltest dich lieber um etwas anderes sorgen.
?

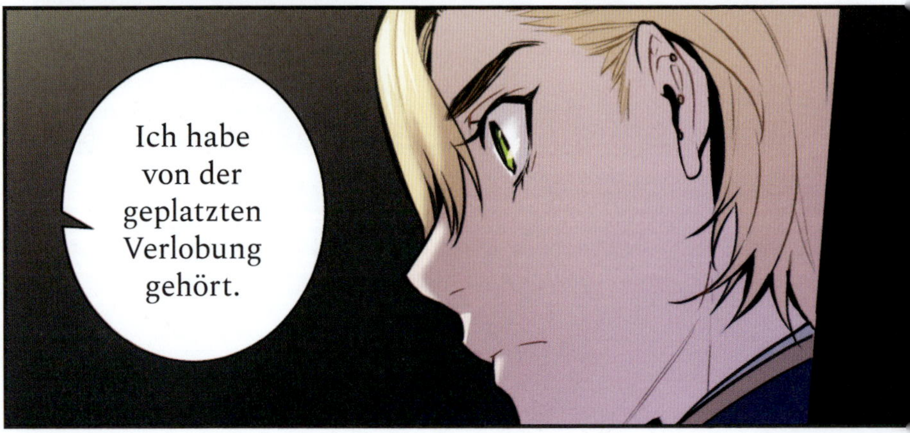
Ich habe von der geplatzten Verlobung gehört.

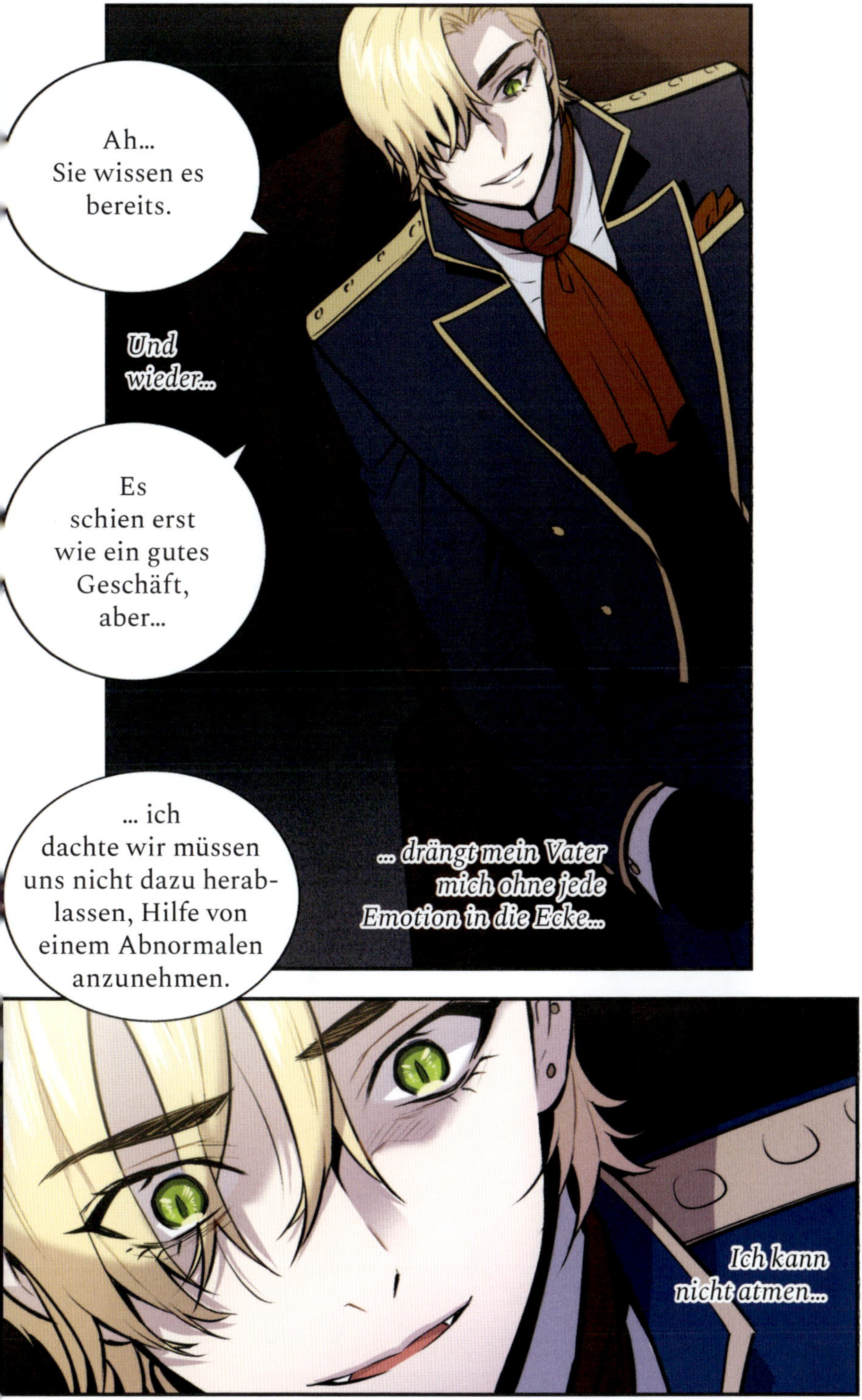
Ah…
Sie wissen es
bereits.
Und
wieder…
Es
schien erst
wie ein gutes
Geschäft,
aber…
… ich
dachte wir müssen
uns nicht dazu herab-
lassen, Hilfe von
einem Abnormalen
anzunehmen.
… drängt mein Vater
mich ohne jede
Emotion in die Ecke…
Ich kann
nicht atmen…

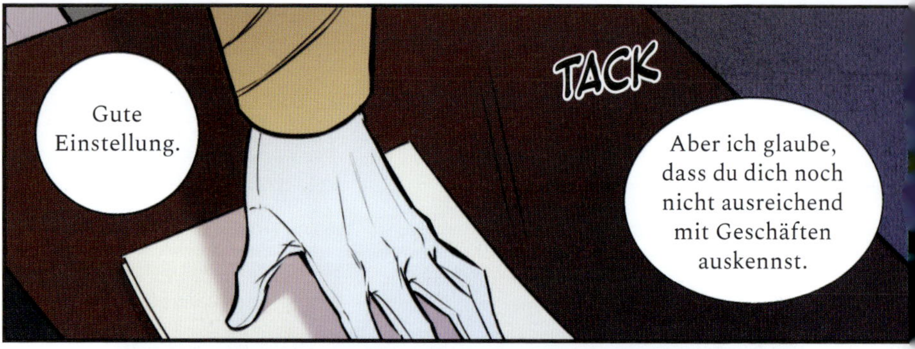
Gute Einstellung.
TACK
Aber ich glaube, dass du dich noch nicht ausreichend mit Geschäften auskennst.

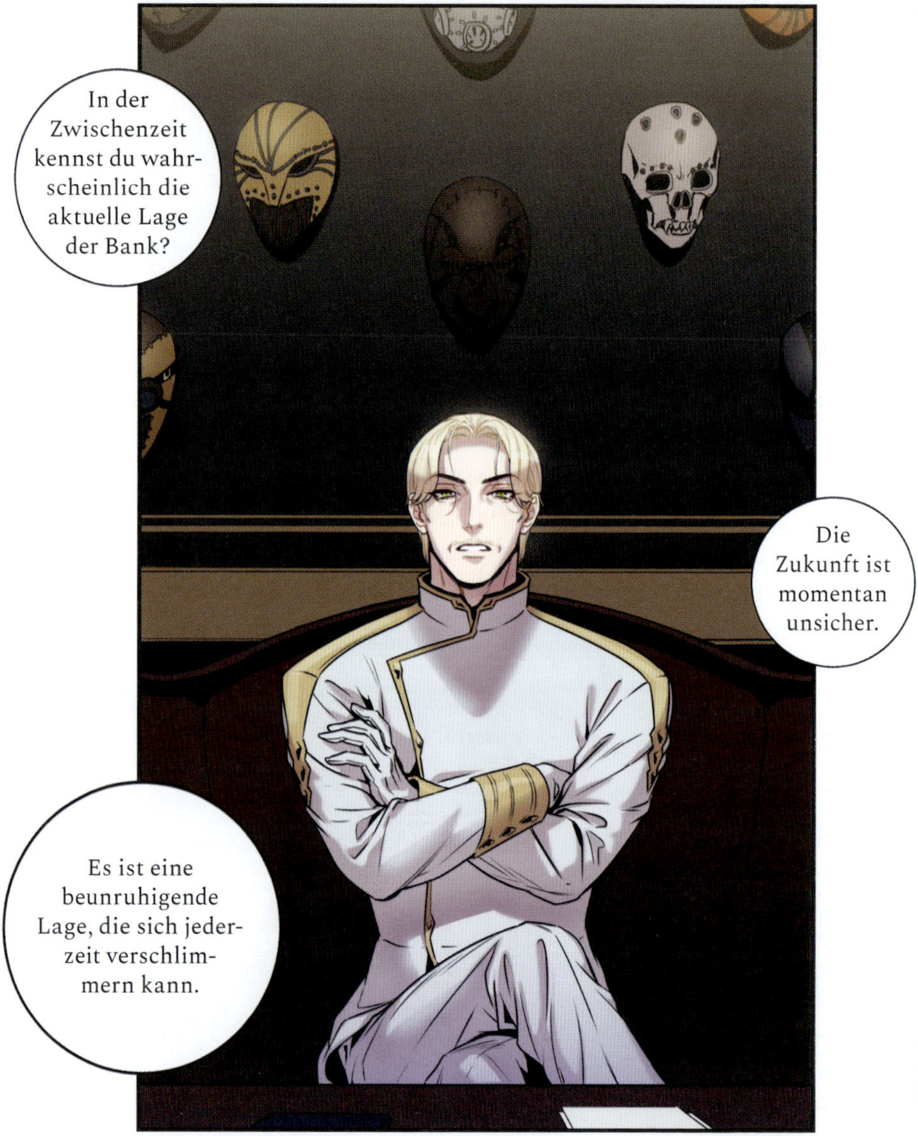
In der Zwischenzeit kennst du wahrscheinlich die aktuelle Lage der Bank?
Die Zukunft ist momentan unsicher.
Es ist eine beunruhigende Lage, die sich jederzeit verschlimmern kann.

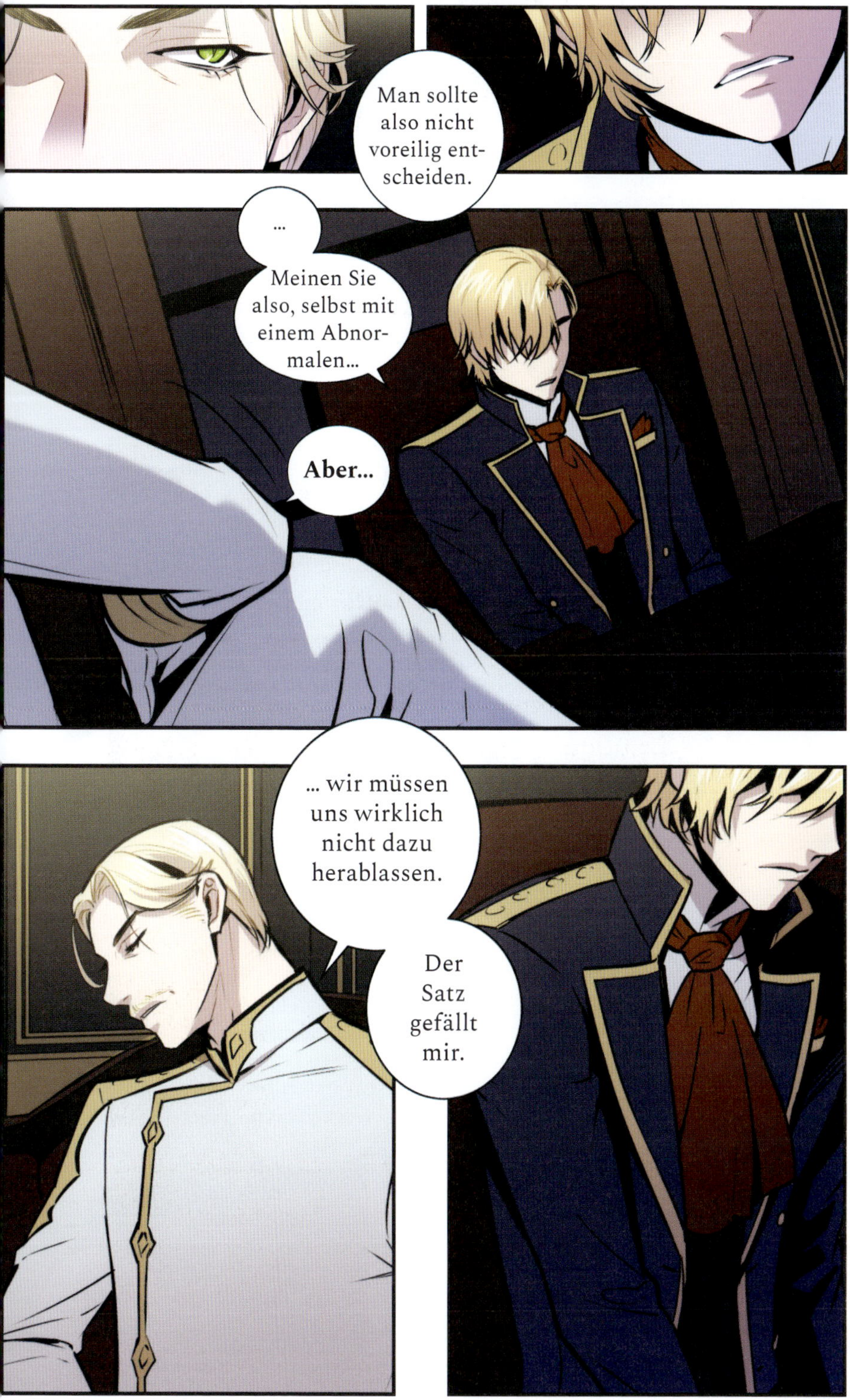
Man sollte also nicht voreilig entscheiden.
...
Meinen Sie also, selbst mit einem Abnormalen...
Aber...
... wir müssen uns wirklich nicht dazu herablassen.
Der Satz gefällt mir.

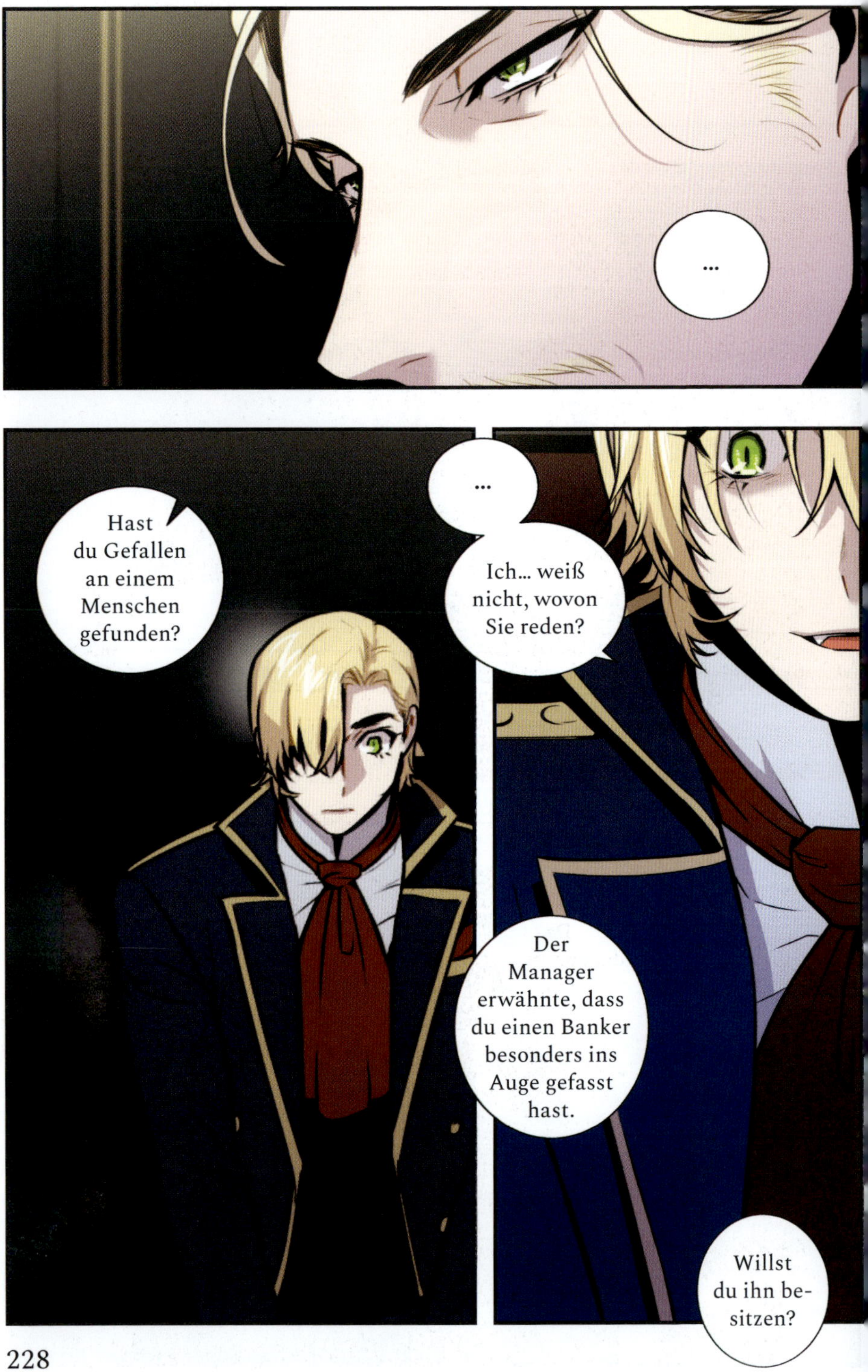
...
...
Hast du Gefallen an einem Menschen gefunden?
Ich... weiß nicht, wovon Sie reden?
Der Manager erwähnte, dass du einen Banker besonders ins Auge gefasst hast.
Willst du ihn besitzen?

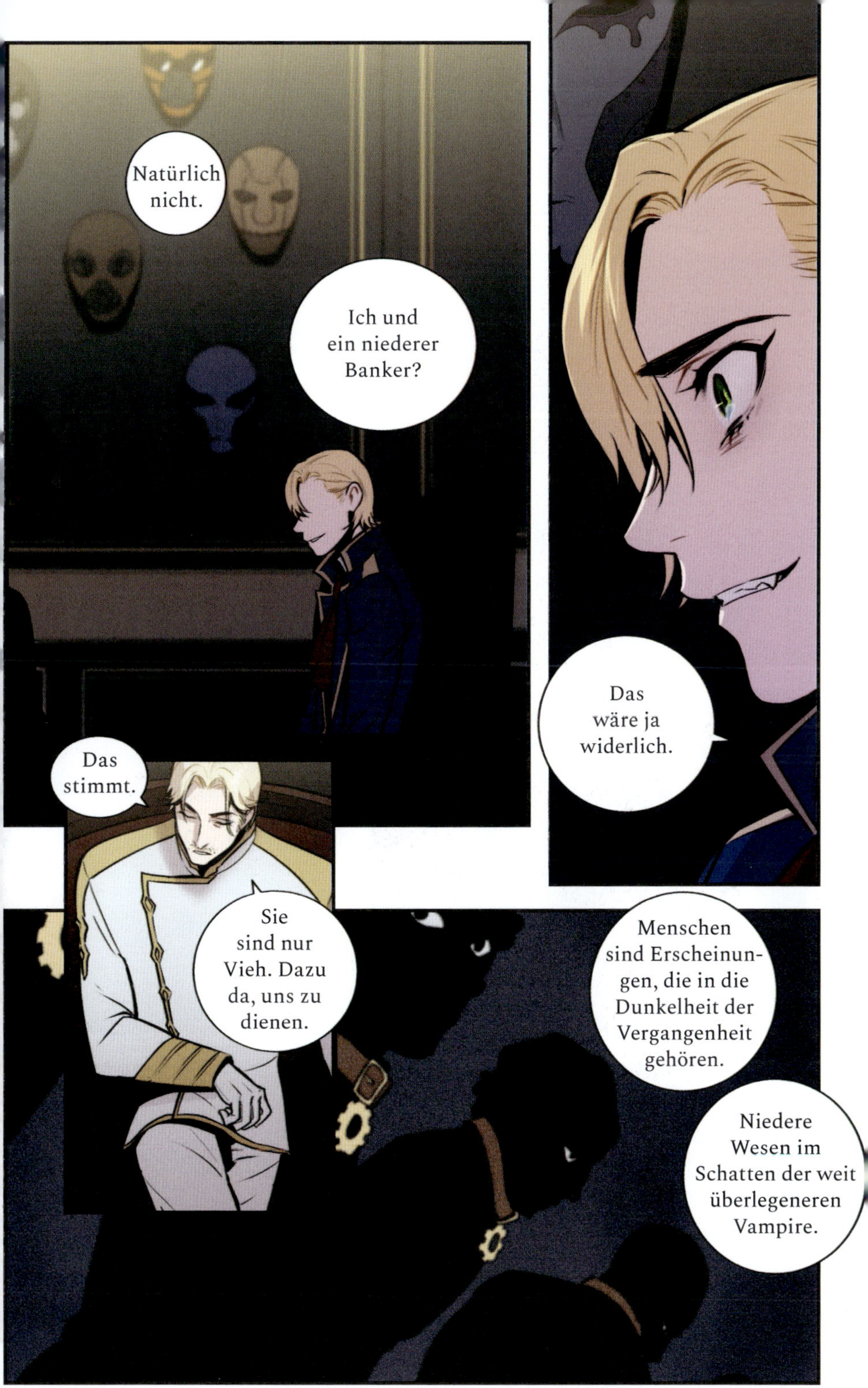
Natürlich nicht.
Ich und ein niederer Banker?
Das wäre ja widerlich.
Das stimmt.
Sie sind nur Vieh. Dazu da, uns zu dienen.
Menschen sind Erscheinungen, die in die Dunkelheit der Vergangenheit gehören.
Niedere Wesen im Schatten der weit überlegeneren Vampire.

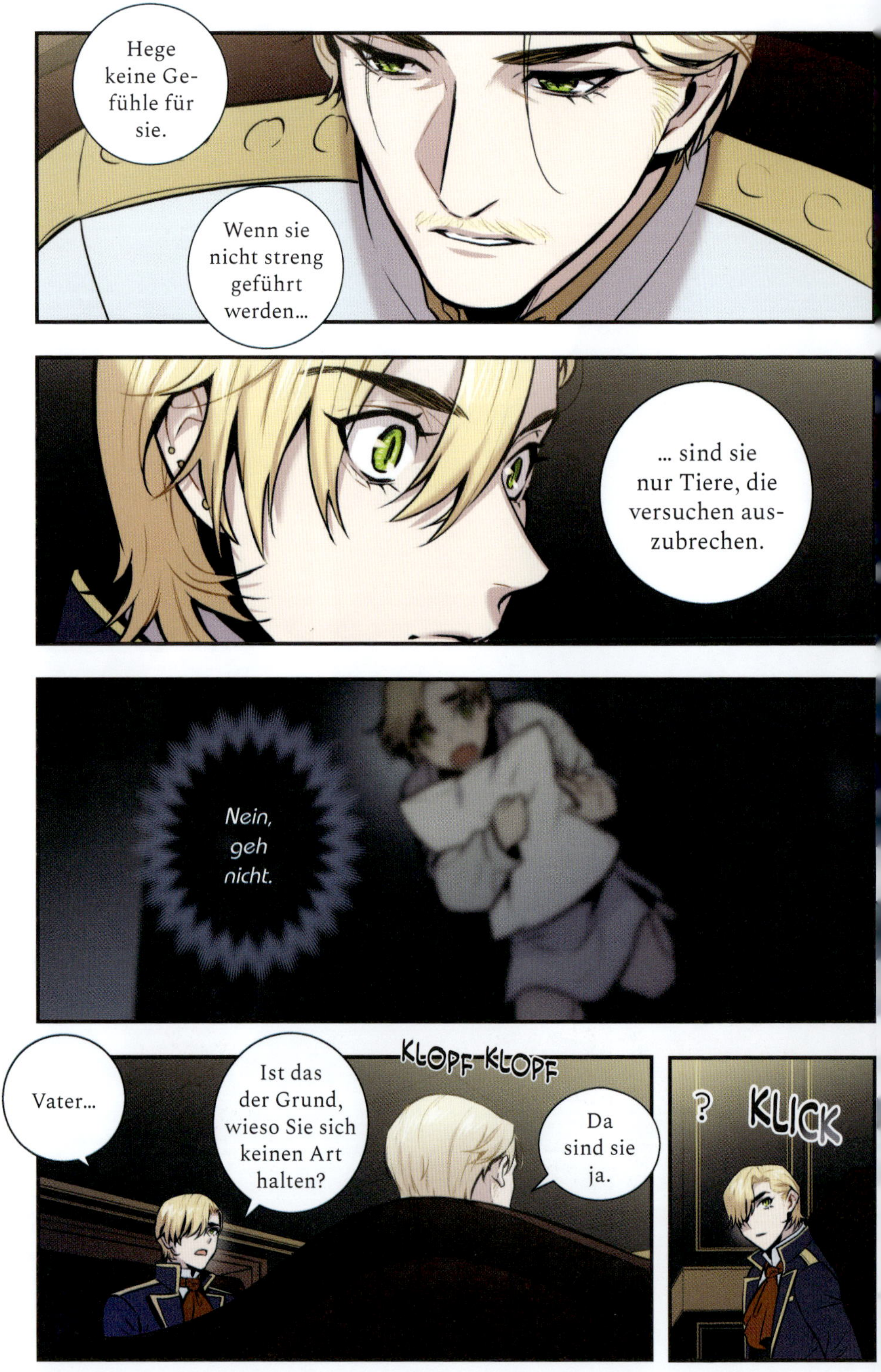
Hege keine Gefühle für sie.
Wenn sie nicht streng geführt werden…
… sind sie nur Tiere, die versuchen auszubrechen.
Nein, geh nicht.
Vater…
Ist das der Grund, wieso Sie sich keinen Art halten?
KLOPF KLOPF
Da sind sie ja.
?
KLICK

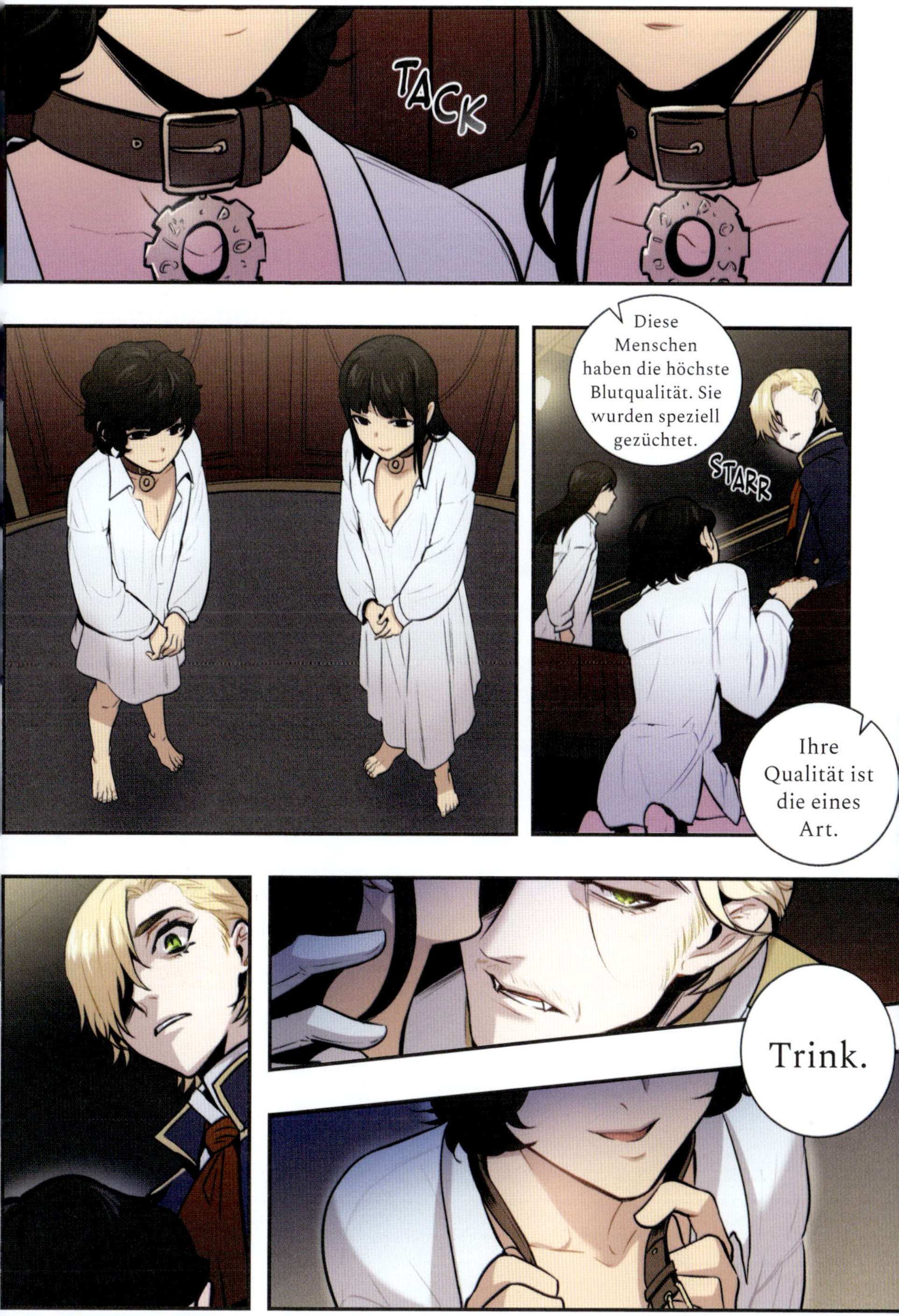
TACK
Diese Menschen haben die höchste Blutqualität. Sie wurden speziell gezüchtet.
STARR
Ihre Qualität ist die eines Art.
Trink.

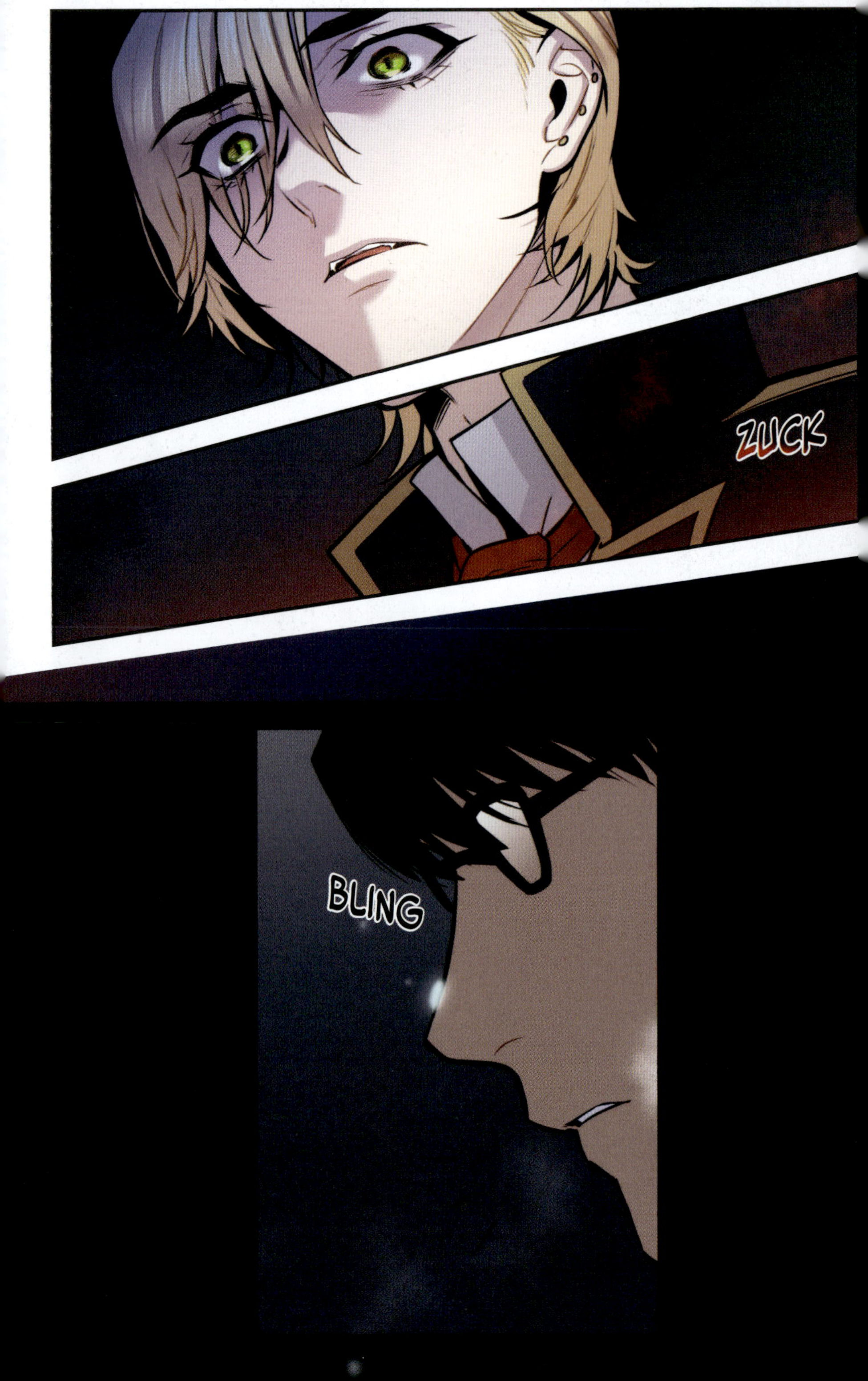
ZUCK
BLING

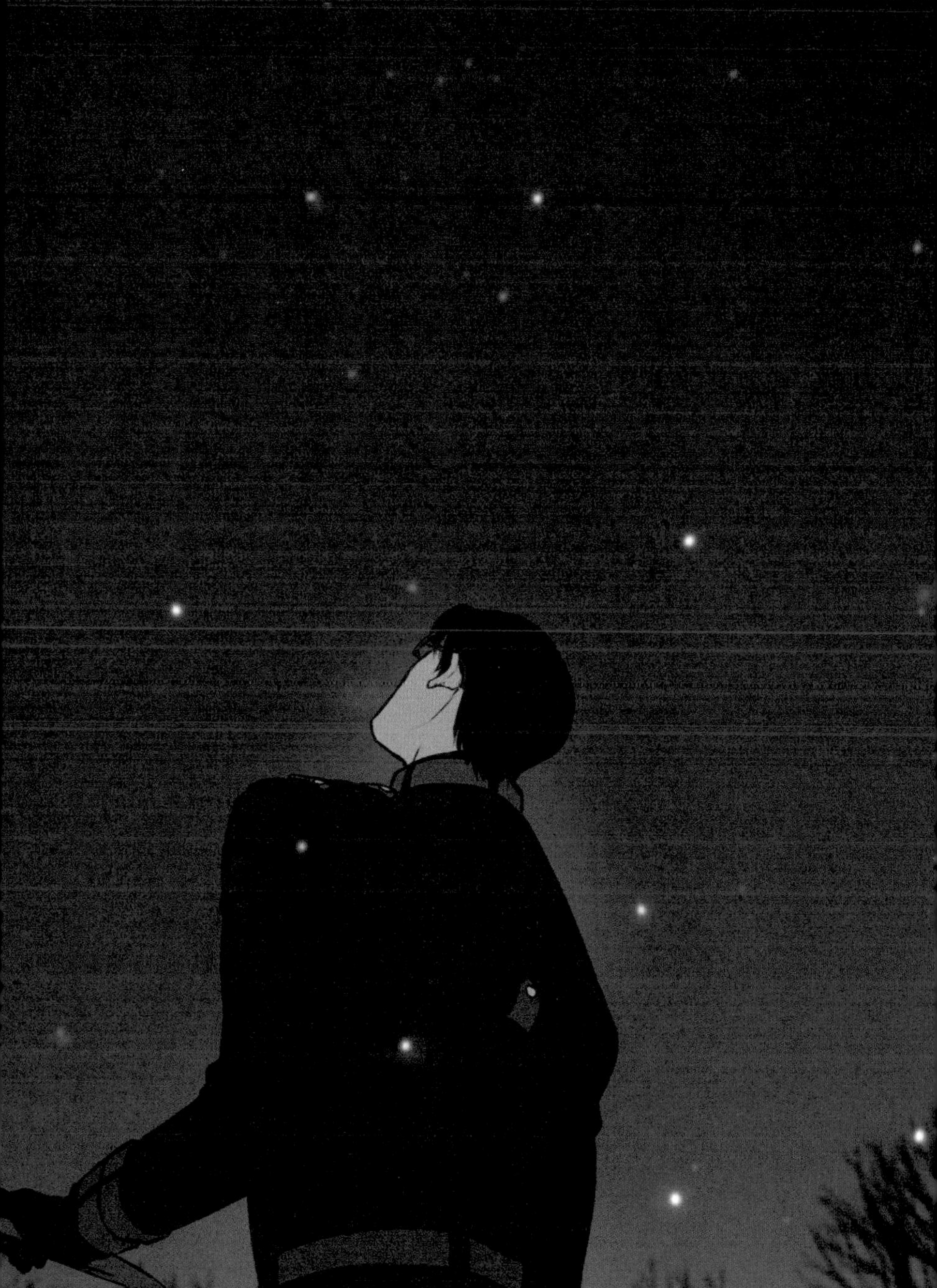

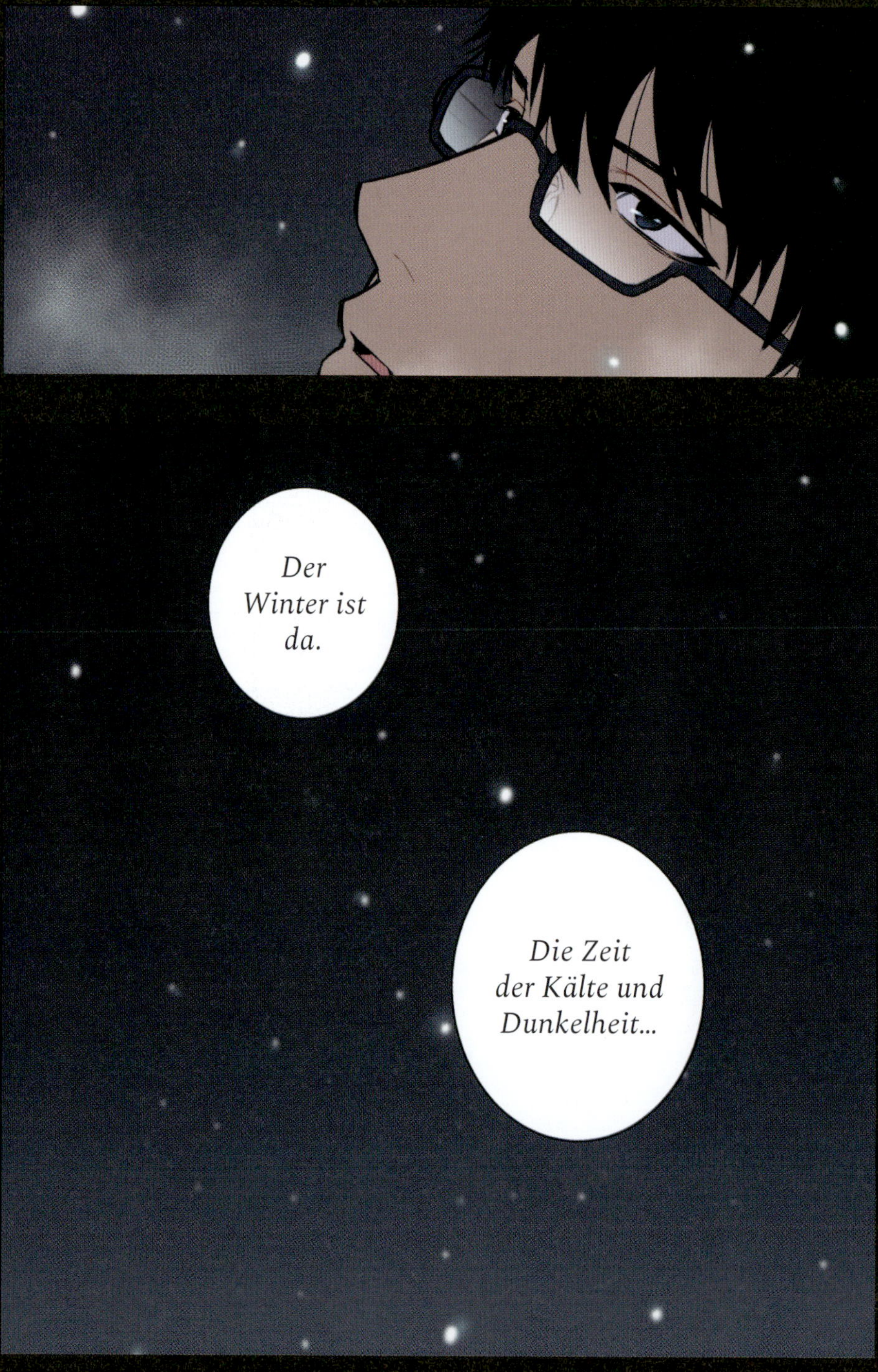
Der Winter ist da.
Die Zeit der Kälte und Dunkelheit...

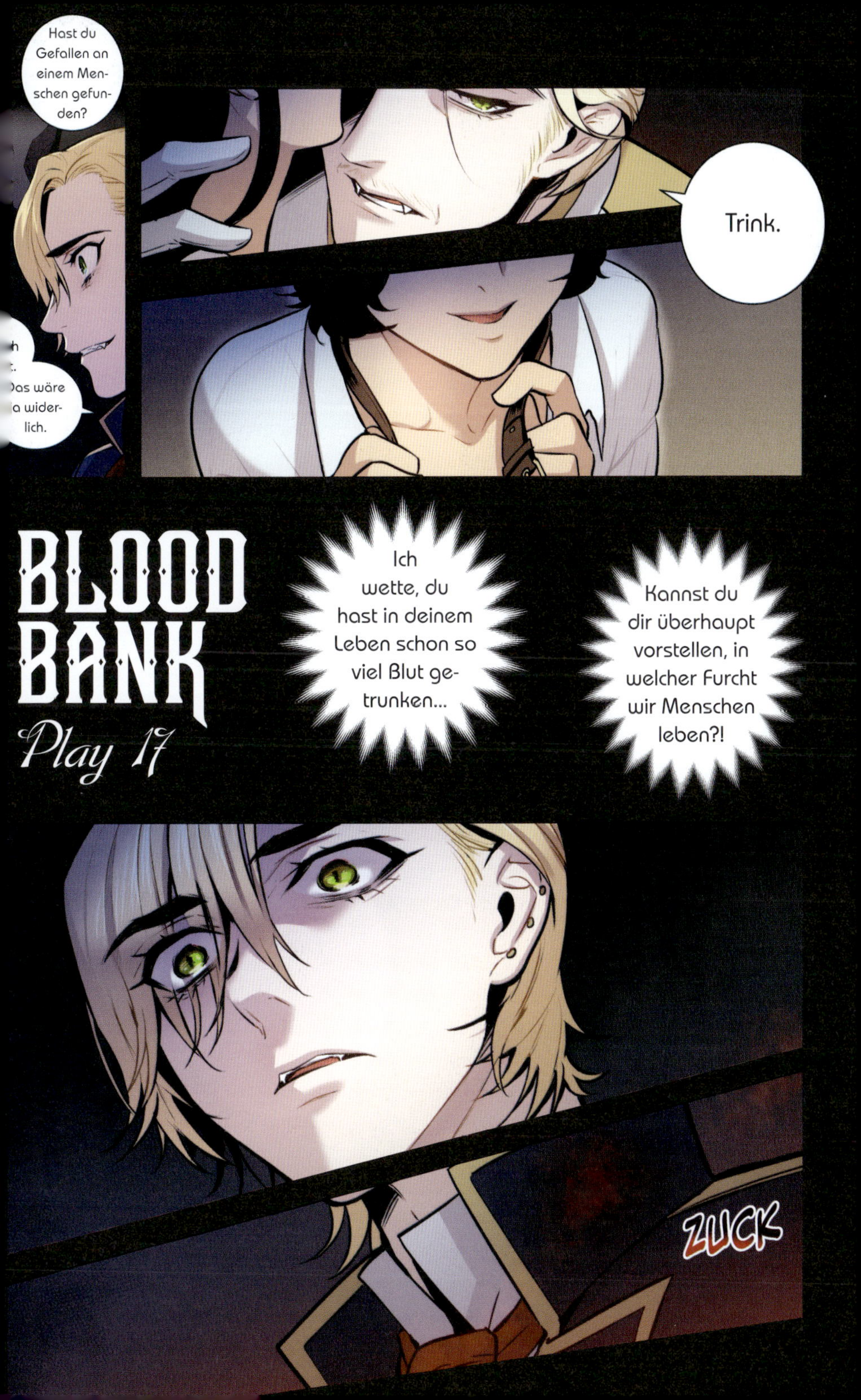
Hast du Gefallen an einem Menschen gefunden?
as wäre
a wider-
lich.
Trink.
BLOOD BANK
Play 17
Ich wette, du hast in deinem Leben schon so viel Blut getrunken...
Kannst du dir überhaupt vorstellen, in welcher Furcht wir Menschen leben?!
ZUCK

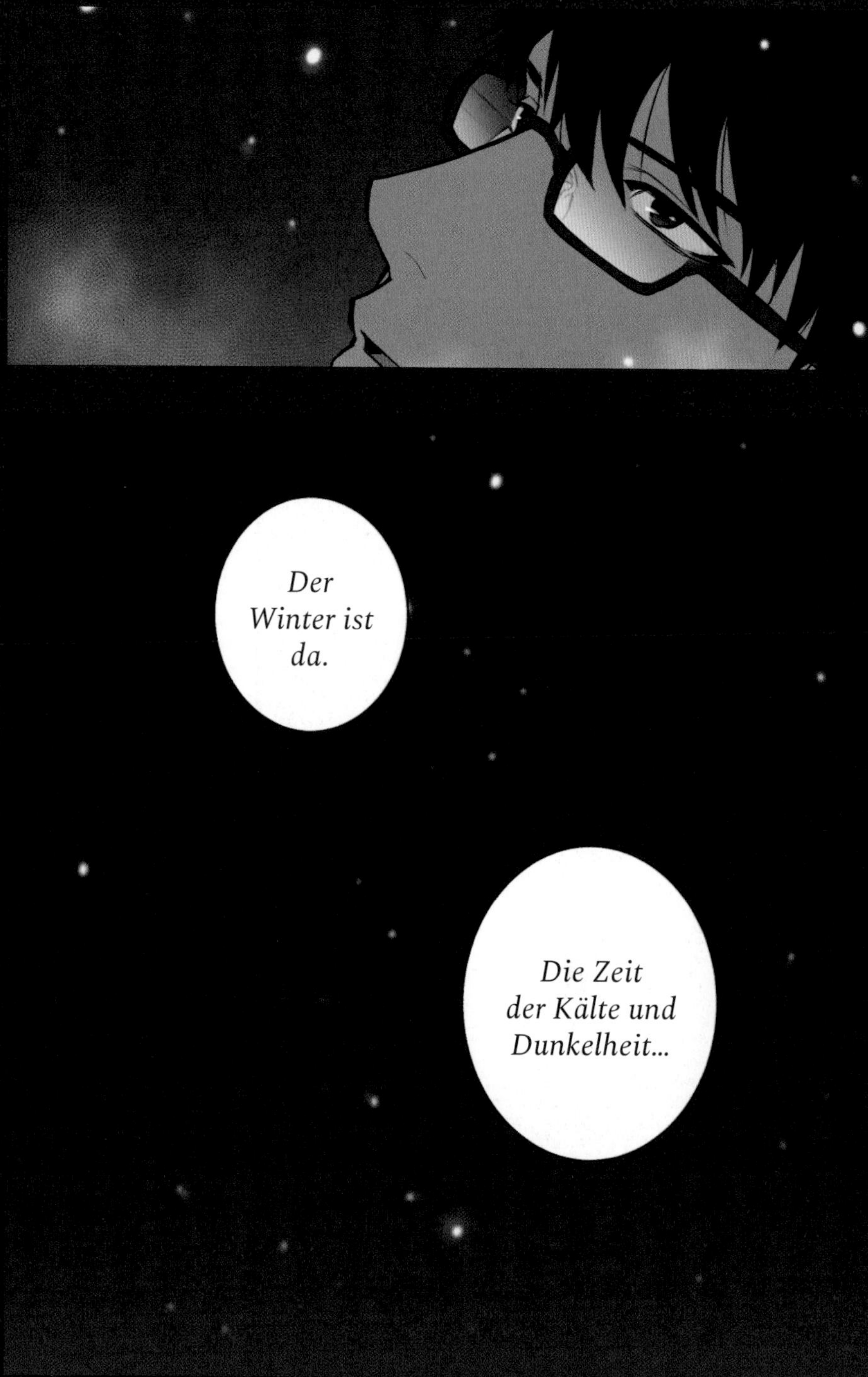
Der Winter ist da.
Die Zeit der Kälte und Dunkelheit...

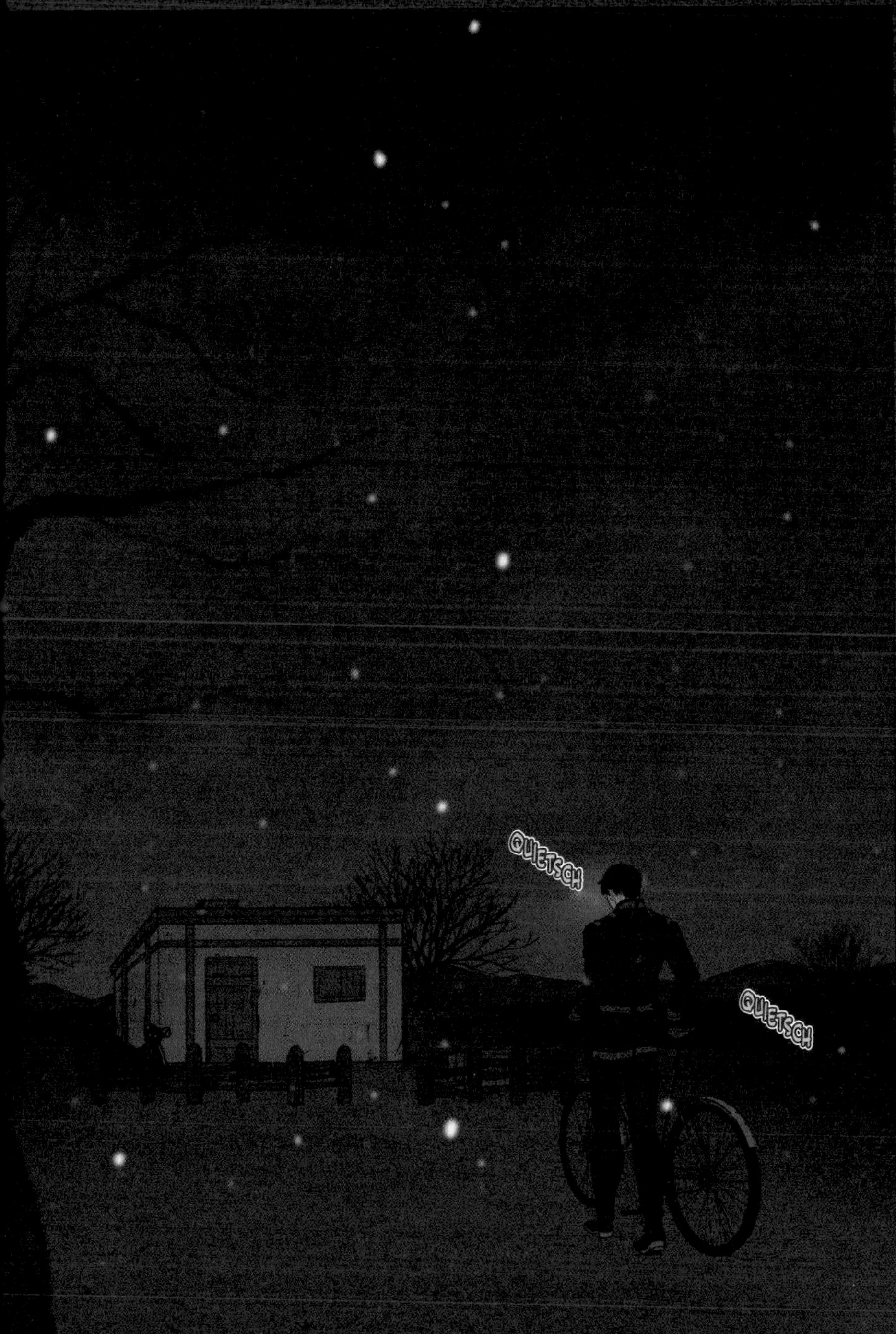
QUIETSCH
QUIETSCH

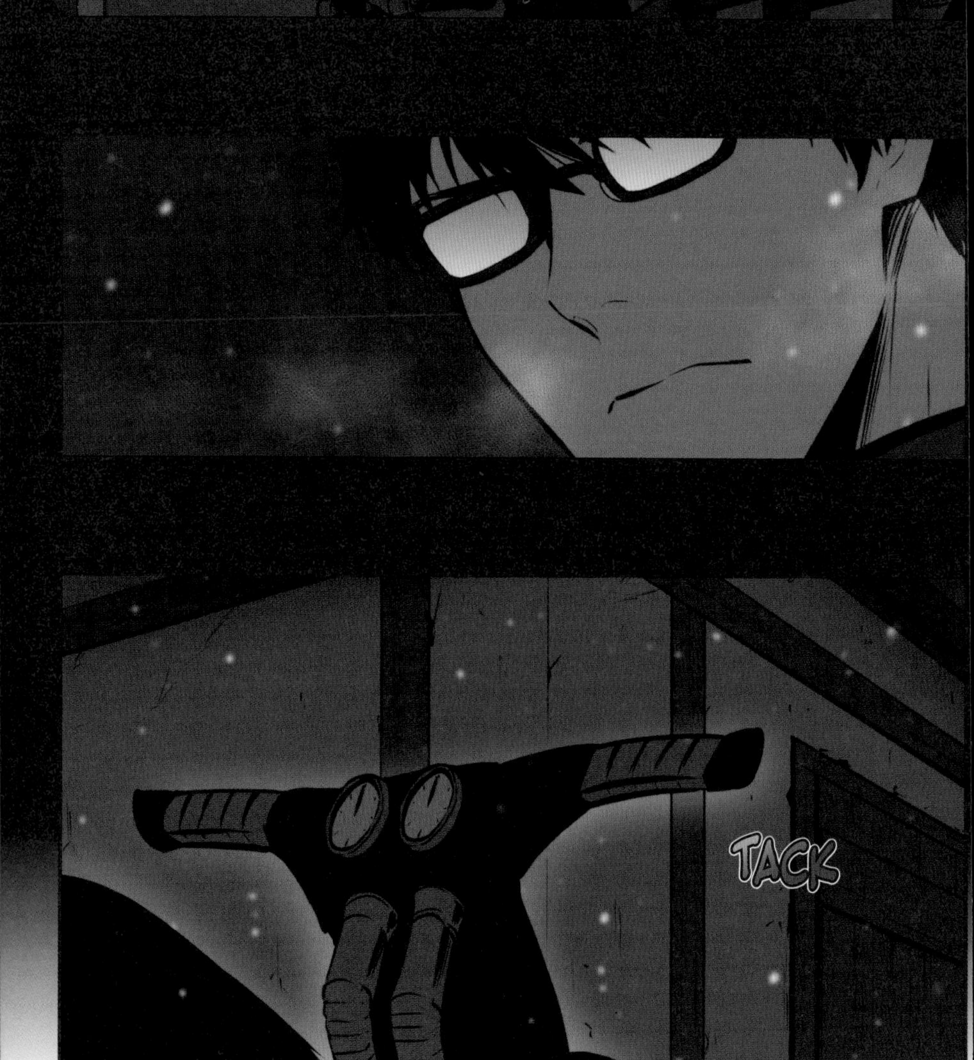
TACK

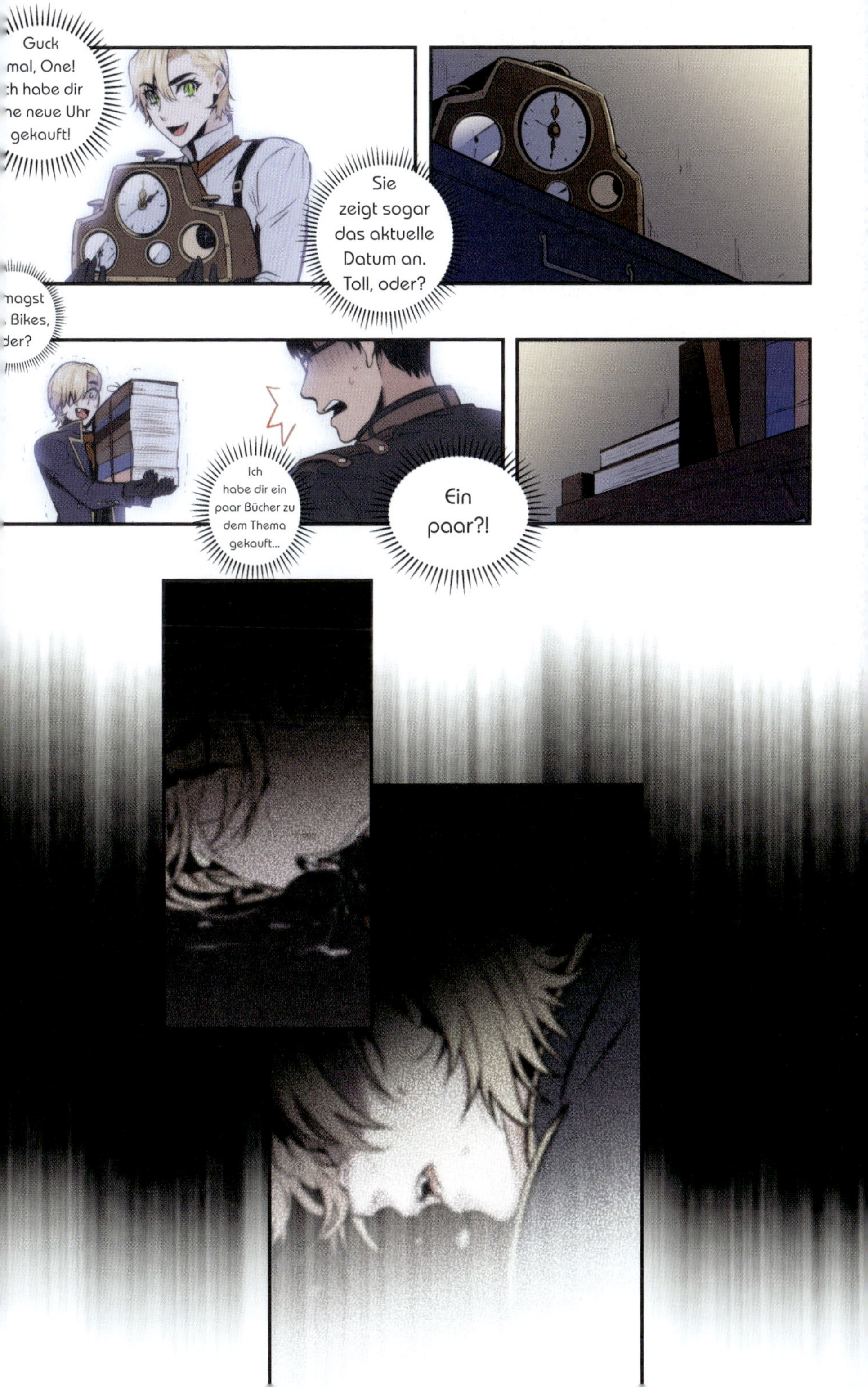
Guck mal, One! ch habe dir ne neue Uhr gekauft!
Sie zeigt sogar das aktuelle Datum an. Toll, oder?
nagst Bikes, der?
Ich habe dir ein paar Bücher zu dem Thema gekauft...
Ein paar?!

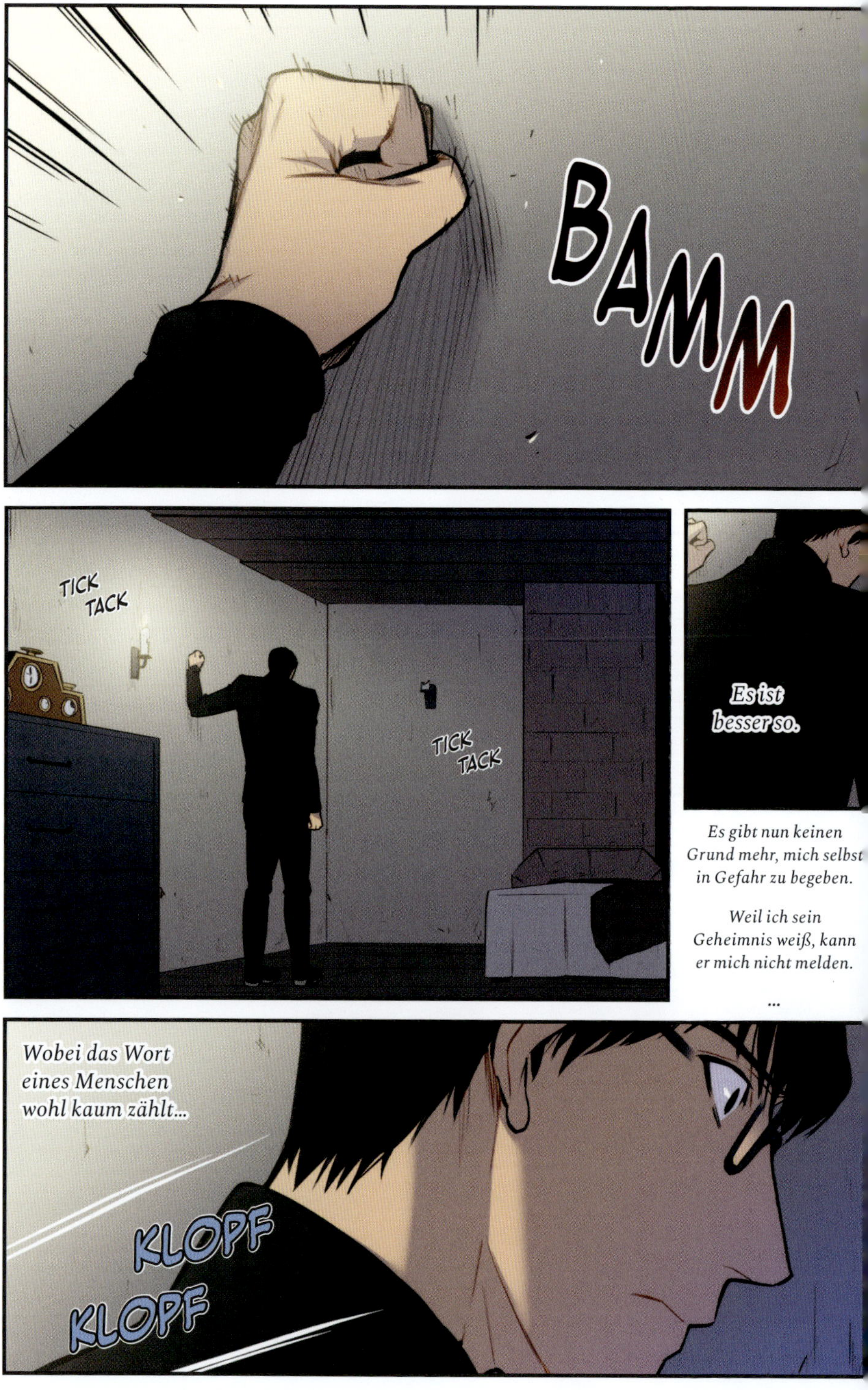
BAMM
TICK TACK
TICK TACK
Es ist besser so.
Es gibt nun keinen Grund mehr, mich selbst in Gefahr zu begeben.
Weil ich sein Geheimnis weiß, kann er mich nicht melden.
...
Wobei das Wort eines Menschen wohl kaum zählt...
KLOPF
KLOPF

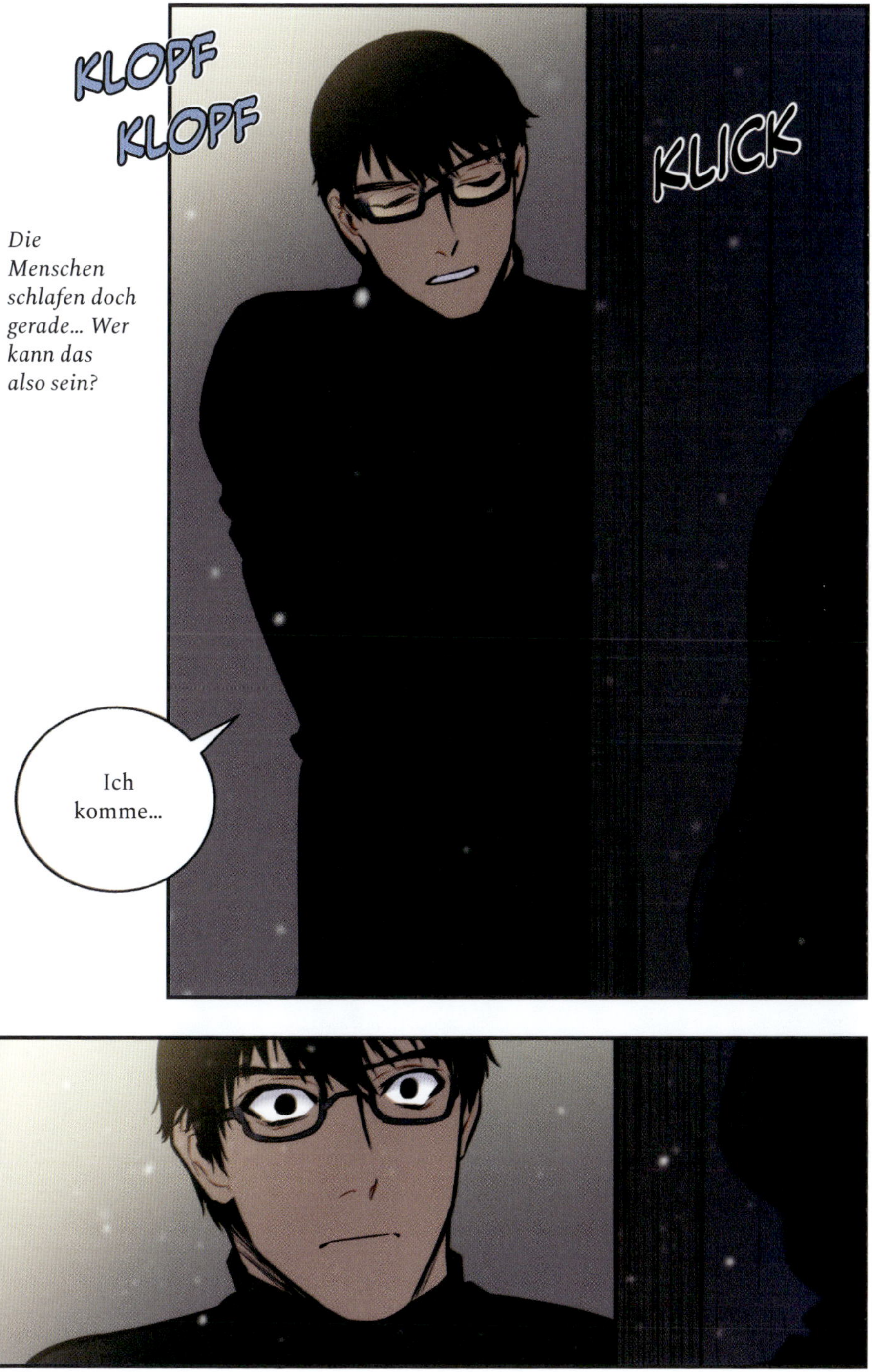
KLOPF
KLOPF
Die Menschen schlafen doch gerade... Wer kann das also sein?
KLICK
Ich komme...

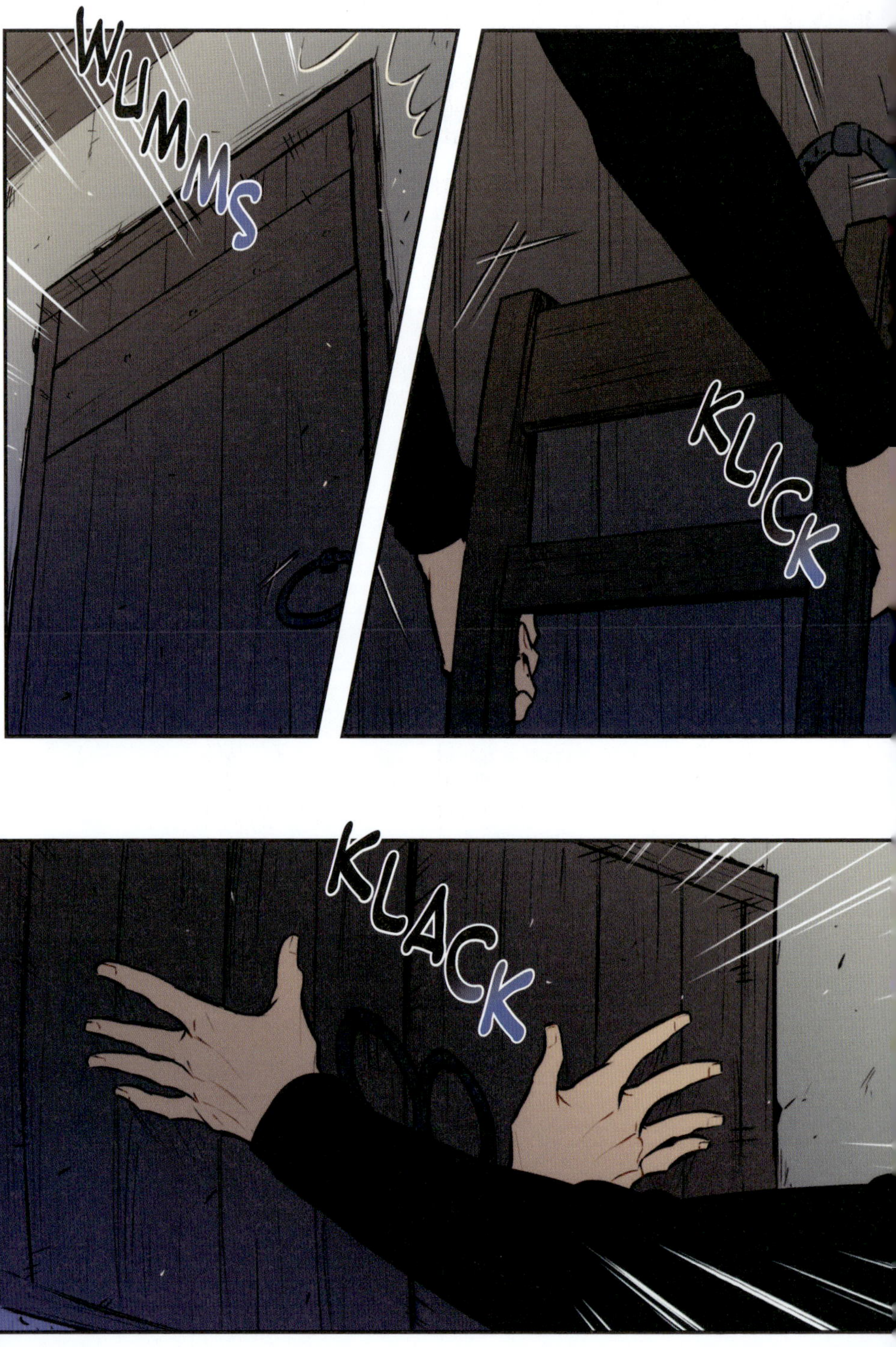
WUMMS
KLICK
KLACK

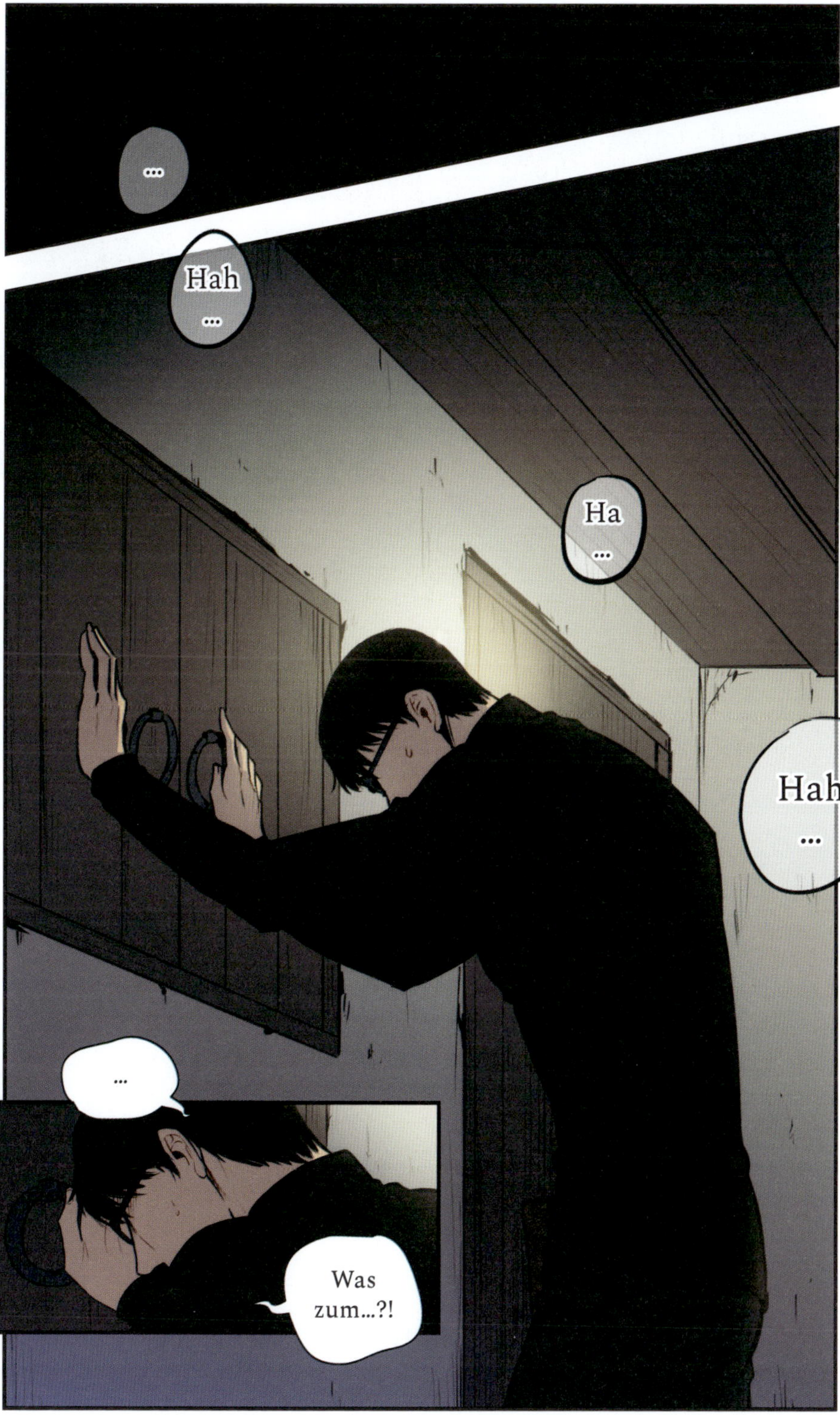
...
Hah
...
Ha
...
Hah
...
...
Was
zum...?!

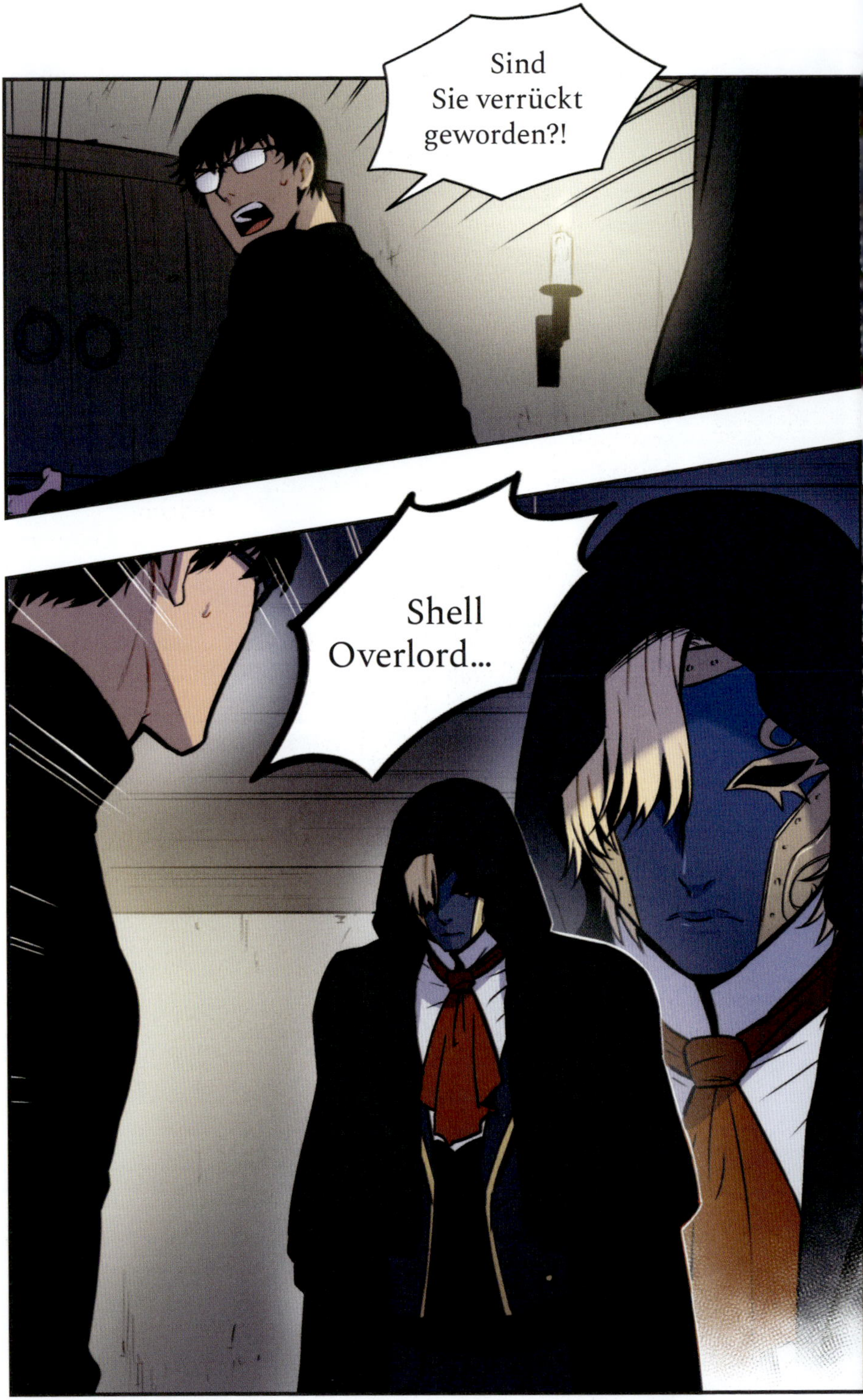
Sind Sie verrückt geworden?!
Shell Overlord...

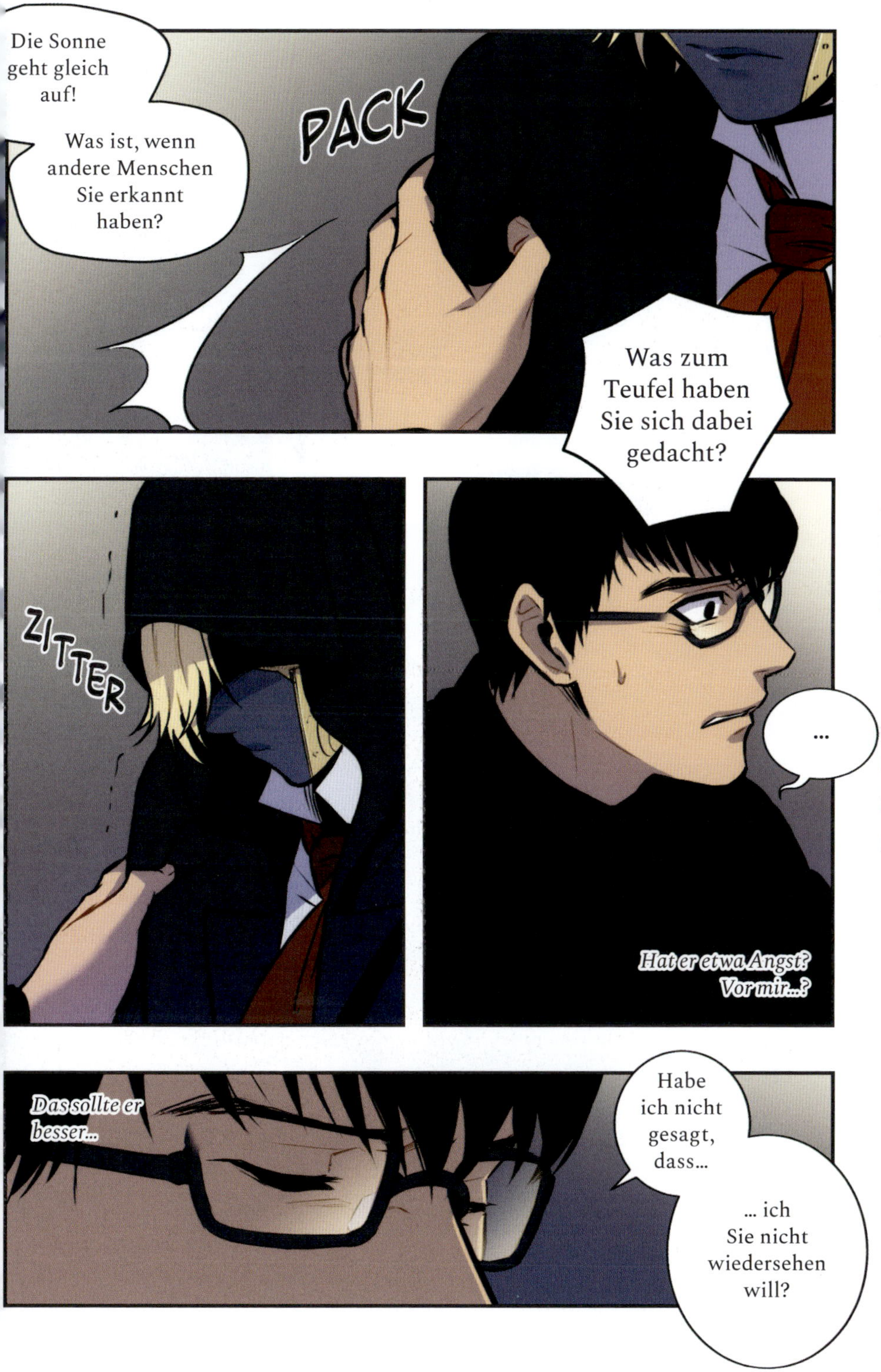

Die Sonne geht gleich auf!
Was ist, wenn andere Menschen Sie erkannt haben?
PACK
Was zum Teufel haben Sie sich dabei gedacht?
ZITTER
...
Hat er etwa Angst? Vor mir...?
Das sollte er besser...
Habe ich nicht gesagt, dass...
... ich Sie nicht wiedersehen will?

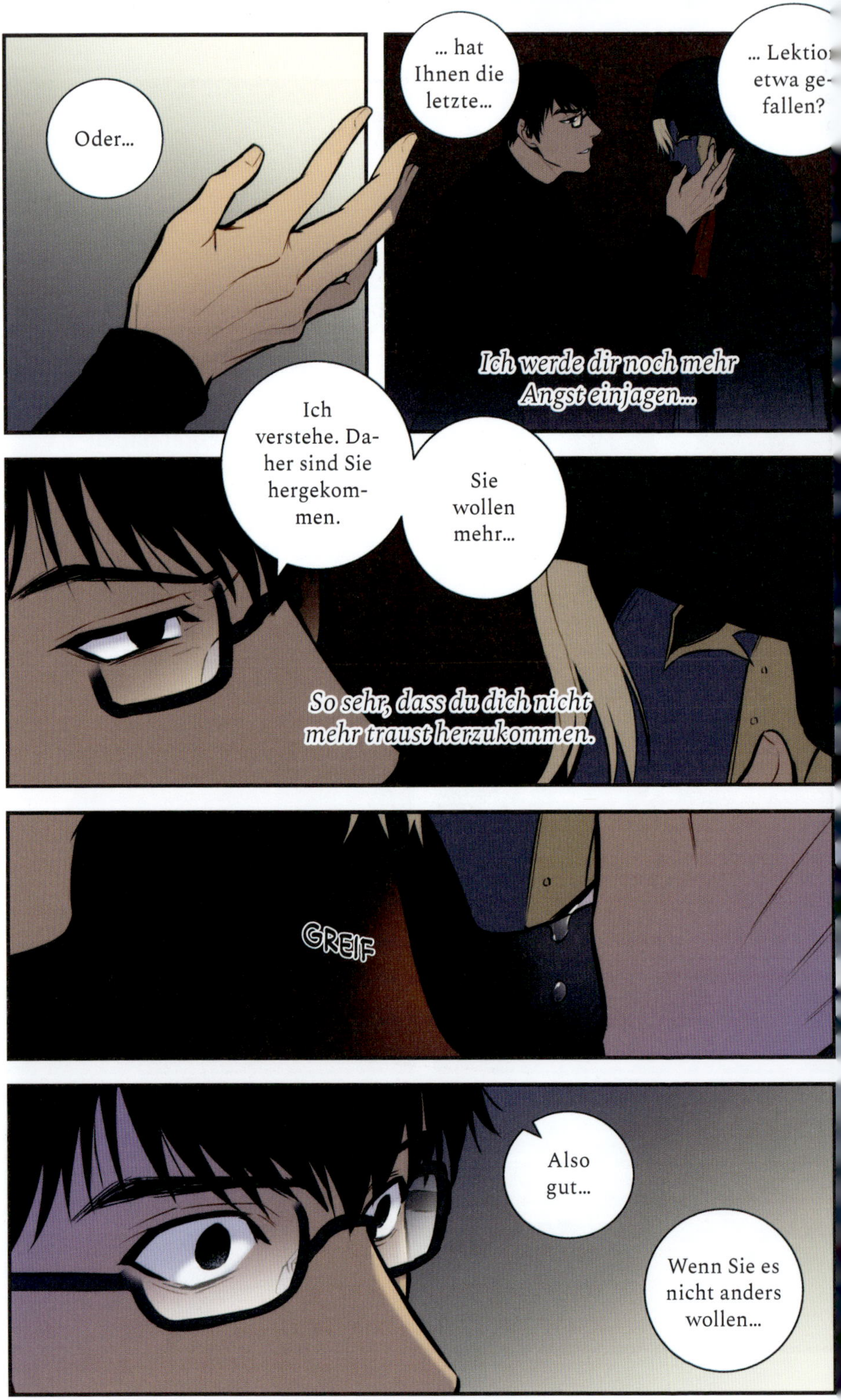
Oder...
... hat Ihnen die letzte...
... Lektion etwa gefallen?
Ich werde dir noch mehr Angst einjagen...
Ich verstehe. Daher sind Sie hergekommen.
Sie wollen mehr...
So sehr, dass du dich nicht mehr traust herzukommen.
GREIF
Also gut...
Wenn Sie es nicht anders wollen...

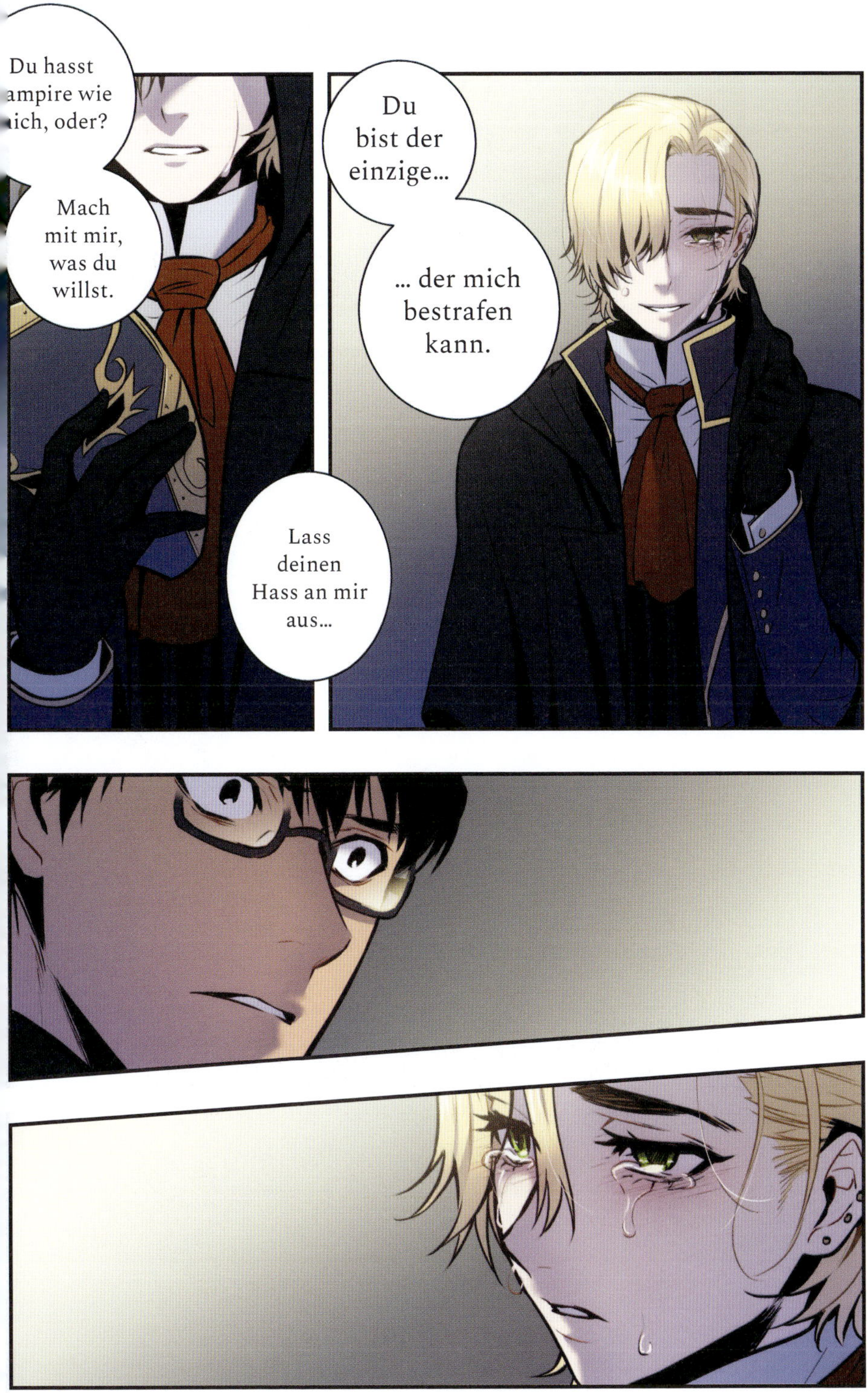
Du hasst ampire wie ich, oder?
Mach mit mir, was du willst.
Du bist der einzige…
… der mich bestrafen kann.
Lass deinen Hass an mir aus…

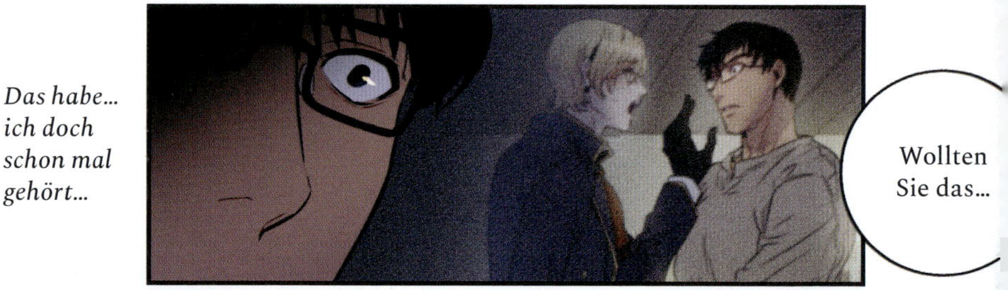
Das habe… ich doch schon mal gehört…
Wollten Sie das…

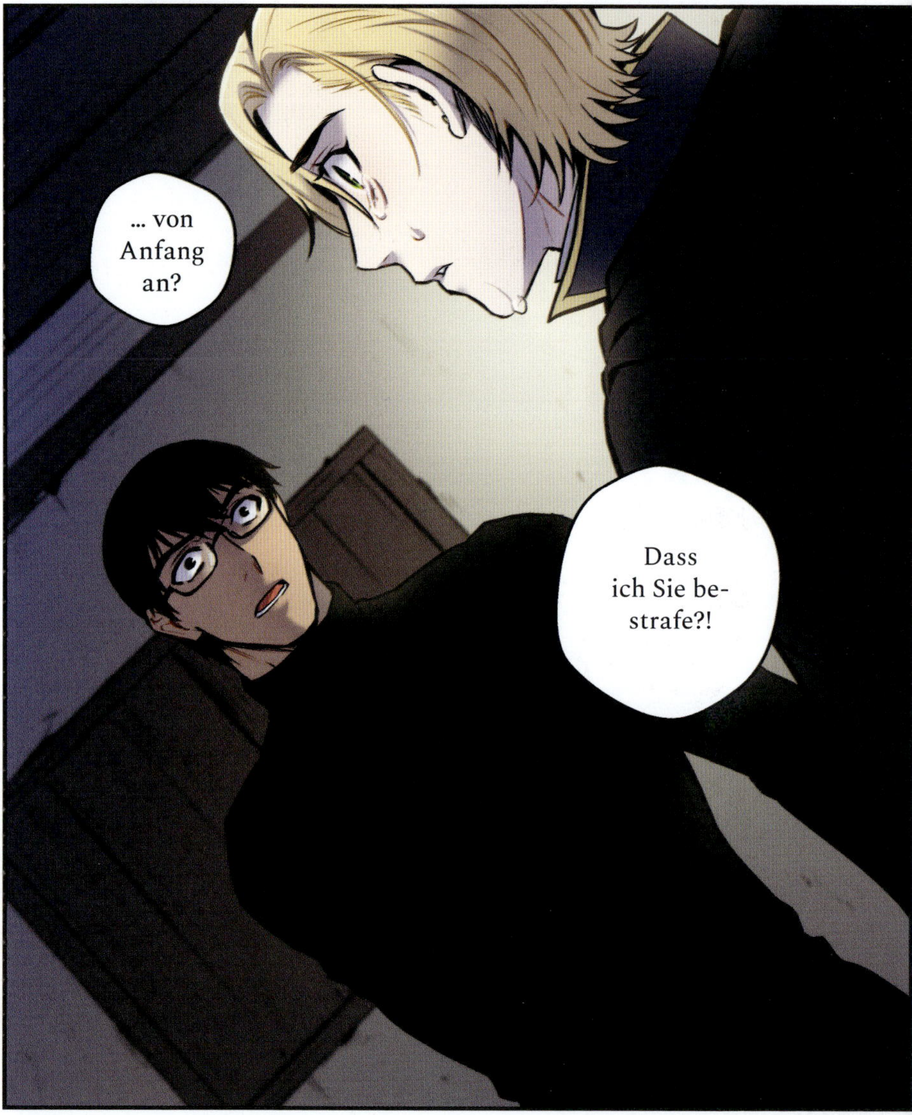
… von Anfang an?
Dass ich Sie be-strafe?!

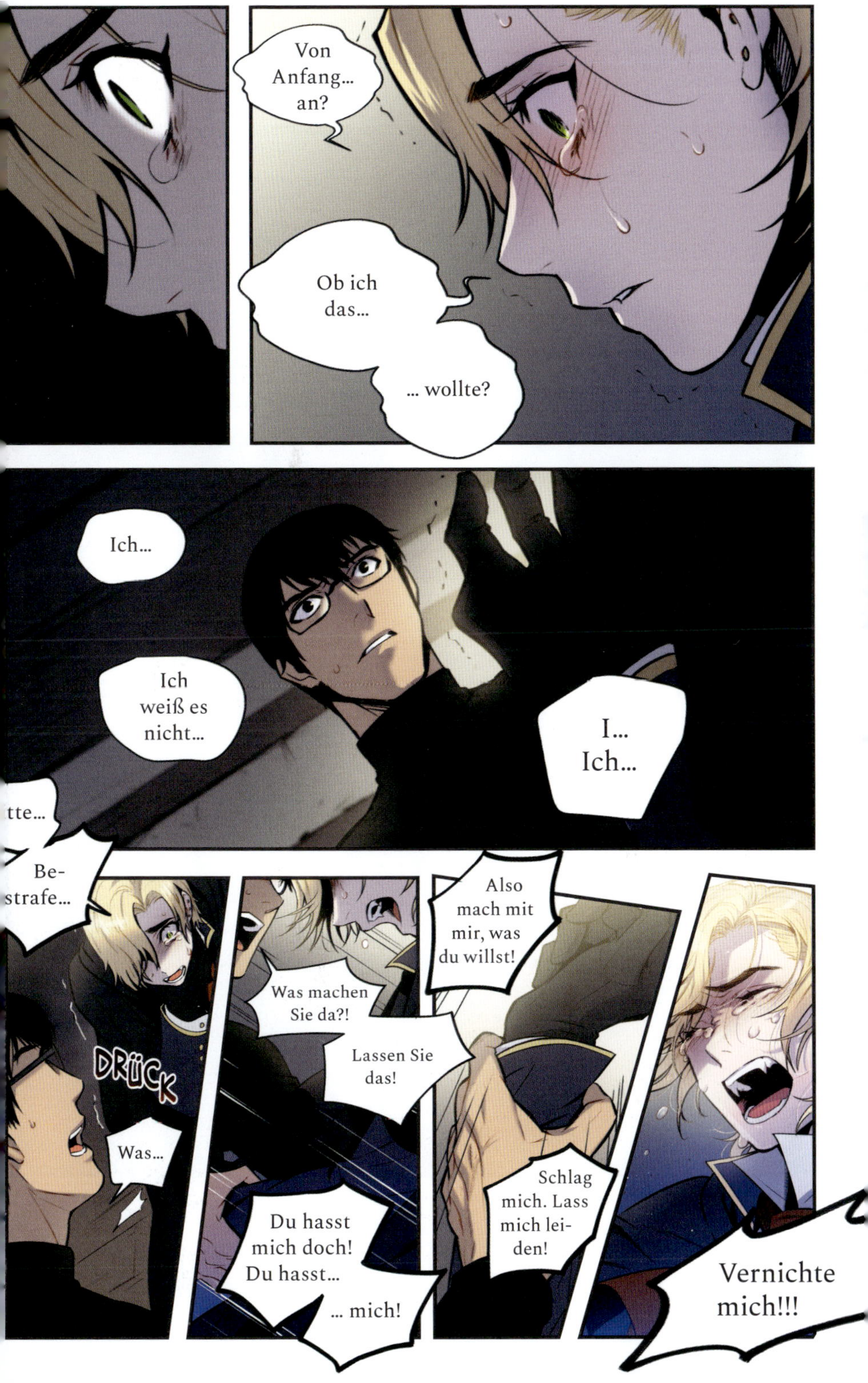
Von Anfang... an?
Ob ich das...
... wollte?
Ich...
Ich weiß es nicht...
I... Ich...
tte...
Be- strafe...
DRÜCK
Was...
Was machen Sie da?!
Lassen Sie das!
Du hasst mich doch! Du hasst...
... mich!
Also mach mit mir, was du willst!
Schlag mich. Lass mich lei- den!
Vernichte mich!!!

Wieso?

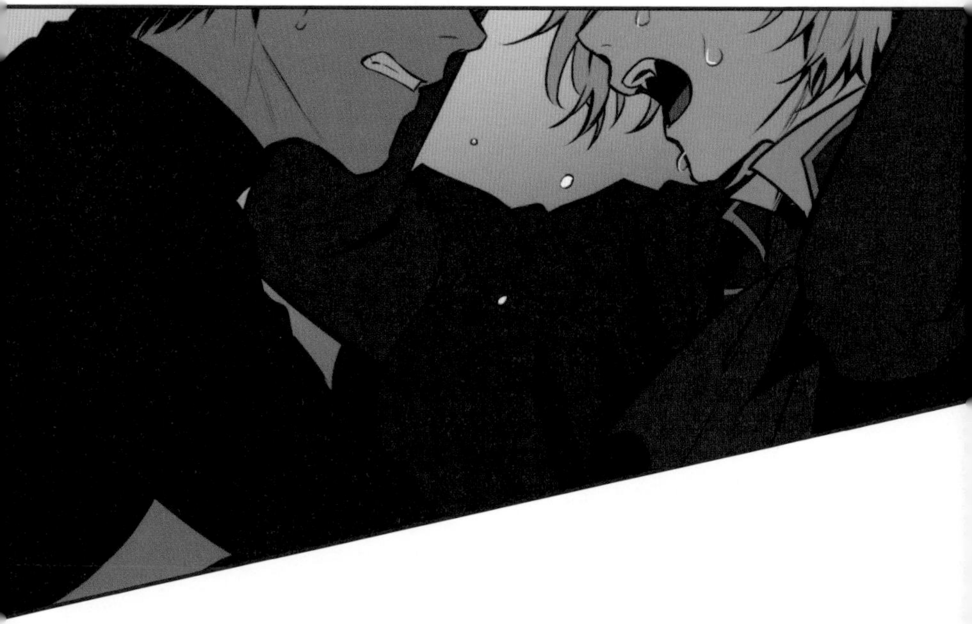

Wieso will er von mir bestraft werden?

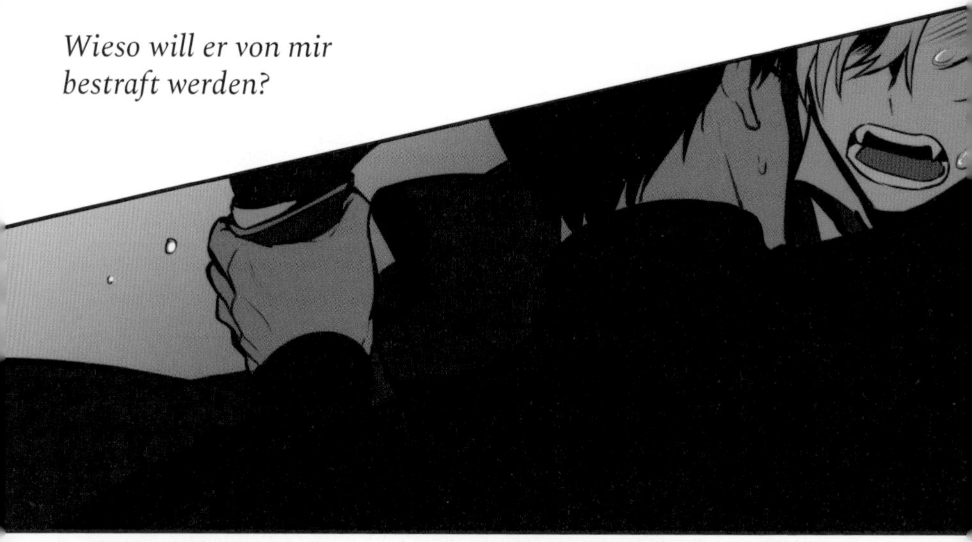

Wieso will der Blutlord »Shell Overlord« ausgerechnet von mir, einem Menschen…

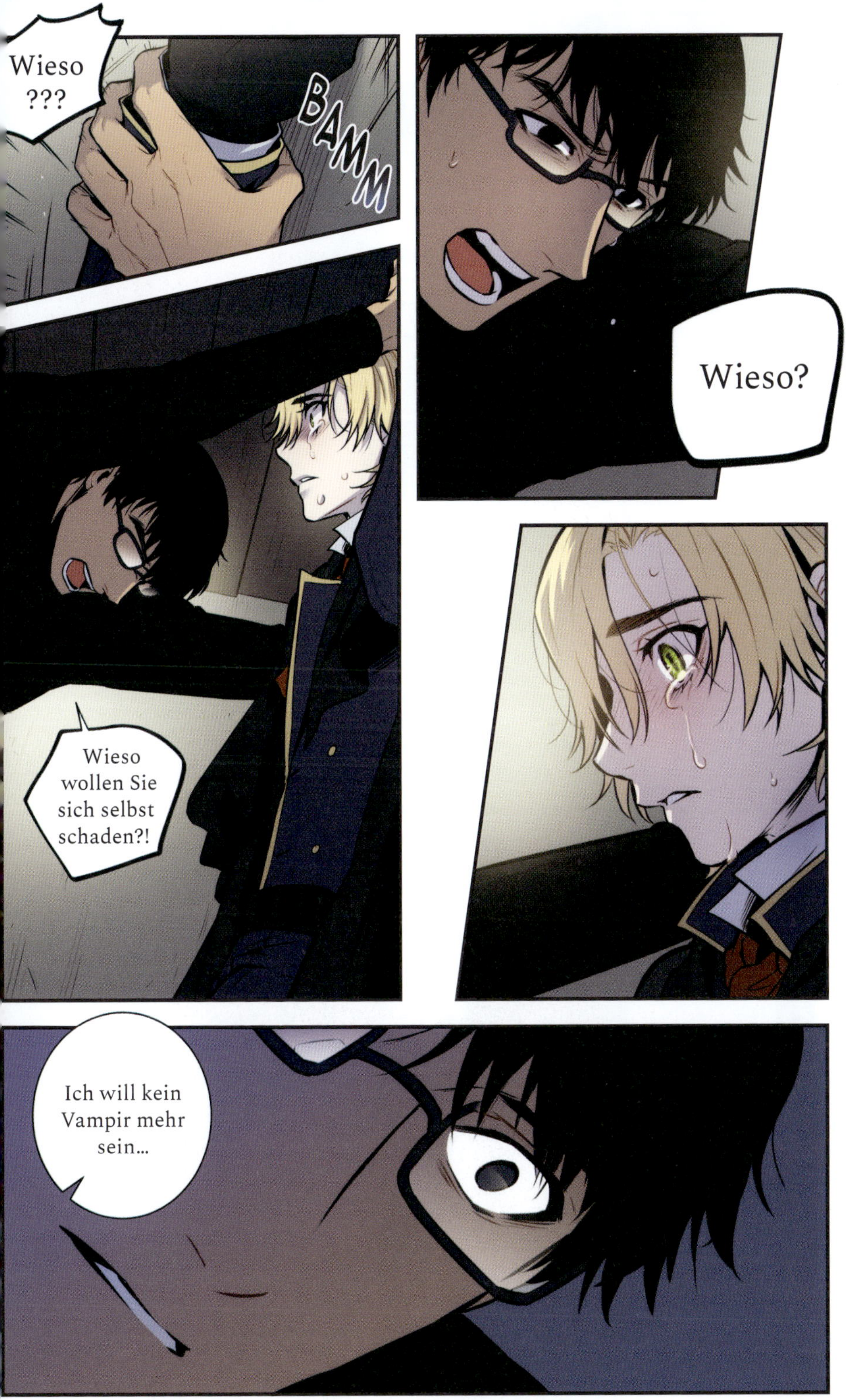
Wieso?
BAMM
Wieso ???
Wieso wollen Sie sich selbst schaden?!
Ich will kein Vampir mehr sein…

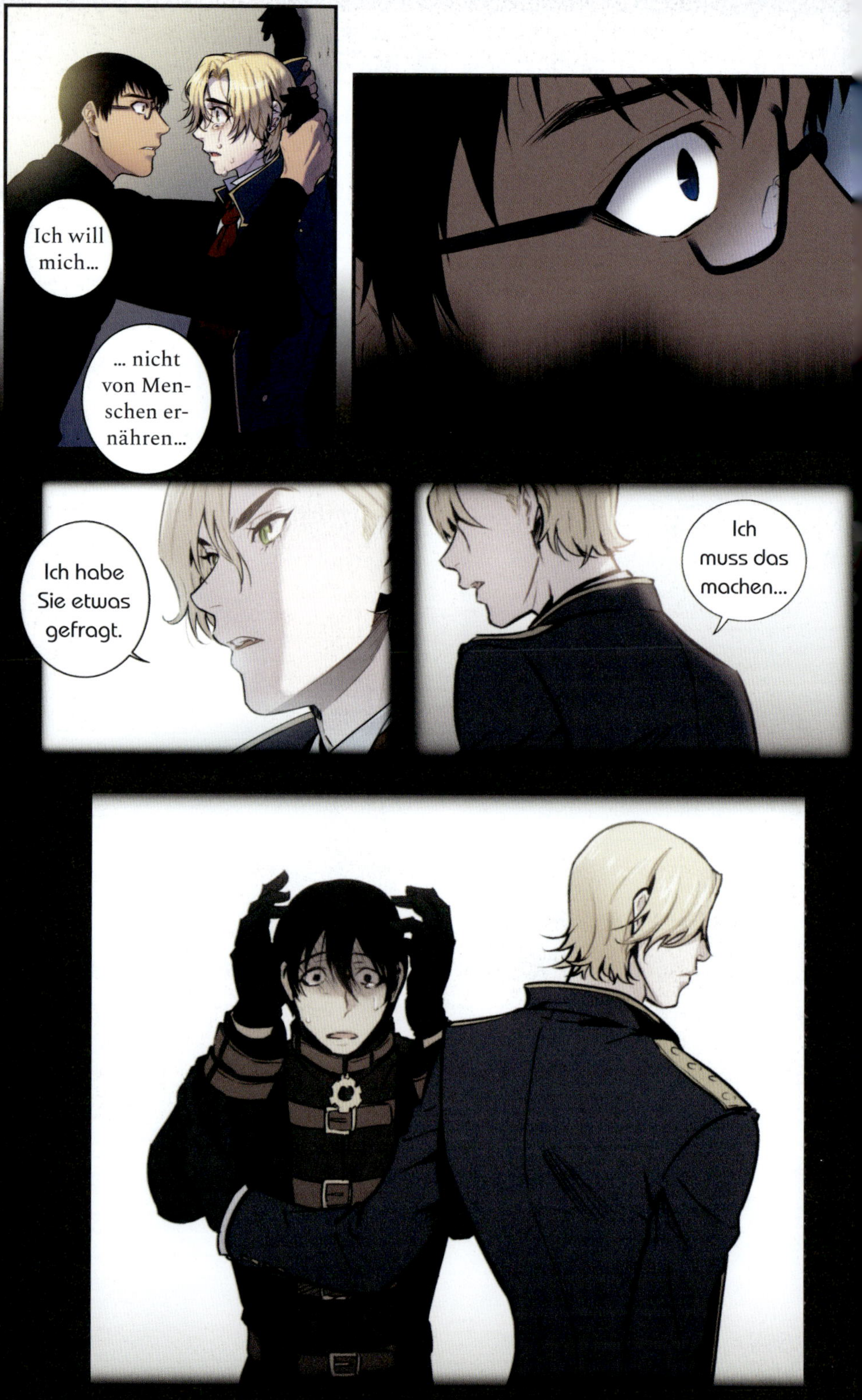
Ich will mich...
... nicht von Menschen ernähren...
Ich habe Sie etwas gefragt.
Ich muss das machen...

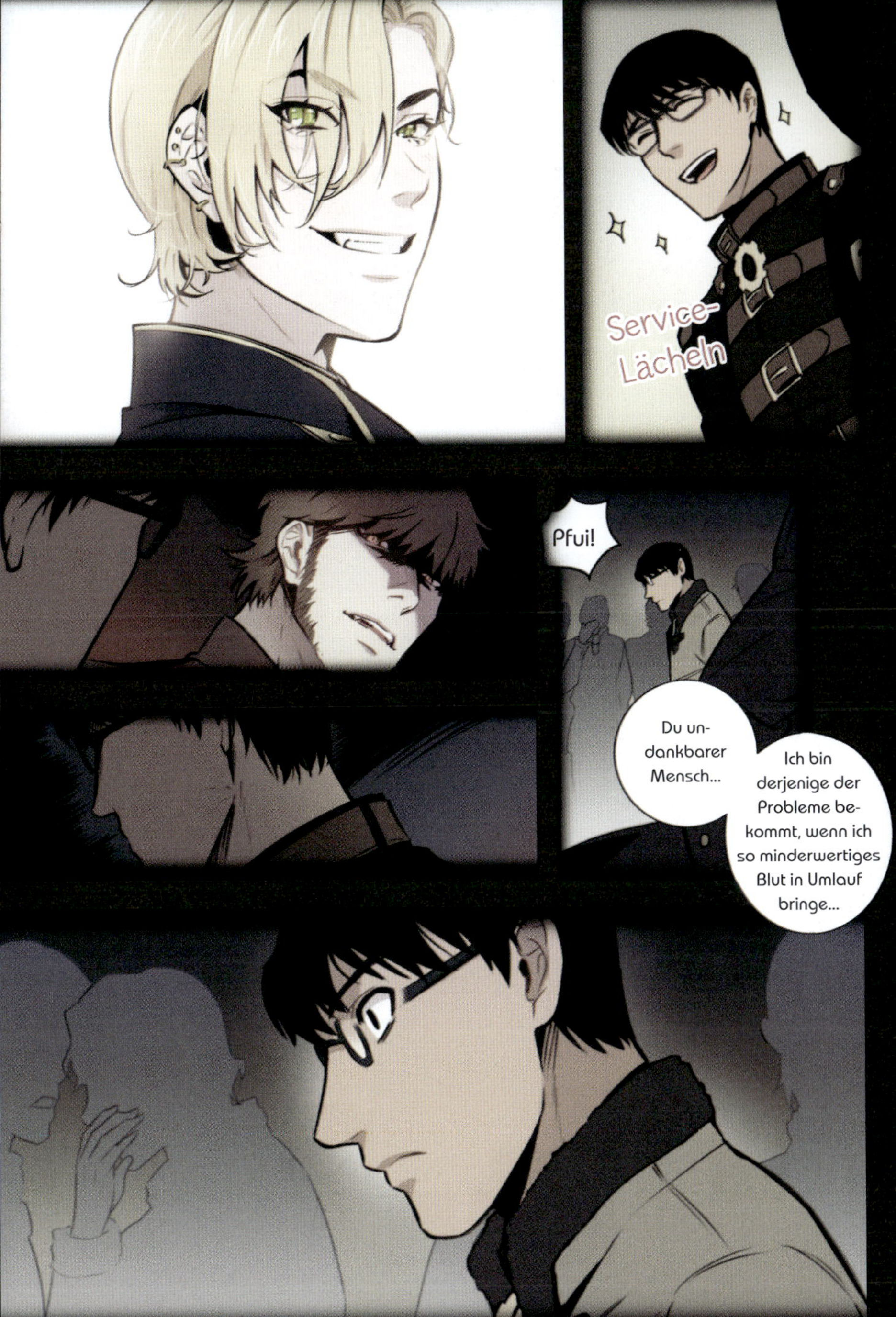
Service-
Lächeln
Pfui!
Du undankbarer Mensch...
Ich bin derjenige der Probleme bekommt, wenn ich so minderwertiges Blut in Umlauf bringe...

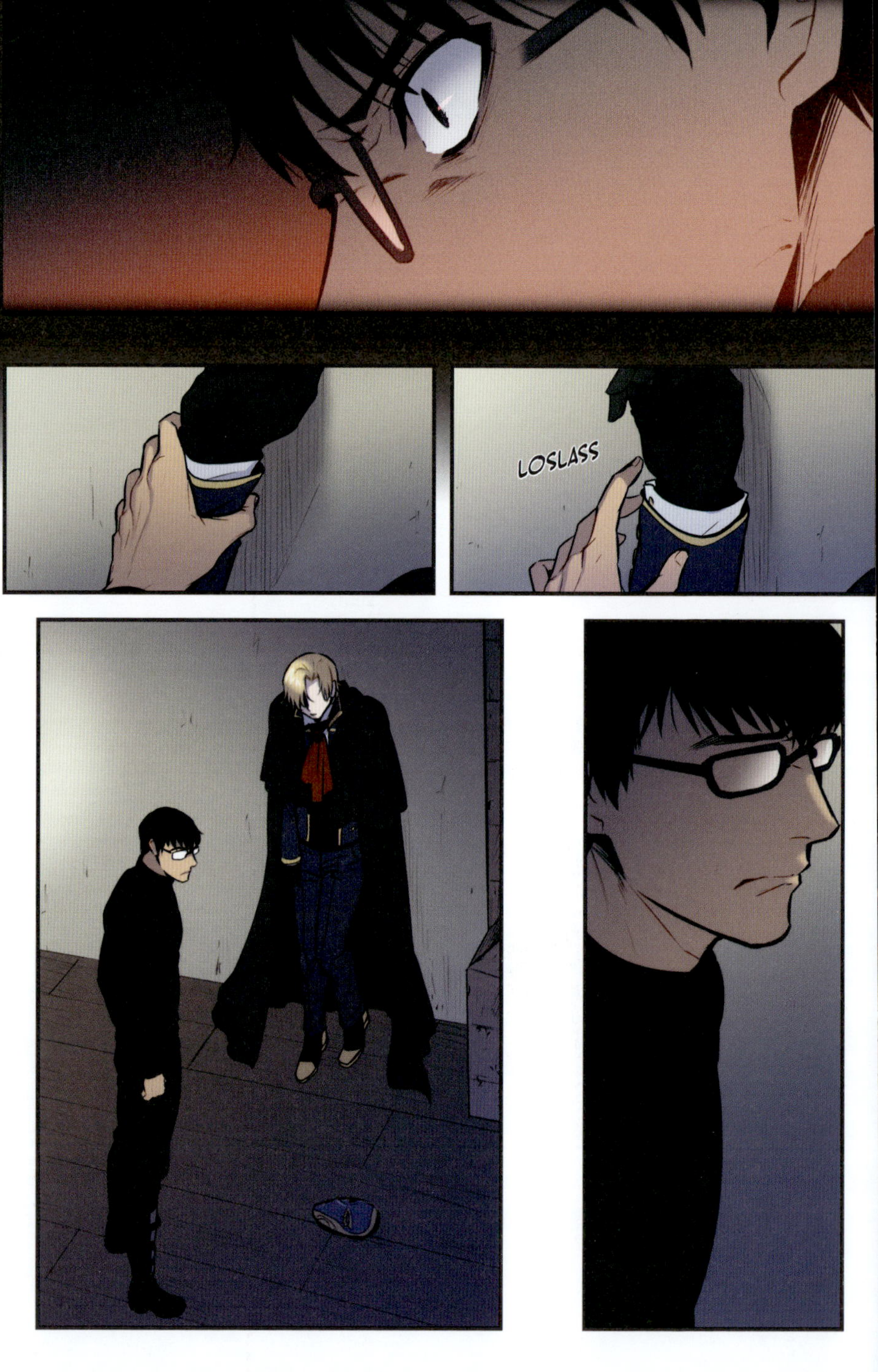
LOSLASS

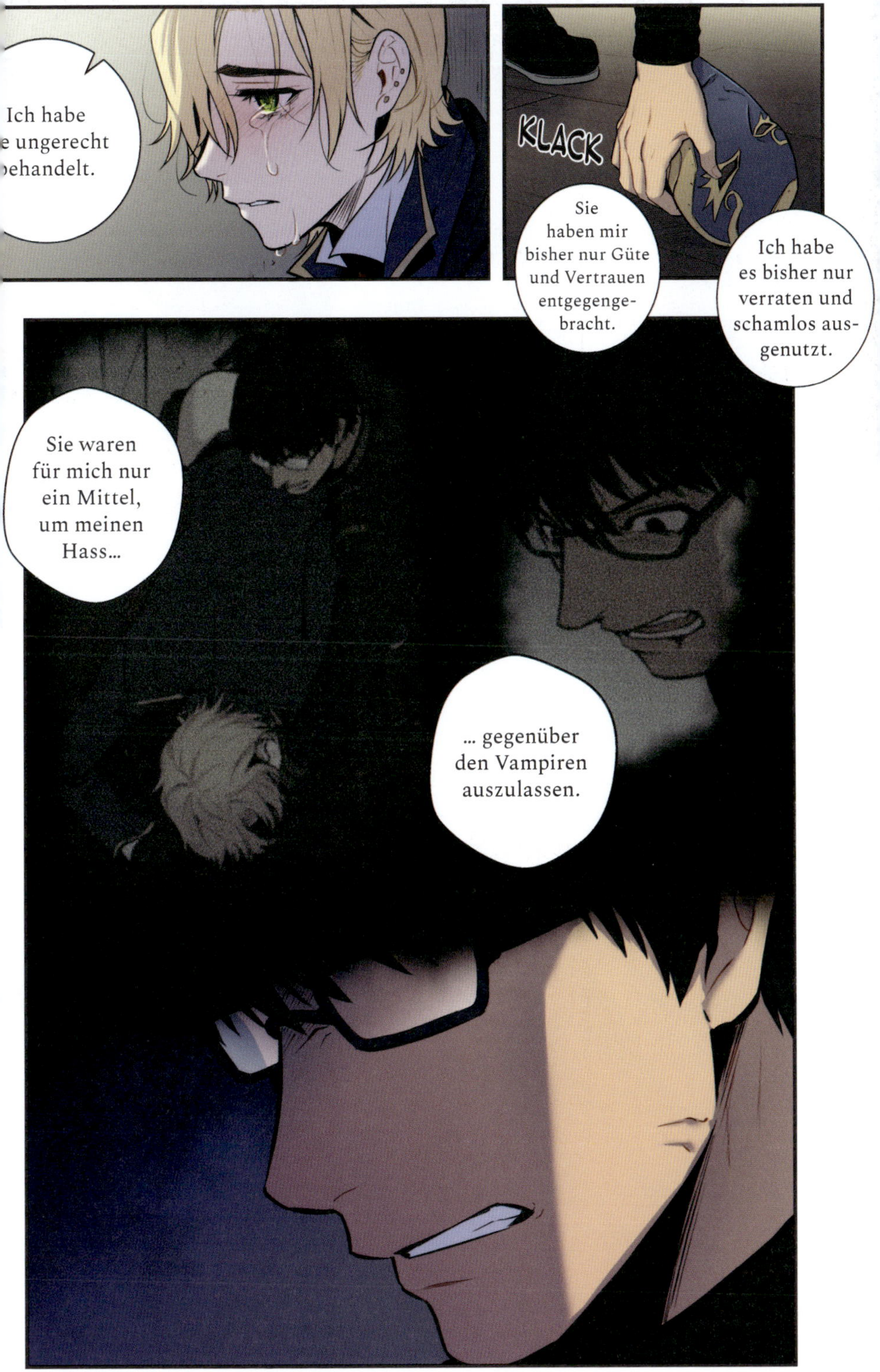

Ich habe
e ungerecht
behandelt.
KLACK
Sie haben mir bisher nur Güte und Vertrauen entgegengebracht.
Ich habe es bisher nur verraten und schamlos ausgenutzt.
Sie waren für mich nur ein Mittel, um meinen Hass...
... gegenüber den Vampiren auszulassen.

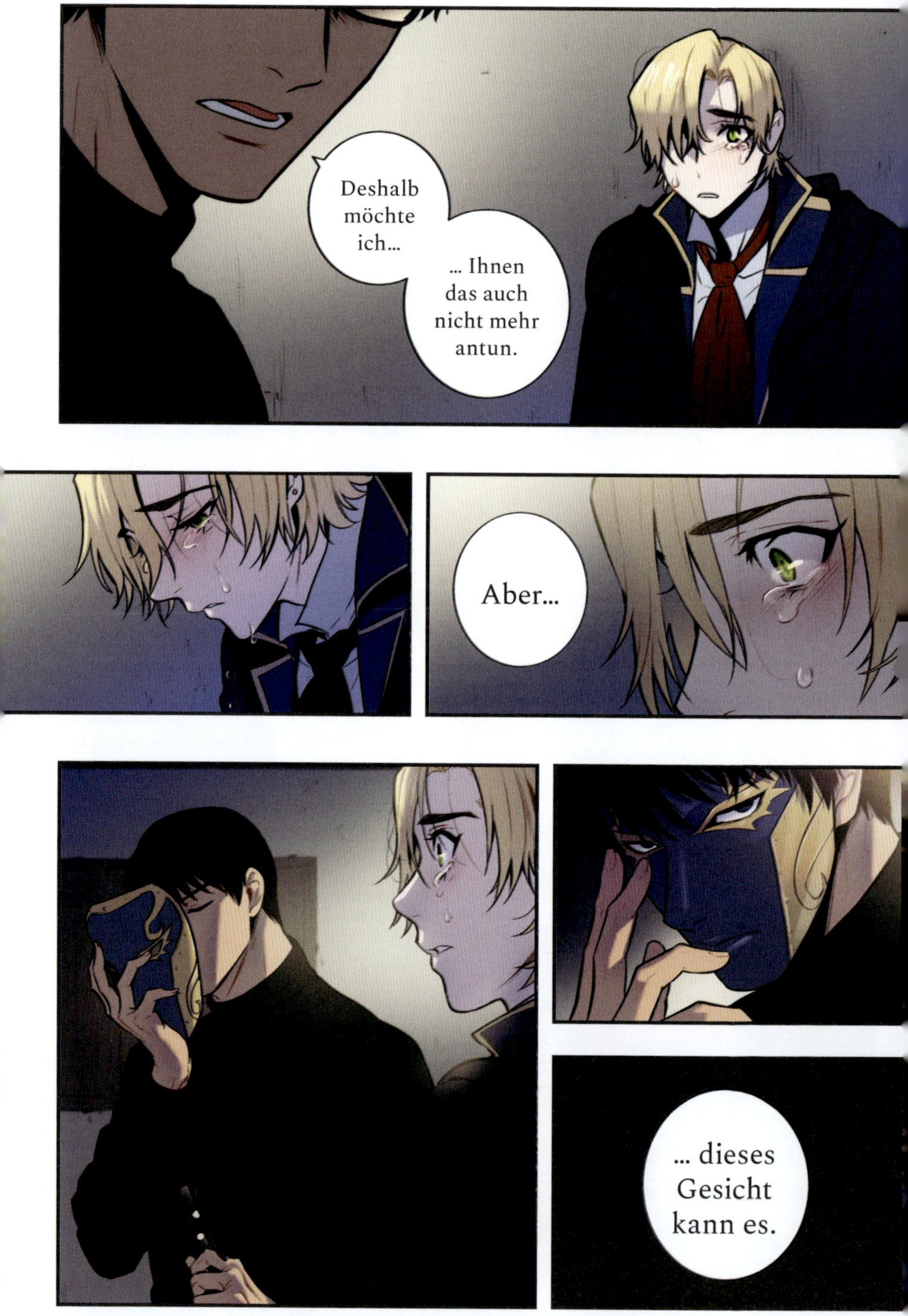
Deshalb möchte ich…
… Ihnen das auch nicht mehr antun.
Aber…
… dieses Gesicht kann es.

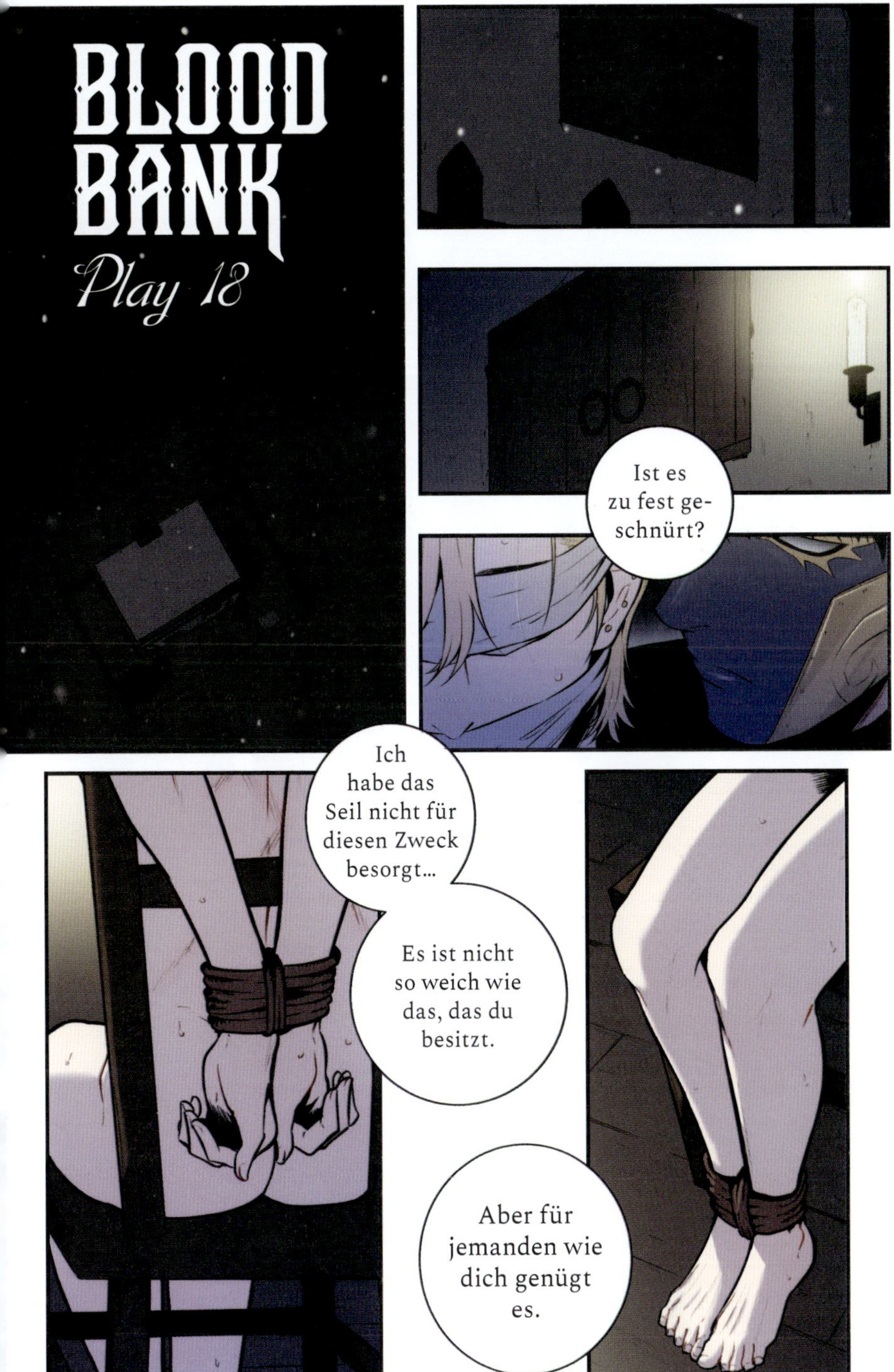
BLOOD BANK
Play 18
Ist es zu fest geschnürt?
Ich habe das Seil nicht für diesen Zweck besorgt…
Es ist nicht so weich wie das, das du besitzt.
Aber für jemanden wie dich genügt es.

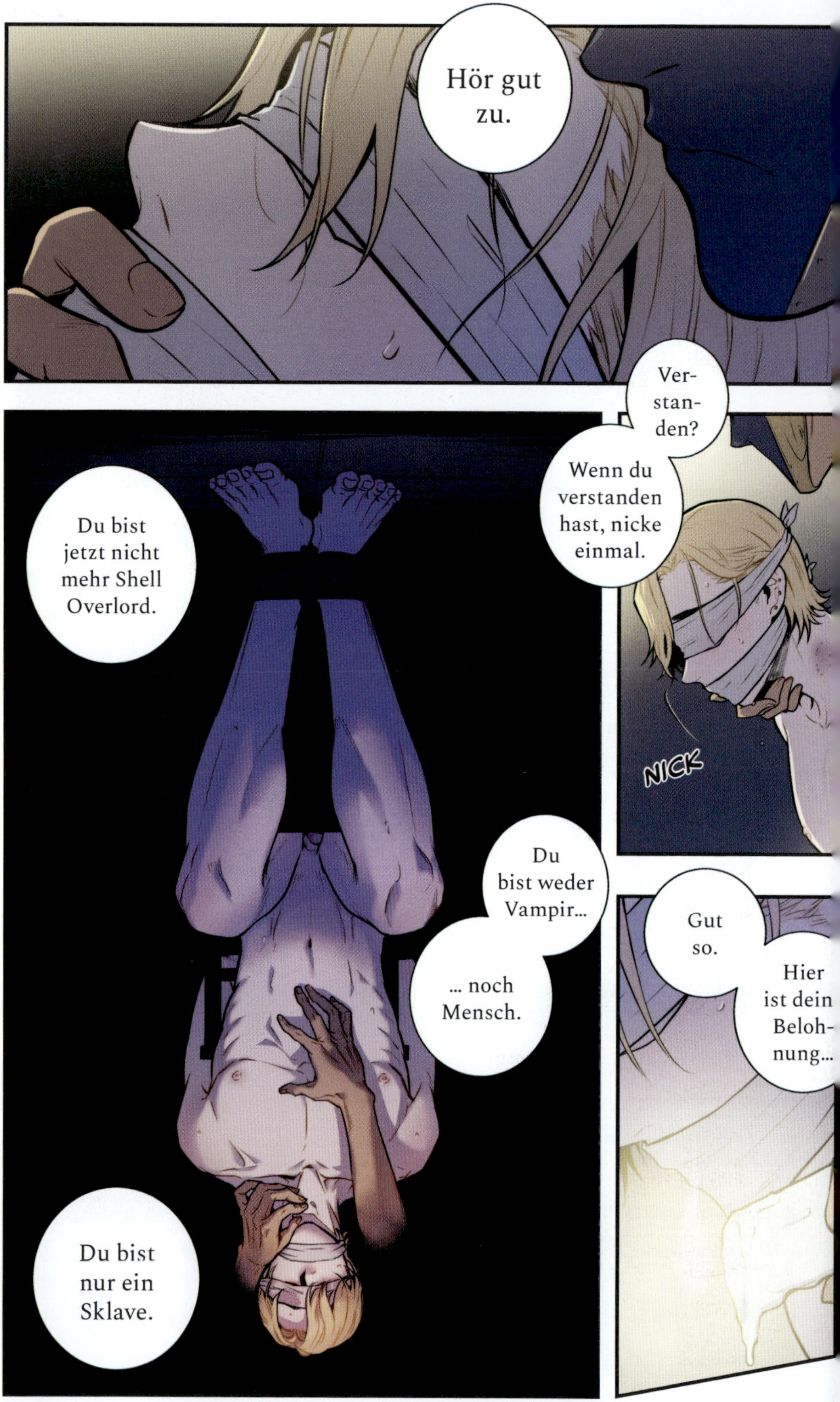
Hör gut zu.
Du bist jetzt nicht mehr Shell Overlord.
Du bist weder Vampir...
... noch Mensch.
Du bist nur ein Sklave.
Verstanden?
Wenn du verstanden hast, nicke einmal.
NICK
Gut so.
Hier ist dein Belohnung...

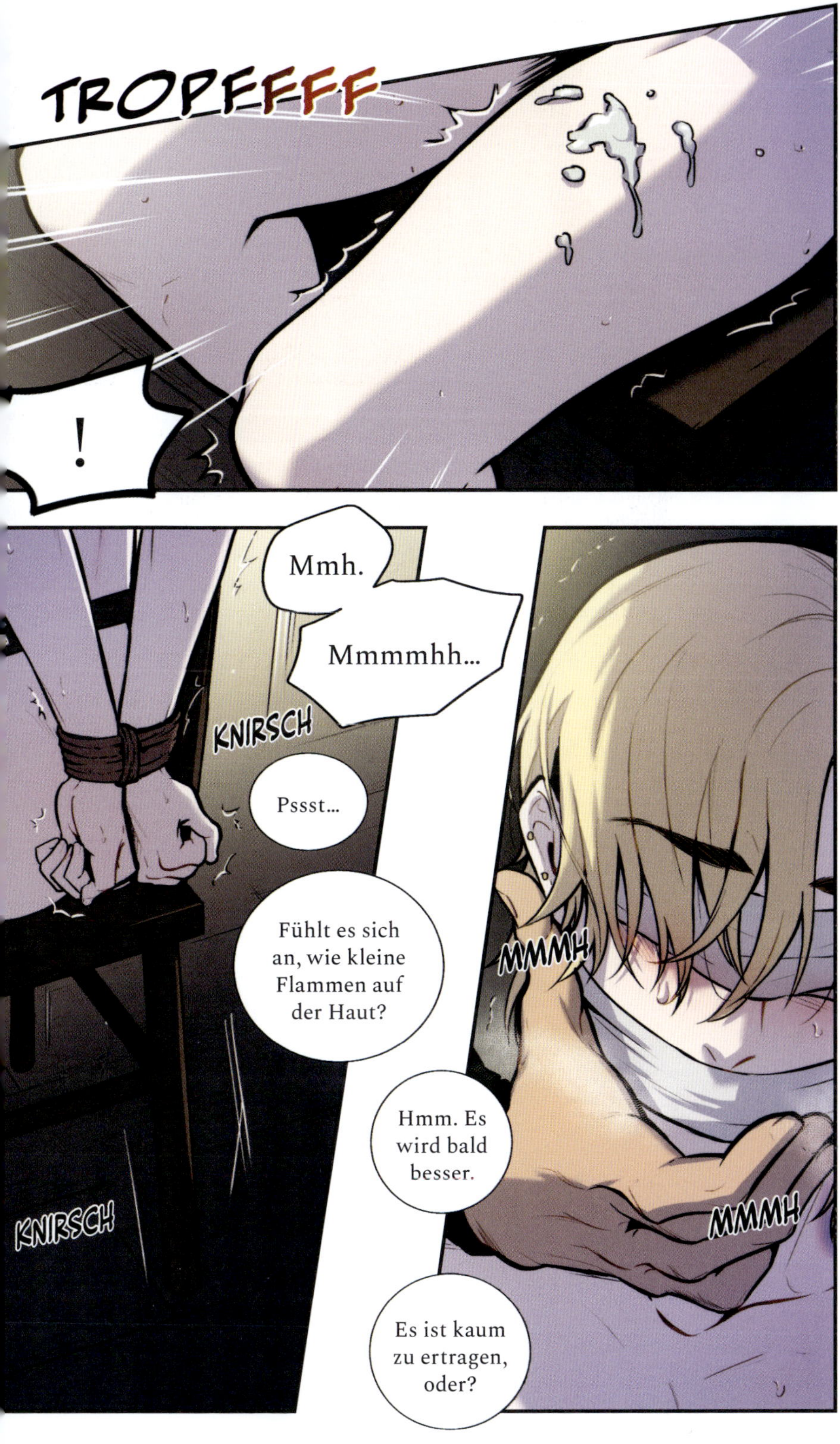
TROPFFFFF
!
Mmh.
Mmmmhh...
KNIRSCH
Pssst...
Fühlt es sich an, wie kleine Flammen auf der Haut?
MMMH
KNIRSCH
Hmm. Es wird bald besser.
MMMH
Es ist kaum zu ertragen, oder?

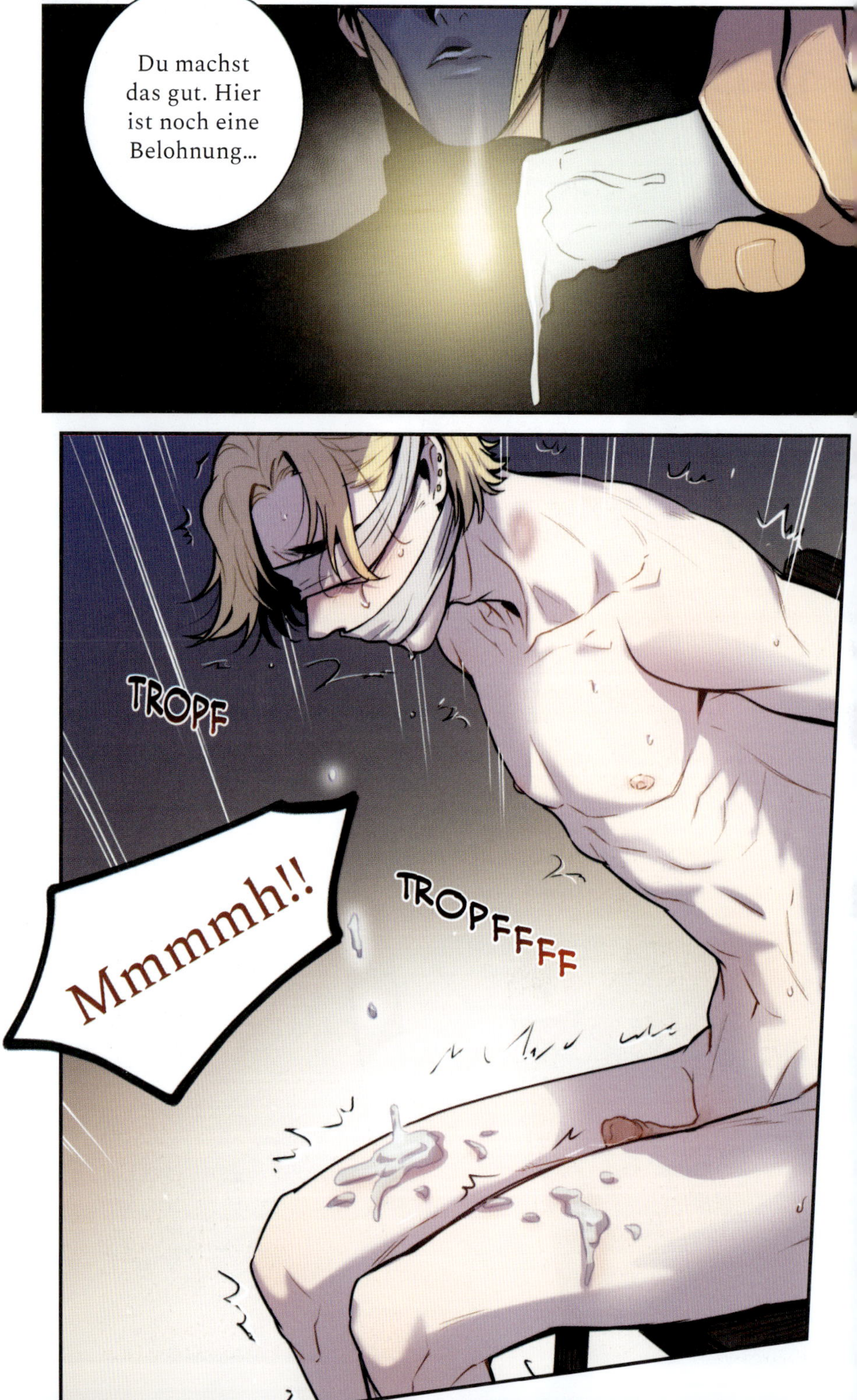
Du machst das gut. Hier ist noch eine Belohnung…
TROPF
Mmmmh!!
TROPFFFFF

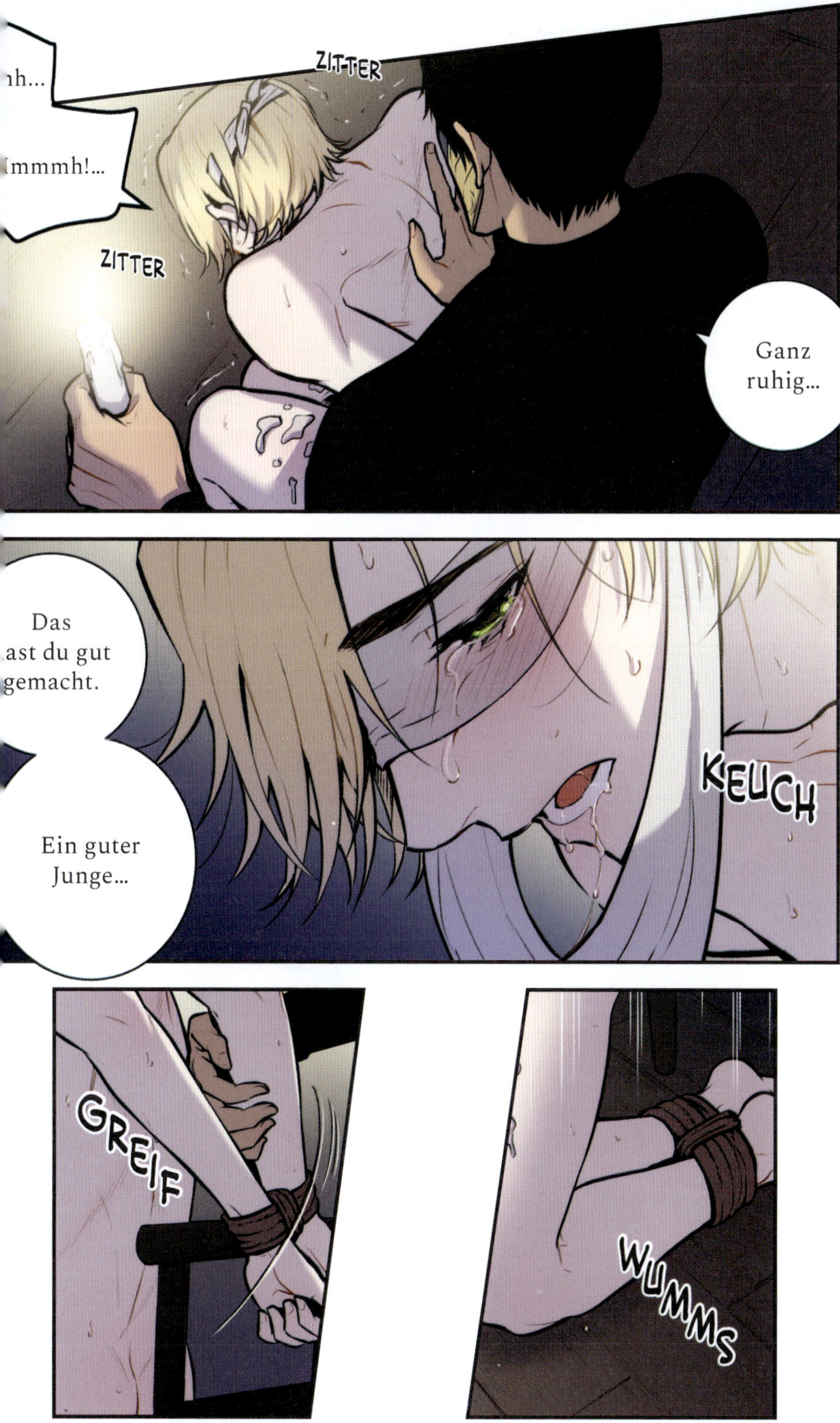
h...
mmmh!...
ZITTER
ZITTER
Ganz ruhig...
Das
ast du gut
gemacht.
Ein guter Junge...
KEUCH
GREIF
WUMMS

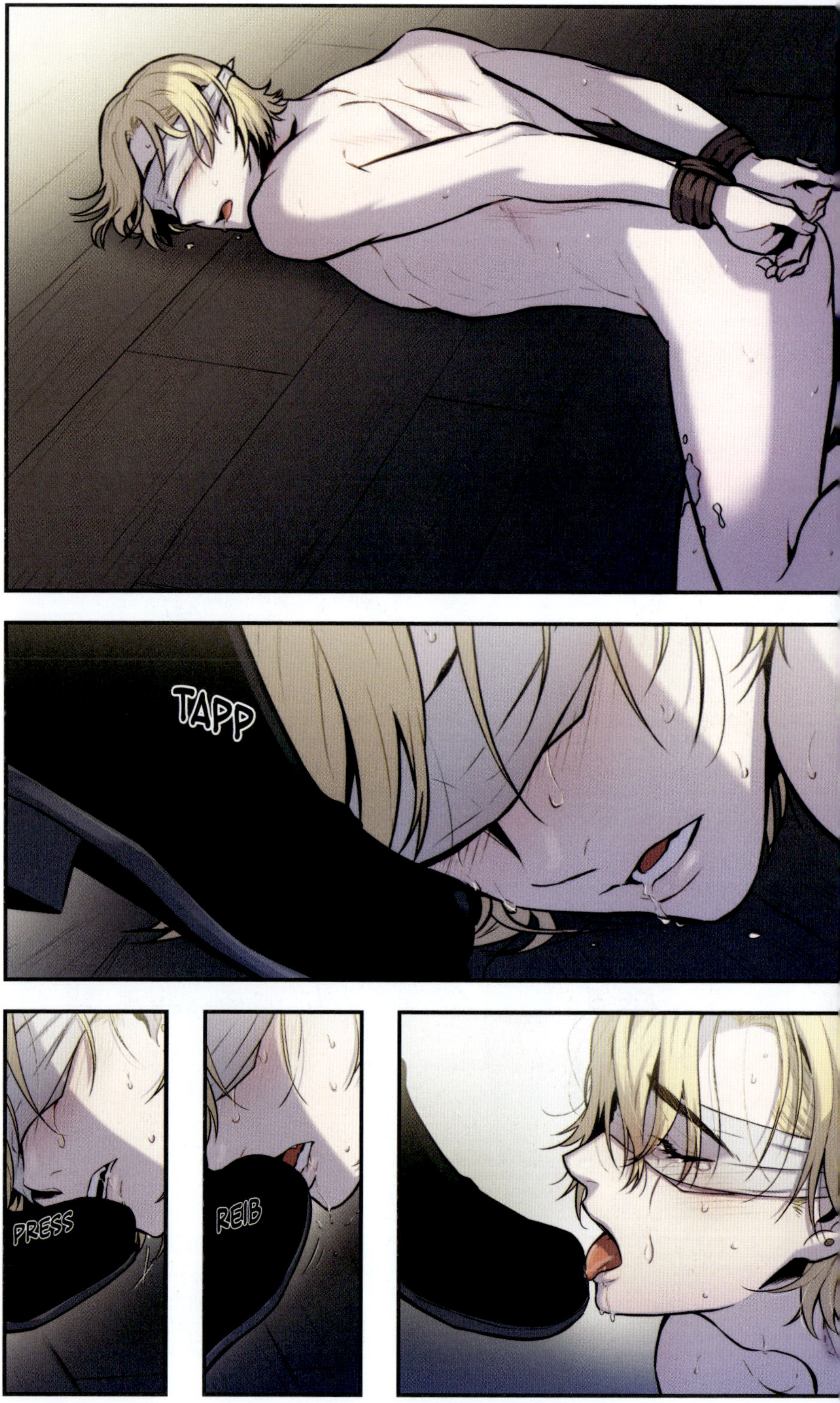
TAPP
PRESS
REIB

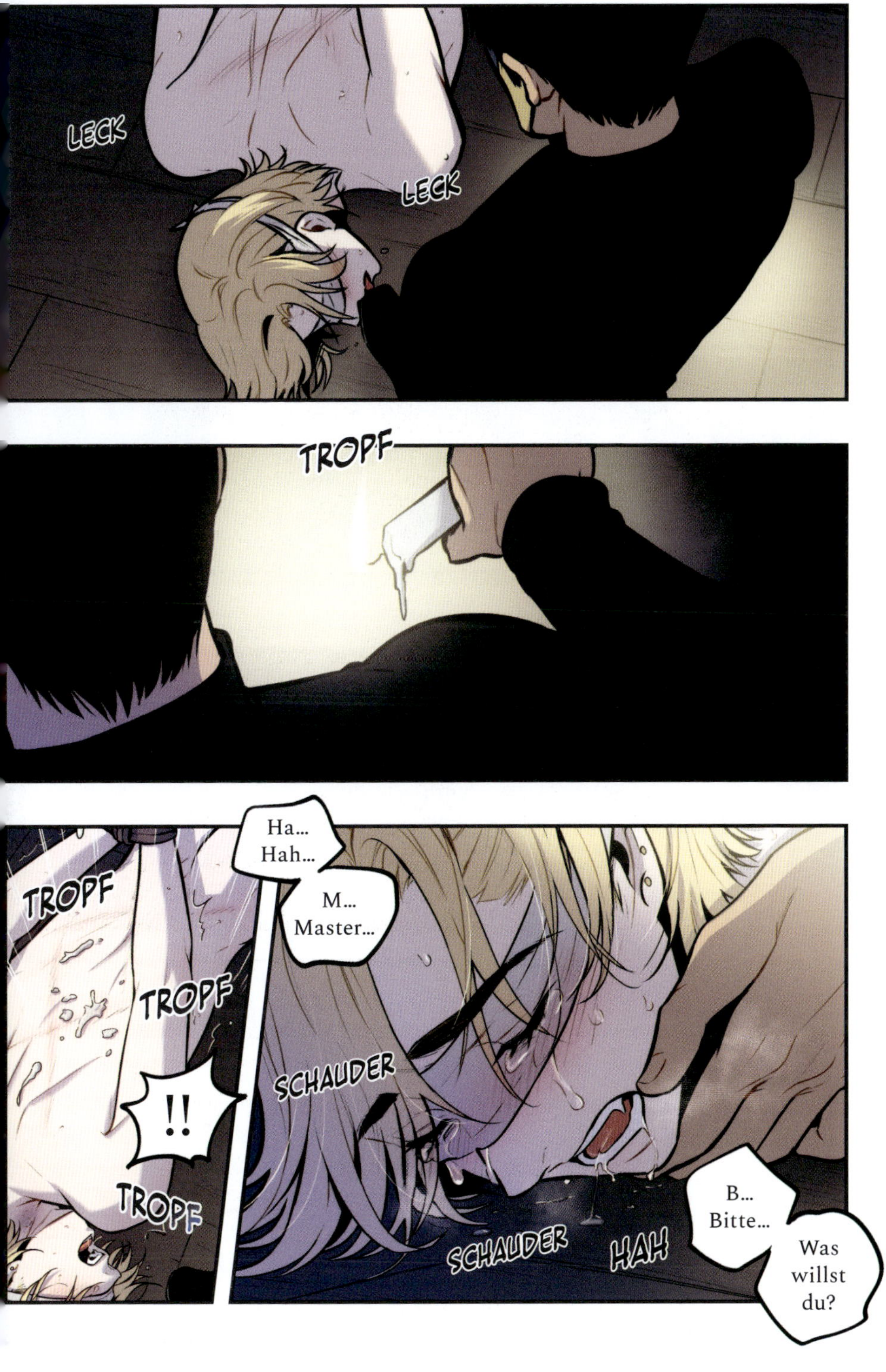
LECK
LECK
TROPF
Ha... Hah...
M... Master...
TROPF
TROPF
!!
TROPF
SCHAUDER
SCHAUDER
HAH
B... Bitte...
Was willst du?

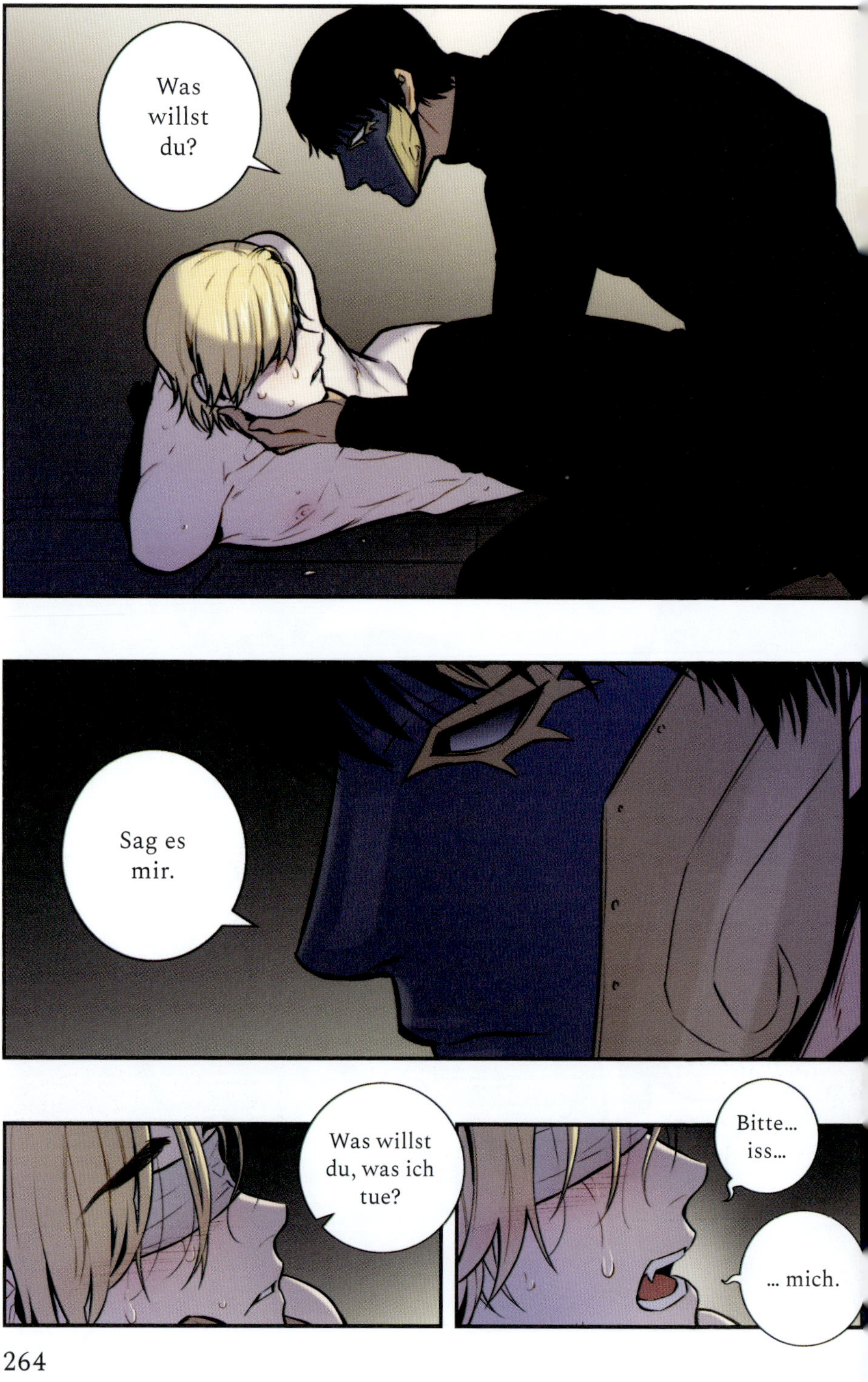
Was willst du?
Sag es mir.
Was willst du, was ich tue?
Bitte... iss...
... mich.

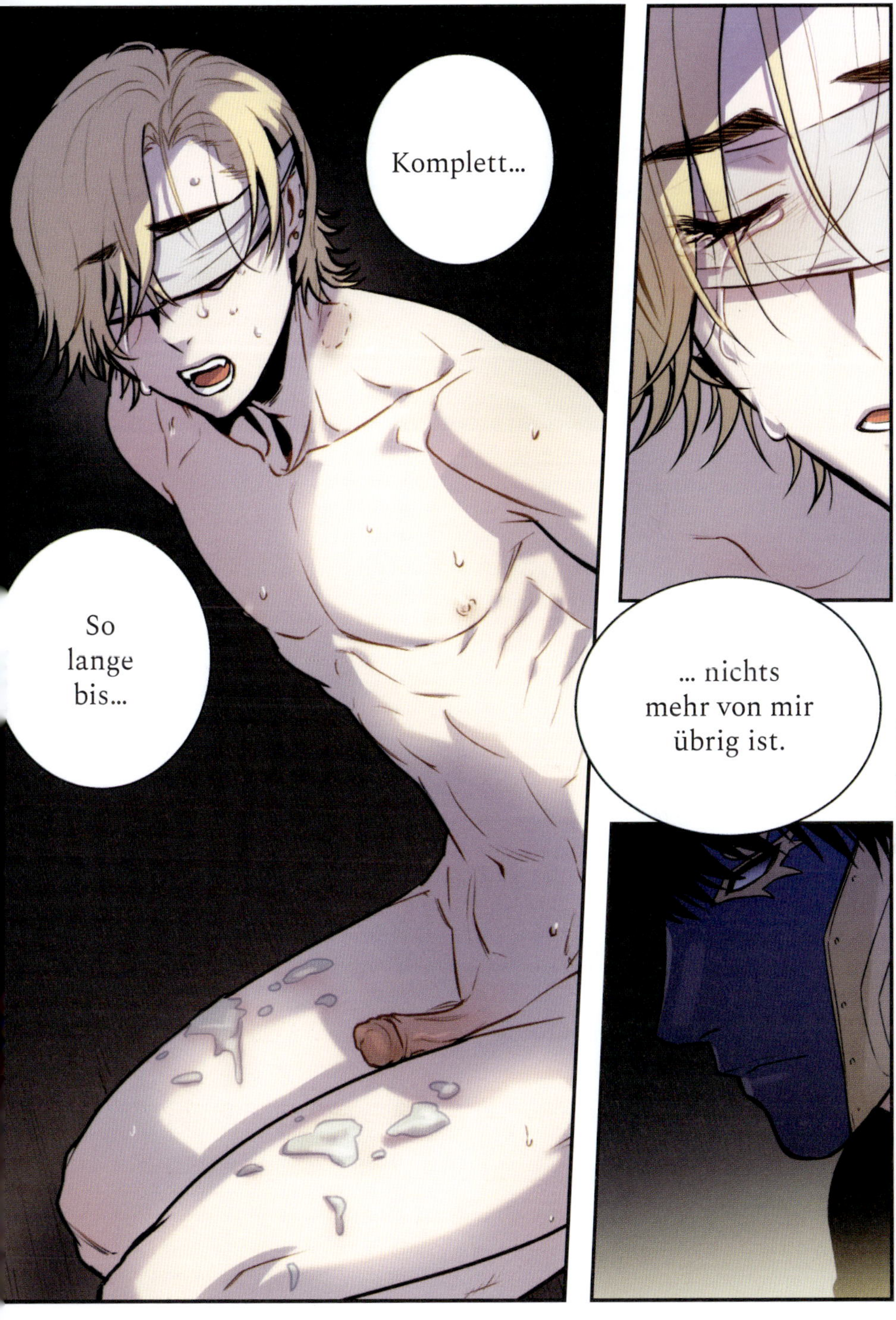
Komplett...
So lange bis...
... nichts mehr von mir übrig ist.

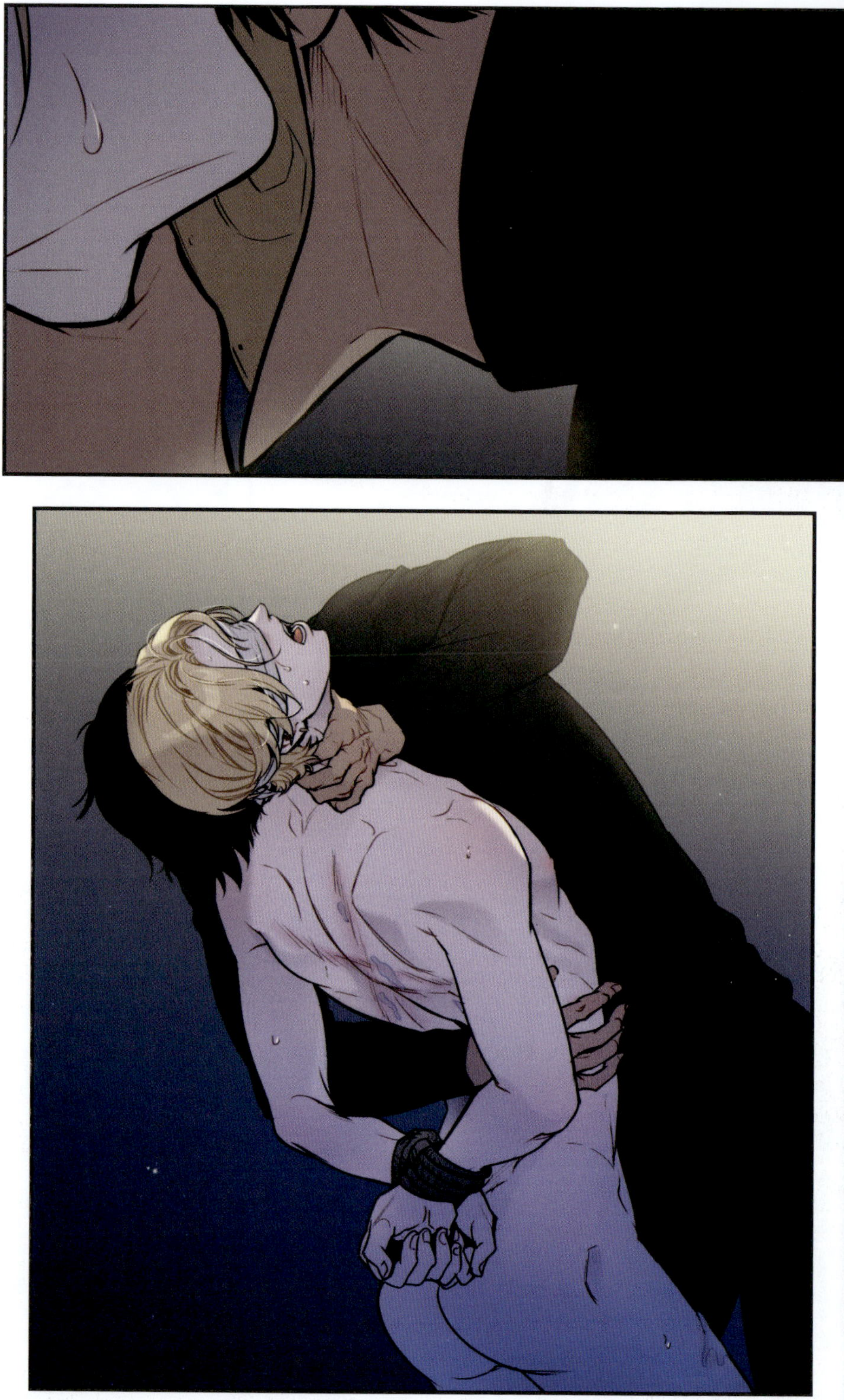

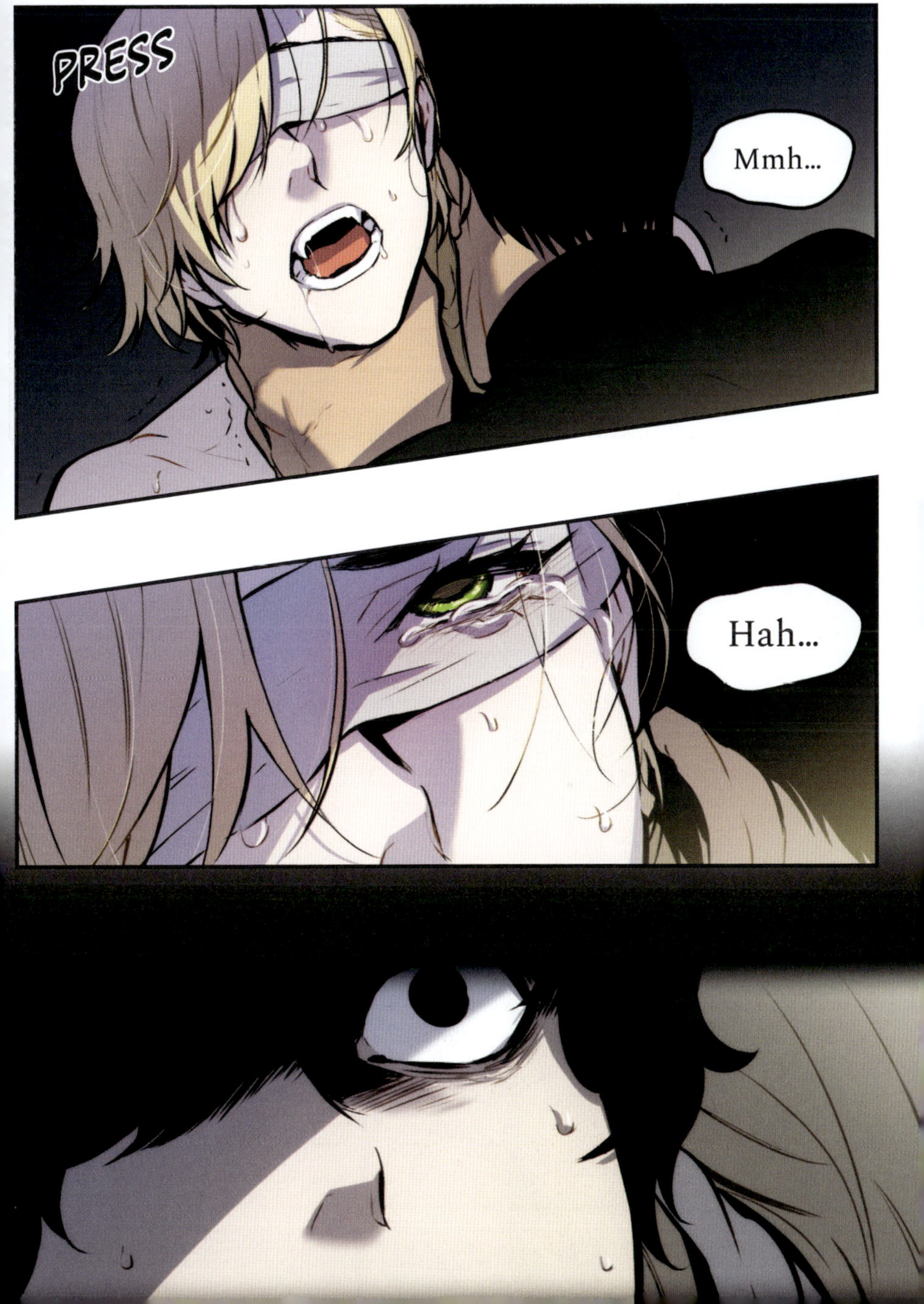
PRESS
Mmh...
Hah...

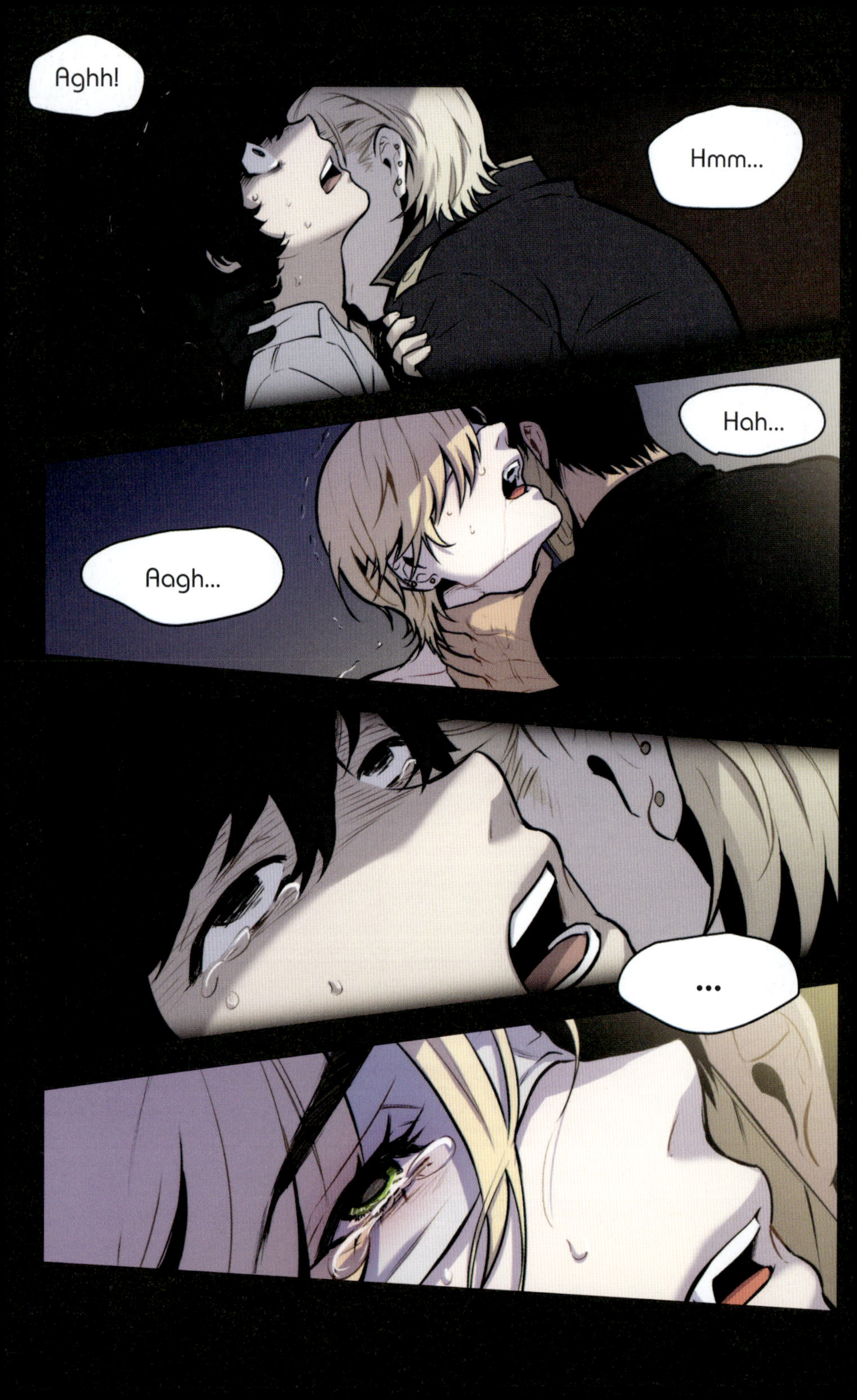
Aghh!
Hmm...
Hah...
Aagh...
...

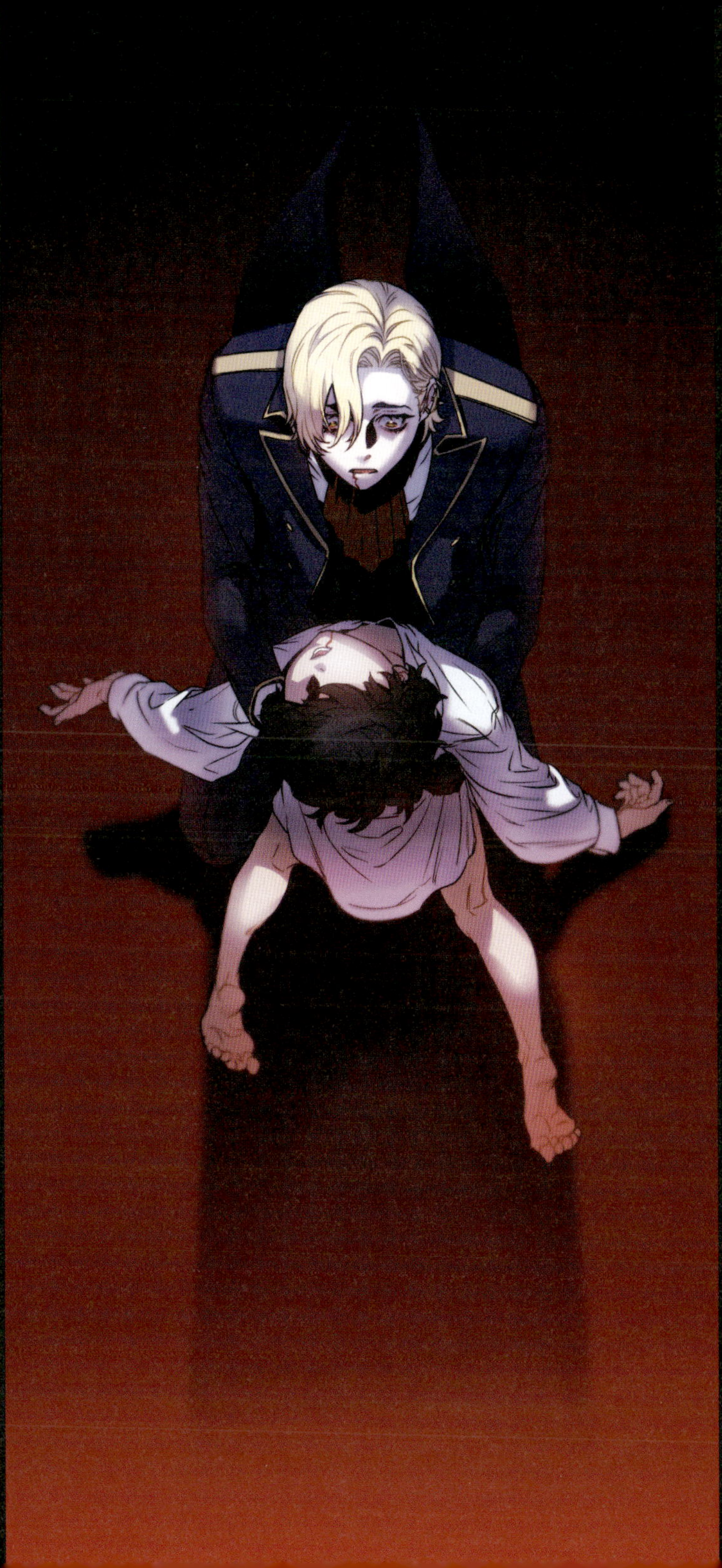

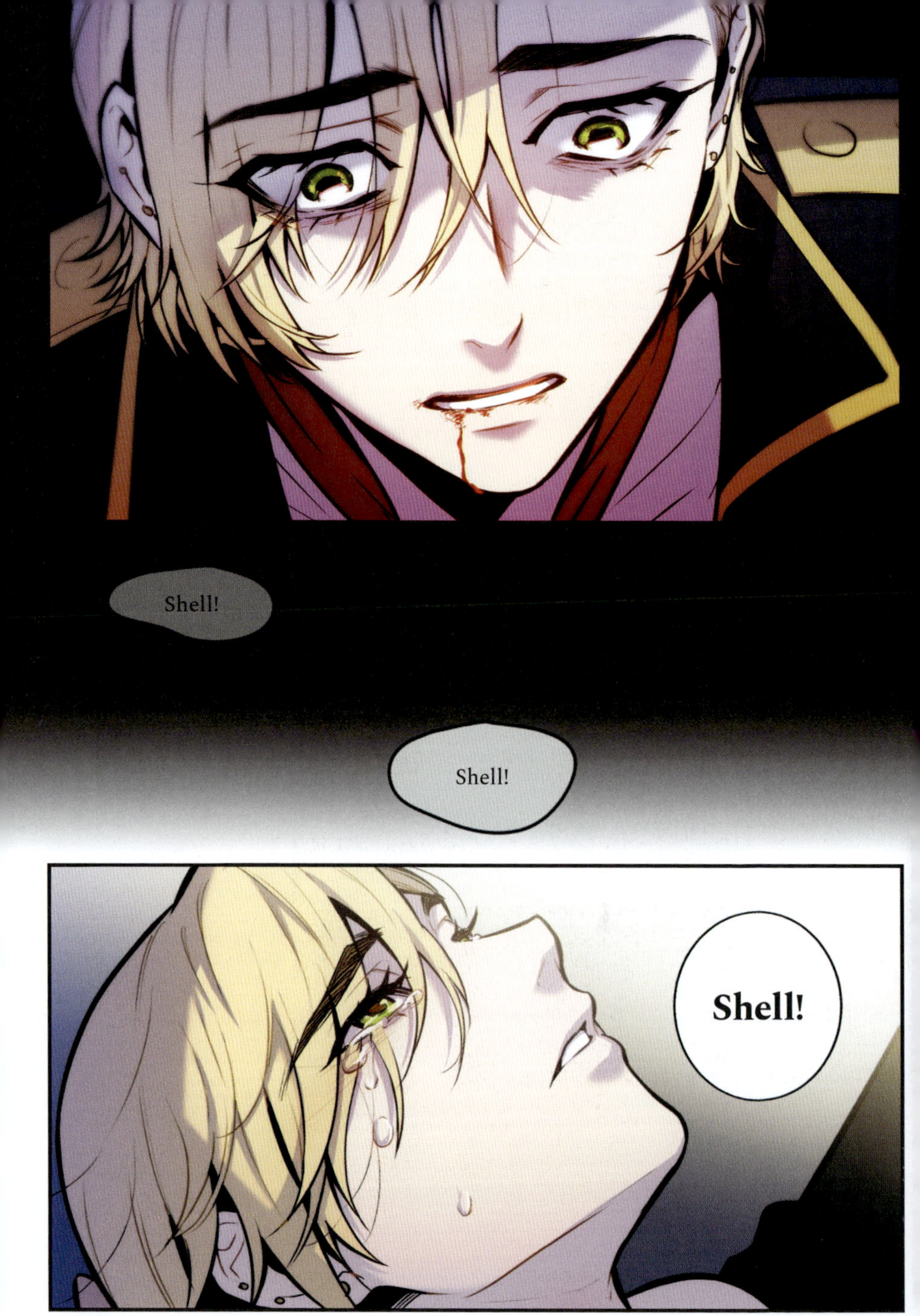
Shell!
Shell!
Shell!

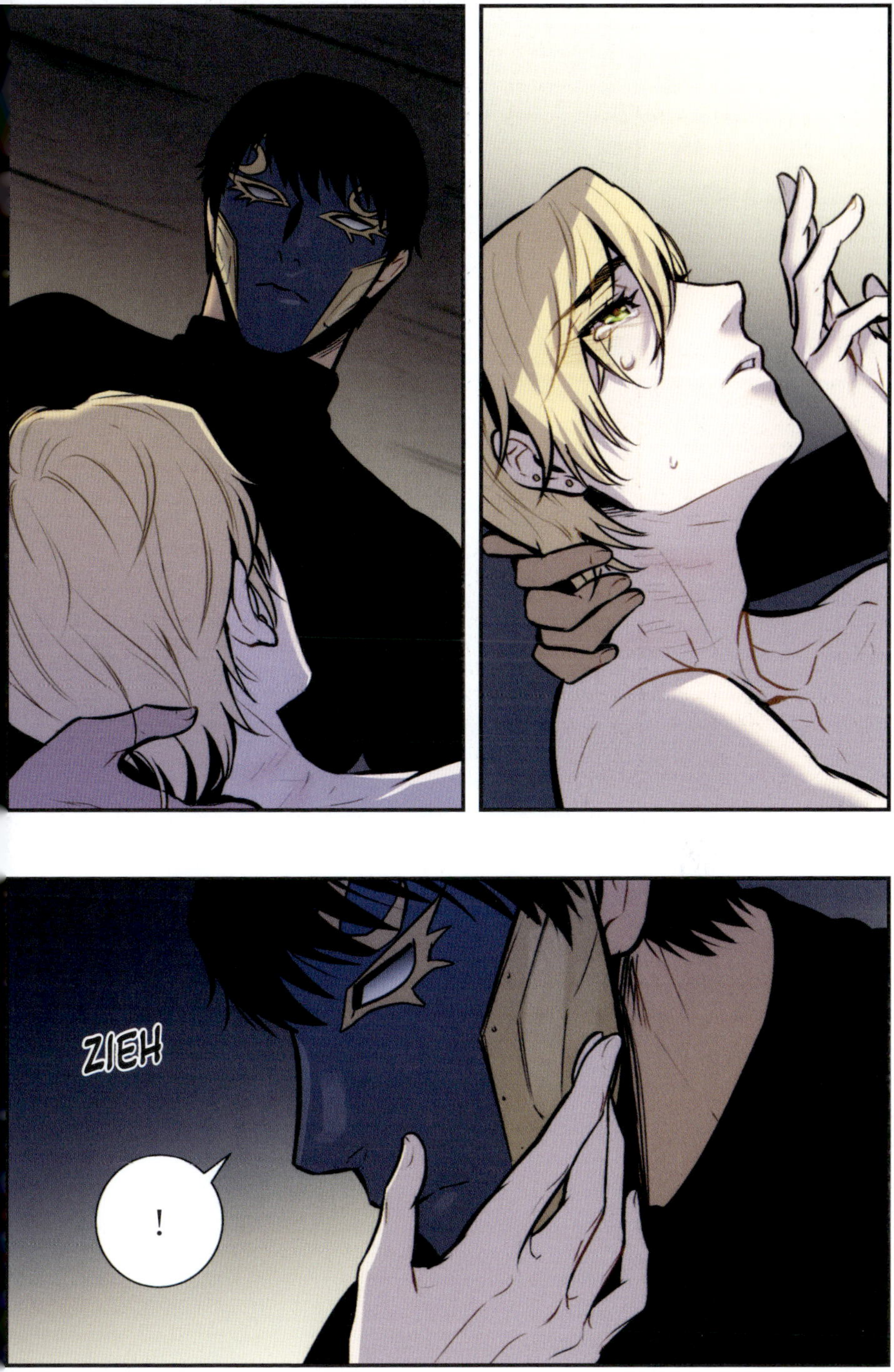
ZIEH
!

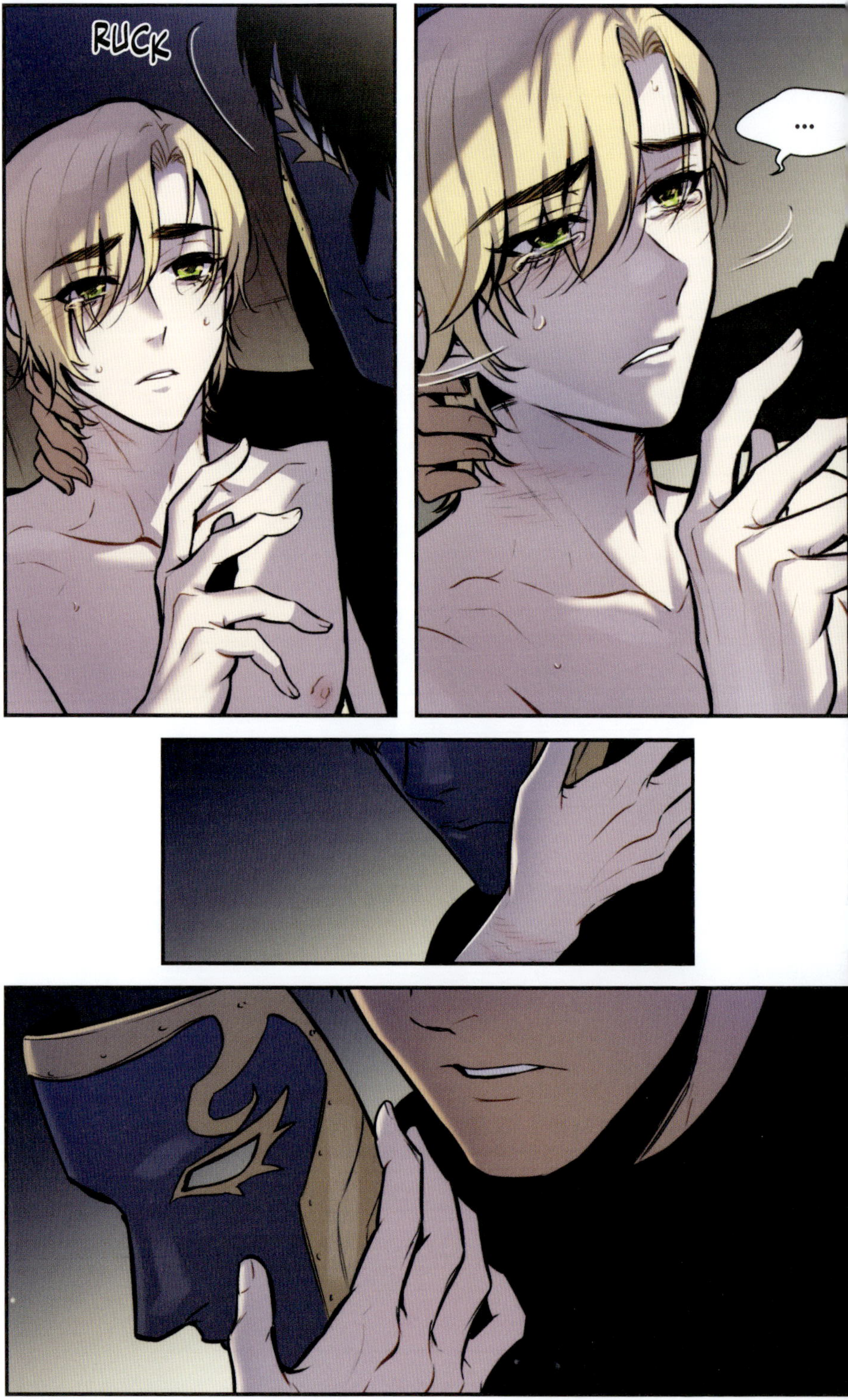
RUCK
...

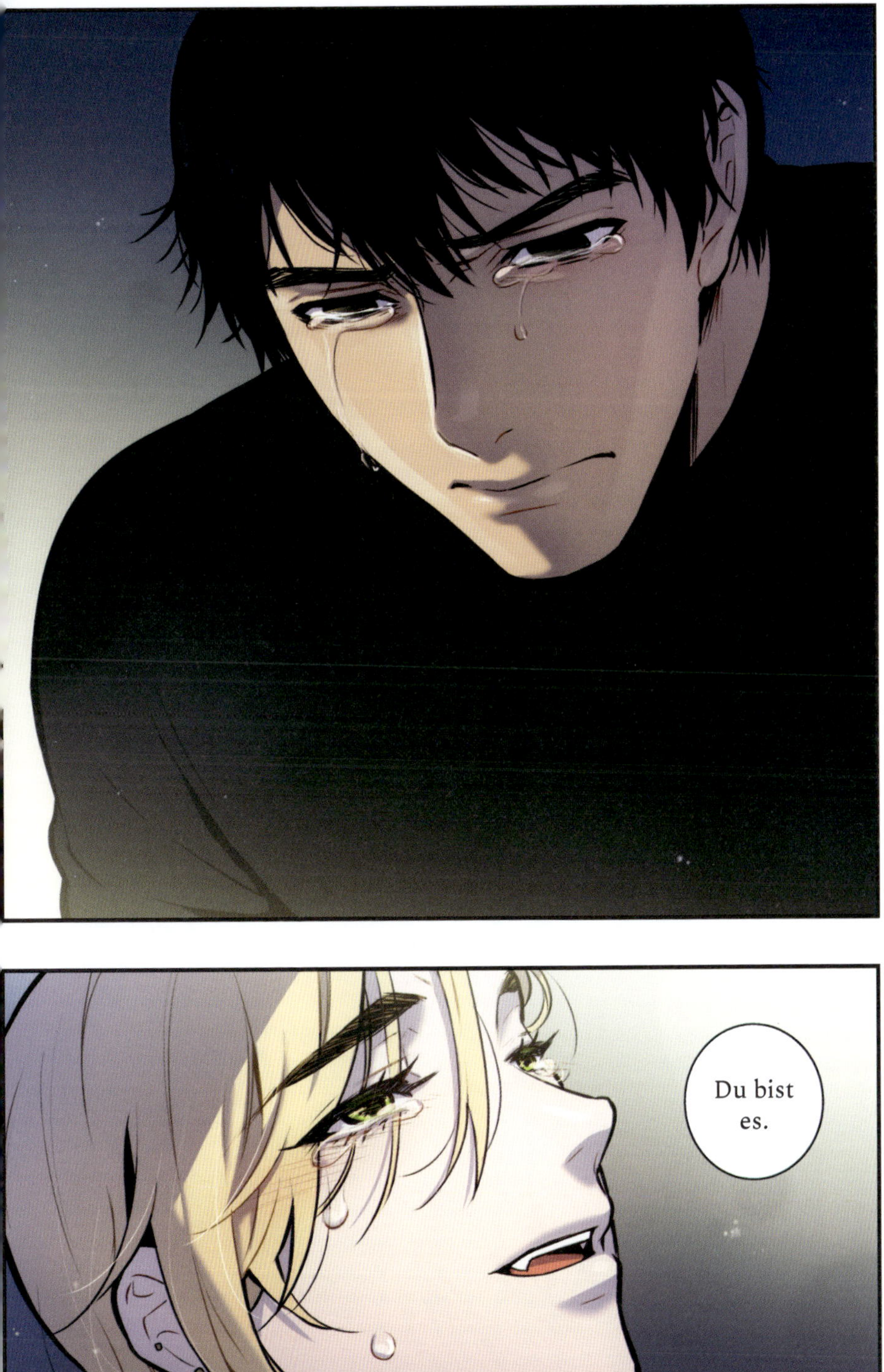
Du bist
es.

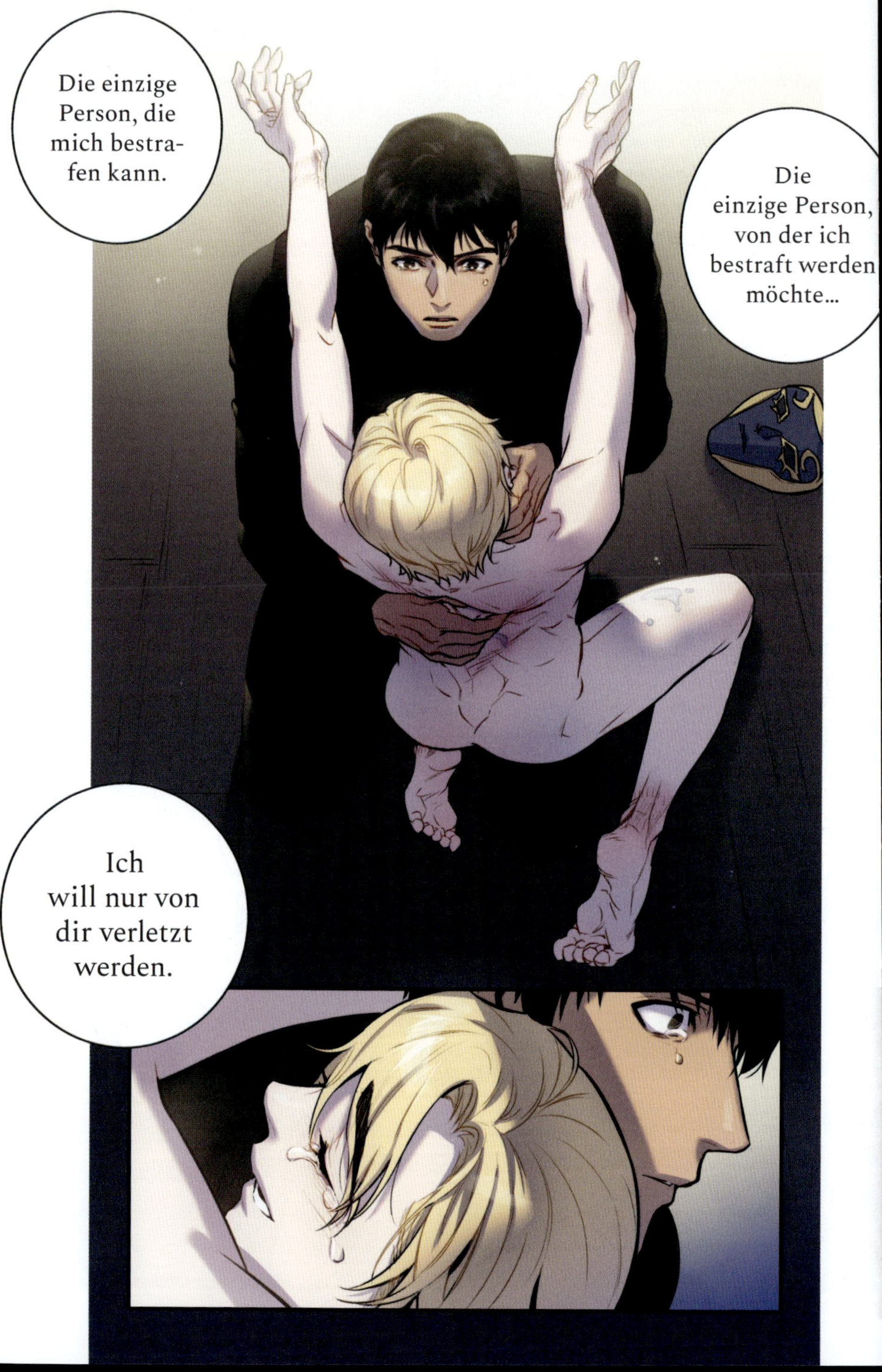
Die einzige Person, die mich bestrafen kann.
Die einzige Person, von der ich bestraft werden möchte…
Ich will nur von dir verletzt werden.

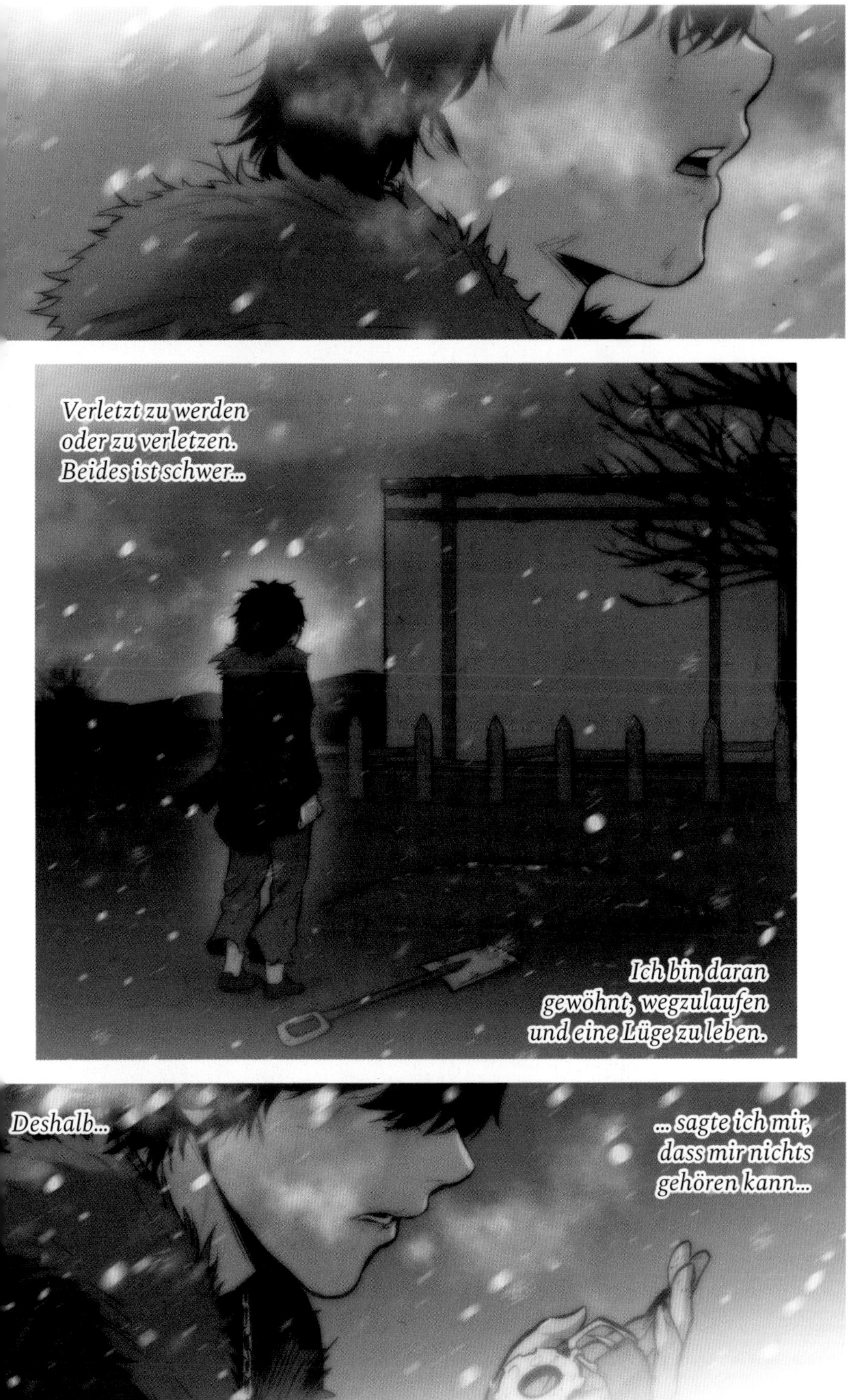

Verletzt zu werden oder zu verletzen. Beides ist schwer...
Ich bin daran gewöhnt, wegzulaufen und eine Lüge zu leben.
Deshalb...
... sagte ich mir, dass mir nichts gehören kann...

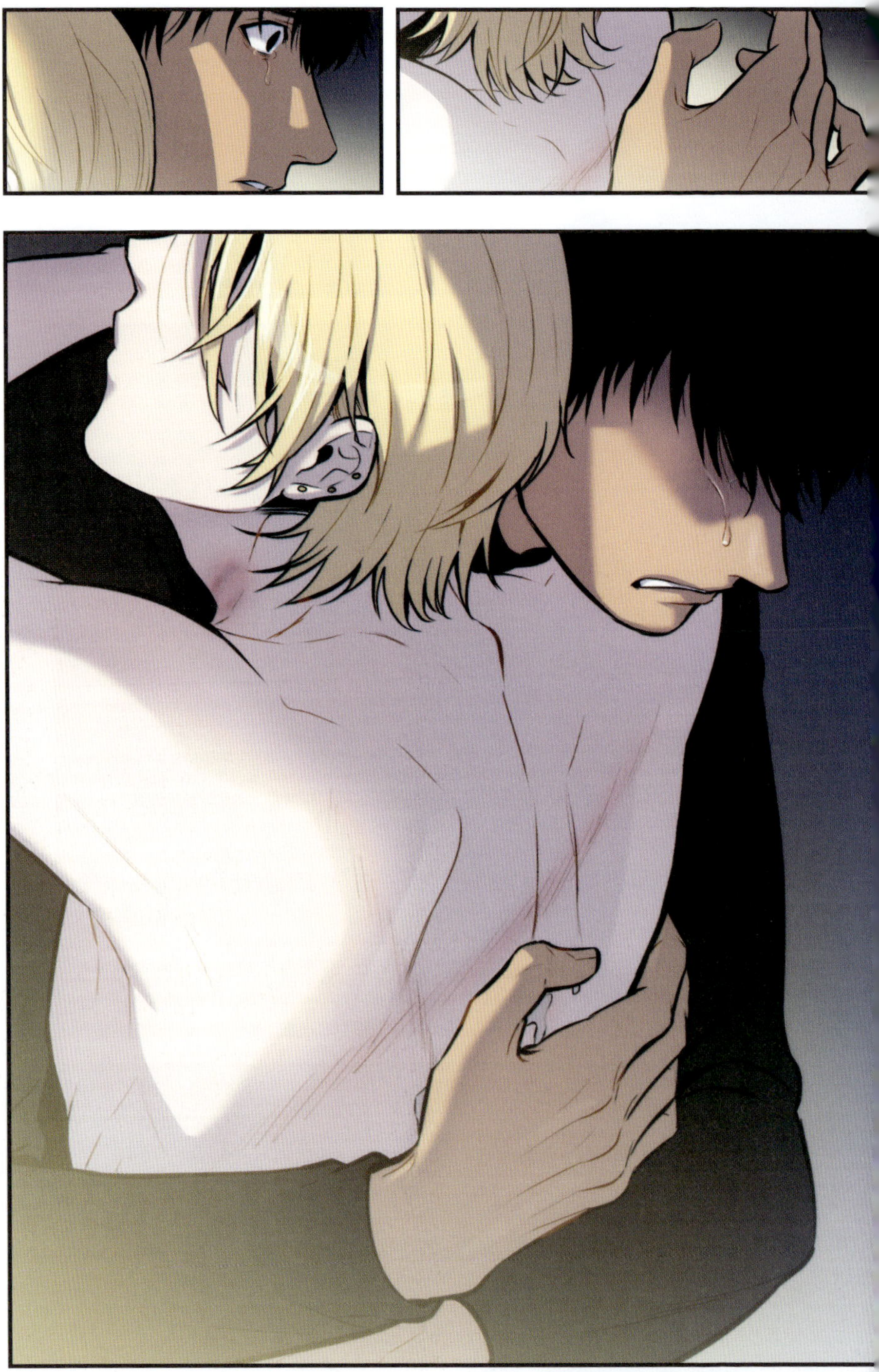

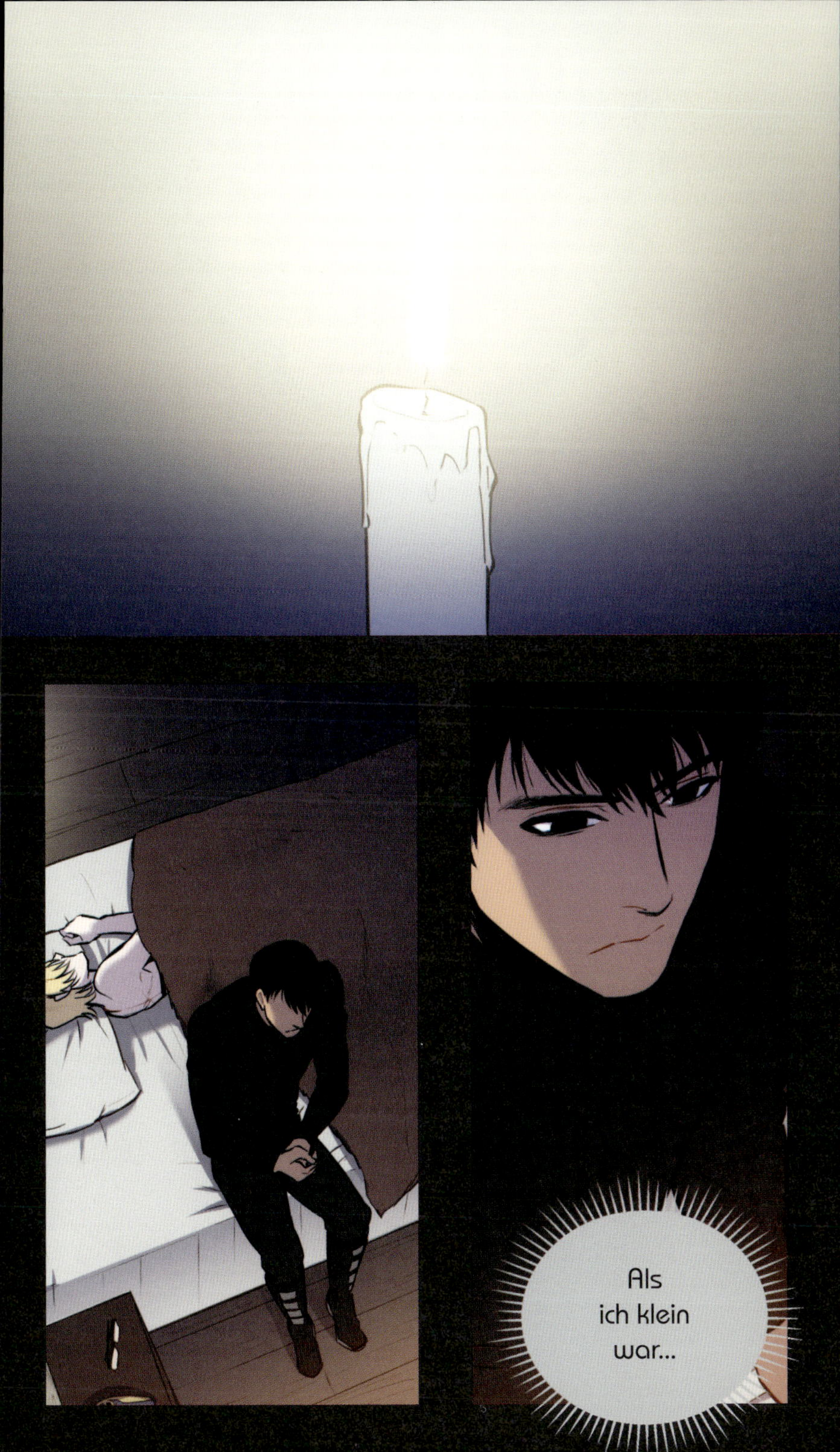
Als ich klein war...

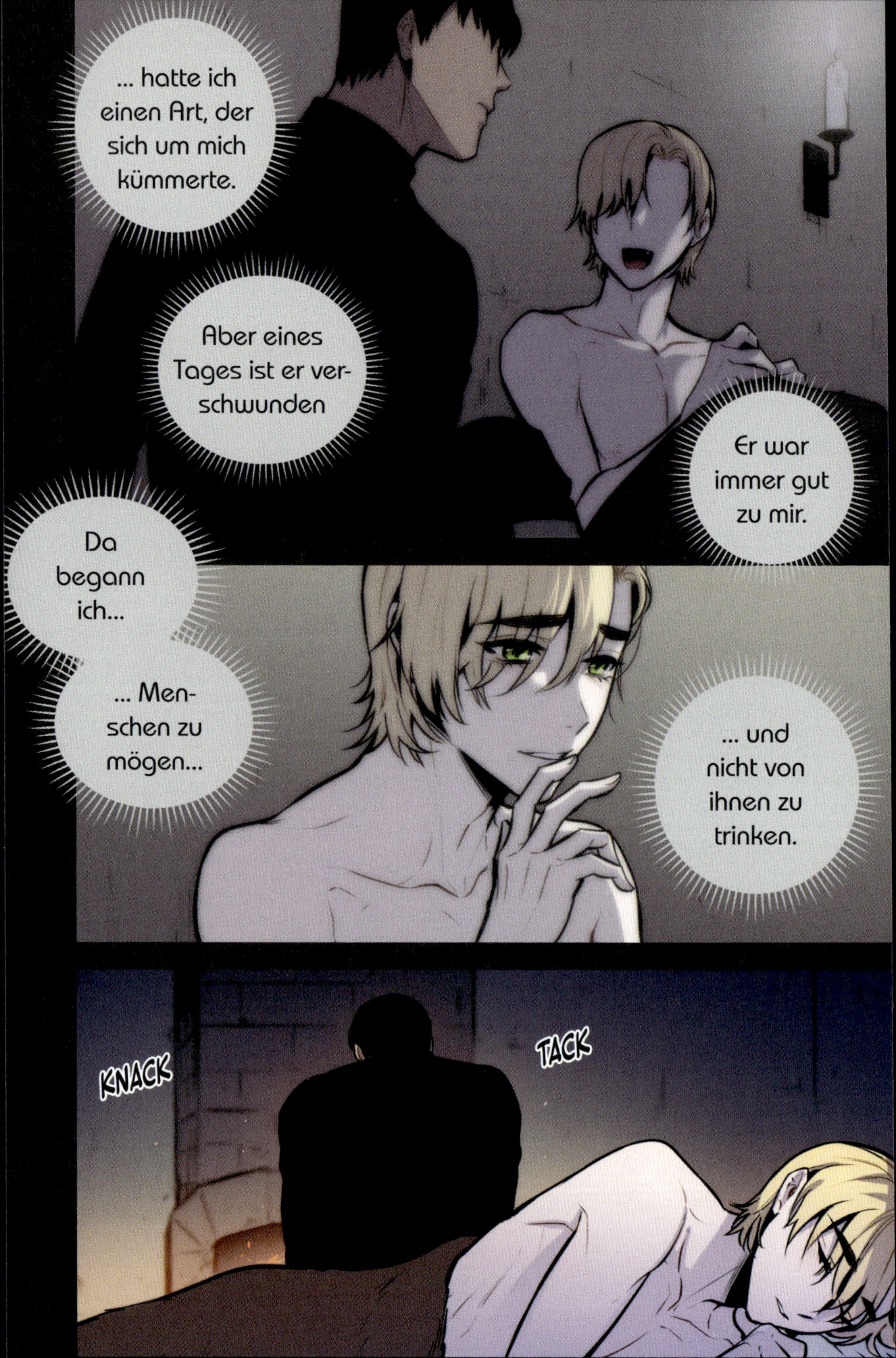

... hatte ich einen Art, der sich um mich kümmerte.
Aber eines Tages ist er verschwunden
Er war immer gut zu mir.
Da begann ich...
... Menschen zu mögen...
... und nicht von ihnen zu trinken.
KNACK
TACK

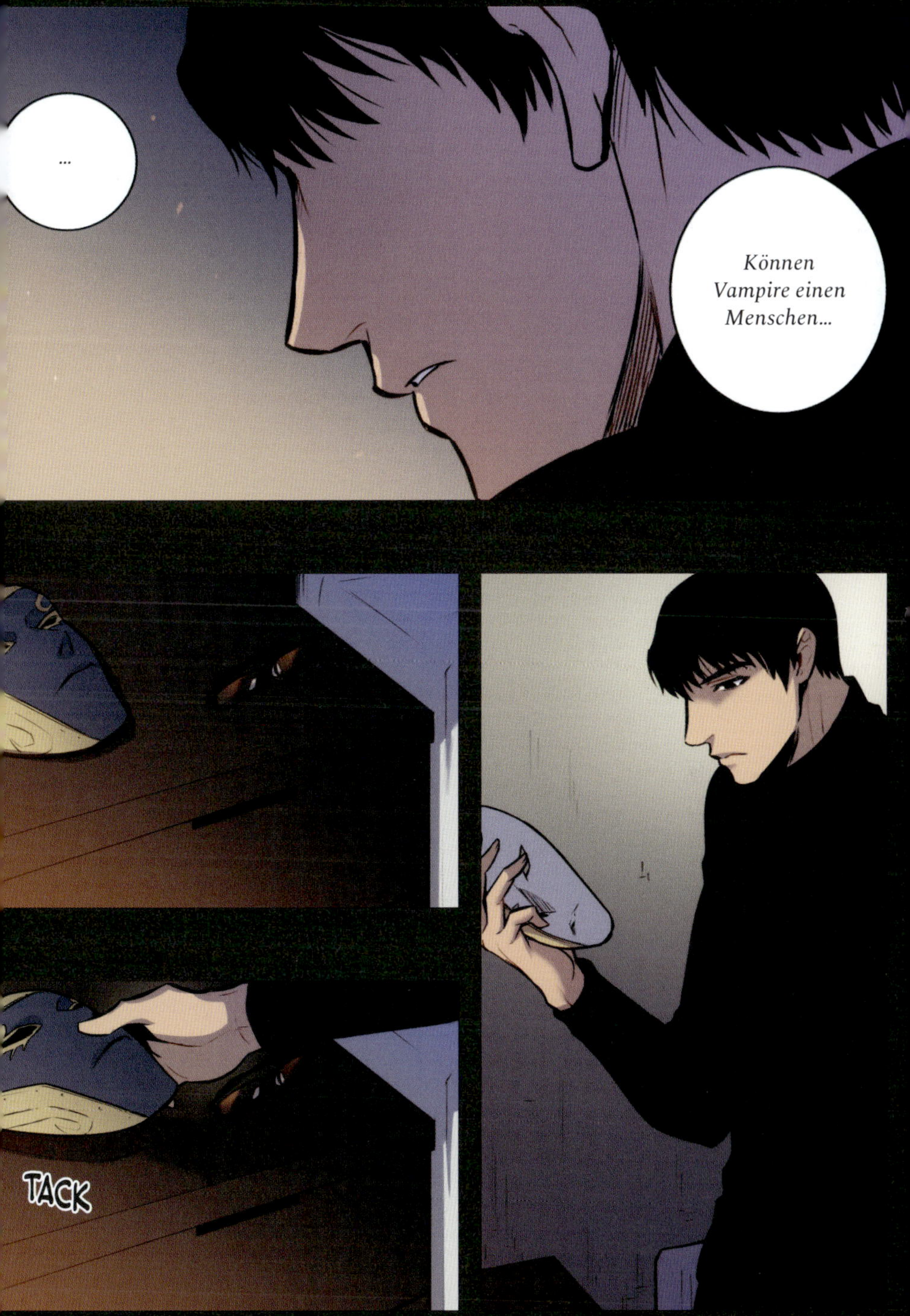
...
Können Vampire einen Menschen...
TACK

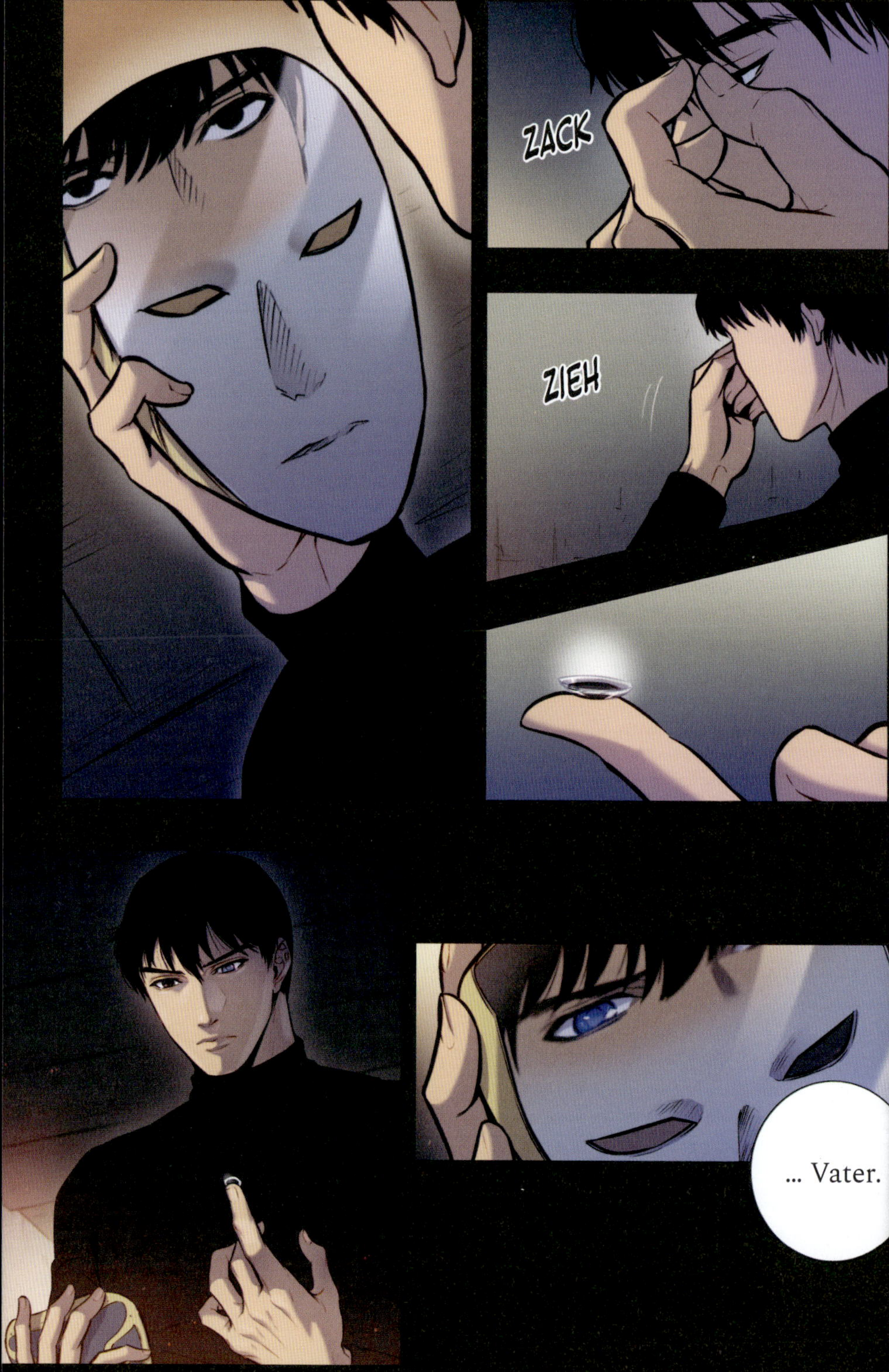
ZACK
ZIEH
... Vater.

BLOOD
BANK

PLUTO

DEAR·DOOR

DÄMONISCH HEISSE BOYS LOVE!

Nach dem Tod seiner Freundin möchte der Polizist Kyungjoon einfach nur in Ruhe seine Zimmerpflanzen gießen und Verbrecher jagen. Doch als die polizeilichen Ermittlungen gegen eine mysteriöse Sekte übernatürliche Ausmaße annehmen, findet sich Kyungjoon unversehens in einer Welt voller Dämonen und Monster wieder. Der Schlimmste von ihnen ist der Dämonenkönig, der sich selbst Lord Cain nennt. Wie sich herausstellt, ist Cain zum Überleben auf Mana angewiesen, das nur durch ein »Portal« in Kyungjoon zugänglich ist. Doch wie öffnet er dieses Portal?

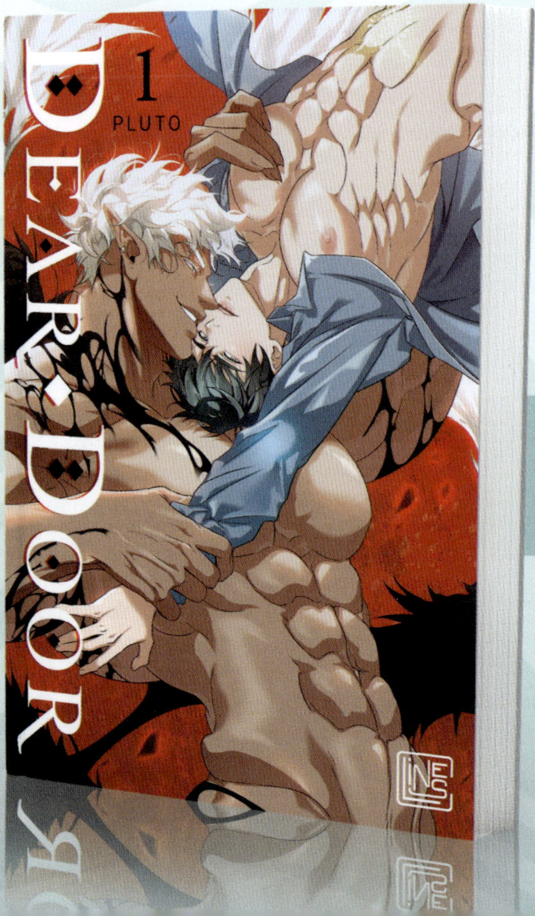

Mit exklusiver Photocard in jedem Band – nur in der Erstauflage!

Boys Love • ab 18 Jahren
Softcover • farbig
ca. 288 Seiten • 14,5 x 21 cm

LINES

www.carlsen.de/webtoons

hayabusa_manga   carlsen_manga

VAMPIRE KNIGHT

Matsuri Hino

Shojo Pearls

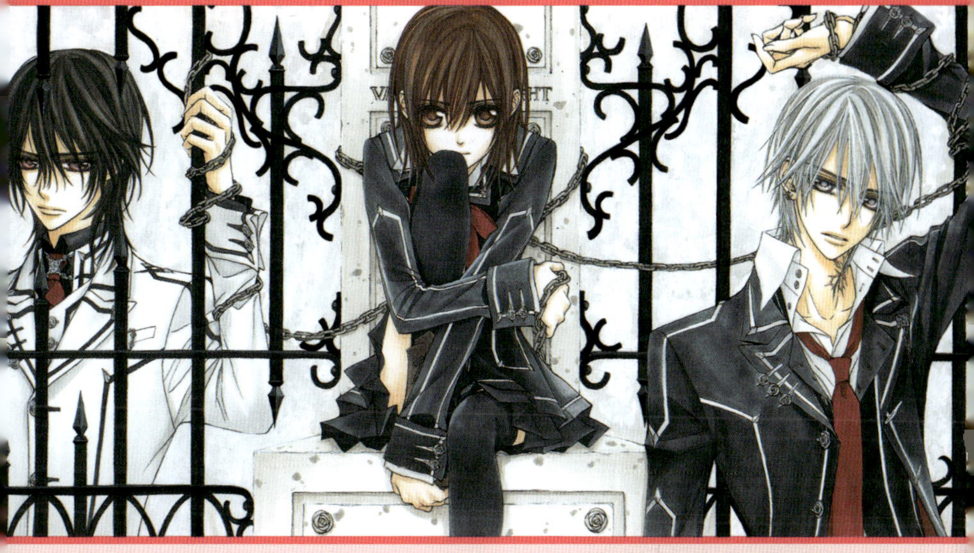

DIE BELIEBTE MANGA-REIHE JETZT IN EDLEN DOPPELBÄNDEN!

Die »Cross Academy« wurde gegründet, um zu beweisen, dass Menschen und Vampire in friedlicher Koexistenz leben können. Tagsüber gehen »normale« Schüler in die »Day Class« und nach Sonnenuntergang besuchen die »Eliteschüler« die »Night Class«. Beim Klassenwechsel treffen die Schüler allabendlich aufeinander – ein ganz schön heikler Moment, denn die Schülerinnen der Day Class schwärmen für die heißen Jungs der Night Class, ohne von deren dunklem Geheimnis zu wissen. Oder ist es gerade der Hauch des Mysteriösen, der die Jungs so attraktiv scheinen lässt…?

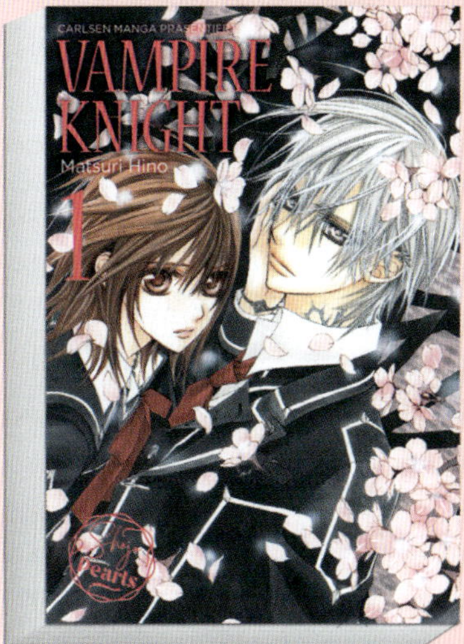

CARLSEN MANGA!

carlsenmanga.de   carlsen_manga   carlsenmanga

BLOOD BANK

C Lines
2024 Carlsen Verlag GmbH • Völckersstraße 14-20 • 22765 Hamburg
Aus dem Koreanischen von Vivien Neumann
BLOOD BANK

Writer/Artist: Silb
First published in the Republic of Korea by LEZHIN Entertainment, Inc.
German Print Edition is published by Carlsen Verlag GmbH under the exclusive license granted by LEZHIN Entertainment, Inc.
Covergestaltung: Sonnenfisch Production – Laura Bartels
Redaktion: Lena Dilger
Herstellung: Lena Voigt

ISBN: 978-3-551-63001-8

carlsen.de/webtoons
carlsen.lnk.to/CarlsenSocialMedia
hayabusa_manga
carlsen_manga

FSC www.fsc.org MIX Papier | Fördert gute Waldnutzung FSC® C100431

Wir produzieren nachhaltig
• Klimaneutrales Produkt
• Papiere aus nachhaltigen und kontrollierten Quellen
• Hergestellt in Europa